무력분쟁과 국제법

무력분쟁과 국제법

이민효 지음

연경문화사

머리말

국제사회는 지난 세기 양차 대전과 여러 국제적 및 비국제적 무력분쟁을 경험하면서 무력분쟁법 분야에서도 많은 변화와 발전을 이루었다. 무력분쟁에 대응하여 교전국의 불법행위를 규제하고 분쟁의 결과 발생되는 희생자 보호를 위한 일련의 법적 문서들의 채택은 그러한 국제사회의 노력들 중의 하나였다.

무력분쟁은 교전당사국 전투원간의 관계이지 교전당사국 전투원과 민간인간의 관계는 아니다. 여기에 무력분쟁을 규제해야 할 당위성이 있으며, 국제사회의 지속적인 인도적 대응이 절실하다.

인간가치의 파괴를 최소화하기 위하여 전투원과 민간인, 군사목표물과 민간물자간의 구별원칙은 준수되고 불필요한 고통이나 무차별적 효과를 갖는 대량파괴무기의 사용은 금지되어야 하며, 나아가 모든 관련 당사자의 고통과 피해를 줄이기 위해서는 무력분쟁에서도 인권이 적절히 보장되고 이를 존중하는 의식의 확산이 요구된다.

본 저서는 무력분쟁의 규제에 관한 이러한 국제법의 관련 내용을 정리한 것이다. 추가되고 보완되어야 할 부분들이 많다. 어떤 부분에서는 명확하지 못한 설명으로 어물쩍 넘기기도 했고, 어떤 부분에서는 일부 관련 문제만을 언급한 채 서둘러 끝맺기도 했다. 저자의 부족한 학력의 소치이다. '작전법' 강의에 적합한 선학자의 연구결과가 없어 만용을 부리기도 했다. 부끄럽다. 부족한 부분은 장차 보완하여 좀 더 나은 모습이 되도록 하겠다.

끝으로 졸고를 흔쾌히 출판해 주신 연경문화사의 이정수 사장님과 편집과 교정에 수고해 주신 모든 분들께 감사드린다.

이 민 효

차 례

시작하며

1. 국제사회와 국제법 및 무력분쟁

국제분업의 발달과 교통·통신기술의 진보는 전세계의 모든 국가를 상호밀접하게 관련지어 하나의 국제사회를 이루어 내고 있다. 이러한 국제사회는 그 발전단계의 특질로 해서 아직은 국가장벽에 의해 분단된 통일체로서 정체를 달리하는 대소 강약의 다수국가로 이루어져 있는데, 그 모든 국가들은 주권을 지닌 독립된 단일체이며 모두가 동격으로 공존하고 있다.[1)]

주권평등원칙을 근본원리로 하는 독립된 다수의 주권국가가 병존하는 국제사회의 '복수국가체제'의 성격은 역사적으로 변화를 거듭해 왔지만 오늘날의 국제사회를 규정짓는 특징적 요소이다.[2)]

국제사회는 국내사회와는 달리 효율적인 정책결정 및 집행기관이 결여되어 있고, 권위구조를 결정짓는 성문적 혹은 불문적인 세계법

1) 김정균, "국제인도법 질서의 건설", 인도법논총 제9호, 1989, p.6.

2) 국제사회의 구조적 특질에 대한 대립하는 견해들에 대한 설명은 Geoffrey Stern, *The Structure of International Society: An Introduction to the Study of International Relations,* London, Printer Publishers, 1995, pp.1-31 참조.

이 존재하지 않으며, 세계공동체 정책에의 복종을 강제할 수 있는 경찰력도 갖고 있지 못하다. 대신 국가와 기타 정치행위자들이 상호간에 영향력을 행사하고 그 영역 내의 자들에게 직접 혹은 간접적으로 영향을 미치는 일련의 과정과 제도가 있다. 이러한 과정과 제도는 전쟁과 강압적 외교에서부터 일시적인 교섭이나 국제기구에 이르는 모든 영역을 포함하고 있다.[3)]

어느 일국이 타국으로부터 공격을 받거나 전쟁상태에 돌입할 위험을 항상 지니고 있는 '복수국가체제'에서 안전보장의 문제는 국가의 주요한 관심사가 될 수밖에 없다.[4)] 국제사회의 구성단위인 주권국가는 국가목표로서 국가이익을 추구하기 마련이며,[5)] 국가 간 경쟁적인 국익추구는 국가 간의 갈등을 유발하는 중요한 하나의 원인이 되기 때문이다. 국제사회에서 빚어지는 국가이익의 갈등상황에서 어떤 국가의 평화적 설득력이 그 국가이익의 방어에 부적당할 때 그 국가는

---

3) Charles, R. Beitz, *Political theory and International Relations*, Princeton, Princeton University Press, 1979, 정종욱 역, 현대국제정치이론: 새로운 국제정치에서의 도덕률과 사회정의, 민음사, 1982, pp.177-178.

4) Fredrick H. Hartman(ed.), *Crisis in the World*, N.Y., Macmillan Publishing Co., Inc., 1973, p.229.

5) 모겐소(Morgenthau)는 "국제정치는 모든 영역에서의 정치와 마찬가지로 권력투쟁이며, 국제정치의 궁극적 목적이 무엇이든간에 국제사회에서의 직접적 목표는 권력의 추구에 있다"라고 주장한다(Hans J. Morgenthau, *Politics among Nations: The Struggle for Power and Peace* (5th ed,) N.Y., Knopf, 1973, p.27). 그러나 이 견해에 대해 홀스티(Holsti)는 그러한 국제정치의 본성을 무시할 수는 없지만 "국가는 다목적 실체여서 그들의 목적은 권력의 갈망과 같은 단일한 인자로 표시할 수 없으며 주권국가의 행위는 환경적 성격, 국가의 이익과 가치가 서로 충돌하는 다른 국가와의 관계 및 국내의 사회적, 경제적 필요조건에 의하여 제한받는다"라고 주장하였다. K. J. Holsti, *International Politics: A Framework for Analysis*, Englewood Cliffs, Prentico-Hall Inc., 1967, p.125.

무력적 수단, 궁극적으로는 무력분쟁에 의존하게 된다.[6)]

그런데 국제사회에는 이러한 갈등을 조정하고 통제할 중앙집권적이고 초국가적인 권력이 존재하지 않는다. 분권적 국제사회에서의 이와 같은 미비는 부분적으로 '국제법'에 의해 제약되고 해결되기도 하지만 '국제법'은 국제사회의 분권적 구조에서 기능할 수밖에 없고, 당연히 분권적 성격을 내포하기 때문에 그 역할이 제한적일 수밖에 없다. 국제법 부인론자들이 근거로 내세우는 법의 본질적 요소인 강제성 및 법제정·집행판단기관의 완비가 불충분한 오늘날의 국제법 체계로는 분권화된 취약한 권력구조를 가지고 있는 국제사회의 여러 갈등들을 예방·해결하기에는 너무나도 역부족인 것이 사실이다.

2. 무력분쟁의 법적 규제

인류는 끊임없는 무력분쟁의 와중에서도 자신을 보존하고 발전시켜 왔다. 인류는 무력분쟁을 인간이하의 야만적 행위라고 하면서도 어떤 하등동물보다도 더욱 무력분쟁에 빠져 있다.[7)]

근대국가가 성립된 이후에도 각국들은 자국의 발전을 도모하기 위해 경쟁국과의 분쟁과 약소국에 대한 침략을 자행해 왔으며, 이제까지의 국제관계는 토의와 협상, 화합과 통일보다는 경쟁과 대립, 분쟁과 정복이 지배적이었다. 인류의 역사를 전쟁사라 일컫는 이유도 여

---

6) Norman D. Palmer and Howard C. Parkins, *International Relations: The World Company in Transition*, Boston, Houghton Mifflin Company, 1957, p.14.

7) Antonio Cassese, *International Law in a divided World*, Oxford, Clarendon Press, 1986, p.253.

기에 있다.[8] 하지만 인류는 수많은 전쟁에서 문명의 파괴와 인명의 희생을 목격하게 되었고 그러한 비극을 방지하기 위한 노력을 꾸준히 진행시켜 왔다.

무력분쟁에 대한 국제법적 인식에 있어서 국제사회는 역사적으로 많은 변천을 겪어 왔다. 전통국제법 체계 하에서 무력분쟁이란 평시와는 상이한 이상의 법인 전시국제법이 타당한 상태 또는 기간이라고 개념지어지기도 했지만, 무력분쟁에 호소하는 국가행위에 대한 규제란 전무하고 전쟁은 전적인 자유방임아래 방치된 채, 이를테면 국제적 결투인 것으로 허용되어 왔다.

무력분쟁에 호소할 것인가의 여부와 전투수단 등 무력분쟁을 어떻게 할까의 결정은 오로지 국가의 일방적인 자유의사에 맡겨지고, 무력분쟁은 하나의 '이상한 상태'로 파악되어 국제법 하에서는 다만 투쟁적인 '상태'로서의 의미를 가질 뿐이어서,[9] 무력분쟁은 자조의 수단으로 또는 국제분쟁을 해결하기 위한 최후의 수단으로서 일반적으로 그 합법성이 인정되고 있었다.

결국 이것은 개개의 국가가 자기의 정당성을 주장하며 초월적인 입장에서 판정하는 자가 존재하지 않는 국제사회의 현실에서는 사실상 모든 전쟁의 합법성을 인정하는 결과가 될 수밖에 없었다. 이러한 상황을 바로잡아 전쟁을 규제하기 위해서는 국가가 분쟁해결수단

---

8) B.C 1946년부터 A.D 1861년에 이르는 3,357년 동안 평화기간은 227년이고, 전쟁기간은 3,130년이었다 한다. 즉 전쟁기간이 평화기간보다 13배나 많았다. 동·서양을 통틀어 인류는 유사 이래 26,000번에 달하는 전쟁을 경험하였다고 한다. 신정현, "현대세계와 평화연구", 평화연구 제1권 제1호, 1981, 경희대 국제평화연구소, p.38.

9) 김정균, *op. cit.*, pp.8-9.

으로 무력분쟁에 호소하는 것을 제한하는 것이 무엇보다도 필요하게 되었다.

그러나 무력분쟁에 관한 법규들은 본질적으로 강대국과 약소국 간의 이익의 긴장과 충돌에서 발전되어 왔다. 강대국들의 자신들의 우세를 위협하는 무력분쟁법의 발전을 못마땅하게 여겨 가능한 한 많은 행동의 자유를 교전자에게 남겨두기를 주장했으며, 반면에 여타국들은 당연히 반대입장을 견지하여 가능한 한 방해받지 않고 교전단체 및 중립국 간의 교역을 지속할 수 있기를 원했다.

또한 강대국들은 그들이 우세한 전투의 수단과 방법을 법적 규제대상에서 제외시키고자 했을 뿐만 아니라 그들이 동의했던 소수의 규칙들을 약화시키고 합법적 전투원을 엄격하게 제한하고자 했다. 약소국, 주로 일부 유럽국과 남미제국은 일관되게 강대국의 군사적 우위를 억제시키고 적의 침입으로부터 국민과 영토를 보호하기 위한 규칙들을 규정하려고 노력했다. 이러한 양 입장의 타협으로 무력분쟁은 발전되고 성문화되었지만 국제사회의 강대국의 입장이 많이 반영될 수밖에 없었다.

성문화 이전의 관습법뿐만 아니라 인도주의의 필요성과 군사주의의 필요성의 대립과 타협으로 발전되고 성문화된 무력분쟁법은 중립에 관한 상세한 규칙들을 규정하고, 합법적 전투원의 개념을 법적으로 제한하였으며, 전투수단과 방법을 규제하는 등 여러 면에서 괄목할만한 발전을 이루긴 했지만 이러한 발전에도 불구하고 몇 가지 취약점도 갖고 있었다.

가장 중요한 것은 무력분쟁법의 준수를 보장하는 수단의 불충분이다. 이행을 강제할 기관도, 교전자의 행위를 조사할 권한을 가진 기관 또는 독립된 위원회도 없다. 무력분쟁법 준수를 확보하기 위해서는 보복, 전쟁범죄로서의 처벌 및 위반에 대한 배상책임이라는 수단이 이용될 수 있지만, 이러한 수단들은 위반의 공정한 검증의 곤란, 남용의 가능성 및 일반적으로 무력분쟁이 끝난 후 전승국에 의해 일방적으로 강요된다는 점 때문에 문제가 되기도 한다.10)

또한 이들 법규들은 단지 국가간 무력분쟁만 규제할 뿐, 비국제적 무력분쟁에 대해서는 어떠한 규칙도 채택되지 못했다. 1949년 이전의 비국제적 무력분쟁의 법적 규제는 임의적 교전단체 승인제도의 대상이 될 수밖에 없었고, 반도들에 의한 국제적 무력분쟁에 버금가는 실제상의 전투행위는 만약 정부가 반도들을 교전단체로 승인하지 않으면 국내형법의 지배하에 있을 수밖에 없었다.

3. 비국제적 무력분쟁과 국제인도법11)

지구상에 존재했던 어느 국가도 비국제적 무력분쟁에서 자유롭지 못했다. 인류의 역사에서 비국제적 무력분쟁 -그것이 내전으로 불리든, 민족해방전쟁으로 불리든 아니면 국제적 성질을 갖지 않는 무력분쟁으로 불리든-의 열거는 고갈되지 않는다. 일국의 역사를 두고 볼 때도 반란과 전복으로 점철되어 있음을 쉽게 확인할 수 있다.

---

10) Antonio Cassese, *op. cit.*, pp.257-261.

11) 전쟁포로의 보호를 위한 국제적십자의 노력들이 1920년의 제네바협약에서 처음으로 언급되기는 했었지만 '인도법(Humanitarian Law)'이라는 용어는 1950년대에 이르러서야 제네바협약의 이념들을 나타내기 위하여 사용되기 시작했다. 그 이전에는 제네바협약은 전쟁법의 일부로 간주되었다. Dietrich Schindler, "Human Rights and Humanitarian Law: Interrelationship of the Laws", 31 *The American University Law Review*, 1982, p.935.

무력분쟁의 법적 규제를 위한 국제사회의 노력으로 자위권 행사와 강제조치를 제외한 모든 무력분쟁을 금지한 국제연합 헌장은 비국제적 무력분쟁에 관한 직접적인 규제규정을 두고 있지는 않지만, 이에 대한 국가의 자의적인 권리를 허용하고 있는 것은 아니며 무력을 행사하는 국가의 권리를 제한하고자 의도했었다.

제2차 세계대전 후 미소 초강대국의 출현과 핵무기에 의한 '공포의 균형'은 비국제적 무력분쟁을 더욱더 증가시켰다. 강대국들은 인종 및 종족간 역사적, 사회적 조건—주로 인종적, 정치적 불일치(이러한 불일치는 과거의 서구제국의 식민지배에서 잉태된 것들이 대부분임)—이 적대집단 간에 충돌하거나 내적혼란의 폭발이 용이한 제3세계에서 종종 대리자를 통해 또는 어느 일방에게 군사적 원조를 제공해 비국제적 무력분쟁을 유발하거나 조종해왔다.

비국제적 무력분쟁은 빈번한 발생에 못지않게 그 피해 또한 막대하였으며, 오늘날 국제적 무력분쟁에서보다 더 많은 피해를 야기하고 있다.[12] 1970년 이래 1988년까지 지속된 캄보디아 내전은 220만, 방글라데시 내전은 150만, 비아프라공화국 내전은 110만, 우간다 내전은 90만, 수단 내전은 70만, 에티오피아 내전은 60만의 인명피해를 가져왔다.[13] 이러한 사실은 일반적으로 내전에서의 인명피해가 국제전에서 야기되는 인명피해보다 더 컸다는 전쟁사의 경험과도 일치하는 것이다.[14] 또한 국내분쟁이 외국의 개입을 초래하여 국제분

---

12) DeSchutter and DeWyngaet, "Coping with Non-Internatrional Armed Conflicts : Borderline Between National and International Law", 13 *Ca.. J. International Comp. L.*, 1982, p.279. 이들은 무력분쟁의 희생자 중 약 80%가 비국제적 무력분쟁에서 발생한다고 주장한다.

13) Mathew Melko, *Peace in Our Time*, N.Y., Paragon House, 1990, p.53.

쟁화하는 경향이 증대하고 있다.

따라서 만약 비국제적 무력분쟁이 억제되지 않고 이의 규제가 실행되지 않는다면 상황은 최악으로 발전될 위험이 있다. 오늘날 비국제적 분쟁의 수적 증가, 장기간의 지속, 희생자 수의 증가, 전투방법과 수단의 잔혹화, 국제전으로의 비화 등 국제평화와 안전의 유지와 밀접한 관련이 증대되고 있다. 하지만 이러한 분쟁은 일국의 영토 내에서 일어나기 때문에 분쟁의 희생자에 대한 국제인도법의 적용은 거부되기 쉽고, 외부세력의 개입으로 이러한 분쟁은 종종 확대·장기화될 뿐만 아니라 더 큰 희생을 초래하여 국제인도법의 적용을 더욱 어렵게 하기도 한다. 이는 비극적인 현실이다.

이러한 현실은 법의 내용에서도 그대로 반영되고 있다. 1949년 제네바협약의 약 400여 조항들이 국제적 무력분쟁의 희생자 보호와 전투방법과 수단의 규제에 할애되고 있는 반면, 오로지 동 협약의 공통3조만이 비국제적 무력분쟁의 희생자에 대한 최소한의 인도적 보호를 규정하고 있을 뿐이며,[15] 게다가 전투방법과 수단에 관해서는 아무런 규제도 하고 있지 않다. 이러한 불충분한 규정들로는 고전적 내전에서의 민간인 및 전투원에게 충분한 보호를 제공하지 못하였으며 국제적 무력분쟁에서의 희생자 보호와 비교하여 심각한 불균형을

---

14) P. Seabury and A. Codevilla, *War: Ends and Means*, N.Y., Basic Books, 1989, p.6.

15) 규제법규의 양에 있어서의 이러한 차이는 비국제적 무력분쟁을 분쟁국의 국내문제로 간주하는 주권국가의 장벽이 가장 중요한 원인이었지만 제2차 세계대전을 경험한 1949년의 제네바협약의 초안자들이 무력분쟁을 대규모의 국가 간 분쟁으로 인식했던 탓도 있다. 하지만 실제로 제2차 세계대전 이후 34개의 비국제적 무력분쟁이 발생한 반면 국제적 무력분쟁은 중동전쟁, 포클랜드전쟁, 이란-이라크전쟁, 걸프전 등 극소수에 지나지 않는다.

초래하고 있다.

1949년 이후 정치적·문화적·인종적·종교적 갈등으로 인한 비국제적 무력분쟁은 더욱 증가하였으며, 이들 분쟁에서 민간주민들은 살해되거나 난민 또는 유민으로 전락하였으며, 국적국이나 거주지역에서 강제추방되기도 하였다. 군사목표물에 한정되지 않는 대량파괴력을 가진 무기의 기술적 발달은 새로운 형태의 지상 및 공중공격으로 민간인을 보호하기 위한 추가적인 규정들을 발전시켜야 함을 보여주었으며, 게릴라전의 성행은 게릴라전사가 전쟁포로로 대우되어야 하는가 하는 문제 등을 발생시켰다.

이러한 새로운 관심에 따라 ICRC는 제네바협약을 보충하기 위하여 새로운 인도적 규정들을 발전시키기 위하여 노력했다. 1974년에 개시된 '무력분쟁에 적용되는 국제인도법의 재확인과 발전에 관한 외교회의'는 4년에 걸친 노력 끝에 1977년 전문과 28개조로 이루어진 '비국제적 무력분쟁의 희생자의 보호에 관한 1949년 8월 12일의 제네바협약 추가의정서(제2추가의정서)'를 채택하였다.

제1장
집단안전보장과 평화유지활동

제1절 집단안전보장

1. 의의 및 유형

안전보장[1])은 외부의 침략으로부터 국가의 안전을 확보함을 말한다. 제1차 세계대전 이전에는 각국은 군사력을 증강하고 이해관계를 같이하는 국가와 동맹관계를 맺음으로서 자국의 안전보장을 꾀하였으며, 그 결과 국제평화와 안전은 이러한 국가들의 세력균형에 의해 유지되었다.

그러나 각국의 개별적인 군비확장 또는 타국과의 동맹관계를 통한

1) 협의로는 전쟁의 방지와 진압을, 광의로는 국가의 영토나 독립을 수호하기 위한 수단의 강구를 말한다. 대내적 안전을 유지하기 위한 치안의 확보는 국내법상의 문제로서 안전보장의 개념에서 제외된다. 오늘날의 국제법이나 국제정치에서 안전보장 문제는 극히 중요하다. 국제법상의 안전보장은 분쟁의 평화적 해결, 전쟁의 금지 및 국제조직에 의한 평화유지활동과 밀접한 관련을 맺고 있다. 이병조 · 이중범, 국제법신강, 일조각, 2003, p.954.

개별적 안전보장(individual security) 방식은 필연적으로 반대동맹의 결성 또는 이의 세력 확장을 자극하는 등 오히려 긴장을 증대시켜 무력분쟁을 유발하는 결과를 초래하였으며, 그러한 모순이 결국은 제1차 세계대전으로 나타났다. 그리하여 제1차 세계대전 후에는 새로운 안전보장방식이 강구되었는바, 집단적 안전보장(collective security) 체제가 그것이다.

집단적 안전보장은 다수 국가의 입장에서 상호안전을 공동으로 강구하기 위해 국제사회 또는 일정한 국가집단을 구성하는 모든 국가가 불가침을 약속하고, 아울러 어떤 국가가 이 약속을 위반하고 평화를 파괴할 경우에는 타국이 공동으로 힘을 결집하여 이에 대처하는 제도를 말한다. 이 제도는 대립관계에 있는 국가까지도 포섭해서 집단적 체제를 기초로 각국의 안전을 서로 보장하려는 것으로 국제정치의 현 단계에서는 세계평화를 유지하는 최선의 방법이라 할 수 있다.[2)]

2. 국제연합과 집단안전보장제도

가. 국제기구를 통한 국제평화유지

무력분쟁의 예방 및 통제를 위한 인류의 노력들 중의 하나가 국제기구를 통한 국제사회의 평화와 안전의 유지이다. 국제기구를 통한 국제사회의 평화와 안전의 유지문제는 멀리 13세기에 그 기원을 두

---

2) *Ibid.*, p.955. 개별적 안전보장과 집단적 안전보장을 비교하면 전자의 특질은 전쟁·중립의 자유, 군비확장 및 동맹조약의 체결인 데 반하여, 후자의 특질은 전쟁·중립의 금지, 군비축소 및 안전보장조약의 체결이다. *Ibid.*

고 있다.[3)]

인류의 세계국가를 제창한 단테(Dante Alighieri, 1265-1321), 동맹을 결성하여 동맹의 원칙에 위반되는 전쟁이 발생했을 때에는 동맹국들이 전쟁을 진압하기 위하여 군대를 동원하고 경제적 봉쇄도 가해야 한다고 한 뒤보아(Pierre Dubois, 1255-1322)의 초보적 집단안전보장 구상들이 그것들이다.

이러한 국제기구의 맹아적 구상들은 18세기 생 피에르(Abbe de Saint Pierre)의 '영구평화의 고안', 장 자크 루소(Jean Jacques Rousseau)의 '생 피에르의 영구평화의 고안의 발췌', 칸트(Immanuel Kant)의 '영구평화를 위하여', 리브스(E. Reves)의 '평화의 해부' 등을 통하여 체계화 되었는데 세계의 영구평화를 위해 그들이 제안한 내용은 국제사회의 조직화를 통해 세계국가를 건설하여 통일적인 세계정부를 실현시킨다는 것이다.

하지만 국제사회의 현실은 이들의 구상을 실현시키기에는 너무나도 미숙하였다. 이들의 이념은 숭고하였으나 일부를 제외한 많은 사람들로부터 한갓 이념 내지는 공상으로 냉대받았던 것이다.[4)]

세계평화의 구상들이 현실 국제정치 속에서 보편적 집단안전보장기구로 구체화된 것이 국제연맹과 국제연합이다. 유럽인들이 믿고 있었던 유럽적 질서와 문명의 영원성에 대한 신뢰를 송두리째 흔들어버린 제1차 세계대전의 결과 긴밀해진 국제관계를 배경으로 국제평화의 유지와 국제협력이라는 두 가지 기능을 목적으로 하는 국제연맹

---

3) 박동윤, "국제기구와 세계평화의 보장", 사회과학논총, 제6집, 명지대학교 사회과학연구소, 1991, pp.55-57참조.

4) *Ibid.*, p.61.

이 인류최초의 일반적 국제기구로서 전세계적 규모로 설립되었다.

그러나 연맹이 평화유지를 위하여 개별국가의 전쟁권에 간섭할 수 있다는 새로운 법원칙은 가맹국의 의식 속에 충분히 뿌리박히지 못하였다.[5] 일부 국가는 연맹에 가입하지도 않았고 일부 국가는 탈퇴하였으며,[6] 소련은 제명당하는 등 국제연맹은 보편성을 갖지 못했다.

또한 국제연맹은 안전보장을 궁극적으로 담보할 수 있는 군사제재를 충분하게 마련하지 못하였으며(군사적 제제를 단 한 번도 실시하지 못하였음), 경제적 강제조치의 발동요건의 인정도 개개 가맹국의 자율에 따르게 되어 있어 철저하지 못하였다. 가맹국들은 국가주권과 연맹의 권위와의 조화를 시도하였으나, 불행히도 제2차 세계대전의 발발은 연맹의 결함을 실제로 노정하였으며 마침내 연맹의 붕괴를 초래하였다.[7]

제1차 세계대전으로 인한 세계질서의 철저한 붕괴와 대전의 비극

---

5) 브라이얼리(Brierly)는 국제연맹 체제가 실패한 것이 아니라 불리한 상황을 감안해 볼 때 연맹체제는 실로 상당한 성공을 거두었다고 보고 있다. 즉, 이 기간 중의 불확실성, 고립주의 및 경제적 보호무역주의의 와중에서 국제협력을 촉진시키기 위해 창설된 제도가 그토록 호된 시련을 받았다는 사실은 그리 놀랄만한 것이 아니며 국제연맹은 세계적인 규모의 보다 구심적이고 체계적인 형태로 1914년 이전의 국제기구들의 요소와 전시 협력을 결합시킨 결정적인 고리로써 보다 영속적인 국제연합을 향한 디딤돌을 제공했다는 것이다. J. Brierly, "The Covenant and The Charter", 23 *B.Y.I.L.*, 1946, pp.84-92.

6) 국제연맹의 산파역이었던 미국은 의회(상원)의 반대로 가입을 거부했으며 1933년에는 독일과 일본, 1935년에는 파라과이와 니카라과, 1936년에는 과테말라와 온두라스, 1937년에는 엘살바도르와 이탈리아, 1938년에는 베네수엘라, 1939년에는 헝가리와 스페인 등이 탈퇴를 통고했다. 게다가 1939년 폴란드를 침공한 소련이 연맹규약 위반으로 제명됨에 따라 국제연맹의 기능은 사실상 정지되었다. 김순규, 신국제기구론, 박영사, 1992, pp.84-87.

7) 이한기, 국제법강의, 박영사, 2006, p.694.

을 뼈저리게 경험한 강대국들은 전쟁을 예방하여 평화를 유지하고, 분쟁은 평화적 수단에 의해 해결토록 하며, 국제평화와 안전을 위협하는 행위가 존재할 경우에는 집단안전보장체제로써 공동으로 대처하여 세계평화를 유지하고자 이상적인 국제기구의 창설을 염원하였다. 그 결과 국제연합이 탄생하게 되었다.8)

국제연합은 국가 간의 협력제도를 설정했을 뿐으로 단체적 인격자(corporate body)로서의 행동이 불가능했던 국제연맹의 본질적인 약점을 지양하고, '유기적인 기초(organic basis)' 위에 강력한 국제조직으로 형성되었다.9)

'국제사회의 평화와 안전의 유지'는 국제법의 목표인 동시에 국제연합 제1의 목적이다. 국가 간의 평화와 안전의 유지 없이는 공포와 결핍으로부터 해방될 수 없으며, 진정한 인간의 자유도 기대할 수 없기 때문이다.

나. 헌장상의 집단안전보장제도

국제연합은 국제평화와 안전의 유지를 위해 사전에 분쟁을 예방하고 분쟁이 발생했을 때 이를 관리하고 제재할 수 있는 수단과 방법을 규정하고 있다. 분쟁의 평화적 해결, 경제적 및 군사적 강제조치를 통한 집단안전보장이 그것이다.

국제분쟁이 발생한 경우 무력에 호소하지 아니하고 평화적 해결을

8) 국제연합은 국제연맹의 후신이 아니다. 제2차 세계대전의 전승국들은 국제연맹의 부활, 존속을 고려치 않고 대체기구의 창설을 추진하였는 바, 이는 주요 국가들의 비협조로 그 활동이 제한적일 수밖에 없었던 국제연맹이 2차 대전의 발발로 평화유지기구로서의 본질적인 취약점이 노정되었기 때문이다.

9) 김정균 · 성재호, 국제법, 박영사, 2006, p.254.

위해 노력한다는 것은 국제사회의 평화를 유지하기 위해 가장 중요한 일이다.[10] '국가의 권리와 의무에 관한 조약'도 국가의 최대관심은 평화유지이므로 국가 간에 발생하는 어떠한 종류의 분쟁도 평화적 방법에 의하여 해결되어야 한다고 강조하고 있다(동 조약 제10조).

국제연합은 분쟁을 국제평화와 안전의 입장에서 국제연합내의 분쟁으로써 처리하는 방식을 택하고 있다. 헌장은 '평화를 파괴함에 이를 우려가 있는 국제적 분쟁 또는 사태의 조정 또는 해결을 평화적 수단, 정의 및 국제법의 원칙에 따라 실현'하기 위해 회원국들은 국제분쟁을 '평화적 수단에 의해서 국제평화와 안전 및 정의를 위태롭게 하지 않도록 해결'하여야 하며, '여하한 분쟁이라도 우선 직접교섭, 사법적 해결, 지역협정 등의 평화적 방법으로 해결하여야 하며, 이것으로 분쟁이 해결되지 않을 때에는 이를 안전보장이사회에 회부하여야 한다'고 규정하고 있다(헌장 제33조~제39조).[11]

하지만 국제연합은 국제분쟁을 평화적으로 해결하기 위한 구체적 해결기술이나 조건을 제시할 수 없으며 구속력이나 강제집행력도 갖고 있지 않다. 이는 '법적'이라기보다는 '정치적'인 국제연합의 성격에서 연유하는 태생적인 결함이다.

이러한 결함에도 불구하고 분쟁의 평화적 해결은 오늘날에도 중요한 분쟁해결수단으로 기능하고 있다. 현대사회는 핵·생물·화학무기의 시대로 국가 간 상호의존의 증가, 값싼 파괴무기의 확산 등으로 국제분쟁의 발생시 전대미문의 참화를 가져올 가능성이 매우 높

10) *Ibid.*, p.659.

11) 분쟁의 평화적 해결에 관한 헌장상의 절차와 방법에 대한 자세한 설명은 A. Leroy Bennett, *International Organization* (2nd), Prentice-Hall, Inc., 1979, pp.106-110 참조.

은 바, 분쟁의 평화적 해결은 헌장의 의도대로 기능한다면 국제평화를 담보할 수 있는 중요한 수단이 될 수 있을 것이다. 왜냐하면 분쟁의 평화적 해결은 긴장을 완화하고, 국가들 간에 협조와 타협의 정신을 요구하고 있기 때문이다.[12)]

그리고 국제연합은 국제평화에 대한 위협, 평화의 파괴 또는 침략행위가 있을 경우, 그 존재를 결정하고 평화와 안전을 유지하고 회복하기 위하여 권고할 수 있다. 또한 사태의 악화방지를 위하여 강제조치를 결정하기 전에 잠정조치에 따르도록 관계당사국에 요청할 수 있으며, 이러한 조치에도 분쟁이 해결되지 않을 경우 안보리는 회원국들에게 강제조치를 요청할 수 있다. 이러한 조치에는 외교관계의 단절을 포함한 경제적 강제조치와 군사적 강제조치가 있는데 이것이 국제연합의 집단안전보장 체제의 핵심이다(헌장 제39조~제42조).

다. 집단안전보장제도의 시련

헌장은 국제적 충성심을 가지고 국제연합에 복종하는 국제연합군을 창설하는 것을 규정하고 있지 않는 대신에 각국의 파견부대를 국제적으로 사용하는 것을 규정하고 있다. 그러나 5대국의 대표자들은 국제연합에 제공할 군대의 규모, 육해공군의 비율 및 최고지휘권의 행사 등에 대하여 합의하지 못했다.[13)] 이는 안전보장이사회에 의한 국제분쟁에의 즉응체제 확립의 실패를 의미한다.

국제연합의 집단안전보장제도는 강대국 중심으로 이루어져 절차문

12) *Ibid.*, pp.104-106.
13) 최종기, 현대국제연합론, 박영사, 1991, p.325.

제를 제외한 어떤 문제를 결정하기 위해서는 상임이사국들의 만장일치를 전제로 하고 있어 거부권을 행사할 수 있다. 이들 이사국들이 자국이익에 반대되는 결정에 동의할 리가 없고 지구상 어느 구석에서 일어나는 국제적 사태도 이사국의 이해에 관계되지 않는 것이 드물다는 점을 생각한다면 동 제도가 제대로 운영된다는 것은 처음부터 기대하기 어려웠던 것이다.

거부권에 의한 제한 외에도 실제로 안전보장이사회가 군사적 강제조치를 취하기 위해서는 제43조의 특별협정이 체결되어야 하는데 현재까지 단 한건의 협정도 체결되고 있지 않다는 사실에서 볼 때 특별협정의 체결실패도 제한요소라고 할 수 있다.

특별협정이 체결되기 위해서는 먼저 국제연합군의 조직에 관한 일반원칙이 결정되어야 한다. 하지만 5대국은 국제연합군의 전체병력규모, 병력 분담비율, 병력의 주둔 및 사용문제, 병참업무상의 지원문제 등 주요한 몇 가지 점에 있어서 의견이 대립되어 해결을 보지 못하였으며,14) 그 후 병력의 규모와 구성에 관하여 다시 토의하기도 하였으나 역시 의견의 일치를 볼 수 없어 1948년 7월 이후 이 문제에 대한 심의는 중단되었다. 이러한 대립은 국제연합군의 조직에 관한 기술적인 곤란보다는 주로 냉전에 연유하는 정치적인 상호불신과 대립의 결과였다.15)

---

14) 군사참모위원회는 군사적 견지에서 헌장 제43조의 연구에 착수하여 1947년 4월 30일 중간보고서를 제출하였다. 동 보고서에서 위원회의 의견이 일치한 것은 국제연합군은 상설적으로 구성되어 있지 않고 침략국이 발생할 때마다 편성하되 5대국을 대상으로 하지 않으며 그리고 주로 5대국이 군대를 제공하여 편성한다는 정도였다

15) L. M. Goodrich and A. P. Simon, *The U.N. and Maintenance of International Peace and Security*, The Brookings Institution, 1955, pp.430-433.

이러한 심각한 문제에 부딪치자 국제연합은 총회의 기능을 확대하여 안전보장이사회의 마비에 대처하려고 하였다. 그리하여 1947년 11월 13일 소총회(중간위원회)를 설치[16] 하여 총회의 기능을 상설화하고 1950년 11월 3일 '평화를 위한 단결'결의[17]를 채택하여 권고에 의한 강제조치 발동권을 총회에도 부여함으로써 헌장의 개혁을 시도하였지만, 그러한 의도도 오래가지 못하고 새로운 난관에 부딪혔다. 이는 1950, 60년대에 아시아, 아프리카의 신생독립국들이 대거 국제

16) UN G.A. Res.111(II). 중간위원회는 미국의 제안으로 제2차 총회에서 찬성 41,반대 6, 기권 6으로 가결, 성립된 잠정적 보조기관이다. 결의안의 내용은 다음과 같다. (1) 각 회원국은 1명씩의 대표를 갖는다. (2) 총회의 휴회 중에 회합을 갖는다. (3) 안전보장이사회 또는 이사국이 총회의 의제에 포함되도록 제안한 중요 분쟁 또는 사태 중에서 중간위원회에 이송된 문제의 심의에 한한다. (4) 3분의 2의 다수와 당사국의 승인을 얻어 조사를 할 수 있다. 중간위원회는 제3차 총회에서도 설치되었으며, 제4차 총회에서는 존속기한을 정하지 않고 설치하기로 하여 그 임무도 약간 확장되었으나 공산권 제국은 참가를 거부하였다. 동 위원회는 그 후 긴급특별총회가 개회될 수 있으므로 이론적으로는 존재하지만 실제로는 개회된 일이 없다.

17) UN G.A. Resolution 377(V). 1950년 11월 3일 제5차 총회에서 미국은 영국, 프랑스, 캐나다, 필리핀, 터키 등 7개국 공동제안으로 총회 강화 결의안을 제출하여 찬성 52, 반대 5, 기권 2로 '평화를 위한 단결'결의를 채택하였다. 동 결의는 국제연합사상 이론적으로나 실제적으로 중요한 의의를 갖는 것으로 안전보장이사회가 본래의 기능을 거부권으로 행사하지 못할 경우 총회가 군사적 강제행동을 할 수 있도록 제도화한 것이다. 특별긴급총회에서는 상임이사국의 거부권이 인정되지 않는다. 동 결의는 A, B, C로 구성되어 있으며, 그 주요내용은 다음과 같다. (1) 안전보장이사회가 거부권에 의해 국제적인 평화와 안전을 위한 제1차적 책임의 수행이 방해될 때 총회는 24시간 이내에 회합할 수 있다. (2) 이 경우 총회는 병력사용을 포함한 집단조치를 위해 각 회원국에 대해 권고할 수 있다. (3) 국제연합군으로서 가능한 근무를 위해 신속하게 제공될 수 있는 요원을 각 회원국은 자국 군대 내에 유지한다. (4) 국제적인 긴장이 존재하는 여하한 지역에 있어서 관찰, 보고하는 평화감시위원회를 설치한다. (5) 헌장에 따라 국제평화와 안전을 강화하기 위한 방법과 수단에 대한 연구와 보고를 위한 집단조치위원회를 설립한다.

연합에 가입하여 제3세력을 형성하게 되자 미국의 절대적 영향력 밑에 있던 국제연합 총회가 미국의 주도적 영향에서 벗어났을 뿐만 아니라 미소간의 냉전이 그 와중에서도 심화되었기 때문이다.

오늘날 집단안전보장이 갖는 의의는 국제적인 제재를 시행하는 집행기관이라기보다는 오히려 사회적 연대의식을 자극함으로써 침략적인 군사행동을 사전에 제어하는 데 있다고 할 수 있을 것이다.[18)]

라. 평화유지활동의 등장

국제연합의 설립과 동시에 전개된 동서냉전에 기인한 안전보장이사회 상임이사국 간의 대립은 국제연합의 평화유지기능을 마비시켰다. 그러나 국제평화와 안전을 위협하는 분쟁이 속출하였으며, 국제연합은 이에 적극적으로 대처할 능력과 의지가 의심스러웠지만 분쟁의 악화를 방지하고 억제할 수 있는 최소한의 방법이 강구되어야만 했다. 이와 같은 상황에서 무력분쟁을 예방해야 할 현실적 필요에서 고안되고 발전되어 온 것이 평화유지활동(Peace-Keeping Operation : PKO)이다.[19)]

국제연합 헌장은 분쟁의 발생 시 이를 해결하기 위한 수단으로 분

18) 최종기, *op. cit.*, p.451.

19) 굿리치(Goodrich)는 국제연합의 평화유지활동을 가능케 한 요인을 다음과 같이 주장하였다. (1) 한국전쟁의 경험에서 나온 평화를 위한 단결 결의의 이행을 위한 노력이 있었으나 이러한 결의만으로는 당면 국제분쟁의 처리가 어려웠던 현실적 필요성 대두, (2) 흐루시초프의 평화공존정책과 미소 간의 핵균형으로 인한 전쟁가능성 감소, (3) 제3세계국가의 다수 가입으로 인한 UN 내의 세력분포의 변화, (4) 평화유지활동을 실현시킨 함마르셸드 사무총장의 개인적 역량. L. M. Goodrich, “Maintenance of international peace and security”, 19 *International Organization*, No.3, 1965, pp.436-437.

쟁의 평화적 해결절차와 강제조치 규정을 두고 있다. 이러한 조정규정과 강제조치규정 사이에는 공백이 존재하는 바, 이러한 공백을 메워주는 실질적인 수단으로써 분쟁상태의 당사자들을 협상테이블로 나오게 하거나 그런 시간을 제공하고 평화적 해결을 가져올 수 있는 분위기를 조성하는 평화유지활동은 분쟁상태를 종식시키고 억제하기 위하여 고안된 것이다.[20]

국제연합의 평화유지활동은 위급한 상황에서 임기응변적인 대처방안으로 생성되어온 만큼 엄격한 원칙이나 이론적 배경, 헌장상의 명확한 근거규정 등이 결여되어 초기에는 동 활동의 합법성에 대한 적지 않은 논쟁이 있었지만 그동안의 거듭되는 성공적인 임무수행과 분쟁예방 효과로 이제는 국제연합의 주요한 평화유지수단이 되었다.

제2절 평화유지활동

1. 의의

국제연합의 평화유지활동은 분쟁지역의 평화유지를 위해 그 지역의 상황을 관찰하여 정보를 제공하고, 대립된 교전자들 중간에 물리적으로 실재함으로써 긴장을 완화하고 동시에 무력충돌의 재발을 방지하며 정전 및 휴전협정의 준수를 감시, 보장하고 특별한 경우에는 문제된 국가내의 질서유지를 확보하기 위하여 모든 당사자들의 합의로 실행되는 국제연합의 비무력적 활동[21]으로 강제적 수단으로 국가

20) UN, *Every one's United Nations*, 1986, p.97.

를 통제하는 것이 아니라 분쟁당사국간의 합의이행을 돕기 위한 상황의 관측, 보고, 치안유지 등의 평화정착행위이다.[22] 동 활동은 직접적인 분쟁의 해결촉진이 아니라 특정분쟁의 무력충돌로의 악화를 억지하려는 노력인 것이다.[23]

이와 같이 평화유지활동은 비전투적, 비강제적인 평화감시군의 성격을 지니는 데서 헌장에 이미 규정되어 있는 집단안전보장과 분쟁의 평화적 해결과는 다른 특성을 지니고 있다. 평화유지활동은 비단 국가 간의 분쟁에만 개입하는 것뿐만이 아니고 국내정치 상황에도 개입한다는 데에 특색이 있으며, 거의 모든 경우에 군사력을 전개시킨다는 점에서는 집단안전보장제도와 같으나 그 외는 다른 성격을 띠고 있다.[24] 또한 동 활동은 분쟁당사국 모두의 동의가 있어야만 실제로 적용될 수 있고 적대관계에 있는 당사국간의 관계 안정을 목적으로 한다는 점에서는 분쟁의 평화적 해결과 같지만 분쟁의 평화적 해결이 현존하는 분쟁의 해결에 주된 목적이 있는 반면에 평화유지활동은 강대국들이 분쟁지역에 개입하는 것을 방지하여 분쟁의 범위를 지역적인 것으로 제한해서 분쟁의 국제화를 미연에 방지하는데 주된 목적이 있다는 점에서 양자는 그 성격을 달리한다. 이러한 특성들 때문에 헌장에 평화유지활동에 관한 제 6.5장이 규정되어 있다

21) 유병화, 국제법총론, 진성사, 1983, p.848.

22) L. M. Goodrich, *The United Nations in a changing World*, Columbia U. P., 1974, pp.149-150.

23) Inis L. Claude, Jr., "The Peace-Keeping Role of United Nations", Berkeley Tompkins (ed.), *The United Nations in Perspective*, Standford U. P., 1972, p.52.

24) 오기평, 현대국제기구정치론, 법문사, 1990, p.215; U.N., *The Blue Helmets : A Review of UN Peacekeeping Forces*, 1996, p.4 참조.

고 보는 견해도 있다.[25)]

2. 유형 및 기능

가. 유형

평화유지활동은 군사감시단(Military Observer Mission)과 평화유지군(Peace-Keeping Force)으로 구분된다. 동 활동의 유형을 군사감시단과 평화유지군 외에 국제평화와 안전을 증진시키기 위해 정치적 사절의 성격을 띤 민간인에 의해 수행되는 비군사적 활동까지 포함하는 견해도 있지만,[26)] 1965년 국제연합 총회가 설립한 '평화유지활동에 관한 특별위원회'는 군사감시단과 평화유지군만을 그 유형으로 보았으며, 국제연합 사절단까지 포함한다면 비군사적 활동까지 포함하게 되어 비강제적이지만 군사요원이 관련된 평화유지활동의 성격이 뚜렷하게 나타나지 않게 된다. 따라서 특별위원회의 입장과 같이 평화유지활동의 유형은 군사감시단과 평화유지군으로 한정하여 보는 것이 타당하다 .

군사감시단은 회원국이 자발적으로 제공한 군사요원으로 조직되며, 완전비무장의 장교 수 명으로부터 경우에 따라서는 수백 명의 규모로 편성되어 분쟁지역의 휴전선 또는 정전선의 감시하고, 관측된 조사활동을 사무총장에게 보고하는 비교적 소규모 그룹인 반면, 평화유지군은 안전보장이사회나 총회의 수권으로 사무총장의 지휘에

25) L. M. Goodrich, *op. cit.*, p.139.

26) A. James, *The politics of peace-keeping*, Frederick A Praeger, Inc., 1969, p.1.

따라 분쟁지역에 전재된 각 회원국이 제공한 군대로 구성된 군이다. 군사감시단은 완전한 비무장의 적은 수이므로 활동에 한계가 있기 때문에 분쟁사태에 따라서는 무장된 군대의 필요가 발생하여서 편성된 것이 평화유지군인 것이다.[27)]

하지만 새로운 형태의 복합적인 평화유지활동이 전개되기도 하는데 바로 나미비아 독립지원을 위해 1989년 4월 1일 파견된 '나미비아 국제연합 평화유지군(UNTAG)'을 그 선례로 들 수 있다. UNTAG은 나미비아에서의 모든 적대행위의 중지, 군대철수, 차별적 법규의 폐지, 정치범 석방, 난민송환, 법과 질서의 유지, 선거감시 등이 주임무였는데 군사부대의 평화유지군, 경찰의 경찰감시단, 민간인으로 구성된 선거감시단의 3개 기관으로 구성되어 이전의 평화유지활동과는 구별된다.

따라서 UNTAG은 평화유지군이라기보다는 오히려 나미비아의 독립지원단의 성격이 짙다. 이러한 유형의 평화유지활동은 각 구성기관의 협조로 효율성을 증진시켜 주기도 하지만 수용국, 군대제공국 및 기 타 이해관계국간의 갈등의 소지도 많고, 대화와 타협도 그만큼 더 어려워질 염려가 있어 자칫하면 오히려 사태를 더 악화시킬 위험성도 있기 때문에 신중한 고려가 있어야 할 것이다.

나. 기능

본질적으로 평화유지활동은 분쟁의 악화를 방지하기 위한 잠정적인 조치이나 동 활동의 기능은 파견된 사태의 성격에 따라 다양하다. 이를 유형별로 나누어보면 다음과 같다.

---

27) 은인영, "국제연합과 평화의 유지", 국제문제, 1991. 10, p.33.

첫째, 양국 간 국제분쟁의 휴전감시와 완충역할의 담당이다.[28] UNEF-I와 UNFICYP가 그 전형적 예가 될 것이다. 전자의 임무는 적대행위의 중지확보 및 감시였고,[29] 후자의 임무는 전투의 재발방지, 법과 질서의 유지 및 회복, 정상상태로의 복귀였다.[30]

둘째, 대내적인 경찰 및 질서유지 임무를 가진 경우이다. 외국군의 철수를 돕는 일만이 아니라 공공질서의 유지와 회복을 위하여 콩고에 파견되었던 ONUC를 좋은 예로 들 수 있을 것이다. 외부세력의 개입위험이 있을 때 국내의 사태를 안정시키고 질서를 회복, 유지하는 것은 매우 중요하다.[31]

셋째, 국제연합이 관할하고 있는 지역의 방위 및 안보를 위해 평화유지활동이 창설될 수 있을 것이다. 국제연합이 일정한 영토나 지대를 통제하게 되었을 때, 대내적인 법과 질서의 유지 및 방위, 안전을 위한 무장병력이 필요하기 때문이다. 실제로 1962년 8월 협정에 의해 서이리안(서뉴기니 혹은 서이리안으로도 불림)에 국제연합 관할지역의 치안유지를 위한 보안군이 설치된 바 있다.[32]

넷째, 이 외에도 선거감독, 무장해제, 외국군 철수확인, 난민송환 및 재정착 지원, 인권상황 감시, 민간 행정업무 지원, 기관시설 복원 및 통치권 회복 지원 등을 담당하는 평화유지활동도 가능하다.[33]

---

28) 장효상, "UN 평화유지활동에 관한 연구", 현대국제법론(이한기 박사 화갑기념논문집), 박영사, p.155.

29) UN S.C. Res.186.

30) UN G.A. Res.1000(ES-1).

31) 장효상, *op. cit.*, p.156.

32) 최종기, 국제연합군에 관한 연구, 박사학위논문(서울대), 1972, p.122.

33) 1978년 레바논과 이스라엘 국경에 배치된 국제연합레바논임시군의 임무는 남부 레바논으로부터의 이스라엘군 철수확인과 레바논 정부의 통치권회복지

3. 역사적 발전과정

가. 평화유지활동의 선구적 형태

우리가 평화유지활동이라고 부르는 분쟁해결방식은 국제연합이 창시한 것인가? 아니면 그 이전의 국제사회에 뿌리를 두고 발전되어온 것인가?

국제연맹규약 제16조는 규약에 위반하여 전쟁을 행한 국가에 대한 제재조치로서 병력의 사용에 관하여 언급하고 있다. 그러나 연맹의 역사를 통해 볼 때 제16조에 의한 병력의 사용이 행해진 경우는 없었다.[34)]

연맹이 창설될 당초 규약 제16조는 제도상으로는 중시되었으나 실천면에 있어서는 적용을 피하려는 경향이 강하였다. 제16조의 규정이 현실적으로 발효될 경우 제재조치에 참가하는 제3국에게도 많은

원이었으며 1992년 캄보디아에 배치된 국제연합 캄보디아 임시행정기구(UNTAC)의 임무는 정전 감시, 무장해제, 인권상황 감시, 난민 송환 및 재정착 지원, 민간행정업무지원, 선거 실시 등이었다.

34) 국제연맹규약에도 집단안전보장체제의 궁극적 담보력인 병력제재를 위한 규정(제16조)이 있었지만 1921년 총회는 '당연히 모든 연맹국에 대해 전쟁행위를 행사한 것으로 간주한다'라는 해석에 관하여, 다른 연맹국에 즉시 전쟁상태가 발생하는 것이 아니라 위약국에 대하여 전쟁을 개시하고 또는 전쟁상태를 선언할 기능이 부여될 뿐이고 규약을 위반한 전쟁의 존부, 제재발동의 필요성 여부, 제재발동의 한계문제도 개별적으로 판정할 수 있으며 제16조 규정에 의하여 연국에 부하된 의무는 직접 규약에 의한 것이고 그 실효성은 조약에 대한 충성여하에 있다고 밝혔다. 이와 같이 연맹의 강제조치의 발동은 가맹국이 직접 규약상 부담한 의무에 기인하고 이사회 또는 다른 기관의 결정에 의존하지 않고 규약의 실효성 여하는 개별국가의 조약에 대한 충성여하에 의존할 수밖에 없었다. 이를테면 제재발동은 각 가맹국의 임의판단에 위임되었던 것이다. 안용교, "국제연합군", 국제법학회논총, 제8권 제2호, 1963, pp.353-354.

희생이 수반될 수 있기 때문에 각국들이 주저하였으며, 제16조에 의한 병력의 사용 그 자체가 종래의 전쟁과 같은 결과를 초래한다는 모순을 내포하고 있었기 때문이었다.

연맹의 목적이 평화의 유지에 있다고 한다면 제재라는 이름으로 전쟁을 행하는 것보다 오히려 전쟁의 발생을 미연에 방지하는 데에 주력함이 현명하다는 생각이 차츰 일반화하게 된 것이다.[35] 이와 같은 경향은 1926년의 브루켈 보고서(de Broukere Report),[36] 1931년의 '전쟁방지 수단의 개선을 위한 일반조약'[37] 등에서 노력의 흔적을 찾아볼 수 있다. 이러한 보고서나 조약이 현실화 되지는 못했지만 국제연맹 시대에는 전쟁의 방지를 위하여 제재수단의 강화보다는 전쟁의 발생자체를 예방하기 위한 조치의 중요성과 유효성이 차츰 인식되었다는 것과 이러한 예방적 조치의 일환으로서 국제군의 사용가능성이 검토되고 있었다는 것을 알 수 있다.

---

35) 권혁기, 국제연합군에 관한 연구, 박사학위논문(영남대), 1974, p.6.

36) 보고서는 국제연맹 규약 제11조가 전쟁의 예방수단으로 활용가능하다는 평가를 내리고 연맹이 취할 방지행동으로써 현지군 이외에 전쟁지역의 질서유지를 위하여 당사국의 동의를 얻어 국제군을 파견할 수 있다는 것을 예정하고 있다.

37) 1931년 제12차 국제연맹 총회에서 채택된 동 조약은 사태악화를 방지하기 위하여 연맹이 행하는 비군사적 보전조치에 관한 권고의 수락의무(제1조), 분쟁당사국의 군대가 타방당사국의 영역에 침입했을 경우 군대의 철수를 확인하기 위하여 취하는 조치(제2조), 이사회에 의한 군사경계선의 획정(제3조) 및 위의 제조치의 실시를 확보하기 위한 위원의 임명과 현지 파견(제4조) 등을 규정하고 있다. 이 조약은 결국 효력의 발생을 보지 못하였으나 연맹규약의 기초당시 전연 그 가치를 인식하지 못했던 전쟁의 발생 및 사태의 악화 등을 방지하려는 조치를 구체화하고 또한 동조치의 실시를 확인하기 위한 감시위원단의 현지파견을 예정했다는 것은 위 조약의 획기적 시도라고 하겠다. 권혁기, *op. cit.*, pp.6–7.

이는 국제연맹의 규약이 오늘날의 평화유지군 형태의 국제군을 예정한 것이 아니지만 규약성립 이후의 논의와 실천과정에서의 제반 노력들이 평화유지군적 성격의 국제군 사용을 이미 시도했다는 점에서 중요한 의의를 찾을 수 있을 것 같다. 실제로 국제연맹에서 계획되거나 조직되어 분쟁지역에 파견된 국제군의 구성과 형태 및 임무를 살펴보면 국제연합의 평화유지군과 비슷하다는 것을 알 수 있다.

빌나(Vilna) 분쟁 시 파견이 계획되었던 국제군의 임무는 오직 '경찰적 기능의 수행'에만 한정되었으며, 파견은 '관계국의 동의'를 전제로 하였고, '중립국을 참가'하게 함으로서 비강제적, 중립적 성격을 유지하였다.[38]

차르(Zaar)지역 분쟁[39]에 파견되었던 차르파견국제군은 주민투표의 전후 일정기간 법과 질서를 유지하기 위하여 관계국의 동의를 얻어 파견되었으며, 무기의 사용은 최소한도로 제한되고 그 구성 및 대민관계에서도 비강제성과 중립성을 견지하고 있었다.

이와 같이 국제연맹 하에서의 국제군파견의 활동원칙과 성격 및 임무는 오늘날의 평화유지군의 그것과 매우 비슷하였다. 다소 성급

---

38) 1920년 빌나(Vilna)시 귀속을 둘러싼 폴란드와 리투아니아간의 분쟁을 해결하기 위하여 연맹이사회는 동년 10월 28일 동시의 귀속을 시민투표에 의하여 결정짓게 하고 투표감시를 위하여 국제군을 파견하여 현지를 점령중인 폴란드군을 철수케 하는 대신에 국제군을 주둔케 한다는 결의를 하였지만 시민투표와 함께 실시되지 못했다. League of Nations, *Official Record*, Jan. Feb. 1921, pp.5-7, 권혁기, *op. cit.*, pp.8-9에서 재인용.

39) 베르사유 평화조약에 의하면 차르(Zaar)지역은 연맹이 15년간 통치한 후 국민투표로써 독일 또는 프랑스에 합병하거나 연맹이 계속 시정하도록 되었었다(평화조약 제3편 제4장 및 동 부속서 제2장, 제3장 참조). 평화조약에 의해 동지역의 귀속을 결정하기 위한 국민투표가 연맹에 의해 실시되었을 때 연맹은 독, 불의 동의하에 국제군을 조직하여 현지의 질서를 유지케 하였다.

한 결론일지 모르지만, 국제연맹에서 실천된 국제군에서 평화유지군의 선구적 형태를 찾아볼 수 있을 것 같다.

나. 평화유지활동의 발전

(1) 현황

1948년 최초의 평화유지활동인 UN예루살렘정전감시기구(United Nations Truce Supervisory Organization : UNTSO)가 창설된 이래 지금까지 63건의 평화유지활동이 수행되었으며, 이 중 2008년 2월 현재 17건이 계속되고 있다.

특히 1988년은 UN평화유지활동의 발전에 분수령을 이룬 해였다.[40] 1948년에서 1987년까지 40년 동안 13건의 평화유지활동이 이루어진 반면에 1988년 이후 폭발적으로 증가하여 현재까지 47건이 새로이 수행될 정도였다. 이것이 가능하였던 주인은 국제연합 사무총장의 분쟁당사국, 파병국 및 경비분담국 등과의 집요한 교섭과 관계개선과 지역분쟁을 진정시키려고 한 미소간의 협력이었다.[41]

더욱이 1988년 9월 18일 국제연합 안전보장이사회의 5개 상임이사국의 외무장관은 주요 국제문제에 대해 협의한 후 발표한 공동성명을 통해 지역분쟁의 해결을 위한 국제연합의 적극적인 개입을 환영하고 국제연합의 평화유지활동에 대한 신임을 강조하였다. 같은 해 그동안의 평화노력을 인정받아 국제연합 평화유지활동이 노벨평

---

40) 1988년은 국제연합의 역사에 있어서 세계평화를 위협하던 해묵은 주요 지역분쟁이 차례로 해결되기 시작한 해이다. 국제연합의 적극적인 중재로 아프가니스탄협정이 타결되어 소련군이 철수하기 시작하였고 8년간 계속되어온 이란-이라크 전쟁을 휴전으로 성립시켰다.

41) 박쌍용, “UN평화유지군의 현황”, 외교, 제9호, 1989, p.106.

화상을 수상하였다.[42] 이를 계기로 국제연합은 안전보장분야에서 기여한 현저한 공적을 인정받았으며, 국제연합의 권능에 대한 보편적 관심과 기대를 증대되었다.

(2) 발전과정

평화유지활동의 발전과정은 그 창설과 활동상의 원칙 및 기준들에 대한 강대국, 특히 미국과 소련의 대립과는 불가분의 관계에 있다.

1948년의 UNTSO 이후 평화유지활동의 생성, 발전과정은 몇 개의 범주, 즉 '평화를 위한 단결(Uniting for Peace)'결의 이전, 더 정확하게 말해 UN의 한국전쟁 개입이전인 1948년부터 1949년까지의 초창기, 최초의 평화유지군이었던 제1차 UN긴급군(UNEF-I) 이후 동 활동의 성공적 임무수행으로 인해 평화유지활동에 대한 관심과 수요의 증대로 4건의 감시단과 4건의 평화유지군이 설치되었던 1950, 60년대(1956~1967)의 확립 및 발전기, 1973년 중동전쟁 발발로 시나이 반도에 배치된 제2차 UN긴급군(UNEF-II) 이후 3건의 평화유지활동만이 수행되었던 1973~1978년과 그 후 약 10년간 평화유지활동이 중단되었던 1978~1987년까지의 퇴조 및 침체기, 1980년대 중반 이후 냉전구조가 와해되고 안전보장이사회 상임이사국 간에 협력분위기가 조성되어 평화유지활동이 활발하게 창설된 1988년 이후의 부활 및

---

42) 1988년 노벨평화상은 국제연합 또는 국제연합의 활동과 관련된 8번째의 수상이다. 과거 수상자는 다음과 같다. 존 보이드어어(Lord John Boyd Orr of Brechin Mearns) 국제연합 식량농업기구 사무차장(1949), 랄프 번치(Ralph Bunch) 국제연합 특별정치담당 사무차장(1950), 국제연합 난민고등판무관 사무처(1955), 페스터 피어슨(Lester Bowles Pearson) 캐나다 수상(1957), 다그 함마르셸드(Dag Hammarskjold) 국제연합 사무총장(1961), UNICEF(1965) 및 ILO(1969).

부흥기로 나누어 볼 수 있다.[43)]

(가) 초창기(1948~1949)

초창기의 활동은 본격적인 평화유지활동, 즉 최초의 평화유지군이었던 UNEF-I의 전단계로 소규모의 감시단에 의한 정전감시활동이 주였었다.

1948년 팔레스타인 휴전을 감시하기 위해 설치되었던 국제연합예루살렘정전감시단(United Nations Truce Supervisory Organization : UNTSO)과 그 이듬해 인도와 파키스탄 분쟁지역인 카시미르에서의 양국군을 격리하고 정전을 감시하기 위하여 양국의 국경을 따라 파견된 국제연합인도-파키스탄 군사감시단(United Nations Military Observer Group in India and Pakistan : UNMOGIP)이 그 예다.

이 기간 중의 평화유지활동은 명확한 헌장상의 근거와 활동의 원칙이 미정립되어 있던 상태에서 시작되었기 때문에 체계적이지는 못했지만 UN평화유지활동의 선례가 되었을 뿐만 아니라 인근지역에서의 타 활동을 지원하는 등 그 의의는 자못 지대하다 할 수 있을 것이다.[44)]

(나) 확립 및 발전기(1956~1967)

1956년부터 1967년 까지 약 10년간은 평화유지활동의 확립 및 발

---

43) H. Wiseman, “The United Nations Peace-Keeping: a historical overview", H. Wiseman(ed.), *Peace-Keeping: Appraisal and proposal*, Pergman Press, 1983, pp.31-46참조.

44) UNTSO는 UNEF-I, UNOGIL, UNIDOM, UNEF-II, UNDOF, UNIFIL을 지원하였으며 UNMOGIP는 UNIPOM을 지원하였다. 특히 UNTSO의 참모장은 UNEF-I의 사령관으로 임명되기도 하였다.

전기라고 볼 수 있다. 이 시기에는 4건의 평화유지군과 4건의 군사감시단이 설치되어 동 활동에 있어 급격한 진전을 이루었을 뿐만 아니라 동 활동이 UN의 주요 평화유지기능의 하나로 확립되었다.

평화유지활동이 국제연합의 분쟁억제 및 해결기능의 하나로 자리매김하게 된 데에는 UNEF-I의 성공적 임무수행이 결정적 역할을 했다. 하지만 동 활동은 안전보장이사회가 아닌 총회의 결의에 의해 설치되어 그 이후 평화유지활동의 창설권능과 관련한 안보리와 총회간의 갈등의 원인이 되기도 하였고, 이의 성공에 뒤이어 콩고(현 자이레)에 파견된 ONUC는 한 국가의 내전상황에 파견된 평화유지군의 임무수행이 얼마나 어려운 것인가를 보여준 좋은 사례가 되었으며, 1964년 키프로스에 개입한 UNFICYP은 자발적인 기여를 통해서 평화유지활동의 비용을 충당하는 것이 바람직하지 않다는 유익한 경고를 해주었다.

이 기간 중 평화유지활동의 급격한 증대와 함께 평화유지활동과 관련된 제반사항에 대한 논란도 가열되었다. 특히 평화유지군의 합헌성 문제, 평화유지활동의 창설권에 관한 안전보장이사회와 총회간의 권한배분 문제, 사무총장 역할의 범위문제, 평화유지활동의 재정문제 등과 관련된 논란 등은 평화유지활동의 전도를 흐리게 만드는 요인이 되기도 하였다.45)

(다) 퇴조 및 침체기(1967~1987)

이 기간은 약 20년 동안 단 3건의 평화유지활동이 창설되었을 뿐이다. ONUC에서의 격심한 갈등을 겪고 난 후 국제연합은 소극적이

45) 백진현, "유엔평화유지활동(PKO)", 신동아, 1992. 9, p.142.

되지 않을 수 없었다. 이러한 국제연합의 자세에 제2차 국제연합긴급군(UNEF-II)의 성공적인 활동이 일대 전기를 제공하는 듯 했으나, 뒤이은 국제연합레바논임시군(UNIFIL)의 어려움으로 말미암아 평화유지활동은 퇴조기를 맞게 되었다.

중동전의 발발로 시나이 반도에 배치된 UNEF-II은 정전을 달성한 후 시나이반도로부터의 이스라엘군 완전철수와 1979년 이집트-이스라엘 조약으로 귀결되는 캠프 데이비드 평화협정 타결에 결정적인 공헌을 했을 뿐만 아니라 사무총장은 창설준비보고서[46]에서 평화유지활동의 임무, 활동범위 및 규칙 등을 상세히 작성하여 그 이후의 평화유지활동에 지침역할을 했다.

하지만 1978년 이스라엘의 레바논 침공으로 야기된 위기상황에 파견된 UNIFIL은 평화유지활동의 수행과 관련한 어려움을 보여준 또 하나의 사례가 되어 다양한 경험과 교훈을 제공하였다. UNIFIL은 분쟁지역에서의 법질서 회복, 이스라엘군의 완전철수, 레바논 정부의 통치권 회복 등 과도한 임무를 설정[47]함으로써 활동초기부터 많은 어려움에 직면했다.

특히 정부가 완전히 통제력을 상실하고 비정규군에 의해 지배되고 있는 지역에서의 임무수행의 어려움, 안전보장이사회가 찬성표를 던진 위임통치를 수행하기 위하여 압력을 행사하는 것을 꺼리는 이사회의 소극적 태도, 치열한 무력충돌 와중에서도 평화유지군의 무기사용 제한, 평화유지군의 무장폭력에 노출에 따른 군대제공국의 압력 증가, 주요국의 재정지원 보류 등과 같은 제반 문제점이 동 활동

46) UN Doc. S/11052/Rev.1.

47) UN S.C. Res.425.

의 성공적 수행에 결정적 장애가 되었다.48)

1978년 UNIFIL의 창설을 마지막으로 그 이후 약 10년간 국제연합 평화유지활동은 중단되었다. 물론 이 기간에 평화유지활동이 창설, 파견될 만한 국제분쟁이 없었던 것은 아니다. UNIFIL의 실패가 그 이후 평화유지활동의 전도에 부정적인 영향을 끼친 것은 사실이지만, 무엇보다도 당시 국제정세의 급랭으로 국제연합 자신이 목적의식과 평화유지에 대한 정치적 의지를 상실했기 때문이었다.

특히 1980년대 초반 이후 첨예화된 소위 제2차 냉전으로 동서 양진영의 대립은 극도로 악화되어 국제연합을 통한 평화유지를 모색할 여건이 갖추어지지 못했던 것이 평화유지활동 침체의 근본원인이었다.

(라) 부활 및 부흥기(1988～현재)

1988년 이후 국제연합에서의 괄목할만한 강대국 간의 협조분위기 조성으로 다양한 분야에 걸친 국제적 활동과 협력에 새로운 가능성을 제시해 주었는바, 이러한 점은 국제연합의 주요기능인 국제평화와 안전의 유지에 있어서 특히 두드러졌다.

이와 같은 새로운 국제분위기가 조성되어 평화유지에 대해 새롭게 신뢰하고 열중한 결과, 현재까지 정전감시, 선거감시, 군대철수의 검증 등을 목적으로 하는 다기능 평화유지활동이 활발하게 운영되고 있다.

이러한 현상이 단순히 일시적이고 우연적인 것인지, 아니면 국제평화와 안전을 위한 보다 강력한 체제를 개발하려는 신중한 의도를 암시하는 것인지는 인류가 세계 도처의 민족, 인종, 종교분쟁에 휘말

48) 백진현, *op. cit.*, pp.142-143.

려있고 이러한 분쟁에 대한 국제연합의 대응이 가시적인 효과를 얻지 못하고 있는 현실에서는 아직 그 판단이 이르지만, 국제평화와 안전의 유지를 위한 국제적 체계의 개발기회를 맞이하고 있다고 보인다.

동 기간 중 국제연합은 평화유지활동에 있어서 비약적인 발전을 이루었을 뿐만 아니라 한국전쟁이후 거의 사문화되었던 집단안전보장체제의 군사적 강제조치가 걸프전을 계기로 재등장하게 되었고, 집단안전보장체제와 평화유지활동의 결합이라는 새로운 평화유지방식과 인도적 개입목적의 평화유지활동의 등장, 평화유지활동의 원칙의 변화 시도 노력 등 동 활동의 양적 팽창에 못지않은 질적 발전이 있었다.

하지만 평화유지활동의 폭발적인 발전에 따른 문제점들이 노출되기도 하였다. 한정된 기관으로 도처의 분쟁지역에서 수행되고 있는 활동에 대한 지휘와 통제의 어려움, 재정과 병력제공국 확보의 어려움, 분쟁초기에 배치하여 조기에 분쟁을 해결할 수 있는 신속배치군의 필요성, 이러한 어려움을 해결키 위한 특정국에의 지나친 의존과 이에 따르는 일부국가들의 반발, 동 활동의 기능확대로 인한 임무달성의 어려움 등이 그것이다.

이러한 것들은 앞으로의 연구로 개선, 보완될 것인 바 이 기간은 새로운 희망의 가능성과 동 활동의 장애요인의 해결이라는 미래의 요청을 동시에 우리에게 안겨주고 있다.

(3) 발전과정의 특징

이상에서 평화유지활동의 현황과 시기별 발전과정 및 각 단계에서의 주요한 활동들을 살펴보았다. 그 과정에서 시간의 경과에 따라 평화유지활동의 형태, 동 활동이 기능했던 분쟁의 성격, 창설기관, 창설기관이 부여한 기본적인 위임권한 등의 변화를 확인해 볼 수 있다. 이를 부분별로 살펴보면 다음과 같다.

첫째, 평화유지활동의 형태는 소규모의 군사감시단에서 군요원만으로 구성되는 대규모의 평화유지군 또는 경찰 및 민간분야와 함께하는 복합적인 임무수행을 요구함에 따라 혼성적인 평화유지활동으로 변화되고 있음을 보여준다. 국제연합의 평화유지활동이 국제화된 것은 1950년대 이지만 그 싹은 1940년대 후반의 군사감시단에서 찾아볼 수 있다. 그 후 80년대를 지나면서 대규모의 병력을 포함하는 새로운 형태의 평화유지활동이 등장하였다.

둘째, 평화유지활동이 수행된 지역의 분쟁의 성격은 초창기에는 동 활동의 임무가 국제평화와 안전의 유지가 주였기 때문에 국제분쟁이었지만 차츰 동 활동이 임무의 영역을 확대해 나감에 따라 국제분쟁과 국내분쟁의 혼재 또는 내전상황으로 변화되어 가고 있음을 알 수 있다.

셋째, 평화유지활동의 창설기관이 초기의 총회와 안전보장이사회의 경합에서 안전보장이사회로 일원화되어 가고 있는데, 이는 오늘날 거의 확립된 원칙이다.

넷째, 평화유지활동의 임무는 동 활동의 초창기에는 국제평화와 안전의 유지에 관련된 정전 및 국경감시와 분쟁당사자간의 완충지대 형성이 주였으나 차츰 분쟁당사자의 무장해제, 포로송환 및 재정착 지원, 선거감시, 기관시설의 복구, 민간행정업무의 지원 및 인권문제까지 확대되었다.[49)]

4. 법적 근거

평화유지활동의 법적근거에 관한 학자들의 주장은 실로 다양하며, 학설의 다양성만큼이나 국제연합의 실행도 이 문제에 대해 명확한 태도를 보여주고 있지 못하다. 다만 몇몇 사례에서 주장되어진 근거 규정을 살펴봄으로써 이를 확인할 수 있을 뿐이다.

물론 동 활동의 법적근거를 명확히 하는 데서 오는 국제연합이 얻는 정치적 이익과 손실을 비교해 볼 때 법적근거의 중요성을 지나치게 강조할 필요가 없다는 견해[50]도 있지만 동 활동은 앞으로도 계속 활용될 것인 바, 이에 대한 헌장상의 일반적 기초를 명확히 확인해 둘 필요가 있다. 지금까지의 평화유지활동은 안전보장이사회와 총회의 결의에 의하여 창설되었기에 이하에서도 이러한 구분에 따라 각 기관에 의한 창설의 법적근거를 규명해 보고자 한다.

가. 안전보장이사회에 의한 창설

평화유지활동은 헌장 기초자들이 예정한 것이 아니어서 그 법적 근거에 대한 헌장상 명문 규정이 없을 뿐만 아니라 일반적으로 동 활동을 창설하는 안전보장이사회의 결의에도 헌장상의 근거조항을 명시하지 않고 있다.[51] 법이론적으로는 헌장 제7장 제39조, 제40조,

---

49) 1990년대 탈냉전 이후 세계질서의 재편과정에서 지역분쟁의 유형이 국가 간의 갈등보다는 국내분쟁과 내전 양상으로 변화함에 따라 최근의 평화유지활동 또한 분쟁지역에 대한 감시 활동뿐만 아니라 분쟁에 대한 직접적인 해결(평화강제)이나 분쟁 해결 이후의 재건활동 등으로 확대되고 있다. 국방부, 국방백서, 2006, p.101.

50) *Ibid.*, p.108.

51) E. Suy, "U.N. Peace-keeping System", R. Bernhardt(ed.), *Encyclopedia of*

제6장 제33조, 제29조, 기타 조항 또는 이들 조항들을 포괄하는 것으로 생각할 수 있다.

하지만 헌장 제6장에 대해서는 찬반양론이 대립되고 있고,[52] 제41조 및 제42조는 강제조치에 관한 규정이어서 평화유지활동의 창설근거로 보기에는 중대한 결함이 있어 일반적으로 제40조,[53] 제39조,[54] 제29조[55]를 안전보장이사회의 평화유지활동 창설근거로 보아야 할 것 같다.

---

public international law, vol.4, North Holland Publishing Co., 1982, p.259.

52) 제6장 제33조를 평화유지활동의 창설근거로 인정하는 견해에 대한 반대론자의 주장은 분쟁의 평화적 해결을 위한 안전보장이사회의 구체적 근거를 제시한 제6장은 비강제적 조치여서 군대의 사용과 무력의 사용을 배제하고 있는 반면 평화유지활동은 비강제조치이긴 하지만 무력의 사용이 완전 배제되는 것이 아니기 때문에 그 근거로 인정할 수 없고, 제6장에 의해 안전보장이사회는 어떤 조치를 취하도록 명령할 수 없고 단지 권고만 할 수 있다는 것이다. 한편 제6장을 평화유지활동의 창설근거로 인정하는 견해는 동 활동의 무력사용은 자위를 위한 것으로 강제조치를 목적으로 한 것이 아니고 총회가 제11조나 14조의 권고로 평화유지활동을 창설할 수 있다면 안전보장이사회가 제6장 제33조의 권고에 의해 동 활동을 창설하지 못할 이유가 없다는 것이다. M. Akehurst, *A modern introduction to international law*, George Allen and Urwin, 1984, p.188.

53) U.N., *Everyone's United Nations* (10th ed.), 1986, p.97.

54) 제39조에 의해 안전보장이사회는 평화에 대한 위협, 평화의 파괴 또는 침략행위의 존재를 결정하고 국제적 평화와 안전을 유지하고 또 회복하기 위하여 권고 또는 제41조 및 제42조에 따라 여하한 조치를 취할 것인가를 결정할 수 있다. 안전보장이사회는 이에 따라 평화유지활동을 창설하고 가맹국들에게 군대를 파견할 것을 권고할 수 있다는 것이다.

55) 안전보장이사회는 제29조에 따라 임무수행에 필요하다고 인정되는 보조기관을 설치할 수 있는 바, 이 규정에 의해 안전보장이사회는 보조기관으로 평화유지활동을 창설할 수 있다는 것이다.

나. 총회에 의한 창설

평화유지활동은 총회의 결의에 의해서도 창설될 수 있지만 이에 관한 헌장상의 명문규정이 없음은 안전보장이사회의 경우와 같다. UNEF-I 이후 모든 평화유지활동은 안전보장이사회의 결의에 의하고 있고 각국은 이에 대해 대체로 합의하고 있다. 하지만 안전보장이사회의 기능이 마비되었을 때 동 활동이 총회의 결의에 의하여 창설될 가능성이 완전 부정되는 것은 아니다. 일반적으로 총회의 평화유지활동의 창설근거로는 헌장 제10조,[56] 제14조,[57] 제22조[58]를 들고 있다.

다. 평화를 위한 단결결의

'평화를 위한 단결'결의에서 총회의 평화유지활동의 창설근거를 찾을 수 있다고 보는 견해가 있는 바,[59] 이러한 견해는 UNEF-I이 동 결의에 의해 소집된 특별긴급총회에서 창설되었음을 예로 든다.

하지만 동 결의는 총회의 잔여권능과 책임을 구체화한 것으로 안전보장이사회가 상임이사국의 거부권 행사로 국제평화와 안전의 유지를 위한 제1차적 책임을 수행할 수 없을 때 총회가 회원국에 대하여 병력의 사용까지도 포함하는 집단조치를 권고할 수 있다고 규정하고 있어 본질적으로 헌장 제7장의 강제조치 권고권을 총회에 부여

---

56) UN Doc. A/5739, "U.S. Memorandam on the United Nations Financial Crisis", 8 Oct. 1964.

57) UN Doc. A/5739.

58) UN Doc. A/3526.

59) I. Brownlie, *Principles of Public International Law* (3rd ed.), Oxford, Clarendon, 1979, pp.699-700.

한 것으로 이를 강제조치가 아닌 평화유지활동의 창설근거로 보기에는 무리가 있다. 동 결의를 창설근거로 보는 견해는 총회의 평화유지활동의 창설근거 조항과 창설기관으로서의 총회의 권한을 혼동한 결과이다.

5. 기본 활동원칙의 형성 및 적용상의 변화

국제연합 평화유지활동은 헌장상의 규정에 의한 것이 아니라 총회나 안전보장이사회의 결의에 의해 임기응변으로 창설되었고 그 원칙도 관행을 통하여 발전되어 왔기 때문에 활동상의 원칙이나 이론이 결여되어 있다. 원칙의 정립을 위한 국제연합 기관들의 노력이 없었던 것은 아니다.

'평화유지활동에 관한 특별위원회'의 활동과 공식초안, 각 활동의 창설을 전후한 사무총장의 보고서, 국제연합의 관행 등 장시간 동안 다방면에 걸친 법제화 노력이 경주되었으나 냉전기간 중 양 진영 간의 대립과 국제연합의 정치도구화, 제3세력의 국제연합 가입과 세력화, 강대국들의 의도적 회피 등 여러 가지 이유로 평화유지활동의 창설, 편성, 지휘 및 통제, 임무수행 및 종료 등을 규제할 확립된 기본원칙을 마련하지 못하였던 것이다.

하지만 지금까지의 활동을 통해 그 경험이 선례로 쌓이면서 활동상의 기본원칙은 불완전하나마 확립되었다. 이는 평화유지활동이 국제적 목적달성을 위하여 오늘날의 국제사회가 의존할 수 있는 하나의 절차로 확립되었음을 의미한다.[60]

60) A. James, *op. cit.*, p.439.

가. 기본원칙의 형성 및 내용

(1) 기본원칙의 형성을 위한 국제사회의 노력

(가) 평화유지활동에 관한 특별위원회의 설치 및 활동

UNEF-I와 ONUC 이후의 창설권 및 재정문제에 대한 갈등과 대립으로 인하여 국제연합 존립의 위기를 겪고 나서 1965년 총회는 '평화유지활동에 관한 특별위원회(Special Committee on the Peace-Keeping Operations)'를 설치하였다.[61] 동 위원회의 임무는 국제연합 헌장에 일치되게 평화유지활동의 수행에 관한 합의된 원칙을 세우고 재정문제를 포함한 관행상의 문제들을 토의하는 것이었다.[62] 즉, 평화유지활동을 전반적으로 검토하여 동 활동의 수행을 위한 일반적인 지침을 작성하기 위한 것이었다.

각국의 대표들은 동위원회에 참석하여 자국의 평화유지활동 정책을 각서(Memorandum)로 제출하여 자국의 입장을 분명히 하였으며, 위원회는 행정과 보급에 관한 정보를 포함하여 이전까지 창설되었던 모든 군사감시단과 평화유지군에 관한 자료를 검토했다. 특별위원회의 설치는 이전까지의 평화유지활동에서 도출된 제반 문제점들에 대한 활발한 토론을 불러 일으켰고, 국제연합 내에서의 주도권 싸움수준에 머물러 있던 강대국, 특히 미·소의 평화유지활동에 대한 자국의 입장을 분명히 하는 데 도움을 주었다.

동 위원회는 미·소의 입장차이로 일반적 지침을 합의하기가 어려웠으나, 동·서 데탕트와 안전보장이사회의 만장일치에 의한 UNEF-

61) UN G.A. Res.2006(XIX).

62) A. Cassese,"Recent trends in the attitude of the superpowers towords Peace-Keeping", A.Cassese (ed), *United Nations Peace-Keeping: Legal Essays*, Sithoff and Noordhoff, 1978, p.223.

II의 창설 등의 화해분위기를 계기로 미 · 소간의 의견접근이 이루어져 1974년 16회의 회합 끝에 '평화유지활동에 관한 합의된 지침조항을 위한 다수의 대체적 또는 보완적 공식초안(A number of alternative or complementary draft formulas for articles of agreed guidelines United Nations Peace-Keeping Operations)'[63]을 마련하였으며, 실무단(Working Group)으로 하여금 합의된 지침의 완성 작업을 계속하도록 촉구하였다. 그 결과 1977년 동위원회는 'UN 평화유지활동에 관한 합의된 지침조항을 위한 공식초안(Draft formulas for articles of agreed guidelines for united nations peace-keeping operations)'[64] 을 총회에 보고하였다.[65]

동 초안은 많은 중요한 원칙에 대한 합의를 이루었으나, 안전보장이사회 권한의 일반적 정의, 군사령관의 임명, 평화유지활동의 비용할당 문제에 대한 각국의 견해가 좁혀지지 않아 합의가 이루어지지 못한 채 위원회의 활동은 사실상 중단된 상태이다. 한편 1978년 총회는 회원국들에게 평화유지활동을 지지하여 줄 것을 호소하고 특별위원회에 조속한 시일 내에 합의된 지침을 완성시켜 줄 것과 평화유지활동의 실제적 실시에 관계되는 특수한 문제에 주의를 기울여 줄 것을 요청하였으며[66] 1983년 특별위원회는 보고서에서 일부 회원국들은 동위원회가 현재 직면하고 있는 문제를 극복하기 위해 위원회

63) UN chronicle, April 1975, p.23.

64) UN Document A/32/394 Annex II, Appendix I.

65) 동 초안은 평화유지활동의 중요원칙에 대한 각국의 합의에 의한 것으로 제목, 서언과 13개 조항으로 구성되어 동 활동의 창설, 지휘와 통제 같은 중요한 문제를 다루고 있을 뿐만 아니라, 합의에 이르지 못한 부분도 괄호로 표시하여 작성되었다.

66) UN, Everyone's UN, 1979, pp.68-69.

의 현 상태에 새로운 활력이 요구된다고 밝히고 있다.67)

(나) 사무총장의 보고서

① 국제연합긴급군의 설립과 활동으로부터 얻은 경험에 관한 연구개요

수에즈에 파견된 국제연합긴급군(Emergency International UN Force: UNEF-I)은 수에즈 사태에 대처하기 위하여 임시적(ad hoc)으로 설치된 잠정적인 것이었다. 그러나 결과적으로 이의 존재와 활동이 수에즈 사태의 현지적 수습에 크게 기여하게 되자, 이와 같은 비군사적, 비전투형의 국제연합군(평화유지군)의 유용성은 일반적인 관심의 표적이 되었으며 마침내 이를 제도화하려는 시도가 행하여졌다.68)

국제연합 내에서의 이러한 여론과 UNEF-I의 경험을 토대로 하여 사무총장은 평화유지군의 기본원칙에 관한 보고서를 작성하였다.69) 이것이 곧 1958년 10월 15일 제13차 총회에 제출된 위 제목의 보고서이다.70)

동 보고서는 평화유지군에 참가하여 활동하는 개별구성원은 결코 무력행사의 주도권을 취하여서는 안 된다. 단, 무력공격을 받을 경우에는 자위권 행사의 하나로 무력을 행사할 수 있다고 규정하고 있다.

---

67) UN chronicle, November 1983, p.34.

68) 권혁기, *op. cit.*, p.46.

69) UN Doc. A/3943.

70) 동 보고서는 UNEF-I의 편성 및 활동에 관한 평가서이다. 사무총장은 보고서의 결론 부분에서 동군의 경험에 비추어 평화유지군(활동)의 기본원칙을 제시하여 이를 장차 동일형태의 평화유지군(활동)이 창설될 경우 그 지침으로 삼고자 했다.

② 제2차 국제연합긴급군의 창설준비보고서[71)]

동보고서는 안전보장이사회의 권위 아래 제2차 국제연합긴급군(Second UN Emergency Force: UNEF-II)을 창설할 것을 결정하고, 사무총장에게 이를 효과 있게 할 조치에 관해 24시간 내에 보고할 것을 요구한 1973년 10월 25일의 안전보장이사회의 결의[72)] 에 따라 제출되었다. 동보고서는 창설 및 종료상의 원칙에 대해서는 아무런 언급이 없으며[73)] 7개의 장으로 구성되어 있다.

사무총장은 보고서에서 국제연합긴급군은 분쟁당사국들이 안전보장이사회의 결정에 따라 모든 필요한 조치를 취할 것이라는 가정 하에 활동한다는 것을 전제로 한다면서 동 군의 효과적 임무수행을 위해서는 항상 안전보장이사회의 완전한 지지를 받아야 하며, 관련당사자들의 완전한 협조를 받아 활동하여야 하고, 통합된 유효한 군사조직체로써 기능하여야 한다는 것을 기본조건으로 제시하면서 국제연합긴급군에게는 오로지 방어적 성격의 무기만이 지급되며 자위의 경우를 제외하고는 이를 사용할 수 없다고 강조하였다. 그리고 자위는 안전보장이사회의 지시에 따라 동군이 그 임무를 수행하는 것을 막기 위한 군사적 시도에 대한 저항을 포함한다는 것을 부언하고 있다.

---

71) UN Doc. S/11052/Rev.1.

72) UN S.C. Res.340.

73) 이는 창설 및 종료상의 원칙이 그동안의 관행과 특별위원회의 공식초안 및 사무총장의 보고서를 통하여 어느 정도 확립되었다고 판단하였고, 동 군이 상임이사국의 전원 일치에 의해 창설되었으며, 이 부분에 대한 불필요한 논쟁을 미연에 방지하려는 의도에서 생략한 것으로 생각된다.

(2) 기본원칙의 내용

첫째, 창설 및 지휘통제권에 대해서는 총회와 안전보장이사회간의 의견이 대립되었으나 오늘날은 안전보장이사회의 권한으로 일원화되었다. 다만 이러한 권한은 사무총장에게 위임이 가능하며, 특히 현장 지휘는 안전보장이사회의 동의에 따라 사무총장이 임명한 현지사령관에 위임할 수 있다.

둘째, 평화유지활동의 창설을 기대하는 국가나 이에 참가하는 국가는 그 창설과 활동에 동의하여야 한다. 이는 특별한 동의 없이 한 국가의 영역 내에 군대가 들어가는 것을 인정하는 헌장 제42조와는 확연히 다른 것이다.[74] 평화유지는 어디까지나 정치적 조치에 부수하는 것으로 전투재개충동에 제동을 가하여 평화적 조정을 기하는 군사적 현시에 불과한 것이다.[75] 따라서 이를 위하여 창설되는 평화유지활동은 군대제공국을 비롯한 관계국들의 안보상의 국가이익과 부합되는 것이어야 하고 군대의 진주에는 당연히 수용국의 동의가 필요하다.[76] 주권국가로 구성된 분권적 국제사회에서 강제집행조치가 아닌 평화유지행위는 당사국의 동의와 협조 없이는 불가능하며 그들이 평화유지군 및 군사감시단의 주둔에 동의하고 군사적 대결의 계속보다는 정전에 동의하여야만 원활한 임무수행이 가능할 것이기 때문이다.

---

74) L. M. Goodrich, *The United Nations in a Changing World*, Columbia U.P., 1974, p.150.

75) N. A. Pelcorits, "UN PeaceKeeping and the 1973 Arab-Israel Conflict", *ORBIS*, XIX, 1975, p.164.

76) 장효상, "UN 평화유지활동에 관한 연구", 현대국제법론(이한기박사 화갑기념논문집), 박영사,p.154.

셋째, 평화유지활동의 편성에 있어서 안전보장이사회의 상임이사국과 지리적 및 기타 이유로 인한 특별한 이해관계를 갖는 국가를 배제하며 동 활동의 국제적 성격 확보를 위하여 특정지역의 국가나 특정체제의 국가들로만 편성되지 않도록 주의하여야 한다.[77]

넷째, 평화유지활동은 그 임무수행에 있어서 비제재적, 비무력적 성격을 유지하여야 하며 수용국의 국내문제에 간섭하여서는 안 된다.[78] 비록 군대가 파견되더라도 그 목적은 전투와 승리에 있는 것이 아니라 전투의 방지와 휴전의 유지 및 협상기간중의 질서유지에 있는 특수한 군사기술일 뿐[79] 강제수단에 의해 대상국가의 행위에 영향을 미치려는 데 있지 않으므로 어떠한 경우에도 평화유지활동은 분쟁당사자의 의사에 반해서 해결책을 강제적으로 부과해서는 안 된다. 왜냐하면 평화유지활동의 핵심적 기능은 군사적 기능이라기보다는 오히려 정치적 성격을 띤 것이기 때문이다.[80] 또한 평화유지활동은 평화의 강제나 집행 또는 수립을 위한 행위가 아니라 평화를 유지하는 비강제적 행위이기 때문에 그 특성상 원칙적으로 무력을 사용할 수 없다.[81]

---

77) Inis L. Claud, Jr., "The Peace-Keeping Role of the United Nations", E. Berkeley Tompkins(ed.), *The United Nations in Perspective*, Standford U.P., 1972, p.57.

78) *Ibid.*, p.52.

79) Arthur M. Cox, *Prospects for Peace-Keeping*, The Brookings Institution, 1967, p.4.

80) L. M. Goodrich, *op. cit.*, p.149.

81) 평화유지활동에 참여하고 있는 요원들은 자위의 경우에는 무력을 사용할 수 있다. 왜냐하면 내전의 경우에 수용국 정부로부터 보다는 여하한 군사충돌에서 따르는 혼란가운데서 당국으로부터의 명령 없이 활동하는 개인이나 집단으로부터의 공격위협이 더 클 것이기 때문이다. 여기에 자위를 위한 무력행

다섯째, 활동의 종료에 있어서는 병력제공국과 수용국간 지위협정을 체결하여 파병군의 법적 지위를 보장하여야 하며, 철수시기는 병력제공국이 일방적으로 자국군을 철수시키는 것은 가능하지만, 가능한 한 수용국 및 국제연합과의 합의를 통해 철수시기를 고려하여야 할 것이다.

나. 기본원칙의 적용상의 변화

평화유지활동의 성공적인 임무수행을 위해서는 비전투적, 비강제적 성격에 맞는 임무의 엄정한 한정, 분명하고도 실행가능한 권한의 위임, 창설 및 임무수행에 대한 분쟁당사국들의 동의와 협조, 국제연합과 회원국들의 지속적이고도 충분한 지원 그리고 규제원칙의 준수 등이 필수적이다.

하지만 보다 더 중요한 것은 분쟁지역 및 그 주변의 상황과 분쟁의 성격이다. 현재까지 평화유지활동이 창설되어 파견되었던 분쟁의 성격과 상황을 보면 몇몇의 경우를 제외하고는 그러한 여건을 충분히 제공해주지 못하였다.

분쟁지역의 혼란스러운 국내사정, 끝을 모르는 권력투쟁, 주변국의 개입위험 등 평화유지활동의 원활한 기능을 방해하는 악조건 속에서도 국제연합은 평화유지기구로서의 역할을 담당하지 않을 수 없었다.

사의 필요성이 인정되는 것이다. 하지만 무력사용금지 원칙의 예외로써 인정된 자위권만 하더라도 이에 관한 규정의 남용으로 말미암아 본문과 단서규정이 전도된 것 같은 느낌마저 주고 있다. 우선 절차상으로 무력공격 사실의 확인방법과 실체상으로 게릴라전과 같은 간접적, 제한적 전투라는 현대적 양상에 비추어 무력공격 및 자위권 행사의 경우 그 한계를 어디까지 보아야 할 것 인가에도 문제는 있다.

그 과정에서 평화유지활동은 위임된 임무의 수행을 위하여 활동을 규제하는 원칙들의 적용에 있어서 변화를 모색하기 시작하였다. 특히 최근의 평화유지활동이 종래의 정전감시나 완충역할, 분쟁국 군대의 철수검증 및 무장해제 등 전통적인 임무로부터 인권신장, 선거감독, 민간행정, 경찰업무, 난민송환 및 재정착, 경제재건 등 보다 광범위한 분야로 임무의 범위를 확대해 가고 있을 뿐만 아니라 군사적 측면에서도 활동의 폭이 넓어지고 있음을 고려해 볼 때 그러한 변화의 조짐은 어느 정도 예견된 것이라 여겨진다. 이러한 변화의 원인으로는 다음과 같은 원인들을 들 수 있다.

(1) 임무의 확대

평화유지활동의 전통적인 주된 임무는 분쟁당사국의 동의를 얻어 중립적인 입장에서 비무장지대 등에 평화유지군 및 군사감시단 또는 양자를 파견하여 정전감시를 행하는 것이지만 1980년대 후반으로 들어서면서 평화유지군의 활동범위가 보다 넓어지고 있다. 냉전시대에는 주로 분쟁지역의 완충지대를 감시하는 소극적 행동에 국한되어온 평화유지활동이 점차 확대되어 이제는 과거 주권침해라고 기피해왔던 특정국가의 국내문제 해결을 위하여 파견되고 있는 것이다.

이러한 평화유지활동의 임무의 확대는 기아문제와 무정부상태를 해결하기 위하여 창설된 UNOSOM-II에서도 확인되고 있지만, 특히 인권, 선거, 군사, 일반행정, 난민귀향, 부흥부문 등의 7개 부문으로 나누어져 광범위한 활동을 담당하였던 국제연합캄보디아잠정통치기구(United Nations Transitional Authority in Cambodia: UNTAC)에서 확연히 나타나고 있다.

1991년 10월 23일 캄보디아 내전에 관련된 4개 정파 및 관련 19개국 외무장관들이 파리에서 회동, 평화협정에 공식조인함으로써 13년에 걸친 캄보디아 내전은 해결의 실마리를 찾아 새로운 평화의 길을 열어갈 계기를 마련하였으며 평화협정의 결과로 성립된 UNTAC가 1992년 초반부터 업무를 개시하였다.82)

파리평화협정의 내용 중 특기할 만한 것은 캄보디아에 새로운 정부가 구성되기 전까지의 통치권을 사실상 국제연합 측에 위탁했다는 것이다. 동 평화협정은 발효이후 과도기간 중 캄보디아내의 유일한 합법적 권력기구는 노르돔 시아누크 공(Nordom Sihanouk)을 의장으로 하는 최고민족회의(Supreme National Council:SNC)라고 규정하여 일단 캄보디아 측의 자주적 주권을 보장하였다.

그러나 안전보장이사회는 사무총장 감독 하에 군인과 민간인으로 구성되어 과도기간 중의 외교, 국방, 치안, 재정, 공보 등 주요업무를 장악하는 잠정통치기구(UNTAC)를 구성하며, 사무총장은 UNTAC의 업무를 지휘, 총괄할 자신의 대리인인 특별대표를 선임하게 되어 있다. 물론 특별대표와 SNC 간에 문제가 생겼을 겨우 SNC는 UNTAC에 조언하며, UNTAC은 SNC 내 구성원 간(총12명) 의견이 일치하고 조언이 평화협정의 목적에 맞는 한 이를 따른다고 규정함으로써 SNC

---

82) 실제로 캄보디아 평화협정 조인에 앞서 안전보장이사회는 1991년 10월 16일 평화유지군 선발대의 파견을 승인하는 등 협정의 목적을 군사적으로 보장할 조치들을 마련하기 시작하였으며, 이러한 조치에 의거 11월 10일 40명의 오스트레일리아와 뉴질랜드군의 도착을 시발로 21개국의 장교와 사병으로 구성된 100여명의 선발대가 캄보디아에 배치되었으며, 군대제공국의 파병이 본격화되기 시작한 것은 1992년 2월의 UNTAC 공식화 이후이다. 차두현, “캄보디아 평화유지활동에 대한 한국의 군사외교적 대응방향”, 국방논총, 제19호, 1992, p.205.

에 상징적인 견제역할을 부여했었다. 그러나 조언이 평화협정의 목적에 부합하는지의 여부를 판정하는 권한 자체가 UNTAC에 있으므로 캄보디아 내에서 평화협정에 규정된 "자유롭고 공정한" 선거가 이루어져 신정부가 구성된 1993년 중반기까지의 약 2년간은 사실상 국제연합 대표단에 의한 신탁통치가 이루어졌었다고 보는 것이 타당한 해석이다.[83)]

이상에서 살펴본 대로 UNTAC는 정전감시를 중심으로 하는 종래의 평화유지군과는 달리 일반행정에서 선거실시, 전후부흥까지 광범위한 분야를 포괄했었다. 평화유지활동의 임무확대가 성공적으로 평가되면 국제연합의 평화유지활동은 보다 발전될 것으로 보이며 점차 그 임무를 확대하여 국제마약거래에 대한 단속, 테러리즘에 대한 공동대처 그리고 천재지변 지역에 대한 구호활동 등에 까지 활동의 범위를 넓혀갈 수 있을 것으로 여겨진다.

(2) 유형의 다양화

국제유합이 창설 이래 실천해 온 평화유지활동에는 평화유지군과 군사감시단으로 크게 나눌 수 있으나 다양한 형태의 분쟁에 대응해 발달되어 오면서 평화유지활동의 유형은 점차 변화를 보이고 있다.

기존의 평화유지군과 군사감시단 외에 새로운 유형의 평화유지활동에는 평화유지군과 군사감시단에 더하여 국내치안유지를 위한 경찰부대와 선거감시임무를 가진 선거감시부대가 합쳐져서 정부가 난립하여 통일정부를 선출할 수 없는 상황에 있는 국가에 파견되고 있는 복합형 평화유지활동이 있다.

---

83) *Ibid.*, p.204.

국제연합은 나미비아의 독립을 지원하기 위하여 외국부대의 철수감시, 테러리스트에 의한 국내혼란의 저지, 공정한 총선실시를 위해 이러한 임무를 각각 부여받은 3개 부대로 편성된 나미비아독립지원그룹(UNTAG)을 파견했다. 복합형 평화유지활동이 파견된 것은 이것이 처음이었는데 장래에는 UNTAC를 비롯해서 빈번하게 편성될 것으로 생각된다.

이외에도 평화유지활동과 헌장 제7장의 군사적 강제조치를 혼용하는 특수한 유형도 있다. 이러한 유형은 강제적 국제연합군으로 비강제적 평화유지활동을 무력으로 뒷받침함으로써 동 활동의 효율성을 보장하기 위한 것으로 소말리아에 파견된 UNOSOM-II가 이에 해당된다.

장차 평화유지활동의 유형의 다양화는 동 활동의 임무범위가 점차 확대되어 가고 있고 정치, 인권, 난민, 선거, 치안 등의 분야에서 군인 외에도 민간인과 경찰의 역할이 중요해져 가고 있는 경향을 볼 때 더욱 세분화되고 복합화된 형태로 발전되어 갈 것이다.

(3) 동의 원칙의 퇴색

평화유지활동의 창설과 입국에는 수용국의 동의가 필요하다. 분쟁당사국이 설령 국제연합의 정전결의를 수락했다 할지라도 평화유지군의 입국과 계속적인 주둔을 거부하는 경우 평화유지군의 기능은 사실상 발휘되지 못한다. 이는 국가주권의 평등원칙에 의하여 국제연합이라 할지라도 헌장상의 강제조치를 제외하고는 평화유지군의 입국과 주둔을 강제할 수 없기 때문이다.

하지만 평화유지활동의 과정에 있어서 동의 원칙의 엄격한 적용은 점차 퇴색되어 가고 있으며 이러한 경향은 80년대 후반에 들어 더욱 뚜렷해지고 있다.

걸프전쟁 종결 후에 편성된 국제연합 이라크-쿠웨이트감시단(UN Iraq-Kuwait Observer Mission: UNIKOM)은 한쪽 당사자인 이라크의 동의를 얻지 않고 편성된 것으로 종래의 평화유지활동이 원칙으로 삼아왔던 동의의 원칙이 여기서는 적용되지 않았다. 이에 대해 평화유지활동을 변질시켰다는 비판도 있었지만, 안전보장이사회는 대이라크 정전결의[84)]를 이라크가 수락했기 때문에 결의에서 예정하고 있던 감시단을 파견하였기 때문에 새로운 동의가 필요 없다고 보았던 것이다. 그러니까 이 감시단은 이라크의 쿠웨이트 침공을 침략으로 인정한 안전보장이사회 결의[85)] 의 연장선상에서 편성된 것으로 이라크도 정전결의에서 감시단의 설치에 동의했기 때문에 이라크의 동의를 얻을 필요가 없다는 것이다.

평화유지활동의 창설에 있어서 동의 원칙의 퇴색은 UNOSOM- II 에서도 뚜렷이 나타나고 있다. 소말리아에 파견된 UNOSOM-II는 휴전이 성립되어 있지 않는 상태에서 내전당사자의 동의 없이 파견된 것으로, 이전의 평화유지군과는 성격을 달리한다. 국제연합은 수백만 명의 난민이 죽어가고 있음을 들어 인도적 간섭을 내세워 개입하였던 것이다.

오늘날 국제연합이 평화유지활동의 임무를 주권국의 국내문제에까지 확대시키는 경향은 불가피하게도 분쟁당사국 및 관련국가들의 '동의 원칙'을 약하게 만들고 있지만 관행을 통하여 수용된 제원칙

---

84) UN S.C. Res.681.

85) UN S.C. Res.660.

은 평화유지활동을 위해 필수적이며, 이러한 제원칙은 평화유지활동의 각 단계에서 보장되어야 한다. 따라서 동의의 원칙을 당시의 국제관계의 편의에 따라 변화, 퇴색시키는 것은 평화유지활동의 존재 자체를 위협할 우려가 있기 때문에 동의 원칙의 변화에 대한 국제사회의 신중한 대처가 필요하다고 본다.

(4) 강대국의 참여

평화유지활동의 편성은 일반적으로 중립적이며 제국주의의 전철을 밟지 않은 중소국가를 중심으로 이루어져 왔다. 이는 집단안전보장이 강대국으로부터 병력을 차출할 것을 예정한 것과는 정반대로 평화유지활동의 편성에 있어서 강대국, 특히 안전보장이사회 상임이사국의 배제원칙은 병참과 수송 및 재정상의 협조를 제외하고는 타당한 것으로 인식되어 현재까지 잘 지켜져 오고 있다.

이는 평화유지활동에 강대국들이 참여함으로써 국제연합이 강대국 간의 분쟁장소로 이용될 우려가 있고, 지역분쟁이 강대국 간의 충돌로 국제전으로 비화될 염려가 있으며, 평화유지활동의 중립성을 해치고 평화유지군을 통제하는 사무총장의 지휘권이 위협받을 우려가 있을 뿐만 아니라 지리적, 인종적, 문화적 차원에서 강대국들의 군대를 수용하는 것에 대해 반대하는 현실적인 경우가 있기 때문이다.

하지만 평화유지활동의 편성에 있어서 이러한 고려사항의 타당성은 냉전종식과 함께 재검토될 필요가 있다면서 평화유지활동의 효율성을 제고하기 위하여 강대국의 참여를 허용해야 한다는 주장이 대두되고 있다.

미·소의 냉전기간 중에는 강대국의 개입을 억제하여 국지전이 국제전으로 비화되는 것을 막는 것이 중요하였지만 냉전이 붕괴된 현재는 전략적 요충지의 확보를 위한 강대국들의 경쟁적 개입의 위험성이 사라졌고 오히려 평화유지활동의 창설자체가 가능하기 위해서는 강대국의 인원 및 재정지원이 필수적일 뿐만 아니라 강대국의 참여는 평화유지활동의 설득력과 신빙성을 강화해 주며 안전보장이사회의 지속적인 지지확보에도 유용하다는 것이다.[86)]

장차의 평화유지활동은 국제정치체제의 변화에 따라 달라지겠지만 걸프전이후 안전보장이사회가 국제평화와 안전의 문제에 관하여 주된 책임을 행사하고 있고, 평화유지군과 강제적 국제연합군의 혼용경향(UNOSOM-II)이 나타나고 있는 사실 등을 참작해 볼 때 앞으로 평화유지활동이 헌장이 원래 예정하고 있는 집단안전보장체제로 대치될 것인지는 의문이지만 과거처럼 중소국가나 사무총장에게 동 활동의 대부분을 위임할 것 같지는 않으며 강대국이 안전보장이사회를 통하여 직접 개입할 것으로 전망된다. 따라서 강대국의 평화유지활동에의 참여는 과거 어느 때보다도 두드러질 것으로 예상된다.

현재까지의 경험과 실태를 가지고 주요 강대국들의 평화유지활동에의 참여를 금지 또는 허용하여야 한다고 단언할 수는 없지만 평화유지활동의 강점이 무력에 있는 것이 아니라 보편적 국제기구로서의 국제연합의 권위에 있으며 강대국의 참여가 배제된 평화유지활동도 필요한 경우가 있다는 것과 강대국의 참여 없는 평화유지활동이 무의미하다는 것을 인정할 수밖에 없는 현실이라면 평화유지활동의 정당성과 권위를 제고하기 위하여 가능한 한 많은 국가를 동 활동에 참여시킬 수 있는 방안을 강구함과 동시에 동 활동의 중립성을 해치

86) 백진현, *op. cit.*, p.147.

지 않으면서도 효율성을 확보하기 위한 연구가 필요하다.

제3절 걸프전과 국제연합

1. 개요

걸프전은 1990년 8월 2일 약 350대의 탱크를 앞세운 이라크군이 쿠웨이트를 기습 침공하여 「잠정자유정부」를 수립한 후 8월 8일 쿠웨이트를 병합하고 8월 28일에는 이라크의 19번째 주로 편입시킴으로써 발단되었으며, 1991년 1월 17일 다국적군의 이라크 공습으로 시작되었다. 이것은 국제연합 설립이후 일국이 자국의 소유라고 주장하는 영토를 회복하기 위하여 처음으로 무력을 사용한 예는 아니지만 가맹국의 전영토가 타국의 무력에 의하여 강제적으로 점령된 최초의 일이었다.87)

풍부한 석유자원과 아랍어를 모국어로 찬란한 이슬람 문화를 공유한 문화공동체로서의 아랍세계가 강대국의 영향과 내부 분열에 의해 반복되던 통합, 갈등, 분쟁의 역사를 끝내 극복하지 못한 채 또다시 세계의 화약고로 전락하였던 것이다.88)

걸프전은 1991년 2월 28일 마침내 미국을 중심으로 한 다국적군 측의 일방적 승리로 끝났다. 5개월여에 걸친 협상의 시간이 있었음

---

87) O. Schachter, "United Nations Law in the Gulf Conflict", 85 *American Journal of International Law*, 1991, pp.452-453.

88) 이승원, "국제분쟁과 UN의 해결기능-이라크의 쿠웨이트 침공을 하나의 case로", 외교, 제16호, 1990.12, p.56.

에도 불구하고 걸프사태는 평화적으로 해결되지 못한 채 다국적군의 이라크 공격으로 이어졌고, 전쟁개시 43일 만에 이라크가 참담하게 패배함으로써 걸프만을 진동시켰던 포성은 일단 멎게 되었다.

걸프전에서 국제연합은 계속되는 안전보장이사회의 결의를 통하여 제재의 강도를 높여나가 결국에는 군사력을 동원, 강제적으로 이를 해결하였으며, 정전 후에는 양국의 국경지대에 UNIKOM(UN Iraq-Kuwait Observer Mission) 창설하여 분쟁을 관리토록 했다. 이러한 국제연합의 집단조치에 대해 한편으로는 국제법과 집단안보 원칙의 옹호로, 다른 한편으로는 국제관계에 있어서 힘과 국익의 우세로 보는 시각이 있다.[89]

2. 국제연합 조치의 법적 근거

국제사회의 평화유지에 관한 국제연합의 기본적인 구상은 모든 국제분쟁을 평화적인 수단을 통하여 해결하고, 평화적 수단으로 해결되지 않을 경우에는 안전보장이사회의 지배하에 국제연합군을 편성하여 국제평화와 안전에 대한 위협이나 침략 등을 강제적으로 배제하는 것이다.

이라크의 쿠웨이트 침공에 대한 국제연합의 대응은 이러한 국제연합의 평화유지 체계들을 잘 나타내고 있다. 이라크의 쿠웨이트 침공이 있자 쿠웨이트와 미국의 공동요청으로 안전보장이사회는 비상긴급회의를 소집하여 이라크의 쿠웨이트 침공이 국제평화와 안전에 대한 침해라고 규정한 후, 즉각적이고 무조건적인 이라크군의 철수와

89) O. Schachter, *op. cit.*, p.452.

이라크와 쿠웨이트간의 즉각적인 협상을 촉구하였다.90)

하지만 이라크는 안보리의 결의를 수락하지 않았다. 오히려 90년 8월 8일에는 쿠웨이트의 이라크 합병을 선언하였으며 쿠웨이트 거주 제3국 국민들의 이라크에로의 강제이송과 인질, 쿠웨이트 주재 외국 공관 포위, 침입 및 폐쇄 등을 감행했다.

이와 같은 상황에서 안보리는 계속되는 결의를 통하여 이라크를 비난하고 그 제재의 강도를 높여나가 결국에는 군사적 해결이라는 최후의 수단을 동원하여 걸프분쟁을 종식시켰다.

그렇다면 걸프분쟁에 있어서 국제연합의 대응은 어떠한 근거위에서 이루어졌는가? 국제연합이 쿠웨이트를 침공하여 합병한 이라크의 행위에 대해 취한 비군사적, 군사적 강제조치들의 법적 근거는 다음과 같다.

가. 병합조치의 불법성

정복(Subjugation)이라 하는 것은 교전국의 일방이 상대국의 전 영역을 완전히 점령하여 그에 의하여 상대국의 저항력을 좌절 소멸시키는 동시에 이를 병합하는 것을 말한다. 이는 상대국의 영역을 실효적 확정적으로 점거하고, 그의 국제법 주체로서의 지위를 상실케 하는 것이다. 이러한 정복이 유효하기 위해서는 정복국에 의한 피정복국의 완전한 복종, 즉 피정복국의 영토 전부에 대한 실효적 확정적 지배(conquest)가 있어야 하고, 정복국에 의한 병합의사의 표시가 있어야 한다.

실효적 확정적 지배란 상대국의 전영토를 점령했다고 해서 확립되

90) UN, S.C. Res.660(1990).

는 것이 아니다. 실효적 확정적 지배 없는 정복은 없지만 실효적 확정적 지배 자체가 정복은 아니다. 왜냐하면 국내에 잔존하는 세력들이 다시 이전의 영토를 탈환할 수도 있고, 국외로 탈출한 망명세력이 동맹국과 연합하여 반격에 나설 수도 있기 때문이다. 이 경우 정복국과 피정복국 간에는 무력투쟁이 계속 진행 중인 것으로 본다.[91] 따라서 실효적 확정적 지배라 함은 잔존세력이 완전히 소탕되어 저항능력이 완전히 말살된 경우를 의미하는 것이다.[92]

또한 실효적 확정적 지배가 있었다고 해서 정복이 완성되는 것은 아니며 반드시 정복국의 피정복국 영토에 대한 병합의사의 표시가 있어야 한다. 제2차 세계대전 때 독일이 연합국에게 무조건 항복한 후 미영불소 4개국은 독일의 전영토를 점령했다. 이것은 실효적 확정적 지배라고 볼 수 있다. 그러나 1954년 6월 5일 「독일의 최고권력 장악에 관한 미영불소 4개국 선언」에서 이들 4개국은 독일을 병합할 뜻이 없음을 분명히 했다.[93] 따라서 독일은 연합국에게 실효적 확정적 지배를 받긴 했지만 정복된 것은 아니었다. 이는 잠정적인 성격의 국가의 동일성에 아무런 영향을 미치지 않는 전시점령으로서 영토권의 변경을 수반하지 않았던 것이다.

이 같은 기준을 이라크-쿠웨이트 관계에 적용할 때 결과는 어떻게 되는가? 이라크가 쿠웨이트령의 편입을 선언함으로써 정복에 필요한 둘째 요건은 충족되었지만 실효적 확정적 지배가 있어야 한다는 첫

---

91) L. Oppenheim, *International Law*, Vol.II(8th ed.), Longman, p.600.
92) 김찬규, "이라크의 쿠웨이트 합병은 법적으로 가능한가", 치안문제, 1990. p.38.
93) 이에 대한 자세한 설명은 L. Oppenheim, *op. cit.*, pp.602-605 참조.

째 요건은 충족되지 않았다고 할 것이다. 왜냐하면 쿠웨이트왕 자비르 알아마드 알사바(Jabir al-Ahmad al-Sabah)가 사우디아라비아에 망명중에 있었고 해외공관들이 그에게 충성을 맹세하고 있었으며, 미국을 비롯한 많은 서방국가와 일부 아랍국가들이 다국적군을 편성하여 이라크에 대항하고 있었기 때문이다.94)

이라크에 대항한 모든 국가들이 주장했던 바는 원상회복이다. 즉 쿠웨이트로부터 이라크군의 즉각적이고도 무조건적인 철수를 주장하는 것이 이들 국가의 입장이었다. 뿐만 아니라 그것은 국제연합의 입장이기도 하였다. 이 같은 여러 가지 사실을 감안할 때 이라크군의 쿠웨이트 점령은 실효적 확정적 지배라고 하기는 어려울 것이다. 바로 그러한 점에서 이라크 측의 합병선언이 있었다고 해서 쿠웨이트에 대한 정복이 완성되었다고 하기는 어려울 것으로 보인다.95)

오늘날 정복에 의한 영토취득의 합법성은 부인된다. 이는 국제연합의 출현과 때를 같이하는 바, 전쟁을 위법화하고 있는 현 국제법하에서 정복의 불법성은 국제연합 헌장뿐만 아니라 「제국가간의 우호관계와 협력에 관한 국제법 원칙에 대한 선언」96)도 무력에 의한 영토취득의 승인을 거부하면서 이는 헌장에 대한 위반여하를 불문하고 무효라고 선언하고 있다.

안전보장이사회도 이라크가 쿠웨이트를 불법적으로 침략한 후 1990년 8월 9일 만장일치로 이라크 정부의 쿠웨이트 병합이 어떠한 형태와 어떠한 이유에서든 법적으로 무효이며 장래에 대하여 효력이

94) 김찬규, *op. cit.*, p.38.

95) *Ibid.*, p.39.

96) UN G.A. Res.2625(1970)

없음을 결의하였다.[97)]

나. 무력사용 금지원칙의 위반

국제연합의 모든 가맹국은 그들의 국제관계에 있어서 여하한 국가의 영토보전이나 정치적 독립에 대한 무력의 위협 또는 행사 혹은 국제연합의 목적과 양립할 수 없는 그 밖의 어떠한 방법에 의한 것이라도 이를 삼가야 한다.[98)] 이는 국제법상 강행규범[99)]이다.

현 국제법 하에서 무력사용은 금지되고 있으며, 금지된 무력사용의 결과로 일어나는 사태에는 국제법상 어떠한 법적 효과도 인정되지 않는다.[100)] 따라서 무력에 의한 이라크의 쿠웨이트 침공은 국제법 위반의 불법행위이며, 침공의 결과 쿠웨이트를 자국령에 편입시킨 조치는 국제법상 유효한 행위로 인정될 수 없다.

쿠웨이트가 "잃어버렸던" 자국영토라는 이라크의 주장이 쿠웨이트에 대한 침략의 법적 정당성이 될 수 없다. 비록 국경선이 불공정하거나 정복에 의해 확립되었다 하더라도 현재의 국경선을 변경시키기 위하여 무력을 사용할 수는 없다. 이는 침략을 받은 영토가 자국의

---

97) UN S.C. Res.662(1990).

98) 국제연합 헌장 제2조 4항.

99) 조약법에 관한 비엔나협약 제53조는 「일반국제법의 강행규범에 저촉되는 조약」이라는 제목 하에 다음과 같이 강행규범을 규정하고 있다. 조약은 그 체결 시에 있어서 일반국제법이 강행규범에 위반할 때는 무효이다. 이 조약의 목적상 강행규범이란 그것으로부터 일탈이 허용되지 않으며, 또한 동일한 성질을 가진 일반국제법의 추후의 규범에서만 변경될 수 있는 규범으로 전체로서의 국제사회가 수락하며 인정하는 규범이다.

100) 미주제국기구 헌장 제17조, UN헌장에 따른 국가간의 우호관계 및 협력에 관한 국제법원칙선언, 침략의 정의에 관한 결의 제5조 3항, 조약법에 관한 비엔나 협약 제52조, 조약의 국가승계에 관한 비엔나협약 제6조 참조.

소유였었다는 법적 배경을 이유로 무력사용을 정당화하려 했던 인디아[101]와 아르헨티나[102]의 선례에 비추어보아 중요하다.[103]

실지회복주의자들의 과거 영토에 대한 요구가 계속될 것이라는 관점에서 볼 때, 이라크의 쿠웨이트 침략에 대해 헌장 제2조 4항을 적용함이 매우 적절한 대응방법이었지만 국제연합은 이라크의 침략을 동조를 위반한 침략행위로 규정하지 않았다. 이라크의 침략행위는 동조의 명백한 위반이며 침략행위이다. 그러나 안보리 결의 660은 이라크의 침략으로 단지 평화의 위반이 있어 헌장 제7장 하에서 적용할 조치를 결정한다고 했으며, 결의 661에서도 자위권을 언급하고 제41조하의 제재를 부과했지만 동 조를 명시적으로 언급하지는 않았다.[104]

이라크의 무력적 분쟁해결 시도, 종국에는 전쟁이라는 수단을 통

---

101) UN SCOR 987th mtg, pp.10-11, UN Doc. S/PV 987(1961).

102) UN Doc. A/PV.51(1982). 아르헨티나는 Falkland군도에 대하여 Malvinas라는 명칭을 사용하여 왔으며, 이 군도의 영유권을 주장하기 위하여 승계 및 실효적 점유를 내세워 다음과 같은 법적 근거를 제시했다. 첫째, Malvinas는 1493년 교황 Alexander 6세의 칙령 및 1494년의 스페인과 포르투칼 간의 Tordesillas 조약에 의거하여 스페인 왕에 귀속된 군도이다. 스페인은 1767년에서 1774년 사이 프랑스인 및 영국인을 철수시킨 후, 이 군도에 대하여 영유권을 행사하여 왔다. 둘째, 아르헨티나는 1816년 독립과 함께 스페인으로부터 본토와 그 도서지방의 영토권을 승계하여 Malvinas에 정치군사사령관을 임명하는 등 실효적인 통치조치를 취하였다. 셋째, 상기와 같이 아르헨티나가 Malvinas에 대하여 실효적 지배권을 행사하는 도중, 1833년 1월 2일 영국함대가 이 군도를 무력점령하여 스페인계 원주민을 강제 철수시킨 후, 영국인을 이주, 정착시켰으므로 Malvinas 군도에 대한 합법적 영유권은 아르헨티나에게 있다. 김석현, “Falkland 영유권 분쟁”, 국제법학회논총, 제27권 제2호, p.100.

103) O. Schachter, *op. cit.*, pp.453-454.

104) *Ibid.*, p.453.

한 걸프분쟁의 해결시도는 전쟁의 금지와 불법화에 의한 국제의무의 위반이다. 오늘날 전쟁이 원칙적으로 금지되어야 한다는 것은 보편적 규칙이 되었으며, 이는 인류의 일반적 확신이 되었다. 이러한 확신은 제1, 2차 세계대전 후 특히 국제연맹 규약, 부전조약 및 국제연합 헌장과 기타 국제조약에 표명되고 있다.

전쟁수행 자체의 합법성 문제는 제쳐두고 전쟁개시의 절차와 전쟁수행 과정의 규율에서 전쟁 자체를 금지하는, 즉 전쟁의 불법화는 마침내 전쟁을 범죄로 보게 하였다. 제2차 세계대전 후 연합국은 뉘른베르크 국제군사재판소와 동경 극동국제군사재판소에서 각각 독일과 일본의 전쟁책임자를 재판하고 처벌하였다. 이 재판에 대해서는 법률상 많은 문제점이 제기되기도 하였으나 1946년 UN 총회가 만장일치로 '뉘른베르크 군사법정 조례와 동 법정의 판결에 의하여 승인된 국제법의 제원칙'을 재확인하는 결의를 채택하였다는 사실은 침략전쟁을 범죄화하고자 하는 다수국가의 법적 확신을 표명한 것으로서 중대한 의미를 갖는다.[105)]

다. 대세적 의무의 위반

타국의 불법행위에 의해 피해를 입은 국가는 불법행위의 종식을 요구할 권리가 있고, 불법행위국은 불법행위의 결과를 원상으로 회복시켜야 할 의무가 있다. 국제사법재판소는 비호권사건에서 "이 결정은 하나의 법적 결과, 즉 불법적 사태를 종료시켜야 할 결과를 낳게 된다. 다시 말하면 변칙적으로 비호를 허여한 콜롬비아 정부는 그것을 종료해야할 의무를 부담한다. 비호가 계속해서 유지되고 있

105) 이한기, 국제법강의, 박영사, 2006, p.692.

기 때문에 페루정부는 법적으로 그것이 종료되어야 한다고 주장할 권리를 가진다"라고 판결했다.106)

국제불법행위에 대한 피해국의 권리와 행위국의 의무는 침략행위 등 이른바 '대세적 의무(obligations erga omnes)'의 위반에도 적용될 수 있을 것이며, 이 때 피해국은 국제사회의 모든 국가가 될 것이다. 국제법의 최근발전은 침략행위, 무력사용의 금지 등 핵심적인 국제법 규범에 대한 위반을 '대세적 의무 위반행위(violations of obligations erga omnes)'로 간주한다. 그리하여 국제사회의 모든 국가는 그 피해자가 되고 위반국에 대해 공동으로 대항조치를 취할 권리를 가지게 된다.107)

이러한 대세적 의무의 관념은 1971년 6월 21일의 국제사법재판소의 권고적 의견에서 더욱 분명해졌다.108) 이것은 안보리의 결의109)에도 불구하고 남아프리카가 나미비아(서남아프리카)에 계속 버티고 있음이 국가들에게 어떤 법적 효과를 가져다주는가 하는 문제에 관한 것이다. 재판소는 권고적 의견에서 다음과 같이 말하였다.

> 재판소가 불법적이라고 판정한 사태를 조성하고 유지해온데 대해 책임이 있는 남아프리카는 그것을 종식시켜야 할 의무를 부담한다. 그러므로 남아프리카는 나미비아 지역에서 그 시정을 철회해야할

106) CJ Report, 1951, p.82.

107) O. Schachter, "International Law in Theory and Practice: General Course in Public International Law", 178 *Recueil des Cours de l'Academie de Droit International de La Haye*, 1982, p.182, 김찬규, "페르시아만 사태와 UN의 제재", 국제문제, 제21권 11호, 1990.11, p.43에서 재인용.

108) *Ibid.*, pp.43-44.

109) UN, S.C. Res.276(1970).

의무 하에 놓인다. 남아프리카는 현재의 상태를 유지함으로써 그리고 권원 없이 동 지역을 점거함으로써 국제의무의 계속적 위반에서 일어나는 국제책임을 발생시키는 것이다.(중략)
UN회원국들은 …… 남아프리카가 계속 잔류하는데 대한 불법성 및 무효성을 인정해야 할 의무 하에 놓인다. …… 또한 남아프리카의 나미비아 점거에 관해 그 나라에 대해 여하한 지원 또는 여하한 형태의 원조(any suport or any form of assistance)도 제공하지 않아야 할 의무 하에 놓인다.[110)]

위의 사례들을 고려해 볼 때, 이라크의 쿠웨이트 침공은 '대세적 의무'의 위반행위이며 이로 인한 직접적인 피해국은 쿠웨이트이나 국제사회도 간접피해자이다. 따라서 쿠웨이트와 국제사회는 이라크에 대하여 쿠웨이트에의 침공을 중지시키고 원상을 회복시킬 것을 요구할 권리가 있고, 이라크는 이에 응할 의무가 있다. 또한 이러한 의무에 대한 이라크의 거부조치에 대해 쿠웨이트와 국제사회는 대항조치를 취할 권리가 있다.

2. 국제연합 조치의 내용

평화유지체계는 국제사회의 평화와 안전을 위협하거나 파괴하는 행위를 불법화하는 것만으로는 불충분하고 나아가 그것을 실제로 방지하고 진압하는 조치가 필요하다. 이 점이 평화유지체계의 핵심이라고 할 수 있다.

110) ICJ Report, 1971, p.54.

국제연합은 일련의 결의안을 통하여 처음에는 분쟁의 평화적 해결 촉구, 이어서 헌장 제41조에 기초를 둔 무력사용을 제외한 제재조치를 취하였으나 이에 대해 이라크의 거부가 계속되자 헌장 제42조하에 명시된 군사적 제재조치를 단행하였다. 이하에서는 이러한 과정에서 나타난 국제연합의 조치들과 정전 성립 후 이라크와 쿠웨이트 국경지대에 설치된 평화유지활동인 UNIKOM에 대하여 법적으로 검토해 보고자 한다.

가. 분쟁의 평화적 해결 시도

국제연합은 국제분쟁의 평화적 해결을 위한 중심기구로서 국제평화와 안전을 위협하는 분쟁이나 사태가 발생했을 때 이의 강제적 해결을 우선해서는 안 된다. 국제연합은 국제사회의 전쟁방지를 위해 모든 분쟁을 평화적으로 해결해야 하며 전쟁의 원인과 평화의 조건들을 고려하면서 평화에 접근해야 하는 국제기구이기 때문이다.[111)]

이라크의 쿠웨이트 침공이 있자 안보리는 국제평화와 안전을 파괴한 것으로 규정하여 헌장 제39조와 제40조에 따라 이라크의 침략을 비난하고 이라크의 모든 군대를 쿠웨이트 침공전의 위치로 즉각적이고 무조건적으로 철수시킬 것을 요구하는 동시에 이라크와 쿠웨이트는 그들 간의 이견을 해결하기 위해 집중적인 협상을 즉각 시작할 것과 이와 관련된 모든 노력에 대해 아랍연맹 국가들과 함께 지원할 것을 8월 2일 찬성 14, 반대 0, 기권 1(예멘)로 결의했다.[112)] 안보리

111) Inis L. Claud Jr., *Swords into Plowshares*, Random House, 1959, pp.215-242.

112) UN, S.C. Res.660(1990)

는 동 결의에서 이라크의 침공을 국제평화와 안전을 파괴한 것으로 인정하여 차후의 제재결의의 근거를 마련하고 있다.

걸프분쟁에 있어서 국제연합이 취한 조치는 앞에서 논한 국제연합의 분쟁해결수단 3가지 범주 모두를 포함하고 있다. 하지만 이라크의 쿠웨이트 침략, 합병에 대응하여 안전보장이사회가 채택한 일련의 결의들은 동 분쟁의 평화적 해결을 권고하는 내용보다는 헌장 제7장하의 비군사적 즉, 경제적 강제조치와 군사적 강제조치를 주로하고 있다. 이는 단지 분쟁의 평화적 해결을 권고하는 결의의 채택 4일후에 경제적 강제조치를 포함하는 결의를 안보리가 채택한데서 분명히 나타나고 있다.

나. 경제적 제재조치

경제적 제재는 집단안전보장기구가 국제사회의 평화와 안전의 위반국에 대해 가하는 제재로서 강제조치(enforcement action)의 일종이다. 지금까지 경제적 제재가 취해진 사례는 국제연맹 시대에 한번 있었고 국제연합이 창설된 이후로는 6개국이 제재를 받았다. 이처럼 경제적 제재가 희박하였던 이유는 경제적 제재가 제재대상 국가의 여론을 결속시키는 반면 제재조치 국가에게도 막대한 피해를 야기하며, 국제사회를 분열시키는 경향이 있기 때문에 쉽사리 발동될 수 없었기 때문이다.

이라크의 쿠웨이트 침략에 대응한 안보리의 두 번째 결의는 이라크에 대한 통상, 재정 및 군사에 관한 금수조치를 부과하고 있다.[113) 또한 동 결의는 국제연합의 비회원국까지도 포함한 모든 국가들에게

113) UN S.C. Res.661(1990).

이러한 조치를 이라크군이 쿠웨이트에서 철수할 때까지 준수할 것을 요구했다. 단지 즉각적이고 무조건적인 이라크군의 철수를 요구한 안보리의 첫 번째 결의의 4일후에 이라크가 이를 수락하지 않았음을 상기시키면서 헌장 제41조의 경제적 제재조치를 결정했던 것이다. 또한 안보리는 동 결의에서 각국들이 취하는 금수조치에 대한 보고서를 통하여 결의의 이행을 감시하기 위하여 안보리 위원회를 설립하였다.

금수조치 결의 후 안보리는 이라크의 선박이 여전히 석유수출에 사용되고 있다는 것을 발견했다. 이에 놀란 이사회는 제국에게 "쿠웨이트 정부와의 협력"과 "모든 화물과 그 목적지를 검사 및 조사하고 금수조치의 더욱 엄격한 이행을 보장하기 위하여 모든 출입선박을 정지시키기에" 필요한 조치들을 걸프만에서 집행하기 위하여 해상세력을 배치할 것을 요구했다.114) 이 결의는 의심이 가는 선박을 정지시키기 위하여 제국에 해군력을 이용할 수 있는 권한을 부여한 것으로 이해되었다.115)

이라크에 대한 경제제재 조치는 1990년 9월 25일 찬성 14표, 반대 1표(쿠바)로 채택된 결의 670에 의해 더욱 강화되고 확대되었다.116) 동 결의는 국제연합이 사전에 승인한 것을 제외하고 이라크와 쿠웨이트로 향하는 항공기를 허가하지 말 것을 모든 국가들에게 요구하

114) UN S.C. Res.665(1990).

115) O. Schachter, "United Nations Law in the Gulf Conflict", 85 *American Journal of International Law*, 1991,p.454.

116) 이 결의는 국제연합 사상 처음으로 취해진 공중통상 금지조치(Aerial Embargo)로서 영공주권의 원칙, 인도법상의 민간인 보호원칙, 민항기에 대한 무력행사 금지원칙 등이 내포되어 있다.

고 있다. 즉 공중금수조치를 명령하는 것이었다. 또한 동 결의는 경제제재 조치의 효과를 극대화하기 위하여 결의 661에 의하여 창설된 위원회로 하여금 공중금수조치를 계속 감시하고 무역과 재정 면에 관련되는 제국의 금수조치에 대한 모든 정보를 계속 수집토록 하였다.[117)]

하지만 국제연합의 경제제재 조치가 아무런 어려움 없이 제국에 의해 이행된 것은 아니다. 이라크와의 무역금지에 의하여 피해를 입고 있던 국가들이 헌장 제50조하의 권리를 주장하고 나섰던 것이다.[118)] 헌장 제50조는 안보리가 어느 국가에 대하여 방지조치 또는 강제조치를 취하였을 때에는 타국에서 이 조치의 이행에서 발생하는 특별한 경제문제가 자국에 관계되는 때에는 국제연합 가맹국이건 아니건 불문하고, 이 문제의 해결에 대하여 안보리와 협의할 권리를 보유한다고 규정하고 있다.

일부국가들의 주장에 따라 안보리는 1990년 9월 24일 만장일치로 이라크에 대한 경제제재 조치로 인하여 손해를 보았거나 현재 손해를 받고 있는 국가들을 원조하여 주는 방안을 결의 661에 의해 창설된 위원회가 연구토록 임무를 부여하는 결의를 채택했다.[119)] 이에 따라 위원회는 UN의 대이라크 금수조치에 의해 피해를 입은 국가들에게 재정 및 개발원조를 증가시킬 것을 권고했다.

안보리는 제50조하의 권리를 주장하는 국가들에 대한 직접적인 재정적 원조를 채택하지는 않았지만 이라크 정부는 자국의 쿠웨이트

---

117) UN S.C. Res.670(1990).
118) UN Docs. S/22021(1990), S/22193(1991).
119) UN S.C. Res.669(1990).

침략과 합병에 의해 피해를 받은 국가들에게 그 피해를 배상할 책임이 있다는 것을 강조하였으며,[120] 이를 정전의 전제조건으로 이라크의 수용을 요구하였다.[121]

걸프분쟁 동안 안보리가 직면한 가장 논쟁적이었던 문제는 아마도 제41조하의 경제제재 조치가 안보리의 목적을 달성하기에 충분한 것인가 하는 문제였을 것이다. 금수조치는 초기에는 대체로 이라크의 석유수출 금지와 기술적 및 군사적 성질의 주요한 수입품의 공급을 차단하는데 있어 효과적이었음이 분명하였다. 그리고 이라크 경제가 실질적으로 피해를 겪었다는 것은 의심의 여지가 없다. 하지만 이라크 경제의 피해가 계속되었지만 국제연합의 경제제재 조치가 이라크 지도부의 정책에 영향을 미쳐 국제연합이 원하는 방향으로 얼마만큼의 정책변화를 가져오게 하였는지는 분명하지 않다.[122]

다. 군사적 강제조치

국제평화와 안전의 유지 또는 회복을 위하여 비군사적 조치가 불충분한 경우에는 국제연합은 군사적 조치를 발동할 수 있다. 헌장 제42조는 안보리가 제41조에 정한 조치로써는 불충분하다고 인정하거나 불충분하다는 것이 판명된 때에는 국제적 평화와 안전의 유지 또는 회복에 필요한 공군, 해군 또는 육군의 조치를 취할 수 있다고 규정하고 있다.

제2차 세계대전 당시 국제연합 헌장의 초안 작성자들은 연맹에서

---

120) UN S.C. Res.674(1990).

121) UN S.C. Res.687(1991).

122) O. Schachter, *op. cit.*, pp.453-454.

경시했던 군사적 강제조치에 지대한 관심을 보였으며, 그들 간에는 특히 사용할 병력의 유형이 문제의 초점이 되었다. 왜냐하면 그들이 역점을 두었던 집단안전보장제도는 강력한 군사적 제재조치에 의하여 뒷받침 되어야 했기 때문이다.[123)]

헌장의 초안 작성자들은 군사적 강제조치의 가능성에 대해 우선 미국 국무성의 3개안[124)]을 검토하였는데 그 중에서 사전에 정해진 병력분담계획에 따라서 가맹국이 제공하는 군대로 국제연합군을 편성하고 그 사용을 국제연합에 위임하는 방안을 채택하였다. 이렇게 하여 미국 국무성 안이 거의 무수정으로 채택되어 국제연합헌장에 규정되었다.[125)]

---

123) R. B. Russel, *A History of the United Nations Charter*, The Brookings Institution, 1958, p.231.

124) 헌장 기초 시 미국 국무성 전문가들은 군사적 강제조치에 사용되는 병력확보를 위하여 3가지 안을 고려하였다. 제1안은 가맹국 군대에 의한 일시적인 공동군사행동 방안, 제2안은 가맹국이 미리 정한 병력분담계획에 의하여 국제군을 조직하여 국제기구의 사용에 일임하는 방안, 제3안은 국제연합이 상설군을 보유하는 방안이었으나, 제1안은 이미 연맹에서 채택되어 경험상 그 효용이 적다는 것이 명백하였으므로 처음부터 제외되었고, 제3안은 군사적 강제조치를 위해서는 가장 효과적인 것으로 생각되어 국무성에서는 특히 기동성을 감안하여 상비적인 공군부대의 설치가능성부터 검토했으나 가맹국의 통제에서 벗어난 독자적인 국제연합군의 조직은 국가주권개념과 양립하기 어렵고 특히 의회의 승인을 얻기 어려울 것이라는 점을 고려하여 결국 제2안을 지지하였다.

125) Wilcox and Marcy, *Proposal for Changes in the UN*, The Brookings Institution, 1956, p.165. 이외에도 국제연합군 창설을 위한 많은 제안이 있었다. Dumbarton Oaks 회담에서 소련과 중국은 시험적 국제공군의 창설을 제안하였으나 영국과 미국의 반대로 철회되었으며, San Francisco회의 참가국들은 국제연합이 자신의 군대를 갖는다는 것은 세계연방국가의 존재를 전제로 하고 있으며, 세계연방국가의 설립은 가맹국의 과도한 국가주권을 희생해야만 가능하다는 것을 지적하면서 강력한 국제연합군은 주권평등의 원칙

안보리는 경제제재 조치의 효과에 대한 의문과 계속되는 이라크의 안보리 결의 무시에 직면하여 헌장 제42조의 군사적 강제조치를 발동할 수 있는 권한을 부여하는 결의를 채택하였다.[126] 동 결의는 찬성 12표, 반대 2표(쿠바와 예멘) 그리고 기권 1표(중국)로 채택되었는데 유예기간 즉,1991년 1월 15일까지 이라크 정부가 동 결의의 내용을 이행하지 않을 경우 "모든 필요한 수단(all necessary means)을 사용할 수 있다"는 구절을 통해 묵시적으로 가맹국들에 의한 무력사용을 허용하고 있다.

동 결의에서 쿠바와 예멘은 안보리가 제41조의 경제제재가 불충분하다는 것을 결정하지 않은 채 제42조의 군사적 제재를 허용했다는 이유로 이에 반대했다. 그러나 양국의 반대 논거는 정당하지 못하다. 국제연합의 군사적 강제조치는 경제적 강제조치가 선행된 후에 취해져야 하는 것은 아니다. 두 조치 중 어느 것을 선행할 것인가는 해당 사태의 성질에 따라 안보리가 자유롭게 결정할 수 있는 것이다.

다국적군은 위 결의에 따라 1991년 1월 17일 새벽 이라크의 수도 바그다드에 대규모 공중폭격을 가하기 시작했다. 국제연합이 결의한 이라크군의 쿠웨이트 철수시한인 1월 15일 자정이 끝난 뒤 하루정도의 시간적 여유를 준 다음 무월의 심야에 기습적으로 '사막의 폭풍 작전'을 감행했던 것이다. 동 작전은 불과 6주 만에 사상 유례 없는 다국적군의 일방적 승리로 종결되었다.

과 양립하기 어렵다는 점에 주의를 촉구하기도 했었다. R. B. Russel, *op. cit.*, pp.234-237.

126) UN S.C. Res.678(1990).

라. 정전의 성립 및 UNIKOM의 창설

1991년 4월 3일 안보리는 걸프전의 정식정전 결의를 채택하였다.[127] 동 결의에서 안보리는 수많은 조건을 제시하였으며 이라크는 동 결의가 부당한 것이지만 미국과 시오니스트들의 모략을 타파하기 위하여 이를 수용하는 것 이외에는 방법이 없다며 이라크 국민회의에서 찬성 160, 반대 31로 이를 수락했다. 이에 따라 이라크 정부는 같은 날 국제연합에 결의수락을 표명하는 간단한 서한을 발송했다. 이로써 걸프전은 91년 2월 28일 전투 종결, 3월 3일의 가(假)정전을 거쳐 4월 6일 정식 정전이 실현되었다.

안보리가 채택한 정전결의는 이라크의 생물, 화학무기와 주요 미사일의 폐기 및 핵무기 보유의 금지와 금지된 무기의 파괴나 폐기를 감시할 국제위원단의 설립과 활동, 쿠웨이트 침입과 합병의 결과 쿠웨이트 및 외국의 정부, 국민, 회사들에게 끼친 피해와 손실에 대한 이라크의 전쟁배상 책임, 1963년의 합의에 기초한 이라크-쿠웨이트 국경의 획정, 획정된 국경의 감시를 목적으로 하는 UN감시단의 전개, 쿠웨이트인과 제3국 국민의 송환 및 테러금지 등에 대한 상세한 규정을 담고 있다.

동 결의는 걸프분쟁과 관련하여 안보리에 의하여 채택된 가장 복잡한 결의였으며 이라크는 이러한 정전조건들이 불법적이며 불공정하다고 항의하였다.[128] 하지만 이라크의 항의는 설득력이 없다. 왜냐하면 안보리는 헌장 제7장하에 따라서 국제평화와 안전의 유지 및 회복은 분쟁에 책임이 있고 국제평화를 지속적으로 위협하는 이라크

127) UN S.C. Res.687(1991).

128) UN Doc. S/22456(Apr.11,1991)

의 군사능력을 줄임으로써 가능하다고 보고 그러한 조건들을 부과하였기 때문이다. 안보리는 국제평화와 안전의 회복을 위하여 침략국으로 규정된 이라크에 대해 정전결의상의 조건들을 강요할 충분한 근거를 가지고 있었던 것이다.

안보리는 이라크가 UN감시단의 전개를 규정한 정전결의를 수락하자 4월 9일 UN이라크-쿠웨이트 감시단(UNIKOM) 창설을 결의했다.[129] 이에 따라 4월 13일 UNIKOM이 파견되었다. 국경침범 행위의 방지 및 양국 상호의 정전위반과 평화위협 행위의 감시 및 보고, 이라크-쿠웨이트 간 비무장지대 감시를 임무로 하는 동 감시단은 여러 면에서 이전의 평화유지활동과는 구별되는 독특한 형태이다.

평화유지활동은 위기상황에서 임기응변적으로 발전되어 동 활동의 제원칙이 제각기 다른 환경과 조건 속에서 창설된 모든 경우에 적용될 만큼 엄격한 법규로 확립되어있는 것은 아니지만 다방면을 통한 제도화 노력으로 평화유지활동의 원칙들은 동 활동의 창설에서 종료까지의 각 단계에서 발생하는 문제들의 일반지침으로 활용될 수 있을 만큼의 기본적 규범으로 정착되었다.

그러나 그러한 원칙들에 비추어 볼 때 UNIKOM은 다음의 면에서 매우 독특한 형태의 평화유지활동으로써 동 활동을 규율하는 원칙들의 실제적 적용상의 변화를 확인할 수 있어 향후 동 활동과 관련된 많은 문제점들을 시사해 주고 있다.

첫째, 창설에 있어서 창설결의 없이 감시단의 설치가 예정되어 있던 정전결의를 이라크가 수락함으로써 창설되어 이라크의 동의가 불분명하다는 점이다. UNIKOM은 한쪽 당사자인 이라크의 동의를 얻

129) UN S.C. Res.689(1991).

지 않고 편성된 것으로 종래의 평화유지활동이 원칙으로 삼아왔던 동의의 원칙이 여기서는 적용되지 않아 평화유지활동을 변질시켰다는 비판도 있었지만, 안전보장이사회는 대이라크 정전결의[130]를 이라크가 수락하였고, 결의에서 예정하고 있던 감시단을 파견하였기 때문에 새로운 동의가 필요 없다고 보았던 것이다. 그러니까 이 감시단은 이라크의 쿠웨이트 침공을 침략으로 인정한 안전보장이사회 결의[131]의 연장선상에서 편성된 것으로 이라크도 정전결의에서 감시단의 설치에 동의했기 때문에 새로이 이라크의 동의를 얻을 필요가 없다는 것이다.

둘째, 편성에 있어서 분쟁당사국 및 5대강국이 포함되어 있다는 점이다. 평화유지활동의 편성은 일반적으로 분쟁당사국을 제외한 중립적이며 제국주의의 전철을 밟지 않은 중소국가를 중심으로 이루어져 왔으며 이것은 병참과 수송 및 재정상의 협조를 제외하고는 타당한 것으로 인식되어 현재까지 잘 지켜져 오고 있다. 이는 평화유지활동에 강대국들이 참여함으로써 국제연합이 강대국 간의 분쟁장소로 이용될 우려가 있고, 지역분쟁이 강대국 간의 충돌로 국제전으로 비화될 염려가 있으며, 평화유지활동의 중립성을 해치고 평화유지군을 통제하는 사무총장의 지휘권이 위협받을 우려가 있을 뿐만 아니라 지리적, 인종적, 문화적 차원에서 강대국들의 군대를 수용하는 것에 대해 반대하는 현실적인 경우가 있었기 때문이다. 하지만 UNIKOM은 5대국을 비롯하여 걸프전의 당사국이 많이 참여한 이제까지의 평화유지활동에는 없었던 새로운 형태의 감시단이다.[132]

---

130) UN, S.C. Res.681(1991).

131) UN, S.C. Res.660(1990).

2. 국제연합 조치의 법적 분석

가. 특별협정의 미체결

이라크에 대한 군사적 제재조치를 허용한 안보리의 결의는 헌장 제43조와 일치하지 않는다는 주장이 제기된 바 있다.이는 걸프전에서의 다국적군의 성격을 규정하는 중요한 요소일 뿐만 아니라 걸프전의 법적 성격을 결정짓는 하나의 변수다. 즉 안보리의 군사조치는 헌장 제43조의 특별협정(special agreement)에 따라 취해져야 하지만 걸프전에서의 군사제재는 제43조에 의한 조치가 아니었다. 따라서 이라크에 대한 군사제재는 원래 헌장이 예정하고 있던 조치는 아니었으며, 따라서 다국적군은 헌장상의 국제연합군이 아니다.

걸프전의 법적 성격 논쟁이 제43조의 "특별협정" 미체결에 논의의 초점을 맞춘 것은 아니지만 동 조는 걸프전의 법적 성격 논쟁의 해결에 실마리를 제공해 줄 수 있을 것이다. 걸프전에서의 군사제재가 헌장 제42조의 집단안전보장 조치인지 아니면 제51조의 집단적 자위권의 발동인지에 대한 미국과 유럽 제국간의 논쟁은 국제연합의 군사제재가 제43조에 따라 이루어 졌었더라면 전혀 논쟁의 여지가 없을 성질의 문제이기 때문이다.

헌장은 국제적 충성심을 가지고 국제연합에 복종하는 국제연합군

---

132) 평화유지활동의 편성에 있어서 상임이사국이 포함되었던 사례는 일찍이 사이프러스 파견 평화유지군(UNFICYP)이 있다. UNFICYP의 편성에 있어서 특이한 것은 분쟁당사국인 그리스와 터키는 제외된 반면에 영국은 참가국으로 선정되었다는 점이다. 이는 강대국 배제원칙이라는 선례에 비추어 매우 독특한 것으로 동 군이 사이프러스에 파견되기 전에 영국, 그리스, 터키 3보장국의 군대가 이미 동 지역에 주둔하여 치안유지 임무를 담당하고 있었다는 특수한 사정의 반영이었다.

을 창설하는 것을 규정하고 있지 않는 대신에 각국의 파견부대를 국제적으로 사용하는 것을 규정하고 있으며, 이러한 군사행동에 사용하기 위한 병력의 구체적인 준비에 관한 절차는 제43조 이하에서 상세하게 규정하고 있다.

모든 국제연합 회원국은 국제적 평화와 안전의 유지에 공헌하기 위하여 안전보장이사회의 요청에 의하여 또는 1 혹은 2 이상의 특별협정에 따라 국제적 평화와 안전의 유지에 필요한 병력, 원조 및 편익(통과의 권리 포함)을 안전보장이사회에 이용케 할 것을 약속하여야 한다.[133)]

그러나 5대국의 대표자들은 국제연합에 제공할 군대의 규모, 육해공군의 비율 및 최고지휘권의 행사 등에 대하여 합의할 수가 없었다.[134)] 특별협정이 체결되기 위해서는 먼저 국제연합군의 조직에 관한 일반원칙이 결정되어야 한다. 하지만 5대국은 국제연합군의 전체 병력 규모, 병력분담 비율, 병력의 주둔 및 사용문제, 병참업무 상의 지원문제 등 주요한 몇 가지 점에 있어서 의견이 대립되어 해결을 보지 못하였으며,[135)] 그 후 병력의 규모와 구성에 관하여 다시 토의되기도 하였으나 역시 의견의 일치를 볼 수 없어 1948년 7월 이후 이 문제에 대한 심의는 중단되었다. 이러한 의견의 대립은 국제연합

133) 국제연합 헌장 제43조.

134) 최종기, 현대국제연합론, 박영사, 1991, p.325.

135) 군사참모위원회는 군사적 견지에서 헌장 제43조의 연구에 착수, 1947년 4월 30일 중간보고서를 제출하였다. 동 보고서에서 위원회의 의견이 일치한 것은 국제연합군은 침략국이 발생할 때마다 편성하되 상설적으로 하지 않고, 5대국을 대상으로 하지 않으며, 주로 5대국이 군대를 제공하여 편성할 것 등 3가지뿐이었다. 이에 대한 자세한 설명은 Repertory of Practice of United Nations Organs, vol.II, 1955, pp.396-408 참조.

군의 조직에 관한 기술적인 곤란보다는 주로 냉전에 연유하는 정치적인 상호불신과 대립의 결과였다.[136)]

국제연합은 제43조의 규정 실시를 위하여 노력하였으나 교착상태를 타개하지 못하여 어느 국가와도 특별협정을 체결하지 못함으로써 제43조는 현재 사문화되어 있는 상태이다. 그러나 이러한 사실이 동조가 현재 가치가 없다는 것을 의미하는 것은 아니다. 동 조는 가맹국들이 만약 그들이 동의하지 않는다면 군사력 제공에 법적으로 구속되지 않는다는 것을 명백하게 하기 때문에 제42조 및 제48조, 제49조에 의해 안보리에 주어진 권한에 제한을 부과하고 있다.

나. 군사참모위원회의 활성화 론의

헌장은 국제적 평화와 안전의 유지를 위하여 안보리의 군사적 요구, 안보리의 자유에 위임된 병력의 사용 및 지휘, 군비규제와 가능한 군비축소에 관한 모든 문제에 관하여 안보리에 조언과 원조를 하기 위하여 군사참모위원회(Military Staff Committee)를 설치한다고 규정하고 있다.[137)] 동위원회는 안보리 상임이사국의 참모총장 또는 대표로 구성되며 국제연합의 집단안전보장 체제의 발동을 위하여 안보리가 사용할 수 있는 병력의 확보를 위하여 개별국가와의 특별협정을 체결할 권한을 부여받았고 그렇게 구성된 군대의 사용과 지휘권을 지니는 것이다.[138)]

그러나 동 위원회는 국제연합군의 편성을 위한 개별국가와의 특별

136) L. M. Goodrich and A. P. Simon, *op. cit.*, 1955, pp.430-433.
137) 국제연합 헌장 제47조 1항.
138) 오기평, 현대 국제기구 정치론, 법문사, 1990, p.75.

협정은 하나도 체결하지 못하여 국제연합의 집단안보에 관한 규정을 사문화시켰고 1947년 4월에 “국제연합군의 편성을 위한 기본원칙에 관한 중간보고”에서 5대 강국 간의 불합의만을 명백히 한 채 실질적으로 기능의 상실을 나타내고 있다.139)

걸프전 동안에 안보리는 결의 제665호 4항에서 동 위원회를 적절한 조정기구로 이용하며 활동내용을 사무총장과 협의를 거쳐 안보리에 보고하도록 명시했다. 이는 국제연합이 군사력의 사용을 승인하는 것만이 아니고 통제하겠다는 것을 의미하는 것이다. 하지만 국제연합의 이러한 의도는 미국의 소극적인 태도로 이루어지지 않았다. 소련이 동 위원회의 부활 및 활성화를 을 계속적으로 제기하였지만 미국이 이에 반대하였기 때문이다.

그러나 안보리가 군사작전을 수행할 때는 반드시 이 위원회의 협조를 얻게 되어 있었기 때문에 안보리가 무력사용에 관한 결의안 제678호를 채택한 상황에서 동위원회의 중요성을 완전 무시할 수만은 없었기 때문에 양국의 이해관계로 생겨난 것이 바로 결의안 제661호의 특별위원회라고 볼 수 있다. 특별위원회는 해상 및 공중 금수조치(Embargo)에 관한 제반사항에 관해 자료를 수집, 시달하는 역할을 담당하였다.140)

다. 경제제재 결의상의 문제점

국제연합의 대이라크 경제제재는 8월 6일의 결의 661에 의해 처

139) *Ibid.*

140) 박기갑, “이라크의 쿠웨이트에 대한 무력침략과 국제법상 문제점”, 국제법률경영, 제6호, 1991, p.115-116. 특별위원회에 대해서는 결의 661의 제6항, 결의 670의 제10항 참조.

음으로 취해진 후 경제봉쇄를 시행하기 위한 한정적인 무력행사를 허용한 8월 25일의 결의 665와 이라크와 쿠웨이트에 대한 공수금지 조치를 결정한 9월 25일의 결의 670에 의해 강화되어 갔다.

안보리는 결의 661에서 해상을 통한 이라크와 쿠웨이트에 대한 수출을 중지할 것을 가맹국뿐만 아니라 모든 국가들에게 요구하는 금수조치(Embargo)를 채택했다. 그런데 안보리가 8월 6일 금수조치를 채택한 후, 8월 12일에 미국 해군이 이라크 국적의 선박을 나포하였고, 미국 정부는 독자적으로 자국 군대에 내려진 훈령을 통하여 금수조치를 이라크 선박들에게 준수토록 하기 위해서 필요하다면 적절한 수준에서 무력을 사용해도 좋다는 내용을 발표한 것이다.141) 이에 대하여 프랑스 정부는 이러한 행위는 금수조치를 넘어서는 봉쇄(Blockade)의 범주에 들어가는 행동이므로 이를 위해서는 새로운 안보리의 결의가 필요하다는 성명을 발표하였다.

금수조치(Embargo)란 전쟁의 교전국 또한 침략행위 국가에 대하여 일정한 품목의 상품들, 특히 무기와 금수물자를 수출하는 것을 금지하는 행위인 반면에 봉쇄(blockade)란 전시에 있어 주로 적국해안의 해상교통을 방지하기 위하여 교전국의 일방이 해군력에 의해서 적국해안에 차단선을 설정 유지하면서 이 선을 침파하고 적지와 교통하는 선박 및 화물을 포획 처분하는 제도로서 금수조치(Embargo)가 수출국 자체에서 자발적으로 중단하는 어떻게 보면 소극적인 행위인데 반하여 봉쇄(blockade)는 적극적인 행동이 가미되어진 상태로 만약 금

141) 1990년 8월 16일 미국 정부는 미국 해군에 '이라크와 쿠웨이트에 출입하는 물자운반 선박을 차단하는 다국적군의 해상활동에 참가할 수 있는 권한을 부여'하면서 '안보리의 대이라크 경제제재의 실효를 거두기 위하여' 걸프만, 홍해의 일부, 오만만 전체에 사실상의 해상봉쇄를 선언했다.

수조치(Embargo)의 대상이 된 물품을 실은 선박이나 교전국 국적의 선박을 해상에서 차단하여 이를 준수케 하는 행위인 것이다. 다시 말해 교전상태로 들어감을 의미한다고 볼 수 있다.[142)]

미국은 자신들의 행위가 해상봉쇄가 아니라 저지(Interdiction)라고 강조하면서 이는 쿠웨이트 정통정부의 요청에 기초한 집단자위권의 행사라고 주장했다. 하지만 해상봉쇄는 전쟁 그 자체이므로 헌장 제41조에 기초한 경제제재를 근거로 해상봉쇄를 취하는 것은 헌장에 위배되는 행위이다.

이와 같은 법적 논란이 발단이 되어 안보리는 금수조치(Embargo)의 유효한 실시를 위해서 새로운 결의안의 검토에 들어가 8월 25일 결의 665를 채택하였다. 안보리는 동 결의에서 무력사용(use of force)이라는 용어를 명시적으로 언급하고 있지는 않지만 동 결의 제1항에 비추어 볼 때 걸프만에 파견되어 있는 군함들에게 금수조치를 위해서 필요한 최소한의 무력사용을 허용하고 있는 것으로 해석된다.[143)]

하지만 동 결의가 무제한의 무력사용을 허용하고 있는 것은 아니다. 왜냐하면 안보리가 허용한 무력은 경제제재를 위하여 "필요한 경우" "안보리의 권한 하에서" "결의 제661의 엄격한 실행을 보장하고, 화물과 행선지를 조사하고 확인하기 위하여" 사용되는 것이기 때문이다. 따라서 군함들이 사용한 무력행사는 비례성의 원칙이나 필요성의 원칙의 한계내의 것이어야 한다. 그러나 동 결의는 무력행사의 구체적인 절차와 한계에 대하여 아무런 언급도 하고 있지 않아 무력행사를 둘러싼 새로운 분쟁의 발생을 야기할 위험이 있었다.

---

142) 박기갑, *op. cit.*, p.110.

143) *Ibid.*, p.112.

1990년 9월 25일 안보리는 프랑스 정부가 발의한 공중통상 금지조치(Aerial Embargo)를 주요 내용으로 하는 결의안을 채택하였다. 이러한 공중통상 금지조치는 유례없이 처음으로 취해진 강제조치일 뿐만 아니라 평시에 한 나라를 상대로 취해진 다각적인 금수조치의 일환이라는데 큰 의미를 찾을 수 있지만 회원국들이 결의안에 명시된 사항을 준수하지 않을 경우의 강제조치에 관한 문제가 있다. 즉 이라크행 비행기는 이륙 시 탑재물건과 비행일정표를 통제국가에게 제공하게 되어 있는데 이를 거부하는 경우와 이라크에의 출입비행기는 영공국가로부터 영공통과에 관한 허가를 받아야 하며 허가는 안보리에서 사전에 제시한 조건사항에 부합할 때만 하게 되어 있는데 영공국가가 이를 어기는 경우이다. 전자의 경우는 위반비행기에 대한 요격행위가 금지되어 있어 적절한 조치를 그때그때 취할 수 없다는 문제점을 안고 있고, 후자의 경우는 결의안을 위반한 국가에 대한 후속조치가 과연 유효하게 따를 수 있을 것인가 하는 방법론적 문제점을 안고 있다.144)

따라서 이에 대한 대비책이 필요하였으나 동 결의는 이에 대해 아무런 언급도 하고 있지 않다. 물론 결의안 제670호 자체가 이런 경우까지 예정하여 제12조에 적절한 조치를 강구할 것을 자체명령하고 있기는 하지만 현실상 공중통상금지조치의 위반사항을 파악하고 대응하는 데는 한계가 있다

라. 군사적 강제조치의 문제점

1990년 11월 19일 외무장관급 협의를 통하여 이라크가 1991년 1월

144) *Ibid.*, p.115.

15일까지 쿠웨이트에서 완전철수하지 않으면 가맹국들에게 '필요한 모든 수단을 행사할 권한을 부여한다'라는 결의를 채택하였고, 이라크가 이에 불응하자 결국 91년 1월 17일 미명을 기해 다국적군의 이라크 공격이 시작되었고 지상군의 전면적인 공격이 시작된 지 1백시간 만에 이라크는 무조건 항복함으로써 군사행동은 중지되었다.145)

이라크의 쿠웨이트 침공, 병합이 국제정의에 대한 정면도전이고 국제평화와 안전을 위협하는 행위인 점은 분명하며, 이러한 이라크의 침략행위에 대해 국제사회는 '모든 수단'—군사적 제재까지 포함한다는 의미에서—을 동원한 제재조치를 취할 정당한 근거를 갖고 있는 것도 사실이다. 따라서 다국적군의 이라크 공격은 정당하다.

하지만 안보리의 무력사용 승인결의 채택과 그 후의 군사적 강제조치는 다음의 면에서 아쉬운 점이 있다. 그것은 냉전이후 신국제질서에서의 국제연합의 역할과 관련되는 것으로써 걸프전에서의 선례가 장차 유사한 사태에서 하나의 지침이 되어 국제연합의 행동을 제약 내지 불능으로 만들 수도 있기 때문이다.

첫째, 무력사용을 승인한 안보리 결의 678의 문언을 볼 때, 무력사용의 승인에 대한 일정한 조건과 제한을 거의 찾아 볼 수 없다. 동 결의는 명확한 기준도 실시의 세목도 정하지 않은 채 다만 '필요한 모든 수단'을 사용하여도 좋다는 것을 인정하고 있으며 무력행사를 실시하는 국가에 안보리에 보고할 의무도 부과하지 않았으며, 어느 정도의 파괴수단까지 인정하느냐에 관하여도 규정하지 않았다. 특히 민간인에 대한 공격과 대량파괴무기의 사용을 금지하지 않은 점은

145) 최종기, "다국적군과 UN의 집단안보체제", 국제문제, 제22권, 제4호, 1991, p.51.

큰 문제점이라 할 수 있다.[146)]

둘째, 이라크에 대한 다국적군의 군사적 강제조치 과정에서 국제연합은 우려할 정도로 그 참여가 배제되었다. 이는 걸프전에서 미국의 역할이 국제연합의 그것을 능가하였음을 의미한다. 국제연합은 무력사용을 승인하는 결의만을 채택하고 그 후의 조치는 미국을 주축으로 한 다국적군에게 방임함으로써 미국정부가 국제연합의 결의라는 합법적인 틀 내에서 걸프분쟁을 자국의 외교정책의 일부로 처리하는 독단을 용인하였다.

미국이 주도한 다국적군의 경비는 국제연합에서 한 푼도 지원된 바 없이 각국의 지원금으로 충당되었고, 다국적군의 사령관은 미국군 사령관이 겸임하였으며, 군사 및 작전에 있어서도 국제연합은 사실상 아무런 권한도 갖지 못했었다. 미국이 국제연합을 의도적으로 배제한 것은 군사적 강제조치가 국제연합의 테두리 내에서 전개된다면 사무총장 및 안보리에 그 진행과정과 결과 등을 보고하고 이와 협의를 거쳐야 하기 때문에 모든 조치들을 자국의 의도대로 추진하기 위함이었던 것으로 보인다.[147)]

---

146) *Ibid.*, p.53 참조.
147) *Ibid.*

제2장
무력분쟁 일반

제1절 무력분쟁의 의의 및 분류

1. 전쟁 · 전쟁법과 무력분쟁 · 무력분쟁법

전쟁(war)은 중세 이후 '정전(正戰, just war)' 원칙이 퇴색되기 전까지 '보복(報復, retortion)'이나 '복구(復仇, reprisals)'와 같이 전쟁상태에 미치지 못하는 행위와 구별되었고, 대외정책이나 경제적 복지 및 타국과의 관계 등에 필요한 수단의 하나로 간주되었다.

전쟁이란 일반적으로 어느 일방당사국이 타방당사국을 굴복시켜 그가 바라는 강화조건을 부과하여 본래의 주장을 관철하기 위해 무력을 행사하는 국가 간의 투쟁상태이다. 이를 좀 더 자세하게 살펴보면 첫째, 전쟁이란 무력을 행사하는 투쟁관계이다. 무력행사 그 자체가 목적이 아니고 그것에 의해 일정한 주장을 관철하려는 것이므로, 결국 전쟁이란 어떤 목적을 위해서 하는 무력적 수단이라고 볼 수가 있다. 둘째, 전쟁이란 국가 간의 투쟁관계이다. 국제관계에 있어 일정한 목적을 달성하기 위해 무력에 호소하는 것이 전쟁인데, 이러한 의사를 가지는 것은 국가뿐이므로 전쟁당사자 즉, 전쟁주체는 국가 자신인 것이다.[1] 셋째, 전쟁이란 일정한 국제법적 제한 하에서 행하는 투쟁관계이다. 무기의 발달로 인한 전쟁규모의 확대와 사상자의 급증은 곧바로 인도적 고려와 비군사적 가치의 숙려라는 문제를 제기했고, 국가 간의 무력투쟁을 제한하기 위한 많은 전쟁관련 법규가 체결되었다. 전쟁은 이들 전쟁법의 규제 하에서 행하여지는 투쟁인 것이다.[2]

전쟁을 이처럼 정의할 경우 전쟁법(law of war)이란 전쟁이 발생하여 전쟁상태가 계속되는 동안 교전당사국간 또는 교전당사국과 비교전당사국간의 관계를 규율하는 법이라고 정의할 수 있다.

한편 국제연합 헌장 제2조 4항의 '무력에 의한 위협 또는 무력사용(threat and use of force)'의 금지원칙의 성립 이후 전쟁이 명시적으로 금지되고 있는 현실에서 둘 또는 그 이상 국가 간의 평화적 관계를 파괴하는 의미에서의 '전쟁' 개념이 여전히 유효하가에 대한 의문과 '무력사용(use of force)' 또는 '무력분쟁(armed conflict)'이라는 개념이 '전쟁'이라는 개념을 대체해야 하는 것이 아닌가 하는 논란이 제기되었다.[3]

---

1) 개인 상호간의 투쟁이나 개인과 국가 간의 투쟁은 전쟁으로 볼 수 없으므로 개인은 전쟁주체일 수가 없다. 그러나 일정한 요건을 갖춘 교전단체와 국가 간의 투쟁은 제한적인 전쟁관계를 이루게 된다. 국제기구가 직접 어느 국가에 대해서 강제조치를 취할 때는 국제기구 자체가 그런 국제관계에 있어 제재적인 교전주체가 될 때도 있다. 김정균·성재호, 국제법, 박영사, 2006, pp.711-712.

2) *Ibid.*, pp.697-698.

3) K. J. Partsch, "Armed Conflict", R. bernhardt(ed.), *Encyclopedia of Public*

이러한 개념적 논쟁이 본격적으로 제기된 것은 1949년 제네바협약의 채택이후로 이때부터는 무력분쟁이라는 용어가 일반적으로 사용되고 있다.

제네바협약 공통2조를 보면 "본 협약은 평시에 실시될 규정 외에는 둘 또는 그 이상의 체약국간에 발생할 수 있는 모든 선언된 전쟁 또는 기타 무력분쟁의 경우에 대하여 당해 체약국의 하나가 전쟁상태를 승인하거나 아니하거나를 불문하고 적용된다"라고 규정하여, '선언된 전쟁(declared war)'을 단지 '무력분쟁'의 한 형태로 보고 있다. 또한 1977년에 채택된 1949년 제네바협약 제2추가의정서 제1조 2항도 "본 의정서는 무력분쟁이 아닌 폭동, 고립되고 산발적인 폭력행위 기타 유사한 성질의 행위와 같은 국내적 소요긴장사태에는 적용되지 아니한다"라고 함으로써 '무력분쟁'과 무력분쟁이 아닌 비상사태를 구분하고 있다.

이외에도 '무력분쟁'이라는 용어를 사용한 문서들을 보면, '무력분쟁 시 문화적 재산의 보호에 관한 1954년 헤이그협약(Hague Convention of 1954 for the Protection of Cultural Property in the Armed Conflicts)', 1968년 이후 국제연합 총회에서 계속적으로 채택된 '무력분쟁에 있어서의 인권보호(respect of Human Rights in Armed Conflicts)'에 관한 결의 등이 있다.

International Law, Vol.3, 1982, p.25. 국제연맹 규약 제12조, 제13조, 제15조와 제16조 그리고 부전조약(Kellogg-Briand Pact)에서는 전쟁이라는 개념 정의나 어떤 행동이 제재를 받게 되는지에 대한 언급 없이 단순히 전쟁에 호소하는 것을 불법화하고 있으며, 국제연합 헌장도 전문의 '전쟁의 참화(scourge of war)'라는 문구에만 '전쟁'이라는 표현을 사용할 뿐 침략자와 희생자사이의 관계에 대한 명확한 결정 없이 '무력의 위협'이나 '무력의 사용'이라는 용어를 사용하고 있다.

이처럼 1949년 제네바협약 채택이후 '전쟁'이라는 고전적 개념 대신에 '무력분쟁'이라는 새로운 개념이 일반적으로 사용되고 있다. 무력분쟁의 규모나 정도의 여하를 떠나 인권법과 인도법의 적용실현이라는 견해에서 보더라도 '전쟁'과 '전쟁법(the law of war)'의 용어보다는 '무력분쟁(armed conflict)'과 '무력분쟁법(the law of armed conflict)'이라는 용어를 사용하는 것이 타당하다고 본다.[4)]

2. 무력분쟁의 분류

국제법상 평시에 대비되는 비상사태는 '국제적 무력분쟁(international armed conflict)', '비국제적 무력분쟁(non-international armed conflict)' 및 무력분쟁으로 인정되지는 않는 '국내적 소요 및 긴장사태(internal disturbance and tension)'로 구분된다. 이러한 구분은 1949년 제네바협약에서 비롯되어 1977년 추가의정서가 제1추가의정서(국제적 무력분쟁에 적용)와 제2추가의정서(비국제적 무력분쟁에 적용)로 분리 · 채택됨으로써 확고해 졌다.

가. 국제적 무력분쟁

국제적 무력분쟁은 양국 간, 일국과 다수국 간 또는 다수국과 다수국 간 대규모 군사적 대결인 고전적 의미의 '전쟁'과 제1추가의정서에서 국제적 무력분쟁에 포함된 '민족해방전쟁(wars of national liberation)'을 말한다. 고전적 의미의 '전쟁'을 뜻하는 국제적 무력분쟁

4) 김정균, "인도주의·인권·인도법의 시대적 성격", 인도법논총, 제8호, 1988, p.71.

은 전의(戰意)를 가진 국가 간의 무력수단에 의한 투쟁으로써 전의를 수반한다는 점에서 무력복구와 다르며, 국가 간의 무력분쟁이라는 점에서 비국제적 무력분쟁과 다르고, 무력을 사용한다는 점에서 보복이나 비무력적 복구와도 다르다.[5)]

1949년 제네바협약 공통2조는 국제적 무력분쟁을 "둘 또는 그 이상의 체약국간의 선언된 전쟁 또는 기타 무력분쟁"을 포함한다고 규정하고 있다. 협약 주석서도 동조에서 말하는 '무력분쟁'을 군대가 개입하는 양국 간의 충돌이라고 광의로 해석하고 있다.[6)]

민족해방전쟁은 전통국제법에서는 내전으로 간주되었으며, 1949년 제네바협약 채택 당시에도 공통3조가 적용되는 비국제적 무력분쟁으로 이해되었다. 하지만 사회주의 국가들의 지지를 업은 제3세계 국가들은 국제연합에서 민족해방전쟁을 국제적 무력분쟁으로 승격하여 모든 전쟁법이 적용되도록 해야 한다고 주장했다. 이러한 주장은 식민지지배, 인종차별 및 외국인점령정권에 대한 '자결을 위한 투쟁'이라는 이념적 고려에 기초한 것으로 중세에 지배적이었던 정전개념을 국제법에 새로이 도입한 측면이 있다. 이러한 사회주의 국가들과 제3세계의 지속적인 주장은 1974년부터 제네바에서 개최된 '국제인도법의 재확인과 발전을 위한 외교회의' 제1회기에서 승인되었으며, 1977년 최종회기에서 민족해방전쟁을 국제적 무력분쟁으로 인정하는 제1추가의정서 제1조 4항이 채택되었다.

---

5) 이병조 · 이중범, 국제법신강, 일조각, 2003, p.976.
6) 대한적십자사, 제네바협약해설 Ⅳ, 1986, p.24.

나. 비국제적 무력분쟁

인류역사에 있어서 비국제적 무력분쟁은 그 명칭과 형태에 관계없이 계속되어 왔지만 다양한 분쟁형태, 일정치 않은 폭력수준, 국제적 무력분쟁 및 국내적 소요긴장사태와의 구분불명확 등으로 아직 일반적인 정의는 아직 확립되어 있지 않다. 이를 고려해 볼 때 희생자 보호를 위한 인도적 제규정들이 적용되기 위한 객관적인 적용요건들을 기초로 비국제적 무력분쟁의 개념을 구체화하는 것이 현실적인 방법의 하나라고 할 수 있겠다.

비국제적 무력분쟁에는 1949년 제네바협약 공통3조와 1977년 추가의정서가 적용된다. 공통3조는 "체약국의 일영역내에서 발생하는 국제적 성질을 갖지 않는 무력분쟁(armed conflict not of an international character)에 적용된다"라고만 규정할 뿐, 그 적용기준이나 조건에 대해서는 아무런 언급도 하고 있지 않아 '국제적 성질을 갖지 않는 무력분쟁'의 개념에 대한 해석상의 문제점을 남기고 있다.

'국제적 성질을 갖지 않는 무력분쟁'의 개념은 외교회의에서 격론을 불러일으킨 문제였다. 이 표현은 관념적이고 또 막연한 것이었기 때문에 많은 대표들은 소란, 폭동 또는 단순한 도적행위 같은 것들까지 그 형태의 유무를 불문하고 무력에 의한 일체의 행위를 포함할 수도 있다는 점을 우려했었다. 그 결과 동 조를 적용하여야 할 일정한 조건을 열거하려는 시도는 성공하지 못했다.7)

공통3조를 기초한 외교회의 특별위원회에서 표명된 의견들을 보아

7) *Ibid.*, p.429. 하지만 토의에 부쳐졌던 각종 수정안에 포함되었던 조건들을 일람표로 만들어 놓은 주석서의 내용은 편리한 표준을 제시한 것으로 볼 수 있다. 이 일람표에 대한 자세한 내용은 *Ibid.*, pp.42-43 참조.

도 일정한 지역에 국한되고 시간적으로 제한된 폭동에는 동 조가 적용되지 않으며, 인민봉기 및 군대의 반란이 일정지역에 국한되거나 단시일 내에 끝나지 않고 타지역로 확대되고 장시간 지속될 때 비로소 동 조가 적용된다는 것에 각국대표의 견해가 일치했음을 알 수 있다.[8]

동 조에서 '국제적 성질을 갖지 않는 무력분쟁'이 명확하게 정의되지는 않았지만 그 기초과정에서의 논의에 기초해 볼 때, '무력분쟁'이라는 표현이 갖는 객관적 요소인 조직된 군대 또는 무장단체간의 공공연한 군사적 대치를 의미하고, '간헐적인 폭력행위'에 의해 특징지워지는 단순한 국내적 소요 및 '대량체포'에 의해 특징지워지는 국내적 긴장은 포함되지 않고,[9] 또한 교전단체 승인이 이루어진 무력분쟁은 포함되지 않는다는 소극적 방법으로 공통3조 분쟁의 범위에 관한 경계선을 그을 수밖에 없을 것 같다.

제2추가의정서는 노르웨이 대표가 의정서의 "심장"[10]이라고도 칭한 제1조에서 물적 적용범위를 규정하고 있다. 同條는 의정서의 인도적 규정들이 적용되는 비국제적 무력분쟁을 판단하는 기준으로 (1) 합법정부와 반란단체 간의 무력분쟁일 것, (2) 책임 있는 지휘관이 존재할 것, (3) 반란단체에 의한 영역의 일부에 대한 통제가 행해질 것, (4) 지속적(sustained)이고 일치된(concerted) 군사작전이 존재할

8) J. Siotis, *Le droit de la guerre et les conflits armés d'un caractére non-internationl*, Paris, Librairie Générale de Droit et de Jurisprudence, 1958, p.26.

9) F. Kalshoven, ""Guerilla" and "Terrorism" in Internal Armed Conflict", 33 *The American University Law Review*, 1983, p.67.

10) Diplomatic Conference on the Reaffirmation and Development Law Applicable in Armed Conflicts, Geneva, 1974-77(CDDH)/I/SR.23, p.13.

것, (5) 반란단체가 의정서를 이행할 능력이 있을 것 등의 다섯 가지를 제시하고 있다.

여기서 책임 있는 지휘는 군대의 계층조직에 기초한 조직만을 의미하는 것이 아니라 구체적이고 지속적인 군사작전을 계획·수행하며 군사훈련을 시키기에 충분한 사실상의 당국이면 족하고, 통제되는 영역의 범위에 대한 기준은 규정되어 있지 않지만 통제는 반란군이 지속적이고 일치된 군사활동을 수행하고 의정서를 적용시킬 수 있을 정도로 충분해야 하며, 의정서의 이행능력은 그것이 적용되는 분쟁을 판단하는 기초적인 기준으로 반란단체가 책임 있는 지휘관의 명령 하에서 행동하고 영역의 일부에 대한 통제를 행사하는 경우 의정서의 이행능력이 있다는 것은 합리적으로 기대되며, 분쟁의 기간과 강도를 의미하는 '지속적' 및 '일치된' 군사작전의 평가는 객관적인 기준에 따라야 할 것이다. 하지만 실제 판단에 있어서는 자의적 주관의 영향을 받기 쉽다.[11)]

이처럼 제2추가의정서상의 비국제적 무력분쟁은 정규군과 조직된 무장집단(반도) 간의 무력분쟁과 같은 중앙정부와 반란단체간의 무력분쟁이며(정부가 소멸되었거나 너무 약해 개입하지 못하는 일국내의 둘 또는 그 이상의 무장집단간의 무력분쟁에는 오직 공통3조만 적용), 반도들은 어느 정도 조직화된 집단적 성격을 가져야 하며 고립된 개인의 구체

---

11) 몽골 대표는 "제2추가의정서는 정부에 대한 무력적 적대행위가 상당한 정도의 영역에 대한 지속적이고 효과적인 통치를 행하는지 아닌지를 누가 결정하는지 분명하게 밝히지 않고 있다"(CDDH/I/SR.23, p.17)고 하였으며, 헝가리 대표도 "국내무력분쟁의 발생으로 간주되기 위해서는 어느 정도의 기간이 경과되어야 하며 누가 이를 결정할 수 있는가?"(CDDH/I/SR.40, p.25)라고 의문을 표시했다.

적이지 못한 행위는 배제된다.

다. 무력분쟁과의 구별개념 : 국내적 소요 및 긴장사태

제2추가의정서 제1조 2항은 '무력분쟁이 아닌 폭동, 고립되고 산발적인 폭력행위 및 기타 유사한 성질의 행위와 같은 국내적 소요 및 긴장사태'를 의정서의 적용범위로부터 제외하고 있다.[12)]

그렇다면 국내적 소요 및 긴장사태는 구체적으로 어떤 상황을 의미하는가? 이를 상세하게 정의하는 것은 이들 사태의 유동성, 다양성을 감안해 볼 때 어려운 일이며 또 너무 엄격하게 정의하면 유연성을 결하게 되어 실제에 적합하지 않을 수도 있다. 그러나 국내적 소요 및 긴장사태의 정의는 국제인도법 적용의 유무와 그 범위결정 및 이러한 사태의 존부에 대한 관계국의 자의적인 판단을 배제하고 희생자의 보호를 강화하기 위한 불가결한 전제가 되므로 필요하다.[13)]

---

12) 이것은 동독대표에 의해 강하게 주장된 것으로(CDDH/I/SR.28; CDDH/ I/SR.29, p.30.) 국내분쟁의 최저적용요건에 관한 사회주의국가들의 제한적인 태도를 반영하고 있다. 그 목적은 비무력적인 분쟁에서의 인도적 간섭의 위험을 피하고 특히 최저적용요건을 더 낮추는 방향으로 공통3조가 장차 발전될 가능성을 미리 차단하여 추가의정서가 최저적용요건이 더 낮은 제네바협약 공통3조로 이행되는 것을 막는 것이었다(CDDH/I/SR.29, p.5(Federal Republic of Germany); CDDG/I/SR.29, p.25(Italy)).

13) 국내적 소요 및 긴장사태에 대한 개념정의 및 이러한 사태에 있어서의 국제인도법과는 국제인권법의 적용을 통해 인권을 보호하려는 노력은 ICRC의 주요활동중의 하나였다. ICRC는 국제인도법 외교회의 준비를 위한 1971년 제1차 정부전문가회의에 제출한 보고서에서 '국내적 소요' 및 '국내적 긴장'의 개념을 정의하고 있다. 이에 대한 자세한 설명은 ICRC, "Ptotection and Assistance in Situations not covered by International Humanitarian Law", 262 *IRRC*, 1988, pp.12-13 참조.

일반적으로 국내적 소요 및 긴장사태는 단순한 폭동 및 지휘 또는 일치된 목표가 없는 시위, 군대 또는 무장집단에 의해 수행되는 고립되고 산발적인 폭력행위, 그들의 태도 및 정치적 신념으로 인한 대량체포를 포함하는 기타 유사한 행위들을 특징으로 한다.[14] 이들 국내적 소요 및 긴장사태는 국제인도법에 의해 규율되지는 않으며, 국내법과 국제인권법 중 효력정지가 금지되는 인권법규만이 적용된다. 그럼에도 불구하고 ICRC는 그러한 사태의 희생자를 원조하기 위하여 그 역무를 제공할 수 있는 발의권을 국제적십자규약에서 부여받았다(제6조). 하지만 이러한 사태가 발생한 국가는 ICRC의 역무제의를 수락할 의무가 없으며, 따라서 ICRC의 자국 내의 출입을 합법적으로 거부할 수 있다.

3. 기타 강제적 분쟁해결 수단

국제분쟁은 평화적 해결방법으로 처리되는 것이 국제사회의 안정과 국가 간 우의를 위해 합리적이다. 그러나 분권화된 오늘날의 국제질서 속에서 현실적 능력이나 의지가 국제분쟁의 평화적 해결을 보장해 주지 못하고 있다.

따라서 분쟁이 당사국간의 합의에 의하여 평화적으로 해결되지 않을 경우, 이를 해결하기 위해서는 필요한 범위 내에서 약간의 강제력을 발동하게 되는데, 이 경우 그 수단은 자력구제의 형태를 띤다.

---

14) Robert K. Goldman, “International Humanitarian Law : Americas Watch’s Experience in Monitoring Internal Armed Conflicts”, 9 *American University Journal of International Law and Policy*, 1993, pp.54-55.

국제사회에는 국가의 상위에 있는 권력기관이 존재하지 않으므로 국가 간의 분쟁을 해결하기 위한 강제력도 결국 국가자신이 행할 수밖에 없기 때문이다.

분쟁의 강제적 해결은 수단과 결과에 있어 많은 문제점을 수반하게 된다. 하지만 국제사회가 더욱 발달하여 초국가적 권력기관이 설치되기까지는 분쟁해결 방법으로서의 존재의의를 지속하게 될 것이다. 무력분쟁 외 분쟁의 강제적 해결방법에는 보복과 복구가 있다. 이하에서는 이에 대하여 간략하게 살펴보고자 한다.

가. 보복

보복(retortion)은 국가이익을 해치는 부당한 행위, 국제예양에 위반되는 비우호적인 행위(예 : 타국의 자국민에 대한 부당한 차별대우, 자국 상품에 대한 과중한 관세부과, 자국민의 이민에 대한 특별한 제한 또는 금지 등)가 있을 때 이를 중지시킬 목적으로 그 타국에 대하여 똑같이 부당행위를 하는 즉, 동일 또는 동종의 대응수단을 말한다. 이는 타국에게 심리적인 견제와 부담을 주게 되어 타국의 부당행위를 사전에 예방하는 효과를 갖는다.15)

보복은 그 요건이 되는 행위가 타국의 부당한 행위이지 위법한 행위는 아니기 때문에 원래 국제법 범위 밖의 문제이고 보복행위의 정당성 여부나 그 형태를 결정하는 것은 국제정치상의 문제 또는 국가정책에 속하는 과제인 것이다. 그런데 보복을 국제법에서 논하는 것은 복구와의 차이를 명백히 하기 위한 것이다. 보복은 본래이면 부당한 행위로 당연히 비난받을 행위이지만 상대방의 부당한 행위를

15) 이병조 · 이중범, *op. cit.*, p.884 참조.

요건으로 하는 것이므로 그 부당성이 조각된다.16)

나. 복구

(1) 의의

복구(reprisals)는 자국에게 행해진 타국으로부터의 불법행위가 있을 때 이를 중지시키거나 또는 이에 대한 구제를 얻기 위하여 자국이 입은 손해와 거의 같은 정도의 손해를 불법행위국에 대해 취하는 응보행위로서, 원래는 불법행위이지만 일정한 요건을 갖춘 경우 위법성이 조각되어 합법적인 행위로 인정된다.

복구는 전쟁이나 자위와 구별된다. 복구는 전쟁처럼 대응행위의 목적이나 범위가 넓은 것은 아니다. 복구행위가 전쟁으로 비화되지 않는 한 양국 간의 관계는 여전히 평시상태 하에 있는 것이다. 또한 자위행위가 급박한 위해에 대한 방위행위임에 반하여 복구는 불법행위에 대하여 취해지는 행위이다. 따라서 복구는 비전쟁적이면서도 강력적인 자구행위라 할 수 있다.

국제법상 복구행위가 인정되는 이유는 국가가 타국으로부터 권리침해를 당한 경우에 다른 평화적인 수단으로는 충분한 구제를 얻지 못할 때 자력으로서 구제방법을 취할 수밖에 없다는 점에 기인하는 바, 불법행위국을 강제할만한 강력한 국제기구를 갖지 못한 오늘날의 법체계 및 국제조직의 미발달에 근본적인 원인이 있는 것이다. 장차 국제사회가 조직화되어 가면 복구의 존재의의는 점차 축소될 것이다.17)

---

16) 김현수 · 이민효, 현대국제법, 연경문화사, 2005, p.270.

17) *Ibid.*, pp.270-271. 노석태(역), 현대국제법의 지표, 부산대학교 출판부, 2002,

(2) 요건

복구가 적법행위로 인정되기 위해서는 다음의 요건을 충족하여야 한다.

① 타국의 불법행위 즉, 타국의 국제법 위반행위가 있어야 한다. 따라서 단순히 국제예양에 위반되는 비우호적인 행위로서는 불충분하다. 타국의 불법행위는 작위뿐만 아니라 부작위에 의한 것도 포함되며, 사인의 행위로 인해 권리침해를 당한 경우에도 국가가 적당한 조치를 취하지 않으면 복구가 가능하다.

② 복구전에 불법행위에 대한 구제요청이 선행되어야 한다. 복구는 교섭이나 기타 평화적 수단에 의해 구제를 얻지 못할 경우 불법행위국 또는 그 국민의 재산에 대하여 행할 수 있는 전쟁에 이르지 않은 강제수단의 하나이다.

③ 복구는 타국의 불법행위를 중지시키고 배상을 얻는데 필요한 정도여야 한다. 따라서 타국의 불법행위가 중지되거나 배상을 이미 얻은 경우 복구는 중지되어야 한다.[18]

(3) 수단[19]

복구의 수단으로는 조약의 이행정지, 보이콧(boycott), 국민 및 화물의 억류, 선박 및 항공기의 억류, 영토의 점령, 평시봉쇄 등이 있다. 조약의 이행정지나 보이콧은 비무력적인 것이고 기타는 모두 강력적

---

p.291

18) *Ibid.*, p.271. 이에 대한 자세한 설명은 中谷和弘, “國家の單獨の決定に基づく非軍事的制裁措置”, 國際法外交雜誌, 第89卷 3/4号, 1990, pp.1-36 참조

19) 김현수 · 이민효., *op. cit.*, pp.271-273.

인 것인데, 특히 영토의 점령 및 평시봉쇄는 적극적인 무력복구가 된다.

종래 무력복구도 일정요건을 구비한 경우 적법한 것으로 인정되어 왔으나 분쟁해결 방법으로서 무력사용이 일반적으로 금지되어 있는 오늘날에 있어서는 그 합법성이 부인된다. 따라서 무력복구는 금지된다고 보아야 할 것이다.[20]

(가) 조약의 이행정지

상대국이 자국과의 조약을 위반한 경우 자국도 동일한 또는 여타 조약의 이행을 중지하는 행위이다. 약정에 따른 채무를 이행하지 않는 국가에 그와 대등하거나 유사한 채무이행을 중지하는 것도 이에 속한다.

(나) 보이콧

보이콧은 통상조약 체결국간 상대국의 불법행위에 대한 응보조치로서 통상을 거부하는 경제적 대응수단을 말한다. 상대국 상품의 구매거부 및 자국 상품의 공급거부 등과 같은 경제적 조치는 경제사정에 영향을 미쳐 일상생활에 중대한 영향을 끼칠 수 있기 때문에 응보의 효과가 있으며, 상대국의 자국에의 경제적 의존도가 심할수록

20) 무력복구는 무력사용 금지라는 일반원칙에 따라 규제된다. 무력복구는 현실적 무력공격 또는 무력공격의 급박한 위협을 막기 위한 것이 아니라는 점에서 자위권 또는 예비적 자위권의 행사와는 다르다. 그러나 현실적으로 무력복구는 빈번하게 사용되고 있으며, 또한 이러한 무력복구가 당사자에 의해서는 자위권으로 주장되고 있어서 국제법의 규범과 현실 사이의 커다란 간격을 보여 주고 있다. 오윤경 외, 21세기 현대 국제법질서 : 외교실무자들이 본 이론과 실제, 박영사, p.691.

더욱 실효적이다. 또한 복구는 상대국에게도 고통을 주는 반면에 자국도 고통을 받게 되므로 보이콧으로 인하여 자국이 받는 타격보다 상대국에게 주는 타격이 더 클 때 효과적이다.

보이콧은 개인이 자발적으로 행하기도 하나 국가기관이 실행하거나 또는 조장하기도 하는데, 국제사회에 있어서 국가 간 경제적 의존관계가 더욱 긴밀해지고 있고 또 무력복구가 원칙적으로 금지되고 있는 오늘날에 있어 매우 중요한 의미를 갖는 복구수단이다.

(다) 국민 및 화물의 억류

국민의 억류는 상대국이 자국민을 불법적으로 체포했을 경우 자국 내에 있는 상대국의 국민을 억류하는 것으로, 이는 체포에만 그치며 형벌을 과할 수는 없다.

화물의 억류는 상대국이 불법하게 자국 또는 자국민의 재산에 손해를 끼친 경우 자국 내에 있는 상대국 또는 그 국민의 화물을 차압하는 것이다.

(라) 선박 및 항공기의 억류

선박의 억류는 불법행위국의 선박이 피해국 항내에 있을 경우 불법행위의 중지나 보상을 강제하기 위하여 그 국가의 선박(화물 포함)에 대해 취하는 출항정지(embargo)이다. 선박억류는 선박의 출항을 정지시킬 수 있을 뿐이고 몰수 등과 같은 소유권을 박탈할 수는 없으며, 따라서 복구가 끝나면 이를 원상회복하여야 한다. 자국 내에 있는 불법행위국의 항공기에 대해서도 동일한 조치를 취할 수 있다.

(마) 영토의 점령

영토의 점령은 무력으로서 상대국의 영토의 일부를 점령(세관 및 정부건물 등의 점령도 포함)하는 것이며, 신속한 효과를 얻을 수는 있겠지만 이러한 무력복구는 오늘날 원칙적으로 금지된다.

(바) 평시봉쇄

평시봉쇄는 평시에 불법행위국의 항구 또는 해안과 외부와의 교통을 방지하기 위하여 해군력으로 차단함으로써 자국의 요구를 관철시키려는 강제수단이다. 이는 국제법상 교전국의 권리로 인정되는 전시봉쇄와는 구별되는데, 전시봉쇄는 전시에 교전국이 적국의 항구 또는 해안의 교통을 차단하는 것이다. 일반적으로 봉쇄라 함은 전시봉쇄를 의미한다.

봉쇄국은 불법행위국과 제3국에 봉쇄구역과 시간을 통고하여야 하며, 봉쇄는 선박의 출입을 충분히 차단할 수 있을 정도로 실효적이어야 한다. 봉쇄국은 봉쇄를 침파하는 불법행위국의 모든 선박을 나포하여 억류할 수 있으나 몰수는 할 수 없다. 봉쇄가 종료되면 반환하여야 하나 억류로 인하여 발생된 손해에 대해서는 배상할 필요가 없다.

평시봉쇄의 효력은 제3국에 미치지 않으므로 봉쇄국은 제3국의 선박을 나포할 수 없다. 따라서 제3국 선박은 봉쇄에도 불구하고 자유롭게 입항할 수 있다고 보는 것이 다수의 견해이다. 단, 평시봉쇄의 제도를 인정하는 이상 제3국 선박도 국적확인 등의 필요에 따라 임검할 수 있다.

제2절 무력분쟁의 개시 및 효과

1. 무력분쟁의 개시

가. 의의

무력분쟁의 개시(commencement of armed conflict)라 함은 평시국제법 관계를 전시국제법 관계로 전환시키는 행위를 말하며, 명시적이든 묵시적이든 타방 당사국의 동의를 요하지 않는다. 그러나 국제법적 의미의 전쟁상태가 성립되려면 일방 교전당사국은 타방교전당사국에게 전의(戰意)를 표시하여야 한다.[21]

이처럼 국제법상 무력분쟁의 개시에 있어 전의를 요하는 것은 무력분쟁과 평화는 배타적인 것이라는 전통국제법적 견해에 따른 것이다. 이른바 전쟁과 평화 양자 간에는 중간단계가 존재하지 않는다는 것이다.

그러나 전의가 표시되어야만 무력분쟁의 발발로 인정된다는 개념

---

21) 1931년의 만주사변이나 1937년의 중일사변은 단순한 간섭 또는 복구로 설명할 수 없는 대규모 무력투쟁이었음에도 불구하고 당사국인 일본과 중국의 어느 편에서도 전의의 표명이 없었다는 이유로 국제법상의 무력분쟁으로 간주되지 않았다. 만주사변과 중일사변의 경우 일본이 중국연안에 행한 봉쇄는 전시봉쇄가 아니라 평시봉쇄로 취급되며 봉쇄선을 넘어서 제3국의 선박이 출입하여도 일본은 교전권을 행사하여 나포할 수 없었다. 전의의 표시가 없었던 까닭이다. 반대로 제1차 대전의 경우 중국과 독일간에는 아무런 무력투쟁도 없었으나 중국이 독일에 대하여 선전포고(전의표시)를 했기 때문에 양국은 전쟁상태에 있는 것으로 하였다. 제2차 대전에서도 대일평화조약에서 보는 바와 같이 연합국 중에는 단순히 선전포고만을 한 국가도 있었으나 전쟁상태에 있는 것으로 하여 평화조약에 참가하는 것이 인정된 것도 있다. 이한기, 국제법강의, 박영사, 2006, p.716.

은 집단적 안전보장 제도의 도입 및 무력분쟁의 불법화·범죄화에 따라 이전과 같이 무력분쟁의 개시를 나타내는 확정적 기준으로 인정하기에는 무리가 있다.

왜냐하면 국제사회의 재제나 비난을 회피하기 위하여 사전에 전의를 표시하지 않은 채 기습공격 또는 대규모 군사력을 동원한 무력사용으로 실제 무력분쟁을 감행하는 것이 일반화되었기 때문이다.

무력분쟁의 개시방법은 역사적으로 변천해 왔다. 중세시대의 무력분쟁 개시방법은 무력행사 3일 전에 사자(使者)가 상대방 군주에게 도전장을 전하는 의식으로 거행되었다. 그러나 이 방법은 16세기부터 상주외교사절 제도의 확립으로 점차 쇠퇴하고 말았다. 17세기에 이르러 도전장 의식은 선전포고라는 공문서로 대체되었으나 1907년 제2차 헤이그 국제평화회의 이전에는 국가 간의 관습이나 일반조약으로 확립되지 못하였다.

전쟁개시 방법에 대해 최초의 명문규정을 두고 있는 1907년 '전쟁개시에 관한 조약'(개전조약)은 개전의 성립에는 선전포고, 최후통첩 등에 의해 사전에 통고를 요한다고 규정하고 있다. 그렇지만 개전조약의 비당사국에게는 관습국제법상의 묵시적 전의표시에 의한 적대행위로 전쟁을 개시할 자유가 인정되고 있다.[22]

나. 방법

(1) 선전포고

선전포고(declaration of war)는 전쟁개시의 의사를 상대교전국에게 명시적으로 표명하는 일방적 법률행위이다. 따라서 상대교전국의 수

22) 이병조·이중범, *op. cit.*, p.986.

령 또는 수락을 요하지 않으며, 선전포고와 동시 전쟁상태가 성립되어 적대행위를 할 수 있다.

1907년 '개전조약'에 따라 선전포고는 즉시 중립국에게 통고하여야 하며, 통고한 후가 아니면 그 중립국에 대하여 효과가 발생하지 않는다. 그러나 중립국이 실제로 무력분쟁 상태를 인지한 것이 확실할 때에는 당해 중립국은 통고의 흠결을 주장할 수 없다(제2조). 한편, 통고를 하지 않았더라도 전쟁은 개시되며, 다만 교전국에 대하여 그 권리를 주장할 수 없을 뿐이다.

무력분쟁의 개시 방법에 있어 선전포고의 실례로는 1945년 8월 8일 일본이 포츠담 선언을 수락하지 않는다는 이유로 일본에 대해 개전선언을 하고 다음 날부터 무력분쟁 상태에 돌입한 것과 1941년 12월 8일 진주만을 공격하고 난 뒤 1시간 후 미국에 대해 선전포고를 한 것을 들 수 있다.[23)]

(2) 최후통첩

최후통첩(ultimatum)이란 최후적 요구를 상대국에게 통고함과 동시에 그 요구가 일정기간(보통 24~48시간) 내에 수락되지 않을 경우에는 그것을 조건으로 그 기간이 지난 즉시 전쟁에 돌입하는 것을 명시적으로 통고하는 일방적 법률행위인 외교문서이다.

대표적인 사례로는 1991년의 걸프전을 들 수 있다. 1990년 8월 2일 약 350대의 탱크를 앞세운 이라크군이 쿠웨이트를 기습 침공하여 '잠정자유정부'를 수립한 후 8월 8일 쿠웨이트를 병합하고 8월 28일에는 이라크의 19번째 주로 편입시키자 국제연합은 1990년 11월 19

23) *Ibid.*, p.987.

일 외무장관급 협의를 통하여 이라크가 1991년 1월 15일까지 쿠웨이트에서 완전철수하지 않으면 회원국들에게 '필요한 모든 수단을 행사할 권한을 부여한다'라는 결의를 채택하였고, 이라크가 이에 불응하자 결국 1991년 1월 17일 미명을 기해 다국적군의 이라크 공격이 시작되었고 지상군의 전면적인 공격이 시작된 지 1백 시간 만에 이라크는 무조건 항복을 함으로써 군사행동은 중지되었다.[24)]

걸프전은 국제연합 설립이후 일국이 자국의 소유라고 주장하는 영토를 회복하기 위하여 처음으로 무력을 사용한 예는 아니지만 회원국의 전영토가 타국의 무력에 의하여 강제적으로 점령된 최초의 사건이었다.[25)]

(3) 적대행위

적대행위(hostile acts)는 무력에 의한 가해행위로서 묵시적 전쟁개시방법이다. 1907년 '개전조약'은 적대행위에 의한 선언하지 않은 전쟁을 금지하고 있지만 일반국제관습법상으로는 허용되어 왔다.

현대국제법은 전쟁의사의 존부 또는 적대행위의 성질에 따라 전쟁상태의 존부를 결정하는 것이 아니라, 무력행사의 존재에 의한 평화의 위협·파괴의 존부를 결정한다는 점에서 과거의 전쟁개시방법인 선전포고 또는 최후통첩 대신에 전쟁의사의 표시 없이 단순히 적대행위(사실상의 무력분쟁)를 개시하는 국가관행이 보편화되고 있다. 대표적으로는 1950년 6월 25일 북한의 대한민국 기습 침략을 들 수 있다.

---

24) 최종기, "다국적군과 UN의 집단안보체제", 국제문제, 제22권, 제4호, 1991, p.51.

25) O. Schachter, "United Nations Law in the Gulf Conflict", 85 *A.J.I.L.*, 1991, pp.452-453.

사실상의 무력분쟁이 존재해 온 종래의 이유로는 첫째로 헤이그협약이 총가입조항을 포함하고 있어 비당사국과의 관계에서는 부득이 했다는 것과 둘째로 기습이라는 것이 고도의 군사적 가치를 지니고 있다는 것을 들 수 있다. 그러나 더욱 주목할 일은 당시의 사실상의 무력분쟁이 개전에 관한 형식차원의 문제보다는 무력분쟁 그 자체의 위법성과 범죄성이 강조되는 바람에 그런 형식을 피하려 해서 나타난 관념이요 실행이라는 점이다.[26]

2. 적성 결정

가. 서론

무력분쟁이 개시되면 교전당사국 상호간의 평시관계는 전시관계로 변경되어 전시국제법에 의한 특수한 권리의무가 발생하게 된다. 무력분쟁의 개시에 따라 발생되는 이러한 법적 효과는 양국 간 여러 관계에 상당한 영향을 미치는데 외교, 조약, 통상, 적국민 및 적재산 등에서 기존의 평시관계는 정지 또는 폐지되고, 새로운 전시관계가 형성되게 된다. 그리고 무력분쟁의 발발은 교전당사국간의 법적 관계뿐만 아니라 교전국과 중립국간에도 특수한 권리의무 관계를 발생시킨다. 즉 교전당사국과 제3국간에는 중립법규 또는 비교전상태가 적용된다.

교전당사국은 무력분쟁 개시와 동시에 서로 적대관계가 성립하고, 상대방에게 모든 합법적 전투수단과 방법을 사용할 권리를 갖는 바, 이는 특정 개인과 재산이 적으로서의 성질, 즉 적성(敵性, enemy char-

26) 김정균 · 성재호, *op. cit.*, p.727.

acter)을 갖고 있다는 것을 기초로 한다. 어떤 개인과 재산이 적성인(敵性人 : 자연인 및 법인) 또는 적성물(敵性物 : 재산, 선박 및 화물)이냐 아니냐에 따라 개전 효과가 달라지기 때문에 전투행위의 합법성 보장을 위해서는 먼저 적성이 결정되어야 한다.

적성을 갖는 것으로 인정되는 개인과 재산은 군사목표물로 간주되어 이에 대한 공격은 합법적인 것으로 평가되는 반면 적성이 부인되는 경우에는 비합법적인 공격으로 평가된다. 따라서 무력분쟁에서 전투행위가 적법한 것인지 아닌지를 결정하기 위해서는 해당 개인 및 재산이 적성을 갖는지를 확인하고 판단하는 것이 일차적인 일이다.27)

그러나 오늘날 특정 개인과 재산의 적성을 결정하는 확립된 기준 및 관행은 확립되지 못하였으며, 실제로는 각국이 임의로 이를 결정해 왔다. 적성결정에 대한 일부 기준을 규정하고 있는 '육전에서의 중립국 및 중립인의 권리의무에 관한 조약'(육전중립조약, 1907년)은 총가입조항을 채택하고 있어 실효적이지 못했고, '해전법규에 관한

---

27) 군사목표 구별원칙은 교전자(전투원)와 비교전자(민간인) 및 군사목표와 비군사목표(민간물자)는 엄격하게 구별되어야 하며, 적에 대한 무력공격은 그것이 어디에서 행해지든 합법적 목표에만 한정되어야 한다는 것으로 무력분쟁법의 기본원칙의 하나이다. F. Kalshoven, "Merchant Vessels as Legitimate Military Objectives", W. H. v. Heinegg(ed.), *The Military Objective and the Principle of Distinction in the Law of Naval Warfare*, Bochumer Schriften zur Friedenssicherung und zum humanitaren Volkerrecht, Bd. 7, 1991, pp.122-123. 따라서 분쟁당사국은 민간인 또는 피보호자와 전투원, 민간물자 또는 공격면제물자와 군사목표를 항상 구분하여 무력공격은 엄격하게 군사목표에 한정하여야 한다. 이는 모든 전투행위를 오직 교전자와 군사목표에 대하여만 지향하고 교전자격이 인정되지 않는 민간인 및 민간물자를 최대한도로 공격대상에서 면제시켜 이들을 가능한 한 보호하려는데 그 목적이 있다. 정운장, 국제인도법, 영남대학교 출판부, 1994, pp.256-257 참조.

런던선언'(런던선언, 1909년)은 조약으로 성립되지도 못했다. 그리고 이들 조약들에서 규정하고 있는 내용도 단편적일 뿐만 아니라 빈약하기 짝이 없어 복잡한 법적 및 사실적 관계가 거미줄처럼 복잡하게 얽혀있는 무력분쟁에서 인적 및 물적 대상의 법적 지위를 명확하게 하기란 애초에 불가능하였다.

여기서 한걸음 더 나아가 오늘날 적성 결정 문제는 더욱 곤란한 상황에 직면에 있다. 군사목표물과 비군사목표물의 엄격한 구별이 불가능해지고, 전방과 후방의 구별이 무의미해졌으며, 현대 무력분쟁의 총력전적 성격 강화로 무력분쟁의 지속능력 및 승전요인이 군사력뿐만 아니라 경제력도 중요시되고, 가해대상 및 참전국 수가 증가됨에 따라 점차 적성을 갖는 개인 및 재산의 범위가 확대되고 있기 때문이다. 이러한 현실은 적성 결정 기준의 확립이 긴급하다는 것을 보여주고 있다.

나. 적성 결정

(1) 이론적 검토

(가) 선박(항공기)

① 국적(국기) 기준 적성 결정

㉮ 적국 국기를 게양하고 있는 상선 및 민간기

전통적으로 선박(항공기)의 적성 결정에 있어서는 영미주의와 대륙주의가 대립하여 왔다. 영미주의에 의하면 국기와 소유권을 중심으로 해서 적국기하에 항행하는 선박과 그 일부 또는 전부가 적의 소유 하에 있는 선박에는 적성이 인정된다. 이에 대해 대륙주의는 선박이 게양할 권리가 있는 국기를 기준으로 해서 적성을 인정하자는

국적주의, 즉 기국주의이다.[28)]

해전법규 전반에 대한 기본적인 사항을 다루고 있는 '런던선언'(1909년)은 선박의 적성 결정 기준으로 국기주의 입장을 취하고 있다(동 선언 제57조). 동 선언에 규정된 바와 같이 무력분쟁 시에 상선이 적국의 국기를 게양하고 있거나 민간기가 적국의 표식을 게양하고 있다는 사실은 적성의 결정적 증거이다. 따라서 전투현장의 군함 지휘관들은 해상에서 조우한 선박이 적국의 기를 게양한 채 항행하고 있으면, 즉 해당 선박이 적국의 국기나 그 국적을 나타내는 여타의 확인 가능한 표식을 게양하고 있으면 선박의 등록국 및 소유권을 고려하지 않고 적성을 갖는 것으로 간주하여 나포 또는 몰수할 수 있다.

전통국제법에서 인정되어 온 선박의 적성 결정에 관한 이러한 관행은 제2차 세계대전 이후 각국의 관행에 의해서 재확인되었을 뿐만 아니라,[29)] 오늘날 각국의 해상무력분쟁법에 관한 매뉴얼(군사교범)에서도 인정되고 있다.

그런데 국기는 선박의 적성을 적법하게 결정하기 위한 중요한 하나의 기준이기는 하지만 모든 경우에 보편타당하게 적용될 수 있는 것은 아니다. 게양한 국기가 적국의 것인 경우에만 적성 판단의 결정적인 증거가 될 뿐, 선박이 적국 이외의 기를 게양하고 있는 경우 그 적성은 다른 기준을 적용하여 판단해야 한다. 적대행위 개시 전후 중립국기로의 이전이 대표적인 경우이다. 선박의 국적과 적성과의 관계

28) 김정균 · 성재호, *op. cit.*, pp.732-733; 이한기, *op. cit.*, pp.739-740.

29) W. Heintschel v. Heinegg, "Visit, Search, Diversion and Capture in Naval Warfare: Part Ⅱ, Developments since 1945", XXX *Canadian Yearbook of International Law*, 1992, pp.89ff.

와 관련하여 편의치적(flag of convenience)을 검토할 필요가 있다.

선박은 그 국기를 게양할 권리를 가진 국가의 국적을 갖는데, 국가와 선박 간에는 '진정한 관련'이 존재하여야 한다(유엔해양법협약 제91조). 하지만 Nottebohm 사건[30]의 판결에 영향을 받은 이러한 '진정한 관련' 요건에도 불구하고 관행상 일부국가(편의기국 또는 개방등록국가)들은 자국과 실질적 관련이 없는 외국선주에게 자국 국기하에 선박을 등록하도록 하고 있다.[31]

평시 선박 소유자는 주로 경제적 이유에서 편의치적을 이용한다.[32] '편의치적'은 '기능적으로 그 이유에 관계없이 선박을 등록하

30) Nottebohm 사건(Liechtenstein v. Guatemala)의 개요는 다음과 같다. Nottebohm은 독일인으로서 과테말라에서 부동산을 소유하고 있었는데, 만약 과테말라가 제2차 세계대전에서 연합국 측에 가담하게 되면 자신의 도일 국적이 불편할 것임을 깨달았다. 따라서 그는 1939년에 리히텐슈타인으로 가서 몇 주 체류하면서 리히텐슈타인 국적을 취득하였으며, 이로써 당시의 독일법에 따라 자신의 독일 국적을 자동적으로 상실하였다. 그 후 그는 리히텐슈타인 여권을 발급받고 또 취리히 주재 과테말라 총영사로부터 이 여권에 비자를 받은 뒤 1940년 초에 과테말라로 돌아왔다. 그리고 과테말라 정부는 그의 요청에 의하여 외국인 명부와 그의 신분증의 관련 기재사항을 변경해 주었다. 그러나 미국과 과테말라가 독일에 선전포고를 한 후, 그는 독일인으로 간주되어 체포된 뒤 미국으로 인도되었고 그의 재산은 몰수되었다. 리히텐슈타인은 Nottebohm을 위하여 ICJ에 제소하였으나 실패하였다. ICJ는 외교보호권은 청구국과 그의 국민 사이에 진정한 관련(genuine link)이 있는 경우에만 발생하는데 귀화 당시 리히텐슈타인과 Nottebohm 사이에는 진정한 관련이 없다고 판결하였던 것이다. 김대순, 국제법론, 삼영사, 2006, p.521-522 주)181 참조.

31) 김영구, 한국과 바다의 국제법, 한국해양전략연구소·효성출판사, 2002, p.608.

32) 주로 미국, 일본 및 희랍출신인 세계의 중요 선주들 측에서는 이들 편의 기국(개방등록국가)들에 등록하는 것이 저렴한 등록비 및 세금, 낮은 임금 그리고 경우에 따라서는 국제적 안전기준의 준수가 요구되지 않는 까닭에 가능한 제반 선박운영비용의 절감으로 상당한 이익을 취할 수 있게 되므로 편

는 자에게 편리하고 이익이 되는 조건에서 외국의 소유나 외국의 관리 하에 선박을 둔 채 등록하는 것을 인정하는 국가의 기(旗)'이다.[33] 선박과 기국 간에 진정한 관계가 존재하지 않는다 해도 선박의 국적에는 아무런 영향도 주지 않으며, 이것은 무력분쟁 시에도 마찬가지다. 중립국 국기로 위법적으로 이전한 것이 아니면(런던선언 제55조~제56조), 선박이 편의치적 국기를 게양하고 있다는 사실만으로 적성을 갖는 것으로 추정할 수 없다.

㉯ 중립국 국기를 게양한 상선 및 민간기

i. 상선

상선이 중립국의 국기를 게양하고 있거나 민간기가 중립국의 표식을 하고 있다는 사실은 중립성의 증거로 추정된다. 따라서 교전당사국은 예외적인 경우에만 이러한 중립국 선박을 나포할 수 있다. 그런데 적국 선박이 자국기를 게양함으로써 타방 교전당사국으로부터 적선으로 추정되는 것을 피하기 위해 중립국기를 게양하고 있을 수도 있기 때문에 상선이 중립국의 기를 게양하고 있는 사실은 그 중립성의 추정 즉, 동 선박의 피보호지위를 확인하는 증거일 뿐이다.[34]

실제 중립선은 적국인이 소유하고 있거나 또는 관리하고 있다면 적성을 갖는 것으로 추정된다. 구체적으로는 (1) 직접 전투행위에 참

의치적선은 계속 증가되고 있다. 그리하여 세계 최대의 국적선 보유국인 라이베리아를 비롯해서 파나마, 싱가포르 등의 편의기국들이 존재하게 된다. *Ibid.*

33) B. A. Boczek, *Flags of Convenience: An International Legal Study*, Cambridge, Mass., 1962, p.2.

34) L. Doswald-Beck(ed.), SanRemo *Manual on International Law applicable to Armed Conflicts at Sea*, Cambridge University Press, 1995, p.189.

가하거나, (2) 적국정부가 파견한 대리인의 명령 또는 감독을 받고 있거나, (3) 선박의 전부가 적국 정부에 고용되어 있거나, (4) 선박이 전적으로 적군대의 수송 또는 적을 이롭게 하는 정보를 전달하고 있거나, (5) 정선·임검·나포에 실력으로써 저항하는 경우 적성을 갖게 된다.

중립국 국기를 게양한 상선이 적성을 갖는 것으로 의심되는 경우 교전당사국 군함은 임검 및 수색할 수 있다. 이 경우 의심의 근거는 충분한 것이어야 하며, 교전당사국의 군함이 갖는 '의심'이 근거 없는 것이라고 해당선박이 주장하는 경우 그것을 증명할 책임은 해당 선박 자신에게 있다.[35]

'의심'의 합리성과 관련하여 논란이 되고 있는 경우는 적대행위 개시 후 또는 그 직전에 중립국기로의 이전, 즉 전쟁의 영향을 고려한 국기의 이전을 들 수 있다. 이에 대해 '런던선언'은 적대행위 개시전의 이전은 그것이 적선이라는 성질로부터 발생하는 결과를 면하기 위하여 행하여진 것임이 입증된 경우를 제외하고는 유효하며(런던선언 제55조), 적대행위 개시후의 이전은 그것이 적선이라는 성질로부터 발생하는 결과를 면하기 위하여 행하여진 것이 아님이 입증된 경우를 제외하고는 무효라고 규정하고 있다(동 제56조).[36] 이전이 무효인 경우 해당 선박은 적선과 같이 취급되며, 그 중립국기에 관계없이 나포할 수 있다.

---

35) *Ibid.*, p.190.

36) 적대행위 개시 후의 이전 중 이전이 선박의 항행 중에 또는 봉쇄항구 내에 있는 동안에 행해진 경우, 이전이 환매 또는 반환의 조건부인 경우 및 국기 게양의 권리에 관하여 국기 소속국의 국내법에서 규정하는 조건을 준수하지 않는 경우는 절대무효로 간주한다(동 조 후단).

기상조건 또는 해상작전 환경에 따라 해상에서의 임검 및 수색은 위험할 수도 있기 때문에 이 경우 선박의 임검 및 수색을 위해 적당한 해역 또는 항구로 향하도록 침로를 변경시킬 수 있다. 임검 및 수색을 위한 침로변경 관행은 양차 세계대전 중에 발전되어 오늘날에는 일반적으로 해상에서의 교전국의 관습적 권리로 인정되고 있다.[37)]

그런데 임검, 수색 및 침로변경은 차단하는 군함뿐만 아니라 피혐의 상선도 위험에 빠뜨릴 수 있기 때문에 해군 지휘관은 충분한 근거가 있는 경우에만 강제하여야 할 것이며(특히 비례성의 원칙 고려), 중립해운을 무제한인 방법으로 방해하는 것은 금지된다. 해군 지휘관이 제출한 근거가 합리적이지 않은 경우, 그 나포는 위법한 것이 되며 선박소유자는 보상을 요구할 권리를 갖는다.

ii. 민간기

국제항공에 종사하는 민간기는 그것이 등록되어 있는 국가의 국적을 갖는다고 규정하고 있다(국제민간항공협약 제17조). 항공기는 한 국가에만 등록할 수가 있으며 해당 국가의 국적과 등록 표지를 게시하지 않으면 안 된다. 항공기의 적성도 선박에 준해 중립국의 표식을 하고 있으면 이것이 중립성의 증거로 추정된다. 이처럼 항공기의 경우 원칙적으로 기국주의를 따르나 적국 승무원이 조종하거나 적국을 위한 역무에 종사하는 중립국기에는 적성을 인정하고 있다.[38)]

---

37) J. Wolf, "Ships, Diverting and Ordering into Port", R. Bernhardt(ed.), *Encyclopedia of Public International Law*, Instalment 4, 1984, pp.223-224.
38) 김정균 · 성재호, *op. cit.*, p.733.

한편 중립국 표식을 한 민간기가 실제로 적성을 갖는 것으로 의심되는 경우 군용기 지휘관은 차단할 수 있으며, 비행중인 항공기를 임검 또는 수색할 수 없기 때문에 이를 위해 항로를 변경할 수 있다. 항로를 변경시키기 위해서는 혐의의 근거가 있어야 하는데, 그 근거는 선박의 경우와 비교하여 볼 때 그 정도가 상당히 낮다. 왜냐하면 항공기는 상선에 비해 속도가 매우 빨라 그 자체만으로도 상당한 위험을 줄 수 있다고 보기 때문이다.[39]

② 기타 적성 결정 기준

적성은 게양하고 있는 국기 외에도 등록, 소유, 용선 또는 기타 기준에 의해 결정된다. 선박이 적국의 개인 또는 회사에 소유되어 있거나 적국에 의해 용선되어 있다는 것을 나타내거나 또는 적어도 그러한 혐의에 대한 충분한 근거가 있는 경우 선박 및 항공기의 서류에 대해 임검 또는 수색할 수 있으며, 임검 및 수색후 중립국 기를 게양한 상선 및 중립국 표식을 한 민간기가 적성을 갖는다는 혐의에 합리적인 이유가 있는 경우 해당선박 또는 항공기는 심검에 따라 포획물로 나포할 수 있다.

이상의 기준들중에서 기국의 국내법 및 관련 국제법 규칙에 따른 '등록(registration)'을 기준으로 적성을 판단하는 것은 당연하기 때문에 별도의 논의를 요하지 않는다. 왜냐하면 이 경우 선박은 등록국의 국기를 게양하고 있으므로 게양된 국기를 통해 적성 여부를 명확하게 판단할 수 있기 때문이다.

'소유(ownership)' 기준은 소유자의 적성을 기준으로 한다. 중립국

39) L. Doswald-Beck(ed.), *op. cit.*, p.192.

기를 게양하고 있거나 중립국에 등록되어 있는 선박도 그 국적과는 관계없이 소유권이나 다른 기준에 근거하여 적성을 갖는 것으로 간주될 수 있다.40) 문제는 소유자의 적성 결정을 국적과 주소지중 어느 것에 따라야 할지에 대해서는 합의를 보지 못했다는 점이다.

제1, 2차 세계대전과 그 후의 국가관행에 비추어 보면 적국영역이나 적국 지배영역에 거주하면서 그곳에서 사업하는 적국민에 의해 소유되어 있는 선박은 적성을 갖는다는 것이 일반적으로 받아들여졌다. 법인이 소유하는 선박은 전시에 대다수의 국가가 받아들이고 있는 소위 지배기준(control test)이 적용되어 적국에 의해 지배되고 있는 단체는 적국영역에서 법인격이 부여되어 있지 않다고 해도, 적국영역에 거주하거나 또는 그곳에서 영업을 하고 있는 자에 의해 지배되고 있으면 적으로 간주된다.41)

교전국이 적성결정의 기준으로 삼을 수 있는 것은 등록 및 소유 외에도 중립국기로의 위법적인 이전을 들 수 있다. 이 기준을 법전화 하고자 하는 몇몇 시도, 특히 1908년부터 1909년의 런던해군회의에서의 시도에도 불구하고 중립국기로의 이전이 어떠한 조건하에서

40) 1차 세계대전중 독일이 중립국 선박을 구입하여 중립국기를 게양했으므로 영국은 국기뿐 아니라 선박소유자도 적성기준으로 삼았다. 또한 영국 포획법원은 독일인 소유의 영국선박 '세인트 터드노호사건'(The St. Tudno, 1916) 및 독일인 소유의 중립국 선박 '함보른호사건'(The Hamborn, 1918)에서 '형식상 및 기술상의 사항에 구애되지 않고 사실 및 진상에 철저해야 하는 것은 포획법상의 확립된 규칙이다'라고 하고, '소유자는 선택한 국기에 구속되지만, 포획자는 소유자에 대한 관계에서 국기에 구속되지 않는다'라고 판시하여 실제의 소유자인 독일인의 적성에 비추어 그 선박의 적성을 인정하였다. L. Oppenheim, *International Law*(7th ed.), vol. II, Longmans, 1952, pp.280-281, 이병조・이중범, op. cit., p.990 주5)에서 재인용.

41) L. Doswald-Beck(ed.), *op. cit.*, p.193.

적법한가에 관한 확립된 국가관행은 존재하지 않는다. 하지만 교전국의 나포를 피할 목적으로 이전한 경우에는 그것을 무효로 한다는 것과 어떠한 이전도 적국의 소유와 관리가 완전히 박탈되지 않으면 안 된다는, 즉 이전은 무조건이고 완전하며 또한 관계당사국의 법에 합치되는 것이어야 한다는 것에는 합의가 있었다.[42]

중립국 상선은 임검과 수색에 저항하지 않을 의무가 있으며, 무력을 사용하여 저항하는 것은 적대행위가 되며 합법적인 군사목표가 되어 나포와 공격의 대상이 된다.[43] 또한 선박이 도주하면 군함은 동 선박을 정선시키기에 의하여 무력을 사용할 수 있다.

(나) 화물

전통적인 법에 의하면 적국 상선 내에 있는 화물이 적성을 갖는가 또는 중립성을 갖는가는 그 화물 소유자의 적성 또는 중립성에 의해서 결정된다(런던선언 제58조). 원칙적으로 적성인에 속하는 화물은 적성이 인정되고, 비적성인에 속하는 화물에는 적성이 인정되지 않는다. 화물의 발송인이 적국인일 경우에는 그의 소유로 추정하고, 화물의 수취인이 적국인일 경우에는 선장에게 인도된 때 수취인의 소유로 본다. 적선내의 화물은 반증이 없는 한 적화로 추정되며(동 제59조), 따라서 적국선박에 의해 수송되는 화물이 중립화인 경우에는 중립국민인 소유자가 그 사실을 증명해야 한다.

그런데 화물이 적대행위 개시이전에 매각되었거나 또는 적대행위

42) *Ibid.*, p.194.

43) L. Oppenheim, *op. cit.*, p.856; NWP9, *The Commander's Handbook, on the Law of Naval Operations*, 1987, paras.7.6.1, 7.9.

를 예기하지 않고 매각된 경우 화물의 소유권은 누구에게 있는가 하는 것이 문제된다. 화물 소유권 이전에 있어서는 영미주의는 중립인 매주에게 실제로 인도될 때까지는 이전 효력을 인정하지 않는다. 프랑스주의는 선의의 이전인 경우에는 그 효력을 인정하고, 선의로 행하여지지 않은 매매에 의하여 수송 중 이전된 적화는 이전효력을 인정하지 않는다.[44] 이와 관련하여 런던선언은 적상선내의 화물은 전쟁개시 후 수송 중에 행하여진 이전에 불구하고 그 행선지에 도착할 때까지 계속 적성을 갖는다(동 제60조 1항)고 규정하고 있다. 그러나 현 소유자인 적국민이 파산한 경우에 이전 소유자인 중립국민이 나포 직전에 이 화물을 회복하기 위해 법적 권리를 행사한 경우에만 그와 같은 화물은 중립성을 취득한다(런던선언 제60조 2항).

한편 중립국 상선 내의 화물의 적성 또는 중립성에 관한 규칙은 필요하지 않다. 만약 그 화물이 전시금제품이면 그 적성과 중립성에 관계없이 포획심검소의 심검에 의해 포획하여 몰수할 수 있으며, 적성을 갖고 있다 하더라도 전시금제품이 아니라면 포획할 수 없다(파리선언 제2조). 반면 적선내의 중립국 화물은 전시금제품을 제외하고는 포획할 수 없다(동 제3조).

(다) 자연인

자연인의 적성결정 기준에 대해서는 원래 주소지주의(영미주의)와 국적주의(대륙주의)가 대립하여 왔다. 주소지주의는 자연인의 주소를 기준으로 적성을 결정하는 주의이고, 국적주의란 주소와는 관계없이 국적에 의하여 적성을 결정하는 주의이다.

44) 김정균 · 성재호, *op. cit.*, p.733.

영미식인 주소지주의에서는 적국내의 중립인에 대해서도 적성을 인정하나, 이러한 중립국인의 적성은 적국인에 대한 것보다는 약하고 '어느 의미 한도 내에서(in a sense and to a certain degree only)' 그치는 것이므로, 무력분쟁법과 일치하지 않는 중립국인의 자의적 취급에 대해서는 본국정부가 외교적 보호권을 발동할 수 있다.[45] 국적주의에 의하면 중립국 및 자국 내의 적국인이 다 같이 적성을 갖는다. 그러나 1939년 프랑스가 제정한 적산압류법(敵産押留法)은 공식적 적명부에 들어있지 않는 한 중립국 및 자국 내의 적국인(자연인 및 법인)에게 동 법률을 적용하지 않기로 함으로서 종래의 국적주의를 수정하였다.

영미주의와 대륙주의 양자는 안전보장 또는 경제전의 필요에 따라 자신의 기준에 중요한 예외를 설정하고 점차로 접근하여 현재는 거의 실질적 차이를 발견하기가 어려울 정도에 이르렀다. 영국은 제1차대전 중에 엄격한 주소지주의를 수정하여 1915년 대적통상금지법(對敵通商禁止法)에서 국내의 모든 인(人 : 자연인과 적국인, 자연인과 법인)과 중립국 내의 적국인과의 통상을 금하였으며, 또한 제1차 세계대전 중에 외국인제한법(Aliens Restriction Act)을 제정하여 자국 내의 적국인에게 특별한 제한을 가하고 그 재산을 불리하게 취급하였다. 이것은 주소지주의와 국적주의를 병용한 결과이다.[46]

(라) 법인

법인의 적성 결정에 대한 국제법상 확립된 기준은 없다. 다만 각

45) *Ibid.*, p.732.
46) 이병조 · 이중범, *op. cit.*, p.989 주3).

국은 자국의 이익 및 편의에 따라 각기 다른 관행을 적용해 왔다. 대체로 각국들은 사실상의 지배자, 자본, 설립준거법, 설립지 및 영업지 등을 기준으로 법인의 적성을 결정하여 왔다.

법인 적성 기준에 관한 각국의 관행을 보다 구체적으로 살펴보면 다음과 같다. 영국은 적국에서 설립된 법인 또는 적국이나 그 점령지역내에서 영업하는 법인, 법인의 사실상의 지배자가 적국에 거주하거나 또는 적국의 지령을 받거나 적국에 소속되어 그 관리 하에 있을 때는 적성을 인정한다. 미국은 적국 내에서 설립되었거나 영업하는 법인에 적성을 인정한다. 한편 독일은 주소, 자본 및 관리 등을 표준으로 해서 적성을 정한다. 독일은 제1차 세계대전 초기에는 법인의 주소, 즉 본점소재지를 적성결정 기준으로 하였으나 1917년의 명령에 의해 법인의 주소, 자본 및 관리라는 3가지 기준으로 확대하였다. 그리고 프랑스는 1939년 명령에서 등록과 관리라는 2가지 기준을 채택하여 영국과 마찬가지로 적국법에 준거하여 설립되었거나 관리자가 적국민인 경우에 적성을 인정하였다. 이 외에도 중립국 내의 중립국 법인이라 할지라도 자연인의 적성의 경우와 마찬가지로 적에 대하여 정보, 물자를 공급하거나 적과 긴밀한 관계를 갖고 있는 경우에는 적성을 부여하는 수도 있다.47)

(2) 관련 법규

(가) 국제법규

① 육전 시 중립국 및 중립국인의 권리의무에 관한 협약

1907년의 '육전 시 중립국 및 중립국인의 권리의무에 관한 협약

47) *Ibid.*, p.990; 김정균·성재호, *op. cit.*, p.732; 이한기, *op. cit.*, p.739.

(Hague Convention respecting the Rights and Duties of Neutral Powers in case of War on Land, 이하 육전중립협약, 1907년 10월 서명/1910년 1월 발효)'은 제3장에서 중립인, 중립을 주장할 수 없는 경우 중립에 위반되지 아니하는 행위 등에 자세하게 규정하고 있다.

구체적으로는 '전쟁에 참가하지 않는 국가의 국민은 중립인으로 한다'(제16조)고 하여 국적주의 입장을 채택하고 있다. 그러나 중립인이라 하더라도 교전자에 대하여 적대행위를 하거나 임의로 교전국 일방의 군에 입대하여 복무48)하는 등 적국을 이롭게 하는 자에게는 적성이 인정된다(동 제17조). 하지만 교전자 일방에게 공급하거나 그 공채에 응하는 것(단 공급자 또는 공채에 응한 자가 타방 교전자의 영토 또는 그 점령지에 거주하지 않고 또한 공급품이 이들 지역으로부터 오는 것이 아닐 때에 한함)과 경찰 또는 민정 사무에 종사하는 것은 교전자 일방에게 이익이 되는 행위로 보지 않는다(동 제18조).

그러나 동 조약은 총가입조항(general participation clause)을 규정하고 있어 실효 면에서 완벽을 기하지 못했다. 총가입조항이란 교전국의 전체가 조약가입국인 경우에만 그 조약을 적용할 수 있다는 것을 규정한 조항이다. 이 조항으로 인하여 다수국이 참가한 전쟁에서 교전국 중 일국이라도 조약에 가입하지 않은 국가가 있는 경우에는 그 전쟁 전체에 효력을 발생하지 않으며 따라서 조약에 가입한 교전국 상호간에도 효력을 발생하지 않게 된다. 이처럼 총가입조항은 조약의 적용을 불가능하게 만드는 경우가 많으므로 제1차 세계대전 이후의 조

---

48) 교전자에게 이익이 되는 행위를 한 경우 교전자에 대하여 중립을 지키지 않는 중립인은 당해 교전자로부터 동일한 행위를 한 타방 교전국의 국민에 비하여 보다 엄한 취급을 받아서는 안 된다(동 제17조 후단).

약에는 이를 삭제하는 경향이 두드러졌다. 특히 1949년 제네바협약은 총가입조항을 두고 있지 않을 뿐만 아니라 비체약국이 협약규정을 수락하고 적용한 경우에는 이 비체약국과의 관계에 있어서도 체약국은 협약에 구속된다고 규정하고 있다(공통 제2조 3항).

② 런던선언

'런던선언'(1909년)[49]은 제57조~제60조에서 선박의 적성을 규정하고 있다. 동 선언은 국적주의를 채용하면서(동 선언 제57조), 예외적으로 중립국 선박이 직접 적대행위에 참가한 경우(동 제46조 1항 1호), 적국정부에서 파견된 대리인의 명령 또는 감독을 받는 경우(동 2호), 선박 전부가 적국에 용선되었을 경우(동 3호), 이적행위인 정보전달을 하고 있거나 적군대를 수송 중에 있을 경우(동 4호) 또는 정선·임검·나포에 실력으로 저항할 경우(동 제63조) 등에는 당해 중립국 선박에게 적성을 인정하고 있다.

또한 동 선언은 화물의 경우 소유자를 기준으로 적성을 결정하여(동 제58조) 수송인이 적국인일 경우에는 그의 소유로 추정되고 수하인(受荷人)이 적국인일 경우에는 선장에게 인도한 때 수하인의 소유로 보며, 적선에 적화(積貨)된 화물은 반증이 없는 한 적성을 갖는 것

49) 런던선언은 영국의 제안으로 10개 주요 해운국이 모여 개최된 국제회의(1908. 12~1909. 2)에서 채택되었다. 동 선언은 해상교전권과 중립권과의 관계에 있어서의 포획법규를 규정한 것으로 봉쇄, 전시금제품, 군사적 원조, 중립선의 파괴, 군함의 호송 및 임검 등에 관한 내용을 담고 있다. 그러나 동 선언은 영국이 비준하지 않자 다른 나라들도 비준하지 않아 정식으로 발효되지 못하였다. 그러나 동 선언은 당시 통상적으로 인정되던 관습법을 집대성하여 정비하고 그것을 성문화하였다는 점에서 국제법 발전과정에서 높이 평가되고 있다.

으로 추정한다(동 제59조). 또한 해상수송 도중에 적국인으로부터 중립국인에게 소유가 이전된 경우, 특별한 경우를 제외하고는 화물이 적성 없는 자에게 현실적으로 인도될 때가지는 이전의 효력을 부인하고 화물의 적성을 인정하고 있다(동 제60조).

그러나 동 선언은 조약으로 성립하지 못했다. 국가관행상의 차이를 타협하기 위해 시도되었던 1909년 런던선언 규정들은 일반적으로 수락된 국제법 규칙의 확립에 성공적으로 기여하지 못했던 것이다.

(나) 한미 군사교범

적성 결정에 관한 관련 규정에 있어 양국의 군사교범은 동일하다. 이는 한국의 군사교범이 미국의 군사교범을 그대로 번역해 사용한 결과이다.[50] 따라서 미국 군사교범의 내용을 확인하는 것만으로 충분하다.

미국 해전법규는 "적성 결정에 있어 적기를 게양하고 항행하는 선박과 적국 표식을 달고 있는 모든 항공기는 적성을 갖는다. 그러나 상선이 중립국의 기를 게양하고 있는 사실 또는 항공기가 중립국의 표식을 게시하고 있는 사실이 그 중립성을 반드시 확정하는 것은 아니다. 군함이나 군용기이외의 어떠한 선박이나 항공기도 중립국의 기를 게양한 채 운항되고 있든지 또는 중립국의 표식을 게시하고 있든지 무관하게 교전국이 소유 또는 관리하고 있으면 적성을 갖는다" 라고 규정하고 있다.[51]

또한 중립국의 군함이나 군용기가 아닌 선박이나 항공기가 적국의

50) 해군본부, 해전작전법규(해전교 2-1-가), 1994, pp.2-3-15~2-3-16.
51) NWP9A, *op. cit.*, para.7.5.

편에서 적대행위의 직접적인 일부를 수행하는 경우 및 적군대에 의한 해군이나 육군의 지원군 자격으로 행동할 경우 적성을 취득하게 되고 교전국에 의해 적군함이나 군용기와 동일하게 취급된다는 것과[52] 군함이나 군용기가 아닌 중립국의 상선이나 항공기가 적국의 직접적인 통제, 명령, 용선, 고용 혹은 지시 하에 운행될 경우 및 임검과 수색을 포함한 신분확인 절차에 저항할 경우 적성을 갖게 되며 교전국에 의하여 적상선이나 적항공기로 취급된다는 것을 명규하고 있다.[53]

그리고 미국 해전법규는 "중립국은 비록 상선이나 항공기가 실제로 적의 소유이거나 통제를 받고 있다고 할지라도 그들에게 기국하에서 활동할 수 있는 권리를 부여할 수 있다. 해상포획법에 따르면, 그러한 선박 또는 항공기는 적성을 갖지 않음에도 불구하고 관련 교전국에 의해 적으로 간주될 수 있다. 적 상선(및 아마 항공기도)의 중립국 국기로의 이전이 합법적으로 행해질 수 있는 조건들에 대한 국가들 간의 확립된 관행은 없다. 그러한 이전이 교전자의 나포를 피하기 위하여 기망적으로 이루어졌을 경우에는 인정될 수 없다는 합의에도 불구하고, 각국들은 그러한 이전이 선의라고 간주되기 이전에 충족될 것이 요구되는 특정 조건을 달리하고 있다. 하지만 적어도 모든 그러한 이전이 적의 소유권 및 관리의 완전한 박탈을 가져온다는 것은 일반적으로 승인되고 있다. 이전문제는 주로 작전 중인 해군지휘관 보다는 포획심검소의 관심사이다. 해군지휘관은 이전이 적대행위 직전 또는 적대행위 중에 행해졌을 경우 적국에서 중립국

52) *Ibid.*, para.7.5.1

53) *Ibid.*, para.7.5.2

국기로 이전된 선박을 나포할 수 있다"고 덧붙이고 있다.[54)]

3. 군사목표 구별원칙

가. 법적 의의

군사목표 구별원칙은 교전자(전투원)와 비교전자(민간인) 및 군사목표와 비군사목표(민간물자)는 엄격하게 구별되어야 하며, 적에 대한 무력공격은 그것이 어디에서 행해지든 합법적 목표에만 한정되어야 한다[55)]는 것으로 무력분쟁법의 기본원칙의 하나이다.

따라서 분쟁당사국은 민간인 또는 피보호자와 전투원, 민간물자 또는 공격 면제물자와 군사목표를 항상 구분하여 무력공격은 엄격하게 군사목표에 한정하여야 한다. 이는 모든 전투행위를 오직 교전자와 군사목표에 대하여만 지향하고 교전자격이 인정되지 않는 민간인 및 민간물자를 최대한도로 공격대상에서 면제시켜 이들을 가능한 한 보호하려는데 그 목적이 있다.[56)]

군사목표의 정의에 대해 1907년의 '헤이그 육전규칙'이나 '전시해군포격에 관한 협약'은 아무런 규정을 두고 있지 않는 반면, 1923년 '공전규칙안'은 "그 파괴 또는 훼손(毁損)이 명백한 군사적 이익을 교전자에게 제공하는 목표"라고 규정하고 있다(제24조 1항 참조). 그

54) *Ibid.*, para.7.5 해설 참조.

55) F. Kalshoven, "Merchant Vessels as Legitimate Military Objectives", in W. H. v. Heinegg, ed., *The Military Objective and the Principle of Distinction in the Law of Naval Warfare*, Bochumer Schriften zur Friedenssicherung und zum humanitaren Volkerrecht, Bd. 7, 1991, pp.122-123.

56) 정운장, 국제인도법, 영남대학교 출판부, 1994, pp.256-257 참조

러나 동 정의는 군사목표에 해당하는지의 여부를 공격군 측의 주관적 판단에 맡기고 있다는 단점을 내포하고 있어 일반적으로 수락되지 못하였다. 그 후 ICRC와 국제법학회(Institute of International Law) 등이 중심이 되어 군사목표의 보다 더 객관적 정의와 그 내용의 구체화를 시도해 왔으며, 그러한 시도의 결과 공전규칙안의 정의와 ICRC규칙안(1956) 및 국제법학회 에든버러(Edinburgh)회기(1969)에서 채택된 결의 등의 내용을 종합적으로 참작하여 1977년 제네바협약 제1추가의정서는 "(물적)군사목표는 성질상으로나 그 위치, 목적 또는 용도(用途)상 군사행동에 효과적으로 기여하는 목표로서 당시의 지배적 상황에서 그것을 전적으로 혹은 부분적으로 파괴, 포획 또는 무력화함으로써 명백한 군사적 이익을 가져오는 물(物)에 한정된다" (제52조 2항)도 규정하고 있다.[57)]

이러한 정의 하에서 군사목표로 분류되는 것은 예컨대 군함, 군용 차량, 무기, 탄약, 연료 저장소 및 요새와 같은 엄밀한 군사목표 외에도 가정의 미래 시점이 아닌 그 당시 상황에서 이러한 기준을 충족하는, 예컨대 수송과 통신체계, 철도, 비행장, 항만시설 및 무력분쟁에 있어서 기본적인 중요성을 갖는 산업과 같은 군사작전에 대하여 행정 및 후방지원을 제공하는 활동도 포함된다. 또한 군사목표가 '군사활동에 효과적으로 공헌'하는 것이어야 한다는 것이 전투행위와의 직접적인 관계를 요구하는 것은 아니기 때문에 민간물자가 전투행위와 단지 간접적으로 결부되더라도, 분쟁당사국의 전체적인 전쟁 수행능력 중의 군사적 부분에 효과적으로 공헌하도록 사용되면 군사목표가 되어 공격으로부터 면제되지 않는다.

57) *Ibid.*, pp.322-323.

그리고 군사목표에 대한 공격이 군사목표를 오인하거나 군사목표에 명중했지만 그 영향이 군사목표에 한정되지 않고 확대되어 다른 사람이나 물건에 부수적인 사상이나 손해를 야기하였다고 해서 무조건 동 원칙을 위반한 것은 아니다. 왜냐하면 어떠한 전투방법이나 수단도 100퍼센트 정확히 기능하는 것은 아니며, 일반적으로 발사체가 표적에 명중할 확률은 꽤 낮다. 그러므로 부수적 손해가 일어날 가능성이 있다고 해서 무력공격을 불법적인 것으로 만드는 것은 아니다.58)

나. 개별 국제법 문서에서의 수용

학설 및 관습법적 수준에서 무력분쟁 당사자를 규율하는 헤이그법의 기본원칙의 하나로 인정되던 군사목표 구별원칙은 국제법의 점진적 발전 및 조약화 과정에서 개별 무력분쟁법, 즉 각각 육·해·공전을 규율하는 기본규칙들인 헤이그 육전규칙, 전시해군포격에 관한 협약 및 공전규칙(안)에서 무방수지역(undefended area)에서의 공격은 군사목표에만 한정된다는 규정으로 명문화 되었다.59) 이는 이후

58) 국제법에서 금지하고 있는 것은 민간인 및 민간물자를 직접적인 공격대상으로 하는 경우이다. 민간인 또는 민간물자를 직접 공격대상으로 하지 않는 전투행위로 인하여 민간인의 희생, 예컨대 유탄에 의하여 민간인이 사망하는 경우 또는 군사목표에 대한 폭격 또는 포격에 의하여 그 군사목표물에 인접하고 있는 민간주택이나 민간재산이 파괴되는 경우에는 공격 측에 아무런 법적 책임이 귀속되지 않는다. *Ibid.*, p.257. 한편, 1996년 핵무기 위협 및 사용의 합법성에 대한 ICJ 권고적 의견에서 Higgins 재판관은 반대의견(Dissentung Opinion)을 개진하면서 "어떤 무기가 비록 부수적 피해(collateral damage)가 생기더라도 오로지 군사목표물만을 공격목표로 삼을 수 없다면 그 무기는 그 자체 위법한 것이 된다"고 하였다. *ICJ Report*, 1996, p.588-589, para.24.

59) '헤이그 육전규칙' 및 '전시 해군포격에 관한 협약'에 의하면, 적에 대한 공

1949년 무력분쟁에 적용될 국제인도법에 관한 제네바협약을 보완 발전시킨 1977년 제1추가의정서에서 재확인되었다.

(1) 헤이그 육전규칙

(가) 방수지역에 대한 공격

육전에서 방수지역(defended area)에서는 전투원과 민간인, 군사목표와 비군사목표의 구별 없이 무차별공격이 허용되기 때문에 방수지역 전체가 공격대상이 된다(무차별주의). 그렇지만 방수지역에 대한 무차별 공격에 있어서도 일정한 제한이 있다.

우선, 방수지역내에 있는 종교, 기예, 학술 및 자선의 용도에 제공된 건물, 역사상의 기념건조물, 병원, 상병자 수용소 등에 대하여는 그것이 군사적으로 사용되고 있지 않은 한, 가급적으로 손상을 주지 않도록 필요한 모든 조치를 취하지 않으면 안 된다(헤이그 육전규칙 제27조 1항). 그러므로 피공격당국(공격대상지역 내의 지방당국)은 상기

격(폭격 및 포격 포함)은 공격대상 지역이 방수지역이냐 또는 무방수지역이냐의 구별에 따라서 그 규제내용을 달리 규정하고 있다. 방수지역이라고 함은 일방의 교전국(충돌당사국)의 군대에 의한 '점령의 기도'(점령이나 상륙작전 등을 위한 해군 및 공군의 엄호작전 포함)에 대하여, 타방 교전국 군대가 "현실적으로 저항"하는 지역을 말한다. 여기에서 '점령의 기도'라 함은 단순한 점령계획이나 점령의욕 등의 주관적 요소를 말함이 아니고, 그 계획을 실제로 행동으로 옮겨 적의 점거지역으로 진격함을 말한다. 이에 반하여 '점령의 기도'와 '현실적 저항'의 두 요소 중, 하나라도 결여되어 있는 지역을 무방수지역이라 한다. 그러므로 그 지역 내에 있는 요새나 진지 등 군사시설의 유무와는 관계되지 않는다. 예컨대, 공격군이 점령을 기도하지 않거나 또는 사실상 점령이 불가능한 후방 소재의 도시의 경우에는 제1의 요소(점령의 기도)가 결여되며, 그 반면에 공격군이 점령의 기도를 갖고 접근해 갈 때 아무런 현실적 저항이 없는 경우에는 제2의 요소(현실적 저항)가 결여되므로, 그 어느 경우를 막론하고 당해 지역은 무방수지역이다. 정운장, *op. cit.*, p.317.

건물, 건조물 또는 수용소 등을 공격군이 식별할 수 있도록 표지(標識)로써 표시하여야 하고, 그 표지를 공격군에게 미리 통고하여야 한다(동조 2항). 이와 같은 표지 및 통고조치를 취하지 않는 경우, 상기 건물 등이 파괴될지라도 공격군은 책임을 지지 아니하며, 또한 상기 건물 등을 직접 목표로 하지 아니한 단순한 오폭이나 또는 다른 목표에 명중한 결과, 발생한 화재로 인하여 상기 건물 등이 파괴되는 경우에도 공격군은 책임을 지지 않는다.[60]

그리고 무차별공격(강습의 경우 제외)을 행할 경우에는 예고를 하지 않으면 안 된다. 즉 포격을 개시하기 전에 그 뜻을 관헌에게 통고하기 위하여 할 수 있는 일체의 수단을 다하여야 한다(동 제26조). 이 예고는 방수지역내의 평화적 주민에게 피난의 기회를 주기 위한 것이다. 보병의 돌격을 엄호하기 위하여 행하는 포격의 경우에는 예고를 요하지 않는다. 왜냐하면 강습의 경우에 포격을 예고한다는 것은 보병의 진격에 의한 강습을 무의미하게 만들기 때문이다.[61] 또한 도시 기타의 지역은 돌격으로써 탈취한 경우라도 이를 약탈에 맡겨서는 안 된다(동 제28조).

(나) 무방수지역에 대한 공격

헤이그 육전규칙에 의하면 방수되지 아니한 도시, 촌락, 주택 또는 건물은 '어떠한 수단으로써도' 이를 공격 또는 폭격할 수 없다(동 제25조).[62] 여기서 '어떠한 수단으로써도'라는 말은 항공기로부터 행하

60) *Ibid.*, p.318.

61) 이한기, *op. cit.*, p.748.

62) 동 조와 관련하여 도시, 촌락, 주택 및 건물 자체가 방위되어 있지 않는 경

는 공격을 예상하고 삽입한 문구이다. 그러므로 무방수지역을 항공기로 폭격 또는 기타의 방법으로 공격하는 것도 금지된다. 이와 같은 무방수지역에의 공격금지가 무저항의 일반주민을 살상으로부터 보호하는 데 목적이 있음은 물론이다.[63)]

이 규정은 마치 무방수지역에 대한 일체의 공격을 금지하고 있는 듯 보이나, 이는 무방수지역에 대한 무차별 공격을 금지한다는 뜻이며, 관습법에 의하여 인정되어 온 군사목표에 대한 공격을 금지하는 것은 아니다. 즉, 무방수지역에 있는 군사목표에 대한 공격은 허용된다(군사목표주의).

(2) 전시 해군포격에 관한 협약

(가) 방수지역에 대한 공격

지상군의 점령기도 또는 상륙군을 엄호할 경우, 군함은 방수지역에 무차별 공격을 행할 수 있다. 그러나 군사상의 필요가 부득이한 경우를 제외하고는 공격군 해군 지휘관은 포격개시 전에 그 취지를 관헌에게 사전에 통고하기 위하여 시행할 수 있는 최대한의 노력을 하여야 한다(전시 해군포격에 관한 협약 제6조).

무차별 공격의 경우에도 종교, 기예, 학술, 및 자선에 사용되는 건물, 역사상의 기념건조물, 병원과 상병자의 수용소는 동시에 군사상의 목적에 사용되지 않는 한 이를 가급적 손해를 면하게 하기 위하여

우라도 그 주위의 정황으로 방수되어 있다고 볼 수도 있기 때문에 이 규정은 사실상 그 실효성을 기하기가 곤란하며, 더욱이 항공기의 발달로 인하여 방수와 무방수를 구별하기는 더욱 곤란하게 되었다는 비판이 제기되기도 한다. 박관숙 · 최은범, 국제법, 문원사, 1998, pp.347-348.

63) 이한기, *op. cit.*, p.748.

필요한 일체의 수단을 취해야 한다. 주민은 이러한 건물, 기념건조물 또는 수용소를 알기 쉽게 표시할 의무가 있다. 이 표시는 견고한 방형(方形)의 대판(大板)으로 상부는 흑색, 하부는 백색의 양 3각형으로 구획한 것이어야 한다(동 제5조 및 해상의 군대의 상병자 및 조난자의 상태개선에 관한 1949년 제네바협약(1949년 제네바 제2협약) 제23조).

(나) 무방수지역에 대한 공격

방수되지 아니한 항, 도시, 촌락, 주택 또는 건물을 해군병력으로 포격함은 금지되며(전시 해군포격에 관한 협약 제4조), 항의 전면에 자동촉발기뢰를 부설한 사실만으로 그 항을 포격하는 것은 허용되지 아니하나(동 제1조), 군사상의 공작물, 군용건물, 무기창고, 군수공장 및 항내의 군함은 포격금지대상에 포함되지 않는다. 그러나 해군지휘관은 상당한 기간 경고를 발한 후 지방관헌이 이 기간 내에 이를 파괴하는 조치를 취하지 아니하는 경우에 전혀 다른 수단이 없을 때 그리고 달리 취할 수 있는 수단이 없을 때에 한하여 포격할 수 있다. 그러나 이 경우에도 지휘관은 당해 도시에 미치는 불편을 가급적으로 적게 하기 위하여 적절한 모든 수단을 취하여야 한다(동 제2조).[64)]

---

64) 헤이그 육전규칙과 공전규칙안에는 이와 같은 규정을 두고 있지 않다. 그러나 육군 및 공군에 의한 공격의 경우에도 민간주민의 보호를 최대한으로 확보하기 위하여, 군사목표에 대한 공격 때에도 사전통고를 행하는 것이 바람직하다. 물론 어느 경우에도 군사상의 필요 또는 공격군에 대한 위험이 초래될 우려가 있는 경우에는 꼭 사전통고를 요하는 것은 아니다. 이 점에 관하여 1977년 제네바협약 제1추가의정서에는 비록 일반적인 표현이기는 하나, 군사목표에 대한 공격의 경우, 공격군의 지휘관은 실행가능한 모든 예방조치를 취하여야 한다고 규정함으로써(제57조) 민간주민의 보호를 강조하고 있다. 정운장, *op. cit.*, pp.324-325.

무방수지역에서는 군사목표만이 공격대상으로 한정되기 때문에, 비군사목표에 대한 공격은 허용되지 않는다. 그러나 군사목표에 인접하여 비군사목표가 있을 경우, 군사목표에 대한 공격으로 인하여 민간인 또는 민간재산이 피해를 입는 경우가 많다. 이러한 공격은 그 공격이 직접 또는 고의적으로 비군사목표를 표적으로 행한 것이 아닌 한, 위법으로 간주되지 않는다. 따라서 포격으로 인하여 민간손해가 발생한다고 할지라도, 고의가 아닌 경우 지휘관은 아무런 책임을 지지 아니한다(동 제2조).

무방수지역에 있어 군함은 군함 자체가 필요로 하는 식량 기타의 필수품을 적국의 연안 지방당국에게 명하여 이를 징발(徵發)할 수 있다. 징발명령이 합법적이기 위해서는 징발 대상물이 군함의 당장의 긴급한 수요에 충당하기 위하여 꼭 필요한 식량, 식수 및 연료 등 필수품에 한정될 것과 징발이 당해 지방의 자력(資力)에 상응하는 것이어야 한다(동 제3조 1항 및 2항 전단). 연안 지방당국이 이러한 징발명령을 거부하는 경우, 군함은 명시적으로 통고한 연후에 연안지방을 포격할 수 있다(동 제3조 1항). 이 경우의 포격을 징벌적 포격이라고 하며, 이때에는 군사목표에 한정하지 아니하고 무차별포격이 허용된다. 그러나 현금(現金)의 징발거부를 이유로 하는 징벌적 포격은 허용되지 아니한다. 현금은 군함에게 긴급을 요하는 필수품이 아니기 때문이다. 육군과 공군의 경우에는 해군과는 달리 물품의 징발거부를 이유로 하는 무방수지역에 대한 무차별공격은 허용되지 않는다.[65]

---

65) *Ibid.*, p.325.

(3) 공전규칙(안)[66]

(가) 항공기에 대한 공격

군용항공기는 교전자인 동시에 지상·해상 및 공중으로부터 공격대상이 된다. 그러나 군용항공기라도 전투능력을 상실한 항공기, 상병자나 포로를 수송하는 항공기, 항복의 신호를 해오는 항공기 등은 공격할 수 없다. 또한 항공기가 행동의 자유를 상실하고 항공기에 있던 자가 피난하기 위하여 낙하산으로 하강중일 때는 공격할 수 없다(공전규칙안 제20조). 이러한 자는 저항력을 상실한 자이므로 하강중에 이에 대하여 공격하는 것은 불필요하기 때문이다. 그러나 그 항공기의 위치가 하강자의 소속국 또는 그 점령지의 상공인 경우에 그는 하강 후에 안전하게 자기 소속군에 복귀할 수 있으므로 이때에는 하강 중이라도 공격할 수 있다고 보아야 할 것이다.[67]

비군용항공기는 직접 공격의 대상이 되지는 않으나, 자국관할 내를 비행하는 경우 적군용항공기가 접근하여 올 때 가장 가까운 적당한 장소에 착륙하지 않는 한 공격을 받는다(동 제33조). 그리고 또 적

---

66) 해군군축에 관한 워싱턴회의(1922)는 역사상 처음으로 공전에 관한 규칙과 전시무선전신사용에 관한 규칙을 마련하기 위하여 법률가위원회(Commission of Jurists)를 구성하기로 결의하였다. 이 결의에 의하여 동 위원회는 미국, 영국, 프랑스, 이탈리아, 네덜란드 및 일본의 각 대표들로 구성되었으며, 1922년 12월부터 1923년 2월까지 헤이그에서 회동하였다. 이때, 공전규칙(rules of air warfare, 동위원회 보고서 제2부) 초안 및 전시 무선전신 통제에 관한 규칙(rules for the control of radio in time of war, 보고서 제1부) 초안이 동 위원회에 의하여 작성되었다. 이들 2개 규칙초안은 모두 조약으로서 성립되지는 못하였으나, 특히 공전규칙안의 경우 영국의 Lauterpacht 교수도 지적한 바와 같이 "전시 군용항공기 사용에 관한 법규를 형성하는 가장 권위 있는 시도"라는 점에서 그 중요성이 인정되고 있다. 이용호, 전쟁과 평화의 법, 영남대학교 출판부, 2001, p.108.

67) 박관숙 · 최은범, *op. cit.*, p.375.

의 관할 내, 적관할의 인근지역으로서 자국관할 외 또는 육상이나 해상에 있어서의 적의 군사행동의 인근구역을 비행하는 경우에는 공격을 받는다(동 제34조).

(나) 방수지역에 대한 공격

군용항공기는 방수지역이 지상군의 작전활동에 협력할 경우 동 지역을 무차별 폭격할 수 있다. 지상군의 작전행동 근접지역 내에 소재하는 도시, 촌락, 주택 또는 건물에 대한 폭격은 설령 민간인에게 미치게 될 위험성이 있는 경우라 할지라도 적국 병력의 중대한 집결로 인하여 폭격이 정당화된다고 추정할 상당한 이유가 있는 경우에 한하여 공격할 수 있는 것이다(동 제24조 4항).

이러한 군용기에 의한 무차별 폭격의 경우에도 당연히 종교, 학술, 예술 및 자선의 용도로 사용되는 건물, 역사적 기념건조물, 병원 및 상병자 수용소 등에 대하여는 그것이 군사적으로 사용되고 있지 아니하는 한 가급적으로 손상을 주지 아니하도록 보호조치를 취하고 사전에 경고해야 함은 당연하다.

그러나 공전의 경우 야간 폭격이 많이 행해지는 탓에 피보호건물 등에 야간표지를 설치하도록 규정되어 있다. 단, 이러한 야간표지가 오히려 폭격대상물의 위치 측정을 위하여 악용될 우려가 있으므로, 야간표지의 설치는 의무적인 것이 아니고, 다만 피공격 당국의 선택에 맡겨져 있다(동 제25조 후단). 그 외에도 공전규칙안에는 다수의 역사적 기념건조물이 폭격에 의하여 파괴되었던 제1차 세계대전 당시의 경험에 비추어서, 이들 건조물을 더욱 효과적으로 보호하기 위한 특별규정을 두고 있다. 즉, 기념건조물을 중심으로 하여 그 주변의 일정한 범위를 보호지대(zone of protection)로 설정할 수 있고, 보호지대에 대한 폭격을 금지하고 있다. 보호지대의 범위는 기념건조물의 주변으로부터 폭 500미터를 초과하지 못한다. 보호지대를 설정한 국가는 이를 평시에 미리 외교절차에 의하여 타국에게 통고하여야 하고, 그것이 군사적으로 이용되지 않도록 하기 위하여 중립국 대표로써 구성되는 감시위원단(inspection committee, 3명으로써 구성)을 설치하도록 규정하고 있다(동 제26조). 이 조치는 비록 관계 당사국의 동의를 전제로 하여서 인정되는 것이기는 하나, 분쟁당사국 상호간에 보호지대를 인정할 경우 기념건조물에 대한 피해를 극소화할 수 있을 것이다.[68)]

(다) 무방수지역에 대한 공격

공전규칙안도 육군 및 해군의 경우와 동일하게 무방수지역에 대한 무차별폭격을 금지하면서(동 제24조 1항 및 3항), "공중폭격은 오직 군사목표에 한하여 적법적으로 행할 수 있다. 군사목표는 군대, 군사시설, 군용 건물, 군용 저장창고, 무기 및 탄약, 공지(公知)의 중요한 군수공장, 군사목적을 위하여 사용되는 통신선 및 교통선 등을 말한다"(동 제24조 2항)라고 하여 군사목표주의를 가장 명확하게 규정하고 있다.[69)]

68) 정운장, *op. cit.*, p.320.

69) 제2차 세계대전 초인 1942년 10월 29일 영국정부는 자국공군에 내린 훈령에서 '폭격은 군사목표에 한정해야 하며, 민간인을 고의로 폭격하는 것은 금지된다. 공격을 행하기 전에 목표를 확인해야 하며 만약 정확한 포격이 의심스러운 경우에는 또는 오폭으로 인구밀집 지대에 대한 중대한 손해가 예상되는 경우에는 공격해서는 안 된다'라고 하여 공격목표는 군사시설에 한정된다는 방침을 명백히 한 바 있다. ICRC, *Draft Rules for the Limitation the*

(4) 1977년 제1추가의정서

제1추가의정서[70]에서 군사목표 구별원칙을 규정하고 있는 것은 제4편(민간주민) 제1장(적대행위의 영향으로부터의 일반적 보호)이다. 의정서는 기본규칙으로 민간주민과 민간물자의 존중 및 보호를 보장하기 위하여 분쟁당사국은 항시 민간주민과 전투원, 민간물자와 군사목표물을 구별하여야 하며, 따라서 작전은 군사목표물에 대해서만 행하여져야함을 강조하고 있다(제1추가의정서 제48조).

그리고 민간주민이나 민간인의 존재 또는 이동은 특정지점이나 지역을 군사작전으로부터 면제받도록 하기 위하여, 특히 군사목표물을 공격으로부터 엄폐하거나 또는 군사작전을 엄폐, 지원 또는 방해하려는 기도로 사용되어서는 안 되며, 분쟁당사국은 군사목표물을 공격으로부터 엄폐하거나 군사작전을 엄폐하기 위하여 민간주민 또는 민간인의 이동을 지시하여서는 안 된다고 규정하고 있다(동 제51조 7항).

또한 동 의정서는 무차별 공격(indiscriminate attack)이나 배신행위의 금지 등 전투방법의 규제에 관한 규칙과 불필요한 고통이나 과다한

Dangers incurred by the Civilian Population in Time of war, 2nd. ed., 1958, p.163.

70) 제2차 세계대전 이후 국제사회는 전쟁의 쓰라린 경험을 토대로 하여 1949년 제네바에서 기존의 3개 협약 즉, 1864년 8월 22일의 적십자조약, 동 조약의 원칙을 해전에 응용한 1899년의 헤이그협약 및 1929년의 포로협약을 개정하고 민간인 보호협약을 제정하여 무력분쟁의 인도화에 획기적인 전기를 마련했었다. 그러나 국가 간 또는 일국 내에서 무력분쟁은 계속적으로 발생되었으며, 과학기술의 급속한 발달에 힘입은 전투수단과 방법의 급격한 변화는 기존 법규의 보완을 필요로 하였다. 그리하여 1974~1977년 제네바에서 개최된 '무력충돌에 적용되는 국제인도법의 재확인 및 발전에 관한 외교회의'에서 1949년 제네바협약에 추가되는 2개의 추가의정서(국제적 무력분쟁에 적용되는 제1추가의정서 및 비국제적 무력분쟁에 적용되는 제2추가의정서)가 채택되었다.

상해를 일으키는 특정 성질의 전투수단의 사용금지 등 기존의 헤이그법상의 규칙들을 폭넓게 수용하고 있다. 뿐만 아니라 그 외에도 민간인 및 민간물자를 대상으로 하는 복구 금지, 민간주민을 기아에 빠뜨리게 하는 전투방법의 사용금지, 민간주민의 생존에 필요불가결한 물자의 존중과 보호, 민간주민의 생존 또는 건강을 해칠 정도의 자연환경의 손상을 가져올 것을 의도하거나 또는 그러한 결과가 예측되는 전투수단 및 방법의 사용금지, 위험한 위력을 내포하는 시설물에 대한 공격의 규제 등 헤이그법 분야에 속하는 새로운 규정들도 추가하고 있다.71)

동 의정서는 이전의 법과는 구별되는데, 이전의 법은 첫째, '방수' 여부가 기준으로 적용되어 방수지역에 대해서는 무차별 공격이 허용되고, 둘째, 무방수지역에는 '군사목표' 기준을 적용하고 있다. 하지만 동 의정서는 종래의 '방수' 기준이 폐기되어 방수지역이든 무방수지역이든 불문하고 무력공격은 엄격하게 군사목표에 한정되어야 한다고 하고 있다.72)

(5) 기타

1965년 제20차 적십자국제회의(비엔나) 결의 제28호(Res.XXVIII)는 무차별적 전투행위로 인하여 민간주민 및 미래문명이 큰 위험에 처하게 되었음을 인식하고 모든 정부와 전투행위에 책임 있는 모든 당국이 최소한 준수해야 할 4개 원칙(비엔나 4개 원칙)으로 첫째, 무력

---

71) 이용호, *op. cit.*, p.120.

72) 淺田正彦, "特定通常兵器使用禁止制限條約と文民の保護(1)", 法學論叢, 京都大學法學會, 第114 卷 2号, 1983, pp.63-64.

분쟁 당사국은 해적수단을 선택함에 있어서 무제한의 권리를 갖지 않는다. 둘째, 민간주민 자체에 대한 공격은 금지된다. 셋째, 민간주민이 최대한으로 피해를 면할 수 있도록 하기 위하여 적대행위 가담자와 민간주민을 항시 구별하여야 한다. 넷째, 전쟁법의 일반원칙은 핵무기 및 이와 유사한 무기에도 적용된다고 선언하였다.

그리고 1968년 12월 19일 국제연합 총회는 위의 4번째 원칙을 제외한 3개 원칙을 만장일치로 확인하면서, '가능한 한 민간주민을 보호하기 위하여 적대행위에 참가하는 자와 민간주민의 구성원은 항상 구별되지 않으면 안 된다'라고 결의(U.N., G.A., Res. 2444(XXIII))하였다.

또한 ICJ(International Court of Justice)도 1996년의 '핵무기의 위협 또는 사용의 합법성(Legality of the Threat or Use of Nuclear Weapons)'에 관한 권고적 의견에서 "각국은 절대로 민간인을 공격목표로 해서는 안 되며, 민간목표물과 군사목표물을 구분할 수 없는 무기를 사용해서는 안 된다"고 하였다.[73]

다. 한미 군사교범상의 내용

(1) 한국

해군작전법규(해전교 2-1-가, 1994)는 제5장 해전의 객체(naval targeting) 제1절 합법적 표적의 원칙에서 '해전표적에 관한 법'은 국제관습법으로 인정되어 오다 1977년 제네바협약 제1추가의정서에서 성문화된 3개의 기본원칙을 전제로 한다면서, 교전국이 적에게 공격을 가하는 방법을 채택할 권리는 무한하지 않으며(1977년 제네바협약 제1추가의정서 제35조 1항), 적에게 행한 것과 같은 공격을 민간인에게 하

73) ICJ, Advisory Opinion of 8 July 1996, ICJ Report, 1996, p.257, para.78.

는 것은 금지되며(동 제51조 2항) 그리고 비전투원은 가능한 한 보호되어야 하는 관계로 전투원과 비전투원은 반드시 구별되어야 한다(동 제57조 1항)고 명확하게 밝히고 있다.[74]

오직 전투원과 군사목표물만이 공격대상이 되며 민간목표물은 공격해서는 안 된다는 것을 명문으로 밝히고 있는 동 법규는 이러한 법적 원칙을 일반적인 군사력의 목표, 집중 및 경제라는 군사적 원칙에 비견하면서, 법은 오로지 군사적으로 중요한 목표물을 공격하도록 요구하지만 이러한 목표물을 파괴하기 위해서는 충분한 군사력의 집중이 허용되며, 불필요한 부수적인 파괴는 가능한 금지되어야 하고, 공격은 군대의 임무완성 및 부대안전과 양립되어야 함을 강조하고 있다. 또한 민간인과 민간목표물을 전쟁참화로부터 가능한 한 보호하기 위하여 오직 군사적 목표물만이 표적이 되게끔 모든 합리적인 조치를 취하여야 하며, 제방이나 댐과 같은 시설에 대한 공격은 그에 대한 손괴나 파괴로 얻을 수 있는 군사적 이익에 비례하지 않을 경우 금지되어야 하고, 민간인의 생존에 불가결한 물자에 대하여 민간인들이 그것을 사용하지 못하게 할 목적으로 하는 고의적인 파괴는 금지되며, 적법한 군사적 목표물에 대한 공격 시 부수적으로 민간인에 대한 살상이나 민간목표물에 대한 손해야기는 그것이 비례성을 준수하는 한 불법이 아니라고 덧붙이고 있다.[75]

(2) 미국

미 해전법규는 합법적 표적에 관한 기본원칙으로 교전국이 적에게

74) 해군본부, 해군작전법규(해전교 2-1-가), 1994, p.2-5-1.
75) *Ibid.*, pp.2-5-1~2-5-2

타격을 가할 방법을 선택할 권리는 무제한적이 않으며, 적전투원에 대한 공격이 민간인에게 행해져서는 안 되고, 비전투원은 가능 한 보호되어야 하는 관계로 전투원과 비전투원은 구별되어야 한다는 것을 들고 있다. 또한 불필요한 부수적인 파괴는 가능한 한 회피되어야 하고, 군임무의 달성과 부대의 안전에 불필요한 고통은 금지되어야 하며, 민간인과 민간물자가 전쟁의 참화로부터 되도록 보호되고 오직 군사목표물만이 표적이 되도록 합리적인 예방조치를 취할 것을 요구하고 있다.[76]

이어 동 법규는 해군의 정당한 공격대상(합법적 공격목표물)으로 적 군함 및 군용기, 해군 및 육군의 지원군, 해군 및 육군의 해안 기지, 군함 건조 및 수리 시설, 군병창 및 창고, 유류저장구역, 제방, 항구 시설, 항만, 교량, 비행장, 군용차량, 장갑차, 대포, 탄약고, 부대집결지, 선적지(船積地) 등과 같은 군사작전에 사용되는 것과 막사, 통신·지휘·통제시설, 사령부, 군대식당, 훈련장 등과 같은 군작전을 위한 인적 및 행정적 지원시설을 들고 있다. 또한 적의 전투능력을 간접적이지만 효과적으로 지원, 유지시키는 경제적 표적물도 공격대상으로 열거하고 있다.[77]

반면 민간물자는 공격대상에서 제외된다는 것을 명백히 하면서 제방이나 댐과 같은 시설에 대한 공격은 그에 대한 손괴나 파괴로부터 얻을 수 있는 군사적 이익에 비례하지 않는 민간인의 피해를 낳는다면 금지되어야 하며, 식량, 가축, 식수 및 기타 민간인들의 생존에

76) NWP9A, *The Commander's Handbook on the Law of Naval Operations, 1987, para.8.1*

77) *Ibid.*, para.8.1.1

불가결한 물자들을 사용하지 못하게 할 목적으로 하는 고의적인 파괴는 금지된다는 것을 명시적으로 밝히고 있다.78)

4. 무력분쟁 개시의 효과

가. 외교관계

무력분쟁의 개시에 의해 전쟁상태가 성립되면 외교관계는 당연히 단절된다. 그러나 외교관계의 단절이 당연히 개전을 의미하는 것은 아니다. 무력분쟁이 개시되면 외교사절은 파견국으로 퇴거하며, 접수국을 떠날 때까지 일정한 기간 동안 외교적 특권면제를 향유한다. 그렇지만 지시된 일정기간 내에 퇴거하지 않으면 일반인과 같은 취급을 받게 된다. 외교공관 및 문서, 적국에 잔류하는 국민 및 재산은 통상 제3국에 의해 보호되는 바, 이를 이익보호국(protecting power)이라 한다.79)

영사도 전시에는 그 직무를 수행할 수 없으므로 귀국한다. 그러나 영사는 외교관과 달라 퇴거의 자유를 갖지 않으며, 경우에 따라서는 적국인으로 억류되기도 한다. 제1차 세계대전시 영국과 독일은 다 같이 상대국의 영사를 억류하여 후에 협정을 맺고 이에 따라 상호 교환하였다.80)

78) *Ibid.*, para.8.1.2
79) 김현수 · 이민효, *op. cit.*, p.308.
80) 이한기, *op. cit.*, p.735.

나. 조약관계

무력분쟁이 교전당사자간의 조약에 어떠한 법적 효과를 미치느냐에 관하여는 국제법상 확립된 법원칙이 존재하지 않는다. 그러나 무력분쟁의 개시로 교전당사자 간의 조약이 당연히 소멸・정지되는 것은 아니며, 전쟁상태의 존재가 교전당사자 간의 새로운 조약체결을 방해하는 것도 아니다. 개전이 조약에 미치는 영향에 대해서는 전쟁과의 양립가능성을 기준으로 하는 객관주의와 당사국의 의사를 기준으로 하는 주관주의가 있으나, 이들은 그 관행이 반드시 확연하지 않고 또한 흔히 관계사정을 참작하는 절충적 방식이 취해지고도 있는 형편이다.[81]

일반적 관행에 의하면, 동맹조약·통상조약 등과 같은 정치적 성질을 띠는 조약은 모두 소멸하지만 영토할양조약과 국경조약 같은 처분조약은 전시에도 소멸하지 않으며, 기술적·행정적·전문적 성질의 조약은 소멸하지 않고 효력이 정지될 뿐이다.[82]

제1, 2차 세계대전 이후에 체결된 대부분의 강화조약은 전쟁 전에 체결된 조약의 효력에 관한 규정을 두어 이를 명시적으로 해결하고 있다.[83] 양자조약은 전승국의 일정한 기간 내 통고가 없으면 자동적으로 실효되고, 다자조약은 강화조약에 특별한 규정이 없는 한 강화

---

81) 김정균・성재호, op. cit., p.729.

82) 이병조・이중범, *op. cit.*, p.992.

83) 제2차 세계대전 종전 후 연합국과 일본 간에 체결된 對日講和條約(1951년)은 동 조약이 효력을 발생한 후 1년 이내에 연합국은 일본과 전쟁 이전에 체결한 조약을 계속 유효하게 하거나 회복시킬지를 일본에 통고해야 하며, 통고된 조약은 강화조약과의 합치되도록 필요한 수정을 받을 뿐 계속 유효하거나 회복되지만 기간 중에 통고되지 않은 조약은 폐기된 것으로 추정된다는 규정을 두고 있다(제7조).

조약의 효력발생 시에 모든 조약관계가 부활되도록 하는 것이 보통이다.[84]

다. 통상관계

무력분쟁이 통상관계에 미치는 효과에 관하여 국제법상 확립된 법원칙은 존재하고 있지 않으며, 영미주의와 대륙주의가 대립되고 있다. 영미주의는 무력분쟁상태에 있어 교전당사자의 국민도 개인적 적대관계에 있다는 이론에 입각하여 교전당사자의 허가가 없는 경우 적국과의 통상은 당연히 금지되는 것으로 본다.

이에 대하여 대륙주의는 후자는 무력분쟁적 필요에 의해 명시적으로 금지하지 않는 한 개인 간의 통상이 단절되지 않는다고 본다. 무력분쟁에 의해 통상관계가 단절되는 경우 무력분쟁 이전 교전당사자 간의 계약은 이행시기가 계약의 본질적 요소인 경우 해제되며, 그렇지 않은 경우는 전쟁종료 시까지 이행이 정지된다.[85]

오늘날에 와서는 무력분쟁 규모의 확대와 총력전 양상의 진전으로 개인에 의한 통상관계에까지도 개전효과가 포괄적으로 미치는 것으로 해석되기에 이르렀다. 대개 對敵去來禁止法(대적거래금지법)에 의해 자국민의 적대국, 대적국민거래를 금지하는 것이 오늘의 실정이다.[86]

---

84) 김현수 · 이민효, *op. cit.*, pp.308-309.

85) *Ibid.*, p.309.

86) 김정균 · 성재호, *op. cit.*, p.730. 영국은 1915년 및 1939년 대적통상법(對敵通商法, Trading with Enemy Act)을 제정하여 블랙리스트에 게재된 적국상사에 대해서는 그것이 중립국 영역 내에 있는 경우에도 그것과의 통상을 금지하였다. 미국도 1917년 및 1941년 영국과 동일한 방침을 답습하였다. 이한기, *op. cit.*, p.737 참조.

라. 적국민관계

(1) 퇴거

오늘날 현대전의 양상이 총력전으로 변함에 따라 징병연령에 도달한 적국민의 퇴거의 자유를 제한하는 것이 일반화되고 있는데, 군인이나 적령기에 있는 자와 중요한 정보를 적국에 제공할 우려가 있는 자 또는 과학기술자 등은 억류하는 것이 통례이다. 체류를 원하는 자를 잔류하게 할 의무는 없으나 이를 인정하는 예도 있었으며, 이 경우 거주의 자유를 제한하고 행동을 감시할 수가 있다. 그리고 억류한 적국민을 적국에 재류중인 자국민과 교환하거나 송환조약에 따라 집단적으로 귀환하기도 한다.[87)]

적국민의 퇴거자유에 대한 관행의 변화는 억류로 인한 군사적 가치가 적은데 반하여, 전시민간인보호라는 보편적 이익을 심각하게 손상시킨다는 문제점을 제기하여 1949년 '전시민간인보호에 관한 제네바협약'은 교전당사자는 국익에 반하지 않는 한 퇴거신청의 심사 및 신청기각의 재심을 위한 신속한 법정절차가 보장되고, 퇴거가 허용된 적국민에게는 이에 필요한 금전 및 개인적 용품의 소지를 인정하여야 한다(동 협약 제35조 1항)는 것과 안보적 이유를 제외하고는 퇴거신청 기각의 사유 및 그 명단을 이익보호국에 통보하여야 한다(동 협약 제35조 2, 3항)고 규정하고 있다. 또한 동 협약은 적국민의 퇴거를 위한 교통명단을 및 만족할 만한 출발조건에 관한 상세한 규정을 두고 있다(동 협약 제36조). 그러나 동 협약은 적국민의 대우에 관한 국제관습법을 선언한 것이 아니기 때문에 협약비당사국에는 법적 구속력이 없다.

---

87) 김정균 · 성재호, *op. cit.*, p.729 참조

(2) 체류

적국민이 체류가 빈번히 허용되고 있음에도 불구하고 교전당사자는 적국민의 체류를 허용할 의무가 없다. 체류를 인정하는 경우 대부분이 억류의 성격을 갖는 것이 보통이다. 교전당사자는 체류를 허용하면서 적대행위, 모국군대입대, 모국원조행위 또는 제한지역의 이탈금지에 관한 선언을 하도록 하고 이를 위반하면 반역으로 처벌할 수 있다. 제1, 2차 세계대전 중 대부분의 교전당사자는 안보 또는 폭력으로부터의 보호를 위하여 적국민에 대한 일반적 억류제도를 실시하였다. 그리하여 여행 및 거주의 자유가 제한되고 격리·수용되어 감시대상이 되었다.

1949년 전시민간인보호에 관한 제네바협약은 적국민의 체류에 관하여, 상세한 규정을 두고 있다. 주요한 내용으로는 인격 · 명예 · 종교 · 가정의 존중(제27조), 군사상의 이용금지(제29조), 정보강제의 금지(제31조), 잔학행위 · 고문 · 인질의 금지(제32조~제34조), 개인적 · 집단적 구호품수령의 권리(제38조), 취로기회 · 생활보장(제39조), 강제노역의 금지(제40조), 안보상 절대로 필요한 경우 억류 · 거소지정권 행사(제42조), 억류·거소지정에 대한 재심청구권(제43조) 등이 있으며, 그 밖에도 억류의 생활조건에 관한 인도적 조치를 규정하고 있다(제79조~제104조).

또한 제2차 세계대전 중 본국의 국적박탈로 보호주체를 상실한 피난민이 교전당사자에 의해 적국민으로 간주되어 많은 어려움을 겪었던 경험에 비추어 국적만을 이유로 보호정부가 없는 피난민을 적국민으로 간주할 수 없도록 한 규정은 특히 주목을 요한다(제44조). 그리고 이익보호국 · 국제적 십자위원회에 대한 편의제공의무 등은 적국민 보호조치의 이행을 위해 중요한 의미를 갖는다.

(3) 소송능력

적국민이 교전국 법정에서 소송능력을 갖는가에 대해서는 학설이나 판례가 구구하다. 영미주의에 의하면 적국민이 피고가 된 경우, 자국에 거주하는 적국민으로 등록을 한 경우, 적국민으로 특허를 얻고 있거나 적국민이라도 동맹국이나 중립국에 거주하는 경우 등을 제외하고는 모든 적국민에 소권을 인정하지 않고 있으나 대륙주의는 대체로 적국민에 대해서 소송능력을 인정하고 있다. 그러나 대륙주의도 국외의 적국민에게는 소권을 부여하지 않고 있다. 전투지역에 있는 적국민에게 권리 및 소권의 소멸, 정지 또는 재판거절을 선언하는 것은 육전법규에서 금지하고 있다.[88]

마. 적재산관계

(1) 사유재산

개전 당시 적국민의 사유재산권 문제는 적국의 영역에 있는 경우, 적국민의 상선에 있는 경우 및 중립국의 영역 내에 있는 경우에 따라 각각 달리 결정된다. 전쟁개시에 따른 적국민의 퇴거의 자유를 인정한 다수 조약의 영향으로 적국민의 재산과 채권을 몰수하거나 무효로 하지 않는다는 국가관행이 18세기 말부터 형성되기 시작하여 19세기 이후에는 상호주의 조건하에서 비몰수 원칙이 확립되었다. 그러나 이러한 관행이 어느 정도 관습법으로 규범화되었는지는 의문이다.

제1차 세계대전 초에는 대부분의 교전당사자가 사유적산비몰수원

88) 김정균 · 성재호, *op. cit.*, pp.729-730.

칙(私有敵産非沒收原則)을 따랐으나, 적국의 재정 및 통상 상의 영향력을 제거하기 위하여 점차로 적산에 대한 소유권박탈과 동결 등의 전시비상조치를 부과하여 사유적산비몰수의 원칙을 동요시켰다.

이러한 현상은 현대전이 총력전의 양상을 띠게 됨에 따라 적국의 전투능력을 감소시키고 자국의 전투능력을 증가시키기 위해 교전당사자가 자국영역 내에서의 모든 사유적산을 이용할 권리를 갖는다는 법적 확신에 기인하는 것이다. 따라서 오늘날 적국민의 사유재산은 몰수할 수는 없지만 이를 사용 · 수익 · 처분할 수 있으며, 채무의 지불을 정지할 수 있다고 보아야 할 것이다.89)

교전당사자 상선 내에서 발견된 적산은 사유재산이라 할지라도 몰수가 면제되지 않는다. 해상에서의 사유재산은 육상에서와 달리 어디서든지 포획되기 때문이다. 영국의 포획심판소는 제1차 세계대전 중 영국항에 양륙하기 전에 압수되었든, 후에 압수되었든지에 관계없이 영국선박 내의 적산의 몰수를 인정하였다. 또한 영국관행은 개전 시 영국항의 보세창고에 유치된 적산도 해상의 적산과 동일하게 다루었다.

적국의 공유재산은 부동산의 경우 몰수되지 않고 사용 및 수익할 수 있으며, 동산의 경우 전쟁수행에 사용될 수 있는 자금, 무기, 식량 및 교통수단 등은 몰수할 수 있다. 또한 채무의 경우 지불을 정지할 수 있다.

89) 제1, 2차 세계대전시에 체결된 평화조약의 대부분이 교전당사자가 동결 · 관리한 사유적산에 대한 구제조치를 인정한 것도 이를 뒷받침한다. 다만, 제2차 세계대전시의 대이탈리아 및 대일 평화조약에서는 이탈리아와 일본의 사유적산에 관한 전승국의 처분조치의 효력을 인정하여 침략전쟁의 경우 사유적산비몰수의 원칙에도 예외가 존재함을 인정한 바 있다.

중립국의 영역 내에 있는 교전당사자의 재산은 중립국의 공평한 보호 하에 있는 것이므로 타방교전당사자의 몰수로부터 면제된다. 그러나 일방교전당사자가 이러한 면제를 남용할 경우에는 중립의무의 위반이 발생하는 바, 중립국은 타방당사자에게 적산을 인도하여야 한다. 제2차 세계대전 중 독일 및 그 동맹국은 점령지역에서 약탈한 사유재산을 중립국에 보관한 바, 스위스 및 스웨덴 등의 중립국은 협정을 체결하여 독일재산의 몰수에 관한 국내조치를 실시하였다.[90)]

(2) 민간항공기

개전 시 적국영역 내에 있는 적국의 민간항공기의 법적 지위에 관하여는 아직까지 일반적 조약 또는 관습법이 존재하지 않는다. 민간항공기는 군용기와 구조상 구별이 안 되며 군사용으로 쉽게 개조될 수 있다는 점에서 교전당사자에게 몰수의 자유가 인정된다는 견해가 유력하다.

1923년 공전법규(안)은 적국의 민간항공기는 모든 상황에서 포획될 수 있다고 규정하고 있다(동 제52조). 해전법규를 유추적용하면 은혜기간이 부여되지 않는 경우 몰수된다고 볼 수 있다. 그러나 민간항공기에 의한 국제교통의 발전으로 보호이익이 형성되게 되면 상선과 동일하게 취급되어야 할 것이다.

(3) 상선

교전당사자의 항구 내에 있거나 해상에 있는 적상선은 일반재산과는 달리 전쟁목적에 이용할 가능성이 높기 때문에 몰수된다는 것이

90) 김현수 · 이민효, *op. cit.*, p.312.

국제관습법상의 원칙이었다. 그러나 1854년 크리미아 전쟁 이후 국제해운의 안전을 위해 몰수조치를 부과하지 않고 일정한 은혜기간을 주어 출항을 허용하는 관행이 형성되어 1907년 '개전시의 적상선의 취급에 관한 협약'[91]이 채택되게 되었다.

적상선의 대우에 관해 규정하고 있는 동 협약에 따르면 자국 항구내에 있는 적상선은 개전 즉시 또는 상당한 은혜기간동안 목적항으로의 출항을 허용함이 바람직하며(반드시 은혜기간을 주어 출항을 허가하여야 할 의무는 없음), 무력분쟁이 개시되기 전에 최종의 기항지(출범항)를 떠나 무력분쟁의 사실을 알지 못하고 입항한 적상선에 대하여도 마찬가지다(제1조). 출항을 허가하지 않거나 또는 불가항력으로 출항하지 못한 상선에 대하여도 이를 억류 및 징발은 할 수 있어도 몰수할 수는 없으며, 그 상선내의 화물에 대하여서도 역시 마찬가지다(제2조). 그리고 이 몰수면제는 자국항내에 있던 상선에 대하여서 뿐만 아니라 무력분쟁 개시의 사실을 알지 못하고, 최종 기항지를 떠나 해상에서 적군함과 조우하는 상선이나 화물에도 적용된다(제3조, 제4조 2항). 따라서 이러한 경우에도 그 상선은 몰수할 수 없고, 다만 억류 및 징발 또는 인원의 안전확보를 조건으로 파괴할 수 있을 뿐이다.

그러나 동 협약은 제1차 세계대전 중 많은 당사국에 의해 준수되지 않았으며, 영국의 경우 1925년 탈퇴를 선언한 사실에 비추어 국제관습법 원칙의 변화를 가져오지 못하였다고 볼 수 있다. 또한 동 협약은 국제관습을 법전화한 것이 아니므로 비당사국에게는 협약체

91) 동 조약은 전쟁의 불의의 발발에 대한 국제상업의 안전을 보장하고 또 전쟁개시 전에 선의로 시작되고 이행되는 도중에 있는 상거래의 보호를 목적으로 체결되었다(전문 참조).

결 이전의 관습원칙이 적용되어 적상선에 대한 은혜기간 중에도 몰수가 허용된다고 보아야 할 것이다.

적상선에 대한 즉각적인 공격은 허용되지 않으며 군사목표물의 정의에 합치되는 경우에만 공격할 수 있다. 즉 상선이 임검을 위한 정선명령을 거부하거나 또는 임검 및 수색에 대하여 완강하게 저항할 경우에는 이를 공격할 수 있다.[92] 공격할 경우에도 해전수단 및 방법의 제한에 관한 기본원칙에 따라야 한다. 이처럼 적상선은 합법적인 군사목표가 아닐 경우 일정한 경우 나포될 수는 있지만 공격으로부터는 면제된다. 그리고 공격의 대상은 안 되지만 일정한 경우 군사목표에 대한 공격의 결과 부수적 손해를 입을 수도 있다.

적상선은 (a) 적을 대신하여 적대행위를 하는 경우, 즉 기뢰부설 및 소해, 해저 전선 및 관선 절단, 중립국 선박에 대한 승선 및 검색 또는 기타 선박들에 대한 공격, (b) 적 군대의 보조세력으로 행동하는 경우. 즉, 군대의 수송 또는 전투함에의 보급 지원, (c) 적의 정보수집체계로 편입 또는 이를 원조하는 행위. 즉, 정찰, 조기경보, 탐색 또는 통제 및 통신임무에의 종사, (d) 적 군함 및 군용기의 호위 하에 항행하는 경우, (e) 정선명령을 거부하거나 적극적으로 승선, 검색 또는 나포를 거부하는 경우, (f) 군함(잠수함 포함)에 위해를 가할 수 있을 정도로 무장한 경우,[93] 및 (g) 기타 군사행위에 효과적으로

92) 정운장, *op. cit.*, p.320.

93) 위해와 관련하여 잠수함을 충각공격하기 위해서 사용되는 선수(船首)는 무기로 간주되지 않으며, 또한 선박이 챠프와 같은 회피시스템을 장착하고 있는 경우 이는 무장으로 보지 않는다. 그러나 적 및 해적 등으로부터 승조원의 방위를 위한 개인용 소총이나 권총 같은 개인용 화기로 무장하는 것은 허용된다.

기여하는 경우, 즉 군사물자를 수송하는 경우 군사목표물로 간주되어 발견되면 공격대상이 된다.[94]

제3절 휴전과 무력분쟁의 종료

1. 휴전

가. 의의

휴전(armistice)이란 교전당사자간 합의에 의하여 적대행위를 정지시키는 행위(육전규칙 제36조) 및 그런 행위에 의해서 생기는 적대행위의 정지상태를 말하는 것으로 이는 교착상태에 함입한 쌍방이 전투를 멈추면서 비적대관계를 나름대로 규율해보려는 방식이다.[95]

휴전은 정식으로 또한 적당한 시기에 이를 당해 관헌 및 군대에 통고하여야 하며, 통고 후 즉시 또는 소정의 시기에 이르러 전투를 정지한다(동 제38조).[96] 휴전기간을 정하지 않았을 때에는 교전당사자는 언제든지 다시 전투를 개시할 수 있으며, 휴전조건에 따라 소

---

94) 이들 항 중에서 (a)~(d)항은 본질적으로는 전통적인 법을 재확인한 것으로 전통적인 법에 따르면 적국 상선은 방어적 무장은 할 수 있지만 공격적 무장을 하고 있는 경우에는 발견되는 즉시 공격대상이 된다. (f)항은 이러한 전통적인 법을 변경한 것인데, 과거에는 가능하였다고 해도 고도로 발달된 현대무기체계에서 볼 때 상선의 무장이 공격용으로 사용될 것인지, 아니면 단지 방어용으로 사용될 것인지를 결정하는 것은 불가능하기 때문이다.

95) H. Lauterpacht, *Oppenheim's International Law*, London, Longmans, 1952, pp.546-547.

96) 교전지역에 있어서의 교전자와 민간인 간 및 민간인 상호간의 관계를 휴전조약에 규정하는 것은 분쟁당사자에게 위임되어 있다.(육전규칙 제39조)

정의 시기에 전투 재개를 타방에게 통고하여야 한다(동 제36조).

나. 법적 성질

전통국제법에 의하면 휴전은 적대행위의 정지이지 종료가 아니다.[97] 휴전 후에도 전투행위를 개시할 수 있다는 것이 이를 반증하고 있다. 이는 육전규칙의 관련 규정(동 제36조) 및 판례[98]에서도 확인되고 있다. 따라서 휴전기간은 전시관계로서 그 기간 중에는 무력분쟁법이 적용된다.

하지만 이러한 전통적 입장에 대하여 휴전을 일시적 평화상태로 보는 견해도 있다. 휴전상태가 장기간 계속될 경우 단순히 무력분쟁이 정지된 상태가 아니라 무력분쟁의 사실상의 종료로 보아야 한다는 것이다.[99]

이처럼 휴전이 무력분쟁을 정지시키는지 아니면 종식시키는지, 휴전 성립 이후 기간이 평시관계인지 아니면 전시관계인지에 대해서는 의견이 나뉘고 있다.[100] 이러한 경향은 무력행사 일반이 불법화된

---

97) P. Verri, *Dictionary of the International Law of Armed Conflict*, Geneva, International Committee of the Red Cross, 1992, pp.21-22

98) 프랑스의 한 재판소는 1940년 6월 22일 꽁삐에뉴(Compieghe)의 휴전이 성립된 후 독일 측과 연결되었다는 죄과로 기소된 신문기자 Suarez를 재판함에 있어서 휴전이란 적대행위의 일시적 정지를 가져올 뿐이고 그 자체 전쟁상태를 종결시키는 것은 아니라고 판시한 후 피고를 사형에 처한 바 있다. 이한기, *op. cit.*, p.824.

99) J. Stone, *Legal Controls of International Conflicts*, N.Y., Rinehart, 1954, pp.639-641 참조.

100) 한국휴전 및 한국휴전협정은 첫째로 참된 '전의(戰意)의 유보'는 물론이고 '적대행위의 사실상의 정지'라는 진의를 찾아보기 힘든 정치협상적인 것이었고, 둘째로 그래서 군사적 휴전조항들도 그 허실이 지나치게 엇갈렸고, 셋째로 협상당사자도 크게 착종(錯綜)되는 등의 특성을 보이고 있다. 김정

제2차 세계대전 이후 특히 그러하다.

그러나 당사국간 무력분쟁의 최종적 해결 또는 쌍방 간에 평시관계가 이루어지지 않는 경우 항상 불안정하고 잠재적 적대관계는 그대로 강화되는 것이므로 휴전과 전쟁의 종료와는 구별되어야 한다는 주장[101]도 있지만, 휴전기간 중의 전통적인 법규는 재고할 필요가 있다. 휴전기간이 단기로 끝나는 경우에는 그 기간을 전시로 보는 것도 무방하나 그 기간이 장기화하는 경우에는 국민의 생활과 국가의 활동에 막대한 고통과 부담이 가중되기 때문이다.[102] 적대행위의 종료와 평화조약의 체결 간에 그 시간적 거리가 점점 멀어지는 일반적 경향을 볼 수 있는 복잡한 양상을 지닌 현대전에 있어서는 더욱 그러하다.

다. 종류

(1) 정전

정전(suspension of arms)은 교전국의 합의에 의한 부분적, 일시적 전투행위의 중지를 말한다. 정전은 정치적 목적이 없으므로 교전국의 지휘관이 비준 없이 정전협정을 체결할 수 있다.

통상 정전은 사상자의 수용 및 매장, 항복, 철수, 휴전 또는 상부의 훈령을 받기 위한 목적으로 행해진다.

균, "남북한간의 협정형태에 관한 연구 : 휴전협정과 평화협정의 특성에 관한 고찰", 국제법학회논총, 제30권 1호, 1985. 6, p.111.

101) 최재훈 외, 국제법신강, 박영사, 2004, p.715.

102) 이한기, *op. cit.*, p.825.

(2) 일반적 휴전

일반적 휴전(general armistice)은 교전국의 합의로 전투지역 전체에 걸쳐 전투행위를 중지시키는 것을 말한다. 그러나 극히 예외적으로 교전국간의 명시적인 유보가 있는 경우에는 군대의 일부 또는 전선의 일부가 적대행위의 중지에서 제외될 수 있다. 다만 이 경우 주의해야 할 것은 교전국간의 명시적인 유보로써 군대의 일부 또는 전선의 일부가 제거되더라도 그 군대의 대부분과 전선의 대부분에서는 적대행위가 중지되어야 한다는 것이다.103)

일반적 휴전협정은 전쟁전체에 미치는 정치적 중요성이 매우 크다. 즉 사실상의 적대행위의 종료와 유사하다. 따라서 일반적 휴전은 교전국 정부와 군총사령관만이 체결할 수 있다.104)

(3) 부분적 휴전

부분적 휴전(partial or local armistice)은 특정지역에서의 모든 전투지역에 걸친 전투행위의 정지도 정전과 같이 부분적, 일시적 전투행위의 정지도 아니다. 부분적 휴전이 정전과 다른 점은 전쟁전체에 영향을 미치는 정치적 중요성과 효과를 가진다는 점이다. 따라서 이의 합의권한은 정전보다는 제한적인데, 정부의 수권이 있는 경우 교전국의 총사령관에 의해 합의될 수 있다. 특별한 규정이 없으면 비준을 요하지 않는다.

이러한 부분적 휴전은 언제나 교전군의 중요한 부분과 전투지역을

103) 김찬규, "휴전의 법적 성질", 경희법학, 제8권 1호, 1970, pp.134-135.

104) M. Greenspan, *The Modern Law of Land Warfare*, Berkely and Los Angeles, 1959, p.386.

포함하여야 하며, 또한 그 목적이 단지 일시적인 아님을 조건으로 한다. 그러한 의미에서 부분적 휴전은 전반적 휴전에 이르는 전단계적 조치로서 그 중요성을 인식할 수 있다.105)

라. 종료

휴전협정에 종료기간이 정해진 것은 그 기간의 만료와 동시에, 또 해제조건이 붙은 것은 그 조건이 되는 사건의 발생과 동시에 휴전은 종료된다. 최근의 휴전협정은 휴전기간에 관한 규정이나 적대행위의 재개에 관한 규정이 포함되지 않는 것이 통상적이다.

또한 당사자 일방이 휴전조약의 중대한 위반을 할 때에는 타방은 조약폐기의 권리를 가질 뿐만 아니라 긴급한 경우에는 즉시 전투행위를 개시할 수 있다(동 제40조).106)

2. 무력분쟁의 종료

가. 평화조약의 체결

평화조약(treaties of peace)은 전쟁종료를 위한 분쟁당사간의 명시적 합의이다. 이는 무력분쟁을 종식시키는 가장 일반적인 방법으로 동 조약의 효력발생과 더불어 무력분쟁은 종료되는 것이 원칙이다. 왜냐하면 당사자 간 합의로 분쟁을 종식시킬 경우 분쟁과정에서 야기된 많은 문제들을 명확하게 정리할 기회를 보장하기 때문이다.107)

105) 배재식, “한국휴전의 법적 제문제”, 법학, 제16권 1호, p.40.

106) 다만 개인이 자의로 휴전조약의 조항을 위반한 때에는 그 위반자의 처벌을 요구하며, 또한 손해가 있으면 배상을 요구할 권리가 발생하는데 그친다(육전규칙 제41조).

평화조약의 체결권자는 국내헌법상의 조약체결권자로 일반적으로 국가원수이며 휴전조약, 특히 부분적 휴전조약의 체결권자인 군사령관은 평화조약을 체결할 권한이 없다.

평화조약은 일반적으로 비준을 요하며 그 효력은 특별한 규정이 없는 한 비준서의 교환 시가 아니라 서명 시에 소급해서 발생하는 것이 일반조약과 다른 특색의 하나이다.

서명되었으나 비준되지 않은 평화조약은 평화조약으로서 효력이 없으나 휴전조약으로서의 효력은 갖는다. 그러므로 평화조약이 서명되기 전에 휴전조약이 체결되어 있는 경우에는 비준되지 않는 휴전조약은 앞의 휴전조약을 개정한 것으로 본다.[108)]

나. 적대행위의 중지

교전당사국이 휴전 또는 강화조약을 체결하지 않고 사실상 모든 적대행위를 중지함으로써 전쟁계속의 의사를 상실한 경우에도 전쟁은 종료된다. 이는 무력분쟁 상태의 종료에 관한 형식적 절차에 의하지 않는 묵시적 합의에 의한 방식이다.

이러한 묵시적 방법에 의한 무력분쟁 종료는 대개 19세기 이전의 현상이다. 그러나 국제연합의 집단조치 하에서는 역설적으로 이와 같은 전쟁종료의 방식이 새로이 부활할 가능성도 있다. 콜롬비아와 페루 간의 레티카(Letica) 전쟁은 국제연맹이사회가 규약에 의하여 행동을 취한 결과, 1933년 단순히 적대행위의 중지를 통하여 종결을

107) M. Greenspan, *op. cit.*, p.588.

108) 김명기, "한국평화조약의 체결에 관한 연구", 국제법학회논총, 제21권 2호, pp. 27-28.

보았던 것이다.[109)]

그러나 이 방식에 의한 전쟁의 종료는 그 종료의 확정시기가 불명확하므로 교전국 및 그 국민 상호간의 관계와 교전국·중립국간의 관계가 애매한 것이 난점이다. 또한 전후처리에 관한 제 조건도 명시하고 있지 않으므로 당사국간에는 이른바 '현유상태의 원칙(principle of Uti Possidetis)'이 적용된다는 것이 통설이다. 그러므로 무력분쟁 중에 몰수한 적국 재산은 점유국의 소유로 되며 점령지도 점령국에 귀속된다. 물론 무력분쟁이 종료한 후에 당사국간 새로운 합의에 의하여 이 상태를 변경할 수 있다.[110)]

다. 정복과 병합

교전국이 적국의 영역을 정복하는 경우, 즉 적국의 영역을 전부 점령하고 적의 저항을 완전히 배제하여 점령지를 병합할 경우 병합에 의하여 적국은 소멸하고 무력분쟁은 자동적으로 종료한다.[111)] 상대국의 국제법 주체로서의 존재를 소멸시킴으로써 무력분쟁 상태를 종결시키는 이러한 방법은 무력분쟁의 종료는 분쟁당사국간의 합의에 의한다는 일반론과는 상치된다.

정복이 유효하기 위해서는 정복국에 의한 피정복국의 완전한 복종, 즉 피정복국의 영토 전부에 대한 실효적 확정적 지배(conquest)가 있어야 하고, 정복국에 의한 병합의사의 표시가 있어야 한다. 실효적 확정적 지배란 상대국의 전영토를 점령했다고 해서 확립되는 것이

---

109) 이한기, *op. cit.*, p.831.
110) 최재훈 외, *op. cit.*, pp.713-714.
111) *Ibid.*, p.714.

아니다. 실효적 확정적 지배 없는 정복은 없지만 실효적 확정적 지배 자체가 정복은 아니다. 왜냐하면 국내에 잔존하는 세력들이 다시 이전의 영토를 탈환할 수도 있고, 국외로 탈출한 망명세력이 동맹국과 연합하여 반격에 나설 수도 있기 때문이다. 이 경우 정복국과 피정복국간에는 무력투쟁이 계속 진행 중인 것으로 본다. 따라서 실효적 확정적 지배라 함은 잔존세력이 완전히 소탕되어 저항능력이 완전히 말살된 경우를 의미하는 것이다.[112] 또한 실효적 확정적 지배가 있었다고 해서 정복이 완성되는 것은 아니며 반드시 정복국의 피정복국 영토에 대한 병합의사의 표시가 있어야 한다.[113]

오늘날 정복에 의한 영토취득의 합법성은 부인된다. 이는 국제연합의 출현과 때를 같이하는 바, 전쟁을 위법화하고 있는 현 국제법하에서 정복의 불법성은 국제연합 헌장뿐만 아니라 「제국가 간의 우호관계와 협력에 관한 국제법 원칙에 대한 선언」[114]도 무력에 의한 영토취득의 승인을 거부하면서 이는 헌장에 대한 위반여하를 불문하고 무효라고 선언하고 있다.

가장 최근의 사례로는 걸프전을 들 수 있다. 걸프전은 1990년 8월 2일 약 350대의 탱크를 앞세운 이라크군이 쿠웨이트를 기습 침공하

---

112) 김찬규, "이라크의 쿠웨이트 합병은 법적으로 가능한가", 치안문제, 1990. p.38.

113) 제2차 세계대전 때 독일이 연합국에게 무조건 항복한 후 미영불소 4개국은 독일의 전영토를 점령했다. 이것은 실효적 확정적 지배라고 볼 수 있다. 그러나 1954년 6월 5일 '독일의 최고권력 장악에 관한 미영불소 4개국 선언'에서 이들 4개국은 독일을 병합할 뜻이 없음을 분명히 했다. 따라서 독일은 연합국에게 실효적 확정적 지배를 받긴 했지만 정복된 것은 아니었다. 이는 잠정적인 성격의 국가의 동일성에 아무런 영향을 미치지 않는 전시점령으로서 영토권의 변경을 수반하지 않았던 것이다.

114) U.N. G.A. Res.2625(1970).

여 「잠정자유정부」를 수립한 후 8월 8일 쿠웨이트를 병합하고 8월 28일에는 이라크의 19번째 주로 편입시킴으로써 발단되었으며, 1991년 1월 17일 다국적군의 이라크 공습으로 시작되었다.

걸프전에서의 이라크의 쿠웨이트 병합조치는 어떻게 평가할 수 있을 것인가? 이라크가 쿠웨이트령의 편입을 선언함으로써 정복에 필요한 한 요건은 충족되었지만 실효적 확정적 지배가 있어야 한다는 또 다른 요건은 충족되지 못했다고 할 수 있을 것이다. 왜냐하면 쿠웨이트왕 자비르 알아마드 알사바(Jabir al-Ahmad al-Sabah)가 사우디아라비아에 망명 중에 있었고 해외공관들이 그에게 충성을 맹세하고 있었으며, 미국을 비롯한 많은 서방국가와 일부 아랍국가들이 다국적군을 편성하여 이라크에 대항하고 있었기 때문이다.115)

안전보장이사회도 이라크가 쿠웨이트를 불법적으로 침략한 후 1990년 8월 9일 만장일치로 이라크 정부의 쿠웨이트 병합이 어떠한 형태와 어떠한 이유에서든 법적으로 무효이며 장래에 대하여 효력이 없음을 결의하였다.116)

라. 무력분쟁 종료선언

교전국의 일방이 공식적인 평화조약을 체결하기 전에 타방교전국에 대하여 무력분쟁 상태가 종료하였음을 선언하는 행위를 말한다.

무력분쟁 종료선언은 합의의 형식으로 행하여지기도 하고 일방적으로 행해지기도 한다. 예컨대 무력분쟁 종전(終戰)에 관한 일·소공동선언(1956년) 및 일·중공 양국정부의 공동성명(1972) 등은 전자에

115) 김찬규, *op. cit.*, p.38.

116) U.N. S.C. Res.662(1990).

속하고, 제1차 세계대전 후 미국과 중국 등에 의한 종전 선언은 후자에 속한다. 전자의 경우는 비록 평화조약의 방식을 취하지 않았다고 할지라도 일단 합의로써 평시관계의 회복을 명시하였으므로 이를테면 명시적 합의에 의한 무력분쟁 종료방식의 변형이라 하겠다. 후자의 경우(일방적 선언)는 무력분쟁의 종료에 대한 일종의 예약적 의사표시라 하겠으며, 국제법상 무력분쟁은 후일 명시적 합의가 있을 경우에 종료한다.[117)]

그러나 무력분쟁 상태 종결선언은 그 절차가 다양할 뿐만 아니라 동 선언이 있은 후에 평화조약을 체결하는 것이 대다수 국가의 관행이므로 일방적 선언만으로 국제법상의 무력분쟁 상태가 확정적으로 종료된 것으로 볼 수 있는 것인지는 의문이 있다.[118)] 무력분쟁의 종료 효과는 타방교전국의 합의를 추정할 수 있는 행위가 존재하여야만 발생하기 때문이다.

---

117) 최재훈 외, *op. cit.*, p.714.

118) Kunz는 전쟁상태 종결선언은 국내법상의 의미는 있으나 국제법상 불필요한 것이며 다만 정치적인 의미를 가질 수 있을 뿐이라고 본다. J. L. Kunz, "Ending the War with Germany", 46 *American Journal of International Law*, 1952, p.118.

제3장
무력분쟁의 법적 규제

제1절 무력분쟁법의 발달과 일반원칙

1. 무력분쟁법의 발달

무력분쟁법(law of armed conflicts)은 무력분쟁 기간 중 교전당사자 간 또는 교전당사자와 비교전당사자간의 법적 관계를 규율하는 법이다. 여타 국제법과 마찬가지로 조약 및 국제관습법[1])으로 이루어져 있는 무력분쟁법은 그 발달의 기원을 중세에서 찾아 볼 수 있다. 적의 무자비한 진압과 생활터전의 철저한 파괴 등 잔인성이 최고조에

---

1) 무력분쟁에 관한 조약만으로 모든 문제를 규율할 수 없을 뿐 아니라 그와 같은 조약이 적용될 경우에도 적용범위가 당사국에 한정되므로 제약이 있다. 더욱이 대부분의 무력분쟁에 관한 조약은 교전당사국 중 1국이라도 조약에 가입하지 않았으면 그 조약은 모든 교전당사국에 적용되지 않는다는 총가입조항을 규정하고 있으므로 무력분쟁법에서는 조약보다 관습국제법이 더 중요시되지 않을 수 없었다. 이것은 무력분쟁에 관한 조약의 대부분이 관습국제법을 성문화한 데 불과한 것을 보아도 명백하다. 이병조 · 이중범, 국제법신강, 일조각, 2003, p.981 주1).

달했던 중세시대의 전쟁 관행은 종교적 교리와 기사도 정신의 영향으로 점차 완화되었으며, 법적 테두리 밖에 놓여있던 전쟁도 규범적 질서 속으로 편입되기 시작하였다.2)

그러나 18세기 들어 무력분쟁에서의 잔혹성은 당시의 정치사회적 환경 변화의 영향으로 완화되기에 이르렀고, 이는 각국의 관행에 영향을 미쳐 무력분쟁법의 발달을 촉진하였다.3) 특히 이러한 관행들은 19세기 후반부터 성문화(조약화)되기 시작했다. 특히 전쟁법의 주요 부분은 1899년 제1회 헤이그평화회의와 1907년 제2회 헤이그평화회의의 산물이다. 이러한 조약형태의 전쟁법규를 연대순으로 열거하면 다음과 같다.

1856년 해상포획법의 원칙에 관한 파리선언

1864년 전지군대에서의 상병자의 상태개선에 관한 제네바조약(제1차 적

---

2) 그러나 중세 및 근세 초기의 무력분쟁법은 학자들의 이론적 주장에 지나지 않았고 국가의 관행에 합치되는 무력분쟁 법규는 아니었다. 당시의 전쟁은 일반적으로 종교전쟁이었으므로 이교도에 대해서는 무력분쟁법상의 보호를 거부하였으며, 또한 당시의 전쟁은 직업적 용병에 의하여 수행된 관계로 필요 이상의 약탈과 폭행 및 사리사욕을 억제하기 곤란하였다. 이한기, 국제법강의 박영사, 2006, pp.728-729.

3) 18세기 이후 무력분쟁법이 발달된 이유로는 다음의 요인들이 주장된다. 첫째, 종교의 차이에 대한 관용성의 발달로 인하여 이교도에 대한 무권리의 선언과 같은 관행이 자취를 감추었다. 둘째, 프랑스 혁명 시에 혁명정부가 채택한 국민개병제도는 유럽전역에 보급되었으며, 이것은 군대의 질을 향상시키고 잔인성과 만행을 감소시키는데 현저히 이바지하였다. 셋째, 산업혁명 이래 자본주의 경제의 진전에 따라 사람과 물자의 교류가 빈번해지고 국제교역의 원활한 운행을 확보하기 위한 경제적, 인도적 고려가 필요하게 되었다. 특히 중립국 상업의 보호를 위한 교전국에 대한 중립국의 간섭은 전쟁수단을 제한하는 법규의 발달을 촉진하는 유력한 원인이 되었다. *Ibid.*, p.729.

십자조약)

1868년 400그람 이하의 작열탄 및 소이탄의 금지에 관한 상트페테르부르크선언

1899년 제1차 헤이그평화회의에서 채택된 조약

① 육전의 법규관례에 관한 조약

② 적십자조약의 제원칙을 해전에 적용하는 조약

③ 담담탄의 금지선언

④ 공중으로부터의 투사물·폭발물의 투하의 금지선언

⑤ 독가스금지선언

1904년 병원선에 관한 조약

1906년 전지군대에서의 상병자의 상태개선에 관한 제네바조약(제2차 적십자조약)

1907년 제2차 헤이그평화회의에서 채택된 조약

① 국제분쟁의 평화적 처리에 관한 조약

② 계약상의 채무회수를 위한 병력사용의 제한에 관한 조약

③ 개전에 관한 조약

④ 육전의 법규관례에 관한 조약(1899년 조약 개정)

⑤ 육전에서의 중립국 및 중립인의 권리의무에 관한 조약

⑥ 개전시의 적상선의 취급에 관한 조약

⑦ 상선의 군함으로의 변경에 관한 조약

⑧ 자동촉발수뢰의 부설에 관한 조약

⑨ 전시 해군력에 의한 포격에 관한 조약

⑩ 적십자조약의 원칙을 해전에 응용하는 조약

⑪ 해전에 있어서의 포획권 행사의 제한에 관한 조약

⑫ 국제포획심검소의 설치에 관한 조약

⑬ 해전에 있어서의 중립국의 권리의무에 관한 조약

1909년 해전법규에 관한 런던선언(불성립)

이상의 조약들은 제1차 세계대전전의 조약들인데, 이것들은 이른바 총가입조항(general participation clause)을 포함하고 있다. 총가입조항이란 교전국의 전체가 조약가입국이 된 전쟁에 한해서만 그 조약을 적용할 수 있다는 것을 규정한 조항이다. 이 조항으로 인하여 위의 조약들은 다수국이 참가한 전쟁에 있어서 교전국의 일국이라도 조약에 가입하지 않은 국가가 있는 경우에는 그 전쟁 전체에 효력을 발생하지 않으며 따라서 조약에 가입한 교전국 상호간에도 효력을 발생하지 않게 된다.[4)]

그러나 조약의 내용이 관습법을 성문화한 경우 그 조약은 관습법으로서 적용될 것이고 또 조약의 내용이 체약국 이외의 타국에 의하여 일반적으로 적용될 것이다. 예를 들면, 1946년 뉘른베르크 국제군사법원은 「전쟁의 법규 · 관례에 관한 조약」이 모든 문명국가에 의하여 전쟁의 법규 · 관례를 선언한 것으로 간주될 수 있다는 이유에서 체코가 비체약국이었음에도 불구하고 그 적용을 인정하였다.

제1차 세계대전 이후의 무력분쟁과 관련한 주요조약은 다음과 같다.

---

4) 총가입조항은 조약의 적용을 불가능하게 만드는 경우가 많으므로 제1차 세계대전 이후의 조약에는 총가입조항을 삭제하는 경향이 두드러졌다. 특히 1949년의 제네바협약은 총가입조항을 두지 않았을 뿐만 아니라 비체약국이 협약규정을 수락하고 적용한 경우에는 이 비체약국과의 관계에 있어서도 체약국은 그 협약에 의하여 구속을 받도록 규정하고 있다(공통 제2조 3항).

1922년 잠수함 및 독가스 사용제한에 관한 워싱턴조약(프랑스의 비준거부로 불성립)

1925년 질식성, 독성 또는 기타 가스 및 세균학적 전쟁수단의 전시사용 금지에 관한 제네바의정서

1929년 포로의 대우에 관한 제네바조약

1930년 런던해군군축조약 제4편

제2차 세계대전 이후에 체결된 조약은 다음과 같다.

1949년 전쟁희생자의 보호에 관한 협약

① 전지군대의 상병자의 상태개선에 관한 협약

② 해상에서의 상병자 및 난선자의 상태개선에 관한 협약

③ 포로의 대우에 관한 협약

④ 전시에 있어서의 민간인의 보호에 관한 협약

1977년 1949년 8월 12일자 제네바협약에 대한 추가의정서

① 국제적 무력분쟁 희생자의 보호에 관한 의정서(제1추가의정서)

② 비국제적 무력분쟁 희생자의 보호에 관한 의정서(제2추가의정서)

이후에도 무력분쟁과 직간접적으로 관련 있는 국제조약들이 채택되기도 했는데, 그 대부분은 무력분쟁을 직접적으로 규제하는 것이라기보다는 특정 전투수단을 금지하는 군축 성격의 조약들이었다. 이들 조약은 다음과 같다.

1963년 대기권, 외기권 및 수중에서의 핵무기실험금지조약(부분적 핵실험 금지조약, PTBT)

1971년 핵무기 및 기타 대량파괴무기의 해저설치금지조약[5)]

1972년 세균(생물) 및 독소무기의 개발, 생산 및 비축금지 및 폐기에 관한 협약(BWC)

1976년 환경변경기술의 군사적 또는 적대적 사용금지협약

1968년 핵무기비확산조약(핵비확산조약)

1980년 특정재래식무기 사용금지・제한협약 및 3의정서

① 탐지불능쇄편 사용금지 의정서

② 지뢰 및 위장성 무기 사용금지・제한 의정서

③ 소이성 무기 사용금지・제한 의정서

1992년 화학무기의 개발, 생산, 비축 및 사용금지와 폐기에 관한 협약

1996년 포괄적 핵실험 금지조약(CTBT)

1997년 대인지뢰의 사용과 비축, 생산 및 이전금지 및 폐기에 관한 협약

그동안 UN의 군축실현을 위한 계속적인 노력은 불완전하나마 상당한 성과를 거두었다. 특히 최근의 미・러 간의 핵군축협상의 성공은 크게 환영할 일이다. 그러나 그 밖의 부분적, 예방적 군축은 진정한 군축이라 할 수 없으며, 이것들은 새로운 대규모의 군비확장경쟁이 예상되는 곳을 미리 봉인해 두려는 고육책에 불과하다. 군축은

5) 동 조약 외에도 특정지역에 대한 군축 내용을 담고 있는 국제법규로는 핵무기를 포함한 모든 무기의 실험과 그 밖의 일체의 군사적 이용을 금지하고 있는 1959년의 남극조약과 핵무기 또는 기타 대량파괴무기를 운반할 물체를 지구궤도 또는 외기권에 배치 및 설치를 금지하고 군사기지의 설치 및 무기실험 등 천체의 군사적 이용을 금지한 1967년의 우주조약을 들 수 있다.

세계평화와 안전을 위한 것이며 모든 국가와 국민의 공동관심사인 까닭에, 소망스런 군축질서의 형성에는 핵보유국과 비핵국, 강대국과 약소국 간의 상호이익이 충분히 반영되어야 한다. 핵보유국의 이익에만 치우치거나 강대국 간의 타협만으로 군축조약이 이루어진다면 파행적이란 비난을 면치 못할 것이다.[6)]

2. 무력분쟁법의 일반원칙

무력분쟁이란 어느 일방당사국이 타방당사국을 굴복시켜 그가 바라는 강화조건을 부과하여 본래의 주장을 관철하기 위해 무력을 행사하는 국가 간의 투쟁상태이며, 무력분쟁법을 무력분쟁 상태가 계속되는 동안 교전당사국간 또는 교전당사국과 비교전당사국간의 관계를 규율하는 법이다.

이러한 무력분쟁법은 기본적으로 교전당사자가 적의 군사적 능력을 무력화하기 위하여 필요한 종류 및 정도의 군사력을 사용할 군사적 필요성(군사적 필요 원칙)과 무력분쟁의 희생을 최소화하고 불명예스러운 전투수단, 방법 및 행위를 금지하려는 인도적, 기사도의 요청(인도주의 원칙 및 기사도 원칙)이라는 상반된 가치의 조화의 산물로서 다양한 기본원칙을 정립하였다.[7)] 이러한 기본원칙을 세분해 보면 다음과 같이 설명할 수 있다.

첫째, 군사적 필요 원칙(The Principle of Military Necessity)이다. 교전

---

6) 이병조 · 이중범, *op. cit.*, p.949.

7) 임덕규, "전통 전쟁법 원칙과 현대전에 따른 제변화", 서울국제법연구, 제6권 제2호, 1999, p.292.

당사국은 무력분쟁법에 의하여 금지되지 않는 한 가능한 최소한도의 시간, 인명, 물적 자원의 소비로서 적의 일부 혹은 전부의 항복을 받기 위해서 요구되는 정도와 종류의 정규 병력을 사용할 수 있다는 원칙이다.[8)]

둘째, 인도주의 원칙(The Principle of Humanity)이다. 전쟁의 목적을 위하여 필요하지 않은 종류나 정도의 무력을 사용하는, 즉 지나치게 또는 불필요하게 인명을 살해하는 원인이 되거나, 물체를 파괴하는 원인이 되거나 혹은 그것을 악화시키는 무력을 행사하거나 그와 같은 무력을 행사하는 것은 허용되지 않는다는 원칙이다. 무력분쟁법이 인도를 그 입법의 이유로 하고 있음을 볼 때 동 원칙은 현대 무력분쟁법의 핵심이 된다.

셋째, 기사도 원칙(The Principle of Chivalry)이다. 교전당사국은 불명예스러운 수단, 방법 및 행위를 금지하여 공명정대함과 상호존중으로 전쟁을 수행해야 한다는 원칙이다. 오늘날의 기술발달과 산업화의 진전은 무력분쟁을 보다 비신사적으로 만들었다. 그럼에도 불구하고 기사도 원칙은 독약, 불명예스럽거나 배신적인 부정행위, 적기, 적의 제복, 제네바협약 상의 특수휘장 등의 오용을 반대하는 특별한 금지로서 남아 있다. 요컨대 기사도 원칙은 무력분쟁에 있어서 전투원 개개인을 덜 야만적이고 보다 문명적으로 만들고자 하는 것이다.[9)]

넷째, 군사목표 구별원칙(The Principle of Discrimination)이다 동 원칙은 교전자(전투원)와 비교전자(민간인) 및 군사목표와 비군사목표(민

---

8) William *W. Bishop, International Law : Case and Materials* (3rd ed.), Boston, Little and Company, 1971, p.963 참조.

9) 임덕규, *op. cit.*, p.298.

간물자)는 엄격하게 구별되어야 하며, 적에 대한 무력공격은 그것이 어디에서 행해지든 합법적 목표에만 한정되어야 한다는 것으로 무력분쟁법의 기본원칙의 하나이다. 다라서 분쟁당사국은 민간인 또는 피보호자와 전투원, 민간물자 또는 공격 면제물자와 군사목표물을 항상 구별하여 무력공격은 군사목표물에 한정하여야 한다. 이는 모든 전투행위를 오직 교전자와 군사목표물에 대하여만 지향하고 교전자격이 인정되지 않는 민간인 및 민간물자를 최대한도로 공격대상에서 면제시켜 이들을 가능한 한 보호하려는데 그 목적이 있다.

다섯째, 전투수단과 방법의 선택 제한원칙이다. 무력분쟁에 있어 전투수단 및 방법을 선택할 분쟁당사국의 권리는 무제한적이지 않다. 동 원칙의 기원은 19세기 개최된 여러 회의와 논의들에서 확인되고 있는 바, 1874년 브뤼셀 회의에서의 무력분쟁에 관한 문서(브뤼셀 선언) 제12조에 처음으로 반영되었고, 그 후 1907년의 헤이그 육전규칙에서 제22조로 조문화되었으며, 1977년 제1추가의정서 제35조 1항 및 1980년 특정재래식무기협약 서문에서 재확인되었다. 전투행위에 있어서의 인도적 기본규칙의 핵심인 동 원칙은 전투수단과 방법의 규제에 있어 기초를 구성하지만, 실제 상황에서 선택할 수 없는(또는 있는) 전투수단과 방법에 대해 아무런 언급도 하고 있지 않기 때문에 구체성과 명확성을 결한 추상적, 일반적인 성격을 갖는다.

여섯째, 과도한 상해 및 불필요한 고통 금지원칙이다. 국가가 무력분쟁에서 달성하고자 노력하여야 할 정당한 목표는 적 군사력을 약화시키는 것이며, 이를 위하여서는 가능한 한 다수의 자를 무능력화하는 것으로 충분하며, 따라서 이미 무능하게 된 자의 고통을 소용없이 증대하거나 또는 죽음을 불가피하게 하는 무기의 사용은 무력분쟁법의 범위를 넘어선다.

일곱째, 고의적인 대규모 환경파괴 금지원칙이다. 무력분쟁은 일반적으로 군사적, 경제적 목적을 위한 삼림의 파괴, 식수의 고의적 오염, 환경에 유해한 화학물질 배출시설에 대한 공격과 같은 직접적 및 계획적인 환경파괴와 부정확한 표적 선택 및 대량파괴무기에서 발생되는 의도하지 않았던 환경파괴와 같은 간접적 및 부수적인 영향을 미친다. 분쟁당사자는 전투수단 및 방법의 선택에 있어 자연환경에 타당한 고려를 해야 하는 바, 군사적 필요성에 의해 정당화되지 않고 또한 자의적으로 행하여지는 자연환경에 대한 손해 또는 파괴는 금지된다.

제2절 육전법규

1. 교전자

교전자(belligerents)는 합법적으로 무기를 가지고 전투에 종사할 자격을 갖는 무력분쟁을 수행하는 국가기관으로 무력에 의한 해적수단을 행사할 수 있는 전투행위의 주체인 동시에 객체인 교전자격(facultas bellandi)을 가지며, 교전상대에서 보면 정당한 공격대상(인적군사목표)이다. 따라서 적군에게 체포된 경우 포로신분권을 갖는다. 무기의 규제나 적대행위 형태의 규제, 포로나 상병자의 대우 등에 관한 교전법규의 주요 규정은 이 교전자에게 적용된다. 육전에 있어서 이러한 교전자 정규군과 비정규군으로 구분된다. 교전자에 포함

되는 자라도 상병자, 조난자, 포로, 의사 등은 실력으로 저항하지 않는 한 공격대상이 되지 않는다.10)

가. 정규군

정규군(regular armies)은 교전국의 국내법령에 의한 육상의 정규병력인 육군이다. 육군은 국가에서 임명된 지휘자 밑에 일정한 조직을 가지며, 동시에 외부에서 인식할 수 있는 기장을 착용한다. 누가 이에 속하는가의 문제는 각국의 국내법상으로 결정되며, 국제법은 여기에 관여하지 않는다. 정규군은 주로 전투원(combatant)과 비전투원(non-combatant)으로 구성되는데(육전법규 제3조 2항), 전투원은 직접 가해행위에 종사하는 자이며 비전투원은 병력에 속하여 회계, 서무, 위생, 통신, 종교 등에 종사하는 자이다. 전투원과 비전투원은 적군에 체포되었을 경우 전쟁범죄를 범한 경우를 제외하고 다 같이 포로의 대우를 받을 권리가 있다. 그러나 정규의 병력이라 하더라도 그것을 표시하는 제복을 착용하지 않은 경우 교전자격이 인정되지 않으며, 따라서 적군에 체포된 경우에는 포로대우를 받지 못한다.11)

나. 비정규군

비정규군(irregular armies)은 정규군 이외의 교전당사자로서 전시에 일시적으로 군에 종사하는 비정규군을 말한다. 비정규군이 교전자로서의 자격을 가지려면 일정한 조건을 갖추어야 한다.

---

10) 노석태(역), 현대국제법의 지표, 부산대학교 출판부, 2002, pp.350-351 참조; 이병조 · 이중범, *op. cit.*, p.986 참조.

11) 이한기, 국제법강의, 박영사, 2006, p.741.

정규군과 비정규군이 구별되어야 하는 근본적인 배경은 무력분쟁에서 전투행위는 분쟁당사국 소속의 군대가 동원되기 마련이고, 이 전투행위는 적군을 살상하는 것을 뜻하는 것이므로 그러한 권한을 갖는 상호간의 전투요원에게는 일정한 자격요건이 부여되어야 하기 때문이다. 이러한 자격요건은 전쟁포로신분적 지위와 직결되는 객관적 타당성을 상호간에 인정하는 기준이 된다. 환언하면 무력분쟁에 투입되는 전투요원에게는 어떠한 형태이든 적법한 군인신분이 객관적 방법으로 입증되는 기준요건이 필히 요구되고 이러한 요건이 바로 국제법상 인정되는 전쟁포로자격이라고 집약할 수 있다.[12)]

(1) 민병·의용병

민병(militia)은 전시에 국가가 소집하여 조직한 인민으로 구성된 병력이고, 의용병(volunteer corps)은 전시에 국가의 특별한 허가를 얻어 조직된 병력이다(육전규칙 제1조). 민병과 의용병이 교전자격을 가지려면 ㉠ 부하에 대하여 책임을 지는 지휘자가 있을 것, ㉡ 원거리에서 인식할 수 있는 고착의 특수휘장을 할 것, ㉢ 공공연히 무기를 휴대할 것, ㉣ 전쟁법규와 관례를 준수할 것 등의 조건을 준수하여야 한다.

(2) 군민병

군민병(partisans)이란 미점령지역의 주민이 민병 또는 의용병을 조직할 시간적 여유가 없어 자발적으로 무기를 들고 적국에 대항하는 주민의 집단이다. 군민병은 ㉠ 공공연히 무기를 휴대할 것, ㉡ 전쟁

12) 엄수남, "게릴라전투원의 포로자격", 인도법논총, 제1호, 1977년, p.17.

법규와 관례를 준수할 경우 교전자격이 인정된다(동 제2조).[13]

(3) 게릴라

게릴라(guerilla)는 일반적으로 적에 의하여 확보된 영토 내에서 유격전을 감행하는 작은 부대의 구성원을 말한다. 종래 게릴라는 교전자격을 인정받지 못하였으나, 제2차 세계대전 후 이들의 활동이 확대되어감에 따라 교전자격 인정문제가 제기되어 제네바 제1추가의정서 제43조에서 일정한 요건 하에 교전자격을 인정하게 되었다.[14]

즉, 전투원은 공격 또는 공격준비를 위한 군사작전에 가담할 경우, 자신을 민간주민과 구별되도록 하여야 할 의무가 있다. 그러나 적대행위의 성격으로 인하여 자신을 민간인과 구별시킬 수 없는 경우에도 ㉠ 매 교전기간 중 ㉡ 공격개시 전의 작전전개에 가담하는 동안 적에게 노출되는 기간 중 무기를 공공연히 휴대하는 경우는 전투원

13) 벨기에 회사의 생명보험에 가입했던 이탈리아의 피키나치(Piccinati) 소령이 제2차 세계대전 중 유고슬라비아 빨치산의 기습사격으로 사망했다. 독일점령하에서 이 사건을 처리한 벨기에 법원은 소령의 사망은 전쟁행위에 의한 전사이므로 전쟁위해에 대한 면책약관이 포함된 생명보험계약으로 해서 보험지불을 거부했다(*Smulders and Piccinati v. S.A. La Royale Belge*). 그러나 이탈리아의 빨치산이 이탈리아의 한 하급관리를 그가 과거에 파시스트당에 있었다는 이유만으로 체포하여 사형선고 후 총살했을 때 그 피살자가 가입했었던 생명보험에도 면책조항이 있었으나, 전후에 이 문제를 다룬 이탈리아 법원은 이 처형은 전쟁행위가 아닌 살해이므로 보험을 지불해야 한다고 했다(*Saporiti v. S.A. Infortuni Milano*). 김정균 · 성재호, 국제법, 박영사, 2006, p.746.

14) 민병 및 의용병과 같은 민중조직의 병단에 교전자격을 인정하는 것은 점령지외에서 병단을 조직하는 경우에 한하며, 점령지내에서는 점령군에 대한 저항운동은 그 형태 여하를 불문하고 전시반역으로서 처벌되었다. 그러나 제2차대전시 점령지역내의 게릴라(guerrillas) 활동이 중요한 역할을 행하였던 경험에 의하여 일정한 조건을 구비하는 경우 교전자격이 인정되었다. 이한기, *op, cit.*, p.742.

의 지위를 가진다(1977년 제1추가의정서 제44조). 이것은 게릴라 전사를 전투원으로서 보호하기위한 것인데 베트남 전쟁의 경험을 기초로 제3세계 국가들의 강한 요구로 법규화되었다.[15)]

게릴라에 교전자격을 부여할 수 있는 조건은 적용상으로나 해석상으로 문제점이 지적되고 있다. 민간인을 보호하기 위하여 육전규칙은 비정규군에 대한 식별요건을 명시하였으나 제1추가의정서는 오히려 게릴라에 대한 식별요건을 크게 완화함으로써 전통적인 무력분쟁법상의 기본원칙에도 상반되는 결과를 가져왔을 뿐만 아니라 민간주민 보호의 강화를 의도한 제1추가의정서의 기본명제와도 정면으로 상반되는 결과를 초래하였으며(적용상의 문제점), 규정내용 중 '공격개시전의 작전전개'란 구체적으로 어떤 군사행동을 가리키는 것인지 그 개념이 명확하지 않아 해석상 새로운 혼란을 초래하는 요인이 되고 있다(해석상의 문제점).[16)]

---

15) 노석태(역), *op. cit.*, p.351. 게릴라의 전투원으로서의 법적 지위에 대한 자세한 설명은 이용호, "Guerrilla의 법적 지위에 관한 재검토", 梧谷 정운장박사화갑기념논문집, 1989, pp.351-367 참조.

16) 이병조 · 이중범, *op. cit.*, pp.997-998. 게릴라 보호에 관한 규정은 게릴라와 민간인의 구별을 애매하게 함으로써 민간인이 받아야 할 보호를 오히려 훼손할 우려가 있다. 즉 게릴라를 교전자로 인정하고 합법적인 공격대상으로 함으로써 본래 공격대상으로 되지 않는 민간인이 오인을 받아 공격을 받는 사태가 증대할 우려가 있다. 그래서 제2추가의정서는 민간인과 게릴라를 무차별로 공격하는 위반행위를 방지하기 위하여 무장병력(armed forces)을 그 부하의 행동에 대하여 당사국에 책임을 지는 사령부(command) 하에 두기로 하고, 또한 특히 무력분쟁에 적용되는 국제법 규칙의 준수를 무장집단에 강제하는 군법 등의 내부규율제도(internal disciplinary system)를 정비할 의무를 부과하고있다. 노석태(역), *op. cit.*, p.351.

2. 교전구역

교전구역(region of war)이란 교전국 병력이 상호간에 적대행위를 행하는 공간을 말한다. 교전구역이란 반드시 현실적인 전투지만을 가리키는 것은 아니다. 적대행위를 준비 중이거나 수행할 수 있는 교전국 영역(영토, 영수 및 영공), 공해와 무주지 및 그 상공을 교전구역이라고 총칭하는 것이 통례이다. 이 밖에 역사적, 문화적 기념물을 보호하기 위한 보호지대 또는 포로의 교환 및 상병자의 수용 등을 위하여 중립지대나 위생지대 등 해적수단의 사용으로부터 제외되는 지대를 설정할 수 있다. 대적행동이 행하여지거나 또는 그러한 행동이 추정되는 곳 그리고 교전행위에 필요한 작전기관이 실재하는 지역 등을 특히 작전지대(zone of operations)라고 부르는 구분도 있고, 전투중이거나 전투가 방금 종료한 지역만을 전장(battlefield)이라고 하는 유별도 있고, 작전지대를 다시 전투지대(combat zone)와 교통지대(communication zone)로 나누는 예도 있고. 교전구역과 작전지대를 사실상 구분하지 않는 예도 있다.[17]

교전구역은 원칙적으로 중립국 영역을 제외한 모든 부분이다. 따라서 교전국의 영역, 공해 및 공공, 무주지 등은 당연히 교전구역으로 된다. 공동영유지(condominium), 조차지 및 신탁통치지역 등도 거기에서 통치권을 행사하는 국가가 교전국이 된 경우에는 역시 교전구역이 된다고 보아야 한다. 이상과 같이 중립국의 영역은 교전구역으로 되지 않는 결과, 중립국 영역으로부터 공격을 행하거나 또는 중립국 영역 내에 있는 적을 공격하는 것은 허용되지 않는다. 그러

17) 김정균 · 성재호, *op. cit.*, pp.746-747.

나 다음과 같은 예외가 인정된다. 첫째, 중립국이 자기의 영역의 전부 또는 일부를 어느 교전국의 군사적 사용에 제공한 경우, 예컨대 중립국의 영역 내에 교전국의 군사기지가 인정된 경우(한미상호방위조약 제4조)에는 교전국의 군사적 사용이 인정된 범위 내에서 중립국 영역도 교전구역이 된다. 둘째, 교전국의 일방이 중립국의 허가 없이 중립국 영역을 군사적으로 사용하고 중립국이 이것을 배제할 능력을 갖지 않은 경우에도 중립국 영역은 교전구역이 된다. 반대로 공해 또는 교전국 영역이라 할지라도 그것을 중립화하는 조약이 있고, 교전국의 전부가 그 조약에 참가한 경우에는 이것을 교전구역으로 하지 못한다.[18)]

3. 해적수단

가. 사람에 대한 살상

무력분쟁에서 공격하거나 살상할 수 있는 것은 적의 전투원이다. 그러나 적의 전투원이라 할지라도 무제한적으로 공격 또는 살상이 허용되는 것은 아니다. 이미 저항권을 상실하고 항복하는 자, 상병자 및 포로 등을 살상해서는 안 되고 필요한 대우를 해야 하며(육전법규 제23조 1항), 인도적, 종교적 및 위생적 임무에 종사하는 기관 및 인원은 그 시설과 함께 특별히 존중된다(제네바 제1협약 제12조 및 제3협약 제33조).[19)]

18) 이한기, *op. cit.*, pp.746-747.

19) 비록 인도적, 종교적 및 위생적 임무에 종사하는 자 및 기관이 존중되기는 하나, 그들의 활동이 군사작전의 직접적 수행을 목적으로 한 것일 때에는 이를 억제하기 위하여 적절한 가해를 가할 수 있다.

또한 적국의 권력 내에 있는 자, 투항의 의도를 명백히 표시한 자 및 부상이나 질병으로 인하여 의식불명이 되었거나 또는 다른 상태로 무능화되어 자위능력이 없는 자인 전투능력상실자로 인정된 자(1977년 제1추가의정서 제42조 1항)는 공격의 대상이 되지 않지만,[20] 비록 전투능력상실자라 하더라도 적대적 행동을 중지하고 도주하려는 자는 공격의 대상이 된다(제1추가의정서 제42조 2항).

그리고 민간주민은 공격의 대상이 되지 않으며, 통행권(pass)에 의한 작전지대내의 안전통행, 안도권(safe-conduct)에 의한 일정장소의 통행이 허가되거나 호위(safe guard)에 의한 특별보호가 부여된 모든 개인은 가해할 수 없다. 그러나 민간주민이라 할지라도 적대행위를 행한 경우 체포되면 포로가 아닌 전범으로 인정된다.

이처럼 무력분쟁법은 교전자와 평화적인 사람을 구별하고 평화적인 사람에 대해 가해를 금지하는 것이 법의 치지이나, 현실에 있어서는 전쟁이란 국가 간의 전쟁이 아니라 국민 대 국민(Volk gegen Volk) 간의 전쟁으로 변모해서 전후방 국민이 총력적으로 전쟁수행에 공헌하는 관계상 가해수단의 인적대상도 넓어지고 있어 인적 가해범위를 좁히려는 인도적 관념은 많은 시련을 안고 있다.[21]

---

20) 헤이그 육전규칙은 조명(助命)하지 않겠다고 선언하는 것(no quarter)을 금지하고 있다(제23조). 또한 1977년 제네바 제1추가의정서도 생존자를 남기지 않도록 명령하는 것, 그러한 명령으로 적을 위협하는 것, 또는 생존자를 남기지 않는 방침에서 적대행위를 하는 것을 금지하고 있다(제40조). 이러한 선언 또는 명령을 금지하는 것은 그러한 선언이나 명령 자체가 비인도적일 뿐만 아니라 적국의 불필요한 완강한 저항을 초래함으로써 전쟁수행의 장해로 되어 결과적으로 비참한 사태를 초래할 우려가 크기 때문이다. 노석태(역), *op. cit.*, p.361.

21) 김정균 · 성재호, *op, cit.*, p.748.

나. 도시 및 촌락에 대한 공격

무방수의 도시·촌락·주택·건물은 어떠한 수단으로도 공격할 수 없다(육전법규 제25조). 방수된 지역은 군사목표물 뿐만 아니라 주민 및 민가 등을 모두 포함시켜 그 지역전체에 대한 공격이 가능하다. 단, 공격자는 예고조치 및 특수건물, 즉 종교·예기·학술 및 자선용에 제공된 건물, 역사상의 기념건조물, 병원 및 상병자의 수용소는 그것이 동시에 군사상의 목적에 사용되지 않는 한, 될 수 있으면 존중되도록 모든 수단을 강구하여야 한다.

다. 금지된 무기

어떠한 무력충돌의 경우라도 당사국의 해적수단 선택권은 무제한적이지 않으며, 과도한 상해 또는 불필요한 고통을 야기하는 성질의 무기발사체(육전법규 제23조) 및 전투물자와 방법, 자연환경에 대하여 광범위하고 장기적으로 극심한 손상을 줄 전투수단은 금지된다.

금지된 무기에는 ㉠ 400그람 이하의 작열탄 및 소이탄(1868년의 St. Petersburg 선언), ㉡ 덤덤탄(1899년 헤이그선언), ㉢ 독 또는 독을 가공한 병기(육전법규 제23조제 1호), ㉣ 독가스 및 세균무기(1925년 제네바의정서), ㉤ 핵무기 등이 있다.

라. 배신행위와 기계

배신행위(perfidy)는 국제법상 금지된 행위 및 명시적·묵시적 약속에 반하는 행위를 군사작전상 이용해서 적을 착오에 빠뜨리는 행위를 말하며 이는 국제법상 위법행위가 된다(육전법규 제23조 1항). 예를 들면 휴전이나 항복을 가장하여 공격하는 행위, 교전자가 민간인 복장을 하고서 공격하는 행위, 적 또는 중립국의 군복을 착용하고 전투하는 행위, 국기·군기·기타 국제적으로 승인된 휘장의 부정한 사용 등은 배신행위로서 금지된다.

기계(ruse of war)란 교전사가 군사작전상의 이익을 얻기 위하여 적을 착오에 빠지게 할 목적의 모든 행위를 말한다. 이는 전술의 일종으로서 합법한 해적수단이다(동 제24조). 예를 들면 기습공격, 복병의 매복, 가상부대와의 교신행위, 허위정보의 유포, 적신호의 역이용 등은 적법한 기계가 된다.

4. 점령

가. 개념

점령(occupation)은 일반적으로 전시에 일방교전국군대가 타방교전국 영역의 일부 또는 전부를 사실상 군의 지배하에 두는 것(육전법규 제42조 1항)으로 점령군의 권력이 현실적으로 확립되고 행사되는 지역에만 그 효과가 미친다.

점령은 타방교전당사국의 영역을 사실상 지배하는 것이므로 일시적인 군대통과를 의미하는 침입과는 구별되며 또한 잠정적 지배에 불과하므로 일반국제법상 영토취득의 효과를 가져오는 정복과도 구별된다.

나. 유형

(1) 전시점령·평시점령·혼합점령

전시점령(belligerent occupation)은 전쟁 중에 적의 영토를 점령하는 것이며, 평시점령(pacific occupation)은 평시에 조약의 이행을 보장하기 위하여 또는 복구 또는 간섭의 수단으로서 행하는 점령이고, 혼합점령(Mischbesetzung)은 휴전 후 국제법상의 전쟁이 종료되기 이전의 단계에서 당사국간의 합의에 의하여 행하는 점령이다.

(2) 적대적 점령 · 우호적 점령

적대적 점령은 전쟁수행 중 또는 항복후의 적군을 군사적으로 점령하는 것이며, 우호적 점령은 군사적 필요 또는 적국으로부터의 해방을 목적으로 상대국의 동의하에서 중립국이나 동맹국, 혹은 기타의 우호국을 점령하는 것이다.

(3) 보장점령 · 보호점령

보장점령은 휴전조약 또는 강화조약의 이행을 보장하기 위한 점령이고, 보호점령은 피점령지역의 보호를 목적으로 하는 점령이다.

다. 시기와 종기

점령의 시기는 일반적으로 침입과 일치한다. 육전법규에 의하면 특정지역이 사실상 적군의 세력 하에 들어갈 때에 점령된 것으로 본다(동 제42조). 점령은 점령군의 철수, 적군에 의한 점령군의 축출, 정복 및 전쟁상태의 종료 등에 의해 종료된다.

라. 효과

점령국은 점령군의 안전, 점령지의 질서유지 등을 위하여 통치권을 행사할 수 있다. 즉, 점령군은 점령지에 적용될 군법을 포고할 수 있으며 군사법원을 설치하여 점령지 주민을 재판할 수 있다.

제3절 공전법규

1. 관련 법규의 발달

공전 관련 규칙에 대한 최초의 성문화는 1899년과 1907년 氣球에 관한 헤이그 선언이었다. 기구나 기타 수단으로 발사체나 폭발물을 투하하는 것을 금지한 1899년 '헤이그 제1선언'은 1900년에 발효되었으나 5년 후에 효력을 상실했다. 그 기구로부터 발사체나 폭발물을 발사하는 것을 금지한 1907년 '헤이그 선언(XII)'이 등장하여 1900년에 발효되고 현재까지 구속력을 지니고 있긴 하지만 현재 별 중요한 의미를 띠지는 못한다.[22)]

이들 선언 외에도 1899년 헤이그 제2협약과 1907년 헤이그 제4협약에도 공전에 관한 조항이 규정되었다. 제29조와 제53조에 명확하게 언급되어 있으며, 제25조~제27조에는 함축적으로 나타나있다. 그

---

22) 해군본부(역), 전쟁법규집, 1988, p.140. 이유로는 첫째, 많은 주요국(프랑스, 독일, 이탈리아, 일본 및 러시아)들은 서명 또는 조인하지 않았고 미국은 타국들이 약정을 준수하지 않는다고 하여 탈퇴하였다, 둘째, 각국의 관례는 1907년 선언의 의미를 삭감시켰는데, 터키와 이탈리라 전쟁(1911~1912) 동안 이탈리아는 적군을 정찰하고 폭격하기 위해 기구를 사용했으며, 제1차 세계대전에서는 비행선과 항공기가 사용되었으며 재2차 세계대전에서 항공기의 사용이 전례 없이 늘어나고 일본은 기구에 소형 폭탄을 실어 미국으로 날려보내기도 하였다. 셋째, 비록 선언에 항공기를 포함하는 것으로 해석될 수 있는 '동일한 성질의 다른 수단'이란 언급이 있긴 하지만 기구에 대한 특별한 언급은 이제 시대에 뒤떨어진 것이 되었다. *Ibid.*, pp.140-141.

리고 1911년 마드리드에서 개최되었던 국제법협회 회의에서 보다 더 많이 다루어졌다. 동 회의에서 협회는 육전이나 해전보다 더 많은 위험을 항공전이 민간인에게 주어서는 안 된다고 하였지만 각국에 의해서 실행되지는 않았다.

제1차 세계대전 시 처음으로 대규모의 공전이 전개된 이래 공전법규를 정비할 필요를 통감하여 1922년 워싱턴 군비제한회의에서 '전시법규의 개정을 심의하는 법률가위원회에 관한 결의'가 채택되었다. 이 결의에 의거하여 같은 해 헤이그에서 프랑스, 영국, 미국, 이탈리아, 일본 및 네덜란드가 참여한 위원회가 개최되고, 그 결과 1923년 2월에 공전법규안(Code of Rules of Aerial Warfare)이 작성되기에 이르렀다.[23)]

이 공전법규안은 비준되지 않아 조약으로서 성립을 보지 못하였으며, 또한 1919년의 국제항공규약을 보충코자 한 것에 불과하다. 그러나 공전에 관한 혼합적 규칙으로서 그 권위는 각국에 의하여 인정되고 있으며, 일부 국가는 이것을 각국 해당부대의 행동규범으로 채택하기도 하였다.[24)]

헤이그 공전규칙안이 공식화된 지 얼마 후 공전의 방향을 밝힌 하나의 중요한 협약은 1925년 가스 및 세균전에 관한 제네바의정서이

---

23) 자세한 설명은 D. Schindler & J. Toman(ed.), *The Laws of Armed Conflicts*, Sijthoff & Noordhoff/Henry Dunant Institute, 1981, p.207-217 참조.

24) 이한기, *op. cit.*, p.790. 육전이나 해전과는 달리 空戰을 규율하는 확립된 국제문서는 없다. 공전규칙안이 사실상 유일한 것이지만 아쉽게도 조약으로 발효되지 못했다. 그러나 동 규칙안은 항공작전에 관한 주요 문제들을 담고 있으며, 당시 공전을 규율하던 관습법을 선언한 것이었다. 오늘날 동 안은 1949년 제네바협약 및 기타 무력분쟁 관련 국제조약과 관련 판례를 통해 국제관습법으로 인정되고 있다.

다. 제네바 군비제한회의(1932~1934)에서도 공전에 관한 문제가 토의되었다. 그러나 이 회의의 일반위원회가 공중폭격에 관한 결의안을 채택하기는 하였지만, 협정체결에는 이르지 못했다. 1936년 상선에 대한 잠수함 공격에 관한 런던 Process-Derbal은 각국에 의해 상선에 대한 공중작전에도 적용 가능한 것으로 간주되었다.[25]

제2차 세계대전 이후 기타 국제협정(1949년 제네바 제4협약, 1954년 헤이그 문화재협약, 1977년 제네바협약 제1추가의정서 및 1981년 국제연합 재래식무기협약)의 일부 조항들도 공전의 특징에 대해 명백히 또는 암시적으로 밝히고 있다. 이러한 사실은 육전이나 해전의 경우와는 달리 공전에 적요될 공식적인 협정이 없다는 것을 의미하지만, 공전에 관한 각종 조약의 조항들과 더불어 무력분쟁법에 기초한 일반원칙들도 실제 적용상에는 어려움이 잇지만 이론적으로는 적용가능한 것으로 이해된다.[26]

2. 교전자

공전에 있어서는 군용항공기가 전투단위가 되며, 따라서 교전자가 된다(공전법규 제13조). 군용항공기는 국가로부터 정식으로 임명되거나 또는 군무에 편입된 자의 지휘가 있어야 하며, 그 승무원은 군인이어야 한다(동 제14조). 군용항공기는 그 국적 및 군사적 성질을 표시하는 외부표지를 제시해야 하는데(동 제3조),[27] 그 표지는 될 수 있

25) 해군본부(역), *op. cit.*, p.142.

26) *Ibid.*

27) 관세 및 경찰 목적의 공용 비군용항공기는 그것이 공용업무에만 사용된다는

는 대로 크고 위, 아래 및 옆에서도 볼 수 있는 것이어야 하며, 비행 중에 변경할 수 없는 고착된 것이라야 하며(동 제7조), 또 이 표지는 타국에 통고되어야 하며, 평시에 개정될 때에는 그것이 시행되기 전에 모든 당사국에 통고되어야 하며, 개전 또는 전쟁 중에 변경할 경우 가급적 빠른 시간 내에 그리고 늦어도 자국의 전투부대에 통지할 때까지는 이를 모든 국가에게 통지하여야 한다(동 제8조).

군용항공기의 승무원은 항공기에서 분리되는 경우에 원거리에서 인식할 수 있는 고착된 특수휘장을 부착하여야 한다(동 제15조). 허위의 외부표시를 사용할 수 없으며(동 제19조), 허위표시의 사용은 배신행위로서 전쟁범죄를 구성한다. 군용항공기가 국제연합이나 중립국의 항공기 또는 민간항공기나 의무항공기인 것처럼 위장하는 것이 그 대표적인 예이다.

비군용항공기는 적대행위에 종사하지 못하지만(동 제16조),[28] 공항공기나 사항공기를 불문하고 군용항공기로 변경될 수 있으며, 이 경우 당연히 교전자격을 갖는다. 이 변경은 자국의 관할 내에서만 가능하고 공해상에서는 할 수 없다(동 제9조).

선전물을 살포하기 위한 목적으로 항공기를 사용하는 것은 불법적

사실을 증명하는 서류를 지니고 있어야 하며, 국적 및 공용 비군용 성격을 나타내는 외부표지를 부착해야 한다(제4조). 이 외의 공용 비군용항공기는 전시에는 동일한 외부표지를 부착해야 하며, 민간항공기와 동일하게 취급된다(제5조). 공전규칙안은 일반 공용항공기에 비해 관세 및 경찰 목적의 공용항공기의 공격이 면제되는 범위를 좁게 인정하고 있다. 이는 관세 및 경찰항공기는 임무수행 목적상 국가의 강제력을 보유하고 있고, 기능적으로도 정찰이나 비상시 공격과 같은 특수성을 고려한 것으로 이해된다.

28) 따라서 적대행위(교전자의 즉시 사용을 위한 군사정보의 비행중의 전달 포함)에 종사하는 비군용항공기를 공격할 수 있으며, 그 승무원은 전쟁법규 위반으로 처벌된다. 이 경우 적대행위는 비행 중에 행한 것에 한정된다.

인 전투수단으로 취급되지 않는다. 동 항공기의 승무원은 그러한 행위를 하였다는 이유로 전쟁포로로써의 권리를 박탈당하지 않는다(동 제21조).

3. 공전구역

공전구역은 일반적으로 육전 및 해전의 구역과 같다. 모든 항공기는 중립국이든 교전국이든 불문하고 타국의 영역 외에서는 비행과 및 착륙의 자유를 갖는다(동 제11조). 평시 다수국은 타국 항공기의 자국 영공비행을 허용하는 조약상의 의무를 지기도 하지만, 전시에는 중립국이든 교전국이든 어떤 국가도 자국 영역내로의 항공기의 진입, 이동 및 체류를 금지하거나 규제할 수 있다(동 제12조).

이 조문은 공해상공의 비행의 자유, 전시 영공통제 가능이라는 두 원칙을 천명하고 있다. 현 국제법상으로는 평시에도 타국 항공기의 영공 진입은 금지 내지 규제할 수 있다. 항공기는 속도가 매우 빨라 영공 외곽에서부터 비행을 통제하지 않으면 전혀 무방비 상태에서 자국 영공에의 진입을 허용하게 된다. 따라서 많은 국가들은 영공 외곽의 일정한 지역에 대해서도 방공식별구역(ADIZ)을 두어, 영공 또는 영토 상공으로부터 일정한 거리 내에 들어온 항공기는 교신을 통해 자신의 비행정보를 통보하도록 하고 있다. 즉 오늘날 국제법 및 국제관행은 공전규칙의 입안자가 생각하였던 것보다 공역통제에 관한한 더욱 엄격하였다고 할 수 있으며, 이는 항공기의 성능향상이 주요한 원인의 하나이다.[29]

29) 천경훈, "헤이그 공전규칙안(1923년)에 관한 연구", 공군법률논집, 제4집(통

4. 해적수단

가. 항공기에 대한 공격

군용항공기는 교전자인 동시에 지상·해상 및 공중으로부터 공격대상이 된다. 그러나 군용항공기라도 전투능력을 상실한 항공기, 상병자나 포로를 수송하는 항공기, 항복의 신호를 해오는 항공기 등은 공격할 수 없다.

그리고 항공기가 행동의 자유를 상실하고 항공기에 있던 자가 피난하기 위하여 낙하산으로 하강중일 때는 공격할 수 없다(동 제20조). 이러한 자는 저항력을 사실한 자이므로 하강중에 이에 대하여 공격하는 것은 불필요하기 때문이다. 그러나 그 항공기의 위치가 하강자의 소속국 또는 그 점령지의 상공인 경우에 그는 하강 후에 안전하게 자기 소속군에 복귀할 수 있으므로 이때에는 하강중이라도 공격할 수 있다고 보아야 할 것이다.[30]

교전국 지휘관은 현재 수행중인 작전의 성공이 저해될 우려가 있다고 판단할 경우 중립국 항공기가 부대 근접지역을 통과하는 것을 금지하거나 특정한 경로를 따라 비행하도록 할 수 있다. 이러한 지시에 따르지 않는 중립국 항공기는 공격할 수 있다(동 제30조). 점령지

권 제18호), 2000, pp.90-91.

30) 박관숙 · 최은범, 국제법, 문원사, 1998, p.375. 이는 1977년 제네바협약 제1추가의정서 제42조에서 다음과 같이 명문화되었다. "1. 조난당한 항공기로부터 낙하산으로 하강하는 자는 하강 중 공격목표가 되어서는 안 된다. 2. 조난당한 항공기로부터 낙하산으로 하강하는 자는 적대당사국에 의하여 통제되고 있는 영토내의 육지에 도달하면 그가 적대행위를 취하고 있음이 명백하지 않는 한 공격의 대상이 되기에 앞서 항복할 기회가 주어져야 한다. 3. 공수부대는 동 조에 의하여 보호되지 않는다."

내의 중립국 민간항공기는 완전한 보상을 조건으로 징발할 수 있으며(동 제31조), 적국 공용항공기는 나포절차 없이 몰수된다(동 제32조).

비군용항공기는 직접 공격의 대상이 되지는 않으나, 자국관할 내를 비행하는 경우 적군용항공기가 접근하여 올 때 가장 가까운 적당한 장소에 착륙하지 않는 한 공격을 받는다(동 제33조). 그리고 또 적의 관할 내, 적관할의 직근지역으로서 자국관할 외 또는 육상이나 해상에 있어서의 적의 군사행동의 직근구역을 비행하는 경우에는 공격을 받는다(동 제34조).

나. 목표물에 대한 공격

민간인을 위협하거나 군사적 성질을 갖지 않는 민간목표물을 파괴 또는 훼손하거나 비전투원을 살상을 목적으로 하는 폭격(동 제22조) 및 현물의 징발 또는 군세(軍稅)의 지불을 강제할 것을 목적으로 하는 폭격(동 제23조)은 금지된다.

공전법규안은 교전자에게 그 파괴나 손상이 군사적으로 명백하게 이익을 줄 수 있는 목표만을 공격할 수 있다는 군사목표주의를 채택하면서(동 제24조 1항), 합법적 군사목표물로 군대, 군사건조물 또는 군사저장소, 병기탄약 또는 명백히 군수품 제조에 종사하는 공장으로서 중요하며 널리 알려진 중심지, 군사상의 목적에 사용되는 교통선 및 수송선을 들고 있다(동 2항). 그리고 지상군 군사활동지역과 인접한 도시, 마을, 거주지 및 건물에 대한 폭격은 금지되며, 2항에서 들고 있는 합법적 군사목표물이라 하더라도 그 위치상 폭격 시 민간인에 대한 무차별 폭격이 불가피한 경우에는 폭격해서는 안 되며(동 3항), 이들에 대한 폭격으로 민간인에게 야기되는 피해를 감안하더라도 폭격을 정당화하기에 충분할 정도로 그 지역의 군사적 집중이 매우 크다는 합리적인 근거가 있는 경우에만 합법적이다(동 4항).[31] 따라서 종교, 기예, 학술, 자선의 목적에 사용되는 건물, 역사상의 기념건조물, 병원선, 병원 및 상병자의 수용소 등은 군사상의 목적에 사용되지 않는 한 공격의 대상이 되지 않는다. 이러한 건물 및 장소는 항공기에서 식별할 수 있는 표지를 게시하여야 하며, 이외에 그러한 표시를 하는 것은 배신행위로 간주된다(동 제25조). 공전에서의 군사목표주의는 1949년 제네바 제4협약 1977년 제1추가의정서에서 현대적으로 규정되고 있다.

다. 금지된 무기

육전에서 금지된 무기는 공전에서도 금지되는 것이 원칙이다. 그러나 항공기에 의한 또는 항공기에 대한 예광탄(tracer bullets), 소이탄(incendiary bullets)이나 폭발성 투사물을 사용하는 것은 금지되지 않는다(제18조). 이는 소이탄과 400그램 이하 작열탄의 사용을 금지하고 있는 1968년 상트페테르부르크선언이 공전에는 적용되지 않는다는 것을 명시한 것이다.

핵무기는 명문으로 금지되고 있지는 않지만 불필요한 고통을 주고 비전투원에 대한 무차별살상 효과를 갖기 때문에 국제법상 그 사용

---

31) 이처럼 공전규칙안은 작전활동에 바로 인접한 지역(直近地域)과 그렇지 않은 지역을 구분하여 전자의 경우에는 합리적인 근거가 있을 때에만 폭격을 인정하고 후자의 경우에는 이를 금지하고 있는데, 이러한 태도는 그 자체가 현 국제법으로 성립되었다고 보기에는 무리가 있더라도 민간인 보호라는 대원칙과 군사상 필요원칙을 절충하기 위한 시도로서 오늘날에도 일정한 군사작전의 합법성을 주장하는 근거로 원용될 정도의 가치는 있다. 천경훈, *op. cit.*, p.99.

이 금지된다고 보아야 할 것이다.

라. 의무항공기의 보호

공전규칙안은 의무항공기(flying ambulance)에 보호에 대해 적십자조약의 원칙을 적용하고 있다. 1906년 제네바조약 및 동 조약을 해전에 적용하는 조약(1907년 적십자조약)에 규정된 원칙은 공전 및 의무항공기에 적용된다. 교전국 지휘관의 의무항공기에 대한 감독에도 마찬가지이다. 1906년 제네바조약에 의하여 위생수송수단에 허용된 보호 및 특권을 향유하기 위해서는 의무항공기는 통상의 식별표지 이외에 적십자 특별기장을 부착하여야 한다.

의무항공기의 보호에 대해서는 1949년 제네바협약에서 보다 자세하게 규정되어 있다. 전적으로 부상자, 병자 및 조난자의 이송과 의무요원이나 시설의 수송용으로 사용되는 의무항공기는 분쟁당사국간 특별히 합의된 고도, 시간 및 항로에 따라 비행하는 동안 공격목표가 되지 않으며 존중되어야 한다. 별도 합의가 없는 한 적국 영토 또는 점령지역 상공비행은 금지되며, 착륙 요구를 받았을 때에는 그 요구에 복종하여야 한고, 착륙하였을 경우 항공기와 그 승무원은 임검이 있으면 임검 후 비행을 계속할 수 있다. 적의 영토 또는 점령지역내에 불시착하는 경우 부상자, 병자 및 조난자 또는 의무항공기의 승무원은 포로가 된다(제네바 제2협약 제39조).

또한 분쟁당사국의 의무항공기는 모든 분쟁당사국에 평등하게 적용되는 중립국이 요구하는 조건이나 제한을 따를 것을 조건으로 중립국 영공을 비행할 수 있으며 필요한 경우 그 영토에 착륙하고 또한 그 영토를 기항지로 사용할 수 있다. 의무항공기는 당해 영공의 통과를 중립국에 사전통고하여야 하며 착륙명령에 복종하여야 하며, 관계 중립국간에 특별히 합의된 항로, 고도 및 시각에 따라 비행하는 경우에 한하여 공격목표가 되지 아니한다(동 제40조).

그리고 의무요원은 존중되고 보호되어야 한다. 그들은 근무하고 있는 동안에는 포획하지 못한다. 의무요원은 적의 수중에 들어갈 경우에 존중되고 또한 보호된다. 그들은 부상자와 병자의 치료를 위하여 필요한 동안 그 임무를 계속하여 수행할 수 있다. 그들은 억류하고 있는 총사령관이 실행 가능하다고 인정할 때에 즉시 송환되어야 한다(동 제36, 37조).

제4절 해전법규

1. 교전자

해전에서는 군함이 전투단위이며 교전자이다. 군함이란 일국의 군에 속하며, 그 국가의 군함임을 나타내는 외부표시를 가지고 정부에 의해 정당히 임명되고 그 성명이 군적부에 기재되어 있는 장교의 지휘 하에 있으며, 정규군규율에 복종하는 승무원이 배치되어 있는 선박을 말한다.[32] 군함의 승무원은 함 내에 있는 한 반드시 개별적인 표시를 하지 않더라도 교전자로 인정되어 적에 체포되었을 경우 포로의 대우를 받는다.

상선은 군함으로 변경되면 교전자격이 인정되며 그 승무원의 지위

32) UN 해양법협약 제29조.

는 군함 승무원의 지위와 동일하다.

2. 해적수단 및 방법

가. 함선 및 해안에 대한 공격

(1) 함선에 대한 공격

군함·공선은 교전국의 영해 또는 공해상에서 경고 없이 공격할 수 있으나, 군함 또는 공선이 학술, 종교 또는 박애의 임무에 종사하거나 병원선, 포로교환선 및 군사선에 대해서는 공격이 금지된다.

사선은 교전자가 아니므로 공격대상이 될 수 없으나, 정당한 신호에 의한 정선 및 임검을 거절하거나 선제적대행위 등을 하는 사선은 공격의 대상이 된다. 또 상선이 군함으로 변경되면 교전자격이 인정된다.

(2) 해안에 대한 공격

1907년의 '전시 해군력에 의한 포격에 관한 조약'은 방수지역에 대한 포격에 있어서는 무차별포격이 인정되나 무방수지역에 대한 포격은 금지된다고 규정하고 있다(동 제1조). 그러나 방수지역에 대한 공격의 경우도 종교·기예·학술 및 상병자의 수용소 등은 공격대상에서 제외되므로 이러한 건물을 알기 쉽게 표시를 해야 할 의무가 있다(동 제5조).

무방수지역이라 할지라도 군사상의 공작물, 군용건물, 육·해군 건물, 무기 또는 군용목재의 저장소, 적의 함대 또는 군대의 사용에 공여되는 공작물 또는 시설, 항구내의 군함 등 군사적 목표물은 포격할 수 있다(동 제2조).

나. 미사일 및 기타 발사체

미사일 및 초수평선(Over The Horizon : OTH) 능력을 갖는 발사체는 목표물 구별원칙에 따라 사용되어야 한다. 통상적으로 '발사 후 망각 모드(fire and forget weapon)'와 같은 특징을 갖는 미사일과 같은 전투수단은 일단 발사될 경우 그 비행속도가 매우 빠르기 때문에 지휘관이 판단을 재고할 여유가 없다. 또한 표적을 빗나간 미사일은 해전구역내의 군사목표가 아닌 다른 선박을 추적하기도 한다.

따라서 미사일 및 기타 발사체는 그 사용 시 구별원칙과 공격 시의 예방조치에 관한 의무를 확실하게 준수하여야 한다. 이러한 제한을 위반하거나 무시한 공격은 불법적인 것으로 금지된다. 그러므로 지휘관은 초수평선 및 초시계(Beyond Visual Range : BVR) 능력을 갖고 있는 미사일이나 발사체의 발사를 결정할 때에 부수적 손해에 대한 중점적인 고려를 포함해서 목표구별의 기본적 원칙과 공격 시의 예방조치를 특히 중시해야 한다. 하지만 초수평선 또는 초시계 유도시스템에 의한 미사일과 발사체도 만약 표적구별을 보장하는데 충분한 센서를 갖추고 있거나 외부적인 표적데이터 자료와 결합되어 운용된다면 합법적이다.

다음으로 어뢰는 항주를 끝냈을 때 가라앉지 않거나 무해한 것으로 변하지 않는 것은 사용이 금지된다. 어뢰를 사용할 경우 오로지 군사목표물만이 피해를 입고 다른 선박이나 비군사목표물은 피해를 입지 않도록 보장하기 위하여 해상 무력분쟁에 적용되는 일반원칙이 준수되어야 한다. 1907년 헤이그 제8조약(자동촉발기뢰의 부설에 관한 협약)의 어뢰에 관한 규정(제1조 3항)도 이를 규정하고 있다. 동 규정은 오늘날 일반적으로 국제관습법의 일부로 받아들여지고 있다.33) 이러한 요건이 없으면 어뢰는 항주를 끝낸 후 부유기뢰처럼 수중에 정지하는 것이 합리적이라고 추정될 수도 있는 바, 그러한 어뢰는 공격이 면제되는 선박에 위협이 되기 때문에 금지되어야 한다.

다. 기뢰

(1) 기뢰의 사용

기뢰란 선박에 손해를 가하거나 격침시킬 의도를 갖는 또는 어떤 해역에 선박이 진입하는 것을 저지할 의도를 갖고 해중, 해저 또는 그 지하에 부설되는 폭발장치로서 적이 일정구역을 사용하는 것을 거부하기 위해서 즐겨 사용되는 수단이다. 그러한 거부는 여러 가지 방법으로 달성될 수 있는 바, 그 구역에 기뢰를 부설하지 않았으면서도 기뢰를 부설하였다고 적국에 허위정보를 알리거나 또는 실제 기뢰원의 존재를 통고하는 것도 포함된다.34)

기뢰는 군사목적상 일반적으로 ① 적이 교전국 영역(연안수역, 해안, 투묘지 및 기타)에 출입하는 것을 저지하기 위하여 통상 사용되는 기뢰 수세적 부설, ② 선박의 교통로를 방호하기 위하여 사용되는 기뢰의 부설. 특히 적잠수함이나 수상함이 교전국 연안외측의 일정한 수역을 사용하는 것을 저지하기 위한 방호적 부설, ③ 적국이 지배하는 수역이나 적국의 해상교통로에 불가결한 투묘지에 부설하는 공

33) D. Fleck(ed.), *The Handbook of Humanitarian Law in Armed Conflicts*, Oxford University Press, 1995, p.458.

34) L. Doswald-Beck(ed.), *San Remo Manual on International Law applicable to Armed Conflicts at Sea*, Cambridge University Press, 1995, p.169.

세적 부설 등으로 사용된다.[35)]

러일전쟁(1904~1905)에서의 기뢰의 광범위한 사용과 전쟁 중에 부설된 기뢰가 전쟁종료 후 상선 등에 대하여 막대한 피해를 야기하자 기뢰문제는 1907년 제2차 헤이그 평화회의의 주요의제에 포함되었는바,[36)] 그 결과 기뢰의 사용 및 제한은 '자동촉발해저기뢰의 부설에 관한 헤이그 제8협약'(헤이그 제8협약)에 자세하게 규정되게 되었다. 하지만 동 회의에서 중립선박을 보호하기 위해서는 기뢰의 사용이 규제되어야 한다는 주장이 제기되자 영국은 계류되지 않은 자동촉발기뢰의 사용과 무역봉쇄를 위한 기뢰의 사용을 금지하자고 제안하였으며, 이러한 영국의 제안에 대해 독일을 비롯한 몇몇 국가들이 반대하자 헤이그 제8협약은 양측의 입장을 일부 수용하여 절충안을 채택되었다.[37)] 동 협약에 따르면 부설자의 관리를 벗어난 후 적어도 1시간 이내에 무해한 것으로 되지 않는 무계류 자동촉발기뢰, 계류를 벗어난 후 즉시 무해한 것으로 되지 않는 계류 자동촉발기뢰 및 명중되지 않을 경우 무해한 것으로 되지 않는 어형기뢰는 사용이 금지되며, 또한 상업상의 항행을 차단할 목적으로서 적의 연안 및 항구전면에 자동촉발기뢰를 부설할 수 없다(헤이그 제8협약 제1~2조).

제1차 걸프전에서의 교전국 관행은 동 협약의 규정들이 현대 해전에 있어서도 계속해서 유용하다는 사실을 여실히 보여주었는바, 동 협약이 그 기초 시에 기뢰를 전면적으로 금지하지 못하고 특별히 한 범주의 기뢰(자동촉발기뢰)만을 금지시키고 있는 것은 유감으로써 동

35) *Ibid.*, p.170.

36) D. Fleck(ed.), *op. cit.*, p.442.

37) 해군본부(역), *op. cit.*, p.99.

협약의 큰 결점이다.[38)]

(2) 기뢰사용의 제한

기뢰는 적에 대한 해상거부를 포함한 정당한 군사목적에 대해서만 사용되어야 하는데, 기뢰를 정당한 군사목적에 한정해서 사용해야 한다는 이러한 의무는 국제인도법의 기본원칙으로부터 논리적으로 도출된다. 해상무력분쟁에 있어서 기뢰는 그 사용이 엄격하게 제한되고 있다. 그것은 그 성질상 공해상에 부유하여 중립국 선박의 공해에 있어서의 항해의 안전을 해할 가능성이 크기 때문이다.

따라서 공해에서의 무차별적인 기뢰부설의 위법성을 명확히 규정하기 위해서는 구역거부(Area Denial)를 위한 기뢰 사용의 합법성이 명시적으로 언급되어야 하며, 적국의 해역사용을 거부하기 위한 기뢰부설은 다음의 제한사항들이 준수되지 않으면 위법이다.

(가) 분쟁당사국은 만약 분리되거나 통제가 상실된 경우 유효하게 무력화되지 않는다면 기뢰를 부설해서는 안 된다. 부유기뢰는 ① 군사목표물에 대한 사용, ② 통제를 상실한 후 1시간 이내에 무력화되는 경우 이외에는 사용이 금지된다. '통제를 상실한'이라는 어구는 기뢰가 투하되는 순간을 의미한다.[39)]

(나) 폭발할 수 있는 상태로 기뢰를 부설하거나 사전에 부설된 기

---

38) 헤이그 제8협약의 결점에 대한 자세한 설명은 N. Ronzitti(ed.), *The Law of Naval Warfare*, Maitinus Nijhoff Publishers, 1988, pp.140-141 참조.

39) 헤이그 제8협약 제3조 참조. 동조는 다음과 같이 규정하고 있다; "계류자동촉발수뢰를 사용할 때에는 평화적 항해를 안전케 하기 위하여 모든 가능한 예방수단을 취하여야 하며, 일정기간 경과 후에는 무해하게 하는 장치를 설치하여야 한다."

뢰를 폭발할 수 있는 상태로 하는 경우, 만약 그 기뢰가 군사목표물인 선박에 대해서만 폭발할 수 있는 것이 아니라면 통지되어야 한다.[40]

(다) 교전당사국은 부설한 기뢰의 위치를 기록해 두어야 한다. 기뢰가 부설된 위치를 기록해야 할 의무는 한편으로는 국제항로를 항행하는 선박에 폭발가능한 상태로 부설된 기뢰를 통고해야 할 의무에서 당연히 도출되는 것이며, 다른 한편으로는 기뢰를 적절한 감시하에 두고 필요하면 적대행위의 종료 시에 제거할 수 있도록 하기 위해서이다

(라) 봉쇄규칙에 근거한 중립국 선박의 보호와 같이 중립국 선박을 효과적으로 보호하기 위한 규칙은 필요하다. 교전당사국은 내수, 영해 또는 군도수역 내 최초 기뢰부설시 중립국 선박의 자유통과를 보장하여야 한다. 이는 기뢰부설과 관련하여 새로운 것이기는 하지만 이미 관습법상의 의무로 발전되어 있다고 간주되고 있다. 항만뿐만 아니라 영해와 군도수역에까지 이러한 의무를 확장한 것은 교전국이 존중하지 않으면 안 되는 공격 시의 예방조치로부터의 논리적 귀결이다.

(마) 교전당사국은 중립국 수역에 기뢰를 부설할 수 없다. 중립국 수역에의 적대행위의 하나인 기뢰부설은 '해전에서 중립국 권리의무에 관한 헤이그 제13조약' 제2조에 이미 금지되어 있다. 이러한 제

---

40) 통지의무는 국제적인 선박수송을 위해 마련된 통상의 경로 즉, '수로통보(Notice to Marinees)'에 의한 공표와, 국제해사기구에의 전달을 통한 통지로 충족될 수 있을 것이다. 이러한 공표방식은 필요한 정보를 전달하는 현대의 효과적인 수단으로 간주된다. 어떤 상황에서는 외교경로를 통한 모든 국가에 대한 통지가 적절할 수도 있을 것이다.

한이 중립국으로 하여금 자국 수역에 기뢰를 부설할 수 있는 권리를 손상시키는 것은 아니지만 해양법협약은 그러한 기뢰부설이 다른 중립국들과 공평의무를 준수하는 교전국에 의한 무해통항에 관련되는 수역을 영구적으로 폐쇄하는 효과를 갖는 것이어서는 안 된다는 것을 시사하고 있다.[41]

(바) 기뢰부설은 중립국 수역과 국제수역간의 통항을 방해하는 실질적인 효과를 가져서는 안 된다. 이러한 의무는 중립국의 이익에 대하여 부당한 개입을 하여서는 안 된다고 하는 일반적 의무로부터 추론할 수 있다.

(사) 기뢰부설국은 특히 중립국 선박에 안전한 대체항로를 제공함으로써 공해의 합법적인 사용에 타당한 고려를 해야 한다. 교전국의 '타당한 고려' 의무 규정은 평화적인 항해, 특히 중립국 선박의 이익 보호를 보증하기 위해서 교전국이 실시하지 않으면 안 되는 조치들과 관련하여 평가하여야 할 여지를 남기고 있다. 안전한 대체항로의 제공은 교전국이 평화적인 항해를 보호하기 위해서 선택할 수 있는 방법의 하나에 불과하다. 그러한 유효한 방법은 피해를 입지 않고 기뢰원을 항행하기 위해서 도선이나 호위 역무를 제공하는 것이다.

(아) 국제해협에서의 통과통항 및 군도항로대통항권이 적용되는 수역에서의 통항은 안전하고 편리한 대체항로가 제공되지 않으면 방해되어서는 안 된다. 통과통항과 군도항로대통항에 관한 새로운 제도는 해협과 항로대에의 기뢰부설을 위법적인 것으로 하지는 않지만 국제해협과 군도항로대의 중요성을 생각하면 교전국은 이들 수역에 무제한적으로 기뢰를 부설할 수 없다.

41) 유엔해양법협약 제25조 3항 참조.

(자) 분쟁당사국들은 상호간 또는 적당한 경우 제3국 및 국제기구간에 기뢰원을 제거하거나 또는 다른 방법으로 무력화하기 위해 필요한 적절한 정보의 제공 및 기술적, 물질적 지원에 관한 합의에 도달하도록 노력하지 않으면 안 된다.[42)]

(차) 적대행위가 종료된 후 분쟁당사국은 그들이 부설한 기뢰를 제거하거나 무력화하기 위해 최선을 다해야 한다. 적국의 영해에 부설한 기뢰에 대해 각 당사국은 그 위치를 통고하여 최단기한내에 제거할 수 있게 하거나 다른 방법으로 그 영해를 항행에 안전한 곳으로 하지 않으면 안 된다.

라. 기계 및 배신행위

(1) 기계

기계(ruse of war)란 전쟁 중 교전자가 진실되게 행동할 의무가 없는 경우에 군사 작전상의 이익을 얻기 위하여 적을 착오에 빠트릴 목적아래 고의적으로 사용하는 술책을 말한다. 이는 군인이 교전자의 자격으로 적정 및 지형을 탐지하는 정찰과 함께 전술의 일종으로서 합법적인 전투수단이다(헤이그 육전규칙 제24조).

이에 해당되는 중요한 것으로는 복병, 위장공격 및 퇴각, 허위정보의 유포, 적의 간첩을 매수하여 허위보고케 하는 행위 등을 들 수

---

42) 기뢰원의 소해 및 무해화에 관한 의무의 중요성을 과소평가하면 안 된다. 제2차 세계대전 중에 사용된 기뢰가 지금도 북해에서 간헐적으로 발견되고 있어 평시의 합법적인 권리행사를 위협하고 있다. 육전에 있어서의 지뢰제거 문제는 지금까지 무력분쟁국의 경제발전을 현저히 위협하고 있다. 그러나 교전국이 적대관계의 종료직후에 부설한 기뢰를 제거하거나 또는 다른 방법으로 무해한 것으로 하기 위한 협력에 합의할 수 있을 지는 의문이다.

있다. 1977년 제1추가의정서 제37조 1항은 위장, 유인물, 양동작전 및 허위정보의 사용을 기계의 예로 들고 있다.[43)]

해상에서의 기만은 해군 역사에서 가장 특징적인 전투방법의 하나이다. 군함은 자기를 위장할 권리가 있기 때문에 원할 경우 전투행위 중이 아니면 타국의 국기를 게양할 수 있다. 교전국의 군함이 목적물에 접근하기 위하여 또는 그것으로부터 이탈하기 위하여 중립국 또는 적국의 국기를 게양하는 것은 기계행위로서 합법적인 것으로 인정된다. 그러나 공격개시, 임검, 수색, 나포 등을 행할 경우에는 반드시 자국의 국기를 게양해야 한다.

이러한 관행은 평화적인 항행에 현저한 부정적 영향을 미친다. 만약 평화적인 항행을 절대적으로 보호하고자 한다면 해상무력분쟁 시 기만은 전면적으로 금지되어야 한다. 그러나 일반적인 해상 무력분쟁법이 교전자의 위장조치를 전면적으로 금지하고 있지 않기 때문에 그러한 전면금지는 가능하지 않을 것이다. 또한 오늘날 군함은 전자파를 중지하는 등 각종 수단을 사용하여 적의 탐지로부터 벗어나기 위한 여러 조치를 취할 능력을 갖추고 있다.

그러나 기계는 평화적인 항행을 위협하는 한 요인이 되는 것은 분명하므로 일정한 제한은 피할 수 없다. 일반적으로 전투원은 민간주민으로부터 자기를 구별할 것이 요구되며, 이 규칙으로부터 일탈하는 것은 매우 특수한 상황에서만 가능하다. 따라서 군함 및 그 보조선박(군용기 및 보조항공기 포함)은 적의 공격으로부터 면제되는 지위,

---

43) ICRC Commentary to Additional Protocol I, Commentary on the Additional Protocols of 8 June 1977 to the Geneva Conventions of August 1949, pp.440ff 참조.

민간인의 지위 또는 중립국의 지위를 가장할 수 없다. 구체적으로 군함 및 보조선박은 위장기(false flag)를 게양한 채 공격하거나 (a) 병원선, 연안구조용 소형 선박 및 의료수송선, (b) 인도적 임무의 선박, (c) 민간여객을 수송하는 여객선, (d) 국제연합기에 의해 보호되는 선박, (e) 카르텔 선박을 포함한 당사자 간 사전의 합의에 의해 안전통항권이 보증된 선박, (f) 적십자 또는 적신월 표장에 의해 확인될 수 있는 선박, (g) 특별보호 하에 있는 문화재를 수송하는 선박의 지위를 적극적으로 가장하는 것은 금지된다.

이러한 기계의 실례로 제1차 세계대전 중 독일 함정 엠덴(S.S. Emden)호는 일본의 국기를 걸고 말레이(Malay)의 페낭(Penang)항에 들어가 정박 중인 러시아 함정 젬슈그(S.S.Zhemshug)호에 돌진, 일본기를 내리고 독일 국기를 게양하고 공격을 개시하여 동 함을 격침시켰는데, 이 행위는 기계로서 합법적인 것으로 인정되고 있다. 이에 반하여 1783년 프랑스 군함 시비유(S.S.Sybille)호는 영국기를 게양하고 동 선박이 해난을 당하여 영국 군함에 포획된 것처럼 위장하여 구조하기 위해 접근하던 영국 군함 후살(S.S.Hussar)호를 프랑스기를 게양하지 않은 채 공격하였으나 역부족으로 후살호에 포획되었던 바 이와 같은 시비유호의 공격행위는 위법행위로서 비난을 받았다.[44]

(2) 배신행위

배신행위(perfidy)는 적의 신뢰를 배반하려는 의도를 갖고 무력분쟁에 적용되는 국제법의 규칙들 하에서 보호받을 권리가 있거나 보호

44) L. Oppenheim, *International Law*, vol. II, 7th ed., London, Longman, 1952, p.509 참조. 이병조·이중범, op. cit., p.1011에서 재인용.

할 의무가 있는 것처럼 적의 신뢰를 유발하는 행위이다.[45)]

이러한 배신행위는 금지되는 바, 이에는 (a) 면제되는 지위, 민간인의 지위, 중립국의 지위 또는 국제연합의 지위 및 (b) 항복 또는 조난(조난신호의 송신 또는 승무원을 구명정에 옮기는 것)을 가장한 공격,[46)] (c) 군사기 · 적기 · 적군장 · 군복 · 휴전기 · 적십자기장의 부당사용(육전규칙 제23조 1항(f)), (d) 휴전기 하 또는 투항기 하에서의 협상의도의 가장, 부상 또는 질병에 의한 무능화의 가장, 유엔 또는 중립국이나 기타 비충돌당사국의 표식·표장 또는 복장의 착용에 의한 피보호지위의 가장(제1추가의정서 제37조 1항) 등이 해당된다. 이외에 적국의 국가원수, 지휘관, 군인 등의 암살행위도 배신행위로 보는 견해도 있다.[47)]

배신행위의 예로는 적십자표식을 단 구급차에서 교전지역 내에 있는 미군에게 총격을 가한 사실에 대해 피고에게 유죄판결을 내린 1946년의 미국 군사법원의 '하겐더프사건(The Hagenderf Case)'을 들 수 있다.[48)]

---

45) ICRC Commentary to Additional Protocol I, Commentary on the Additional Protocols of 8 June 1977 to the Geneva Conventions of August 1949, pp.434ff 참조.

46) (a)와 (b)에 규정된 예는 당연한 것으로 그 결정적 요소는 군함이나 군용기가 보호되는 지위를 위장하고 있는 동안에 적대행위를 준비하여 실행하는 것이다. 그러므로 해상무력분쟁에 적용될 국제법에 관한 산레모 매뉴얼 채택을 위한 라운드 테이블은 과거 영국의 Q-Ships의 관행(제1차 세계대전 중 영국에서는 외견상은 비무장 또는 경무장의 상선—대개 소형의 연안항행선—이 실제로는 위장된 갑판실에 통상 4인치포를 숨기고 있었다. Q-Ship의 Prince charles호는 1915년 7월 헤브리데스제도(제도)에서 독일 잠수함 U36을 격침시켰다)은 오늘날에는 인정되지 않는다는 입장을 보였다. L. Doswald-Beck(ed.), *op. cit.*, p.186.

47) M. Greenspan, *The Modern Law of Land Warfare*, 1959, p.317.

48) L. Oppenheim, *op. cit.*, p.362 참조. 이병조 · 이중범, *op. cit.*, p.1001에서 재

3. 해상포획

가. 의의

전시에 있어서 교전국이 적국 또는 중립국의 선박이나 화물을 해상에서 포획하고 적국과의 교통을 차단함을 말한다. 이는 육군에 의한 적국의 점령 및 공군에 의한 폭격과 함께 중요한 전투방법이다.

근대전이 전면전의 성질을 띠고 경제전의 양상을 나타냄에 따라 해면은 교전국에 대한 보급로로서 경제전의 무대가 되어 해상포획은 그 중요성을 더하게 되었다.[49] 그런데 해상포획은 중립국의 이익에 중대한 영향을 미치는 것이므로 과거 수세기간 교전국과 중립국간의 분쟁원인이 되는 경우가 많았다. 이러한 분쟁으로부터 교전국의 전쟁수행의 필요와 중립국의 통상자유의 주장과의 타협인 약간의 법규가 성립되었다. 이와 같은 법규의 종합을 해상포획법이라고 부른다.[50]

해상포획법에 따라 교전국은 적선과 적화를 포획할 수 있는 권리, 봉쇄선을 설정하여 적의 해상교통을 차단하고 봉쇄선을 침파하는 선박을 처벌할 수 있는 권리, 전시금제품을 지정하고 해상에서 이의

인용.

49) 해상포획은 적국을 목적지로 한 전쟁물자(선박, 재화) 및 금제인(禁制人)을 해상에서 차단하여 적국의 전력증강을 억제하는 전쟁수단이다. 근대전쟁은 국민 대 국민(volk gegen volk)이라는 총력전쟁의 특성을 갖고 있으므로, 해상을 통한 전기금제품과 기타 군사방조를 차단하는 해상포획은 전쟁의 승패를 좌우하며, 또한 준전시 또는 냉전 상태에서는 적국의 해군력 증강을 둔화시키는 주요한 해전행위라고 할 수 있다. 조기성, "전시금제품의 이전과 해상포획, 포획재판소의 기능에 관한 연구", Strategy 21, vol.3, no.2, 2000, pp.136-137.

50) 이한기, *op. cit.*, pp.775-776.

수송을 억제할 수 있는 권리 및 군사적 방조를 방지할 수 있는 권리 등을 갖는다.

나. 해상포획법의 발달과정

교전국 군함은 해상에 있어서 적성이 있는 선박과 화물을 나포하여 이를 몰수할 수가 있으며, 따라서 해상에 있어서의 교전국의 사유재산은 육전에 있어서와 달라 적국으로부터 소탕을 당하게 된다. 그러면 이와 같이 육상에 있어서 사유재산이 원칙적으로 보호 존중되는데 반하여 해상에 있어서의 사유재산이 가혹하게 취급되는 이유는 어디에 있는가? 이것은 육상에 있어서의 사유재산은 원칙적으로 사인이 그 일상생활을 향유하기 위한 것이 보통이므로 이를 몰수하면 그 반향으로서 적국민의 격렬한 적개심을 일으켜 전쟁수행 상 얻는 이익이 적음에 반하여, 해상에 있어서의 사유재산은 이를 몰수하더라도 그러한 염려가 적고, 동시에 효과적으로 적의 경제력을 약화시킬 수 있기 때문이다.[51)]

해상포획에 관한 각국의 실행은 반드시 일치된 것은 아니었다. ① 적선은 선박과 함께 화물(중립화 포함)도 몰수하고, 중립선은 중립화와 함께 비몰수를 원칙으로 하나 중립선내에 적화가 있을 때에는 적화와 함께 중립선도 몰수한다는 프랑스(1543, 1584, 1690년의 칙령) 및 스페인 등에서의 적성감염주의(敵性感染主義), ② 적선은 적화(중립화

51) 박관숙 · 최은범, 국제법, 문원사, 1998, p.369. 최근 총력전 및 경제전의 경향으로 전쟁과정에서 국가와 개인을 구별할 필요성이 절대적으로 감소하였으며, 제1차 세계대전 이후 절대적 금제품과 상대적 금제품의 구별 곤란 및 금제품의 확대 등으로 인하여 해상사유재산의 포획 및 몰수는 한층 강화되고 있는 실정이다.

제외)와 함께 몰수하고, 중립선에서는 적화만을 몰수하고, 중립선과 중립화는 몰수하지 않는다는 프랑스(1650년) 및 영국 등에서의 콘솔라테 델 마레(Consolate del Mare)주의, ③ 적선은 적화 및 중립화와 함께 몰수하고, 중립선은 적화나 중립화와 함께 몰수하지 않는다는 프랑스(1778년) 및 미국의 '자유선박, 자유화물', '적성선박, 적성화물' 식인 국기주의, ④ 적선은 적화(콘솔라테 델 마레주의처럼 중립화 제외)와 함께 몰수하고, 중립선은 화물(국기주의처럼 적화 포함)과 함께 몰수하지 않되 전시금제품만은 예외로 취급하도록 한 파리선언, ⑤ 해상사유재산 포획권 폐지주의 등이 해상포획에 관한 주요 연혁을 이루어 왔다. 이중에서 가장 중요한 것은 파리선언인데, 이는 콘솔라테 델 마레 이래 허다한 변천을 거듭해 오면서 이루어진 것이었다. 그러나 장기간에 걸쳐 유효했던 파리선언도 연속항해주의의 채용과 전시금제품의 범위확대로 그 효력이 감퇴하였고, 이 경향은 제2차 세계대전 후 더욱 심해졌는데, 이는 파리선언 자체가 전쟁으로 인한 중립국의 해상무역의 피해를 극소화할 목적으로 중립국에 유리하게 작성되었다는 점을 상기할 때, 중립국이 거의 존재하지 않고 중립제도 자체가 동요하게 된 오늘날에 와서는 오히려 당연한 경향이라고 지적되고 있다.[52)]

포획제도는 전통적으로 선박 대(對) 선박의 전형적 해전을 전제로 하여 형성되고 발전해 온 것인데, 최근에는 선박 대 전투기라는 새로운 무력분쟁 형태가 일반화하고 있으므로 이전부터 내려오는 국제법 규칙으로 충분히 대응할 수 있을지는 의문이다.[53)]

---

52) 김정균·성재호, *op. cit.*, p.763; 이한기, *op. cit.*, pp.777-778 참조.

53) 노석태(역), *op. cit.*, p.371.

다. 적선 및 적화의 포획과 절차

(1)적선 및 적선내의 적화의 포획

적선 및 적선내의 적화는 해상에서 포획·몰수할 수 있다. 적국의 사유재산도 포획의 대상이 되며, 일정한 요건 아래서는 파괴할 수도 있으나 승무원의 보호 및 선박종류와 화물의 안전조치를 취하지 않고 무경고격침을 행하는 것은 허용되지 않는다.

그러나 중립선상의 적화 또는 적선내의 중립화는 전시금제품만 몰수될 뿐이다(파리선언 제2, 3조). 따라서 적선은 물론 적선내의 적화는 몰수할 수 있다. 바로 이 점이 미국이 파리선언에의 가입을 거부하였던 이유 중의 하나이다. 미국은 적상선을 몰수할 수 없다는 원칙을 인정하지 않는다면 포획사선의 폐지에도 찬성할 수 없다면서 해전에서 사유재산은 보장되어야 하는데, 이러한 파리선언에서 규정하고 있는 포획제도는 후진해군국의 지위를 약화시키기 위한 수단이라고 비난하였다.[54]

적군함을 나포한 경우 이를 몰수하여 국가의 전리품으로 한다. 그리고 군함에 적재된 화물 중 적성화물은 전리품으로 간주하여 몰수하고, 중립화물에 대하여는 의견이 대립되고 있는데, 오늘날의 통설은 이를 몰수할 수 있다는 것이다. 포획된 군함에 승선한 자는 포로로 하는 것이 원칙이나 비교전자가 이에 동승한 경우, 전쟁에 중요한 역할을 담당하는 자 또는 병역의무자를 제외한 모든 적국의 사인은 적절한 시기에 석방하여야 한다.[55]

---

54) 한형건, “해전시 포획권 행사에 의한 해상통상의 저지”, 법률행정논집 제13집, 고려대학교 법률행정연구소, 1976, pp.88-89.

55) *Ibid.*, p.86.

(2)포획 절차

해상포획은 공해와 교전당사국의 영해에 한하며, 중립국의 영해 내에서는 이를 행할 수 없다. 먼저 정선을 명하고 임검·수색·나포·인치의 과정을 거친 후 교전당사국의 포획재판소의 재판에 의해 결정된다. 적국의 군함과 그 밖의 공선은 파괴 또는 나포할 수 있지만, 나포한 경우에는 전리품으로서 포획국의 소유가 된다. 정선명령에 불응하거나 임검·수색에 저항하는 선박은 격침시킬 수 있다.

4. 전시금제품

가. 의의

전시금제품(戰時禁制品, contraband of war)은 군용에 공급되는 물품으로서 중립국의 국민에 의해 일방의 교전국에 공급되는 것을 타방의 교전국이 해상에서 그 수송을 방지하고 포획 및 몰수할 수 있는 것을 말한다. 중립국 국민은 전시에 있어서도 교전국과 자유로이 통상할 수 있는 권리를 향유함을 원칙으로 하나, 이러한 권리는 결코 무제한적인 것이 아니어서 일정한 제한이 가해지는데, 전시금제품도 그러한 제한제도의 일종인 것이다.[56]

---

56) 김정균·성재호, *op. cit.*, p.778. 전시금제품에 있어 화물의 소유주가 누구인지는 그다지 중요하지 않다. 비록 수송 도중에 있는 화물이 중립국인에 속한다 하더라도 적국인의 소유물로 간주하여 이를 전시금제품으로 취급하게 된다. 교전국은 공해상에서 조우한 중립선 내의 전시금제품을 자국 포획재판소의 소정의 절차를 거쳐 손해배상 없이 몰수할 수 있다. 한형건, *op. cit.*, p.72.

나. 관련 법규의 발달

(1) 파리선언

1856년 해상법에 관한 선언(파리선언)은 전시금제품과 관련하여 제2조와 제3조에서 중립국의 기를 게양한 선박에 적재한 적국의 화물은 전시금제품을 제외하고는 이를 포획할 수 없으며(제2조), 적국의 기를 게양한 선박에 적재한 중립국 화물은 전시금제품을 제외하고는 이를 나포할 수 없다(제3조)고 규정하고 있다. 이처럼 파리선언은 중립선내의 전시금제품인 적국 화물과 적선내의 전시금제품인 중립국 화물의 포획을 허용하고 있다.

동 선언에서 규정하고 있는 전시금제품 포획관련 규정은 1854년 크리미아 전쟁을 계기로 발전된 것이다. 동 전쟁이 발발하기 수 세기 전부터 유럽 여러 국가들에 의해서 받아들여진 해상법칙에는 중립국의 선박이나 화물과 구분하여 적국의 선박과 화물의 대우가 대체로 반영되지 못했다. 동 전쟁의 발발과 함께 모든 분쟁국은 사략선(私掠船)을 인정하지 않는다고 선언하였다. 부가해서 프랑스나 영국 같은 연합국은 해상에서의 선박나포에 대한 서로 다른 규칙에 대하여 이를 일치시킬 필요성을 느꼈다. 마침내 프랑스는 적국 선박에 실린 중립국의 화물에 대한 나포를 책임지지 않는다고 선언하였고, 영국은 중립국 선박에 실린 적국 화물에 대한 나포에 책임을 지지 않는다고 선언하였다.[57] 이러한 선언을 조문화한 것이 파리선언이다.

(2) 런던선언

1909년의 런던선언[58]은 전시금제품에 대하여, 특히 전시금제품의

57) 해군본부(역), *op.cit.*, p.28.

유형 및 각 유형에 해당되는 물품의 종류에 대하여 일반적으로 규정한 최초의 국제적 문서였다.[59]

그러나 동 선언은 비준되지 않았으며, 더욱이 제1차 대전이후의 총력전에 있어서 런던선언의 원칙을 오늘날 그대로 인정하기는 곤란하게 되었다. 즉, 제1차 세계대전에서는 각국의 금제품 리스트가 현저히 확대되었으며, 자유품도 계속 금제품으로 편입되었다(예 : 면화 및 양모 등). 제2차 대전에서 각국 공통의 현상은 금제품의 품목을 낱낱이 열거하지 않고, '육상, 해상 및 공중의 무장에 직접 소용되는 모든 물품과 재료' 또는 '군사목적과 평시목적의 쌍방에 사용되는 모든 품목과 재료'와 같이 금제품을 일반적으로 규정하는 것이었다. 이로써 전시금제품의 범위가 크게 확장되었으며, 또한 절대적 금제품과 상대적 금제품을 구별하는 의미도 없어지게 되었다.[60]

---

58) 런던선언은 영국의 제안으로 10개 주요 해운국이 모여 개최된 국제회의(1908. 12~1909. 2)에서 채택되었다. 동 선언은 해상교전권과 중립권과의 관계에 있어서의 포획법규를 규정한 것으로 봉쇄, 전시금제품, 군사적 원조, 중립선의 파괴, 군함의 호송 및 임검 등에 관한 내용을 담고 있다. 그러나 동 선언은 영국이 비준하지 않자 다른 나라들도 비준하지 않아 정식으로 발효되지 못하였다. 그러나 동 선언은 당시 통상적으로 인정되던 관습법을 집대성하여 정비하고 그것을 성문화하였다는 점에서 국제법 발전과정에서 높이 평가되고 있다.

59) 그로티우스 이래의 분류에 의하면 전시금제품은 전적으로 전쟁의 용도에 제공되는 물자(무기 및 탄약 등), 즉 절대적 금제품(absolute contraband)과 전쟁용으로도 평화용으로도 사용되는 물자(식료 및 의료 등), 즉 상대적 금제품(또는 조건부 금제품, conditional contraband)의 양자로 구별되어 왔다. 런던선언은 이 구별을 인정하는 동시에 전시금제품으로 인정될 수 없는 자유품을 인정하였다. 이한기, *op. cit.*, p.781.

60) *Ibid.*

다. 요건

전시금제품을 구성하기 위해서는 군용으로 제공될 수 있고(susceptible of belligerent use), 적성목적지(敵性目的地, enemy destination)를 가진 것이어야 한다.

(1) 군용에 제공될 것

전시금제품은 군용에 제공될 수 있는 물품인데 종래에는 이러한 물품이라 할지라도 당연히 전시금제품으로 되는 것이 아니고 국제관습법, 조약, 교전국의 국내법 등에 입각하여 전시금제품으로 미리 선어됨으로써 비로소 전시금제품이 되었다.[61)]

(2) 적성목적지를 가질 것

전시금제품이 되기 위한 제2의 요건은 적성목적지로 수송되고 있는 사실이다. 이 점에 관하여 런던선언은 절대적 금제품과 상대적 금제품을 구별하였다. 절대적 금제품의 경우에는 적국의 영역(점령지 포함)으로 수송되고 있는 것을 입증할 수만 있으면 포획할 수 있으나, 상대적 금제품의 경우에는 적국의 군이나 행정청에 수송되고 있는 것을 입증할 수 없으면 포획할 수 없는 것으로 하였다(제30조, 제33조). 그러나 실제 무력분쟁에 있어서는 화물의 적성목적지에 관하여 포획재판소가 허다한 추정을 행하는 관행이 생기게 되었으며, 이 결과 실질적으로는 양자의 구별이 필요 없는 데까지 이르렀다.[62)]

화물이 직접적으로 적성목적지에 수송되는 경우에만 전시금제품으

61) *Ibid.* p.780.
62) *Ibid.* p.781.

로 인정되는가. 이 문제에 관하여 런던선언은 절대적 금제품에는 소위 연속항해주의(連續航海主義, the doctrine of continuous voyage)[63)]를 적용하고(제30조 후문), 상대적 금제품에는 이 주의의 적용을 인정하지 않았다. 그러므로 런던선언에 있어서 절대적 금제품은 중립항을 목적지로 할지라도 적국영역으로 수송되리라는 증거가 있으면 그것을 포획할 수 있는 반면, 상대적 금제품은 중립항에 양륙되지 않고 직접 적국을 향하여 항행하는 선박에 의하여 수송되는 경우에만 포획할 수 있게 된다(제35조 1항). 2종의 금제품을 구별하는 의미도 여기에 있었으나 제1차 세계대전 시 연속항해주의를 상대적 금제품에도 적용하는 경향이 생기고, 제2차 세계대전은 이 경향을 한층 강화하였다

라. 종류

런던선언은 전시금제품(25종)과 비전시금제품(17종)으로 나누고 전시금제품을 절대적 금제품(11종)과 상대적 금제품(14종)으로 구분하고 있다. 규정된 전시금제품을 그렇게 간주하는 것을 포기하는 국가는 이를 고지하는 선언으로서 통지하는 경우 전시금제품에서 제외할 수

63) 전시금제품 수송에 관한 연속항해주의란 금제품을 수송하는 선박이 중립항을 목적지로 해서 항해중일 경우에도 그 목적지가 표면상의 것일 뿐이고, 중립항에서 양륙 또는 전재된 후 육로 또는 해로를 거쳐 적지로 수송될 것임이 분명할 때는 이를 포획할 수 있다는 것이다. 이 주의의 보다 넓은 의미 속에는 금제품을 수송하는 선박이 일단 중립항에 기항했다가 다시 적항으로 향하려는 것일 경우 그 전후의 항해를 연속적인 것으로 보아 중립항으로 가는 항해 도중에 포획하는 것도 포함시킬 수 있다. 연속항해주의의 채용과 전시금제품의 범위확대는 해상포획에 관한 파리선언의 효과를 감퇴시켰지만 연속항해주의는 그 범위를 한층 넓혀 가고 있는 전시금제품의 통제를 위해 더욱 강화되어 나갔다. 김정균 · 성재호, *op. cit.*, pp.781-782.

있다. 이 경우 그 효과는 선언국에만 미친다(제26조).

전시금제품을 지정하는데 있어 미국과 유럽국가들의 정책은 판이하게 차이가 있다. 유럽제국은 전쟁 목적을 위해서는 식량, 원유, 원자재 공급이 필요하므로 전기품목을 절대적 전시품목에서 제외시키려 하였고, 이에 대해 원자재를 생산하고 있는 라틴아메리카 제국은 찬성하였으나 미국과 캐나다는 제2차 세계대전 중 독일과 그 동맹국에 전쟁보급을 차단하기 위하여 식량, 원유, 섬유, 피혁 등의 공급을 봉쇄하고자 노력했다.64)

(1) 전시금제품

(가) 절대적 금제품(제22조)65)

① 모든 무기(수렵용무기 포함) 및 그 부분품인 것인 명백한 것

② 모든 탄환, 장약, 탄약포 및 그 부분품인 것이 명백한 것

③ 특히 전쟁용으로 제조된 화약 및 폭발물

④ 포가(砲架), 탄약차, 전차, 군용운반차, 야전단공기(野戰鍛工器) 및 그 부분품인 것이 명백한 것

⑤ 군용임이 명백한 피복 및 무장구(武裝具)

⑥ 군용임이 명백한 모든 마구

⑦ 전쟁에 사용할 수 있는 승용, 견인용 및 하물용(荷物用)의 수류

64) 조기성, *op. cit.*, p.127.

65) 이들 물자 외에도 오로지 전쟁용으로 제공되는 물건 및 재료는 선언을 통해 포고하여 고지하는 경우 절대적 금제품으로 추가할 수 있다. 이 경우 고지는 타국정부 또는 선언을 행하는 국가에 주재하는 외교사절에게 통지하는 것으로 이루어졌다고 본다. 전쟁개시 후에 행하는 고지는 중립국에 보냄으로써 충분하다(제23조).

(獸類)

⑧ 진영구(陣營具) 및 그 부분품인 것이 명백한 것

⑨ 갑철판

⑩ 전투용 함정 및 특히 이에 사용할 수 있음이 명백한 부분품

⑪ 병기, 탄약의 제조를 위하여 또는 육군용 혹은 해군용의 무기 및 재료의 제조용 혹은 수리용을 위하여 전적으로 제작된 기계기구(機械器具)

(나) 상대적 금제품(제24조)[66]

① 식량

② 수류(獸類)의 사료용에 적합한 잡초 또는 곡류

③ 군용에 적합한 의복, 피복용 직물 및 가죽류

④ 금, 은, 화폐 및 기타의 지금(地金), 화폐의 대용지폐(代用紙幣)

⑤ 전쟁용에 제공될 수 있는 모든 차량 및 그 부분품

⑥ 모든 선박 및 단정, 부(浮)도크, 도크의 부분 및 그 부분품

⑦ 철도의 고정적 및 군전용 재료와 전신, 무선전신 및 전화용의 재료

⑧ 비행선, 비행기, 氣球 및 그 부분품임이 명백한 것과 항공기에 제공되는 것으로 인정되는 부속품 물건 및 재료

⑨ 연료 및 기계 윤활용품

⑩ 특히 전쟁용으로 제조된 것이 아닌 화약 및 폭발물

66) 절대적 금제품 및 동 조에 규정된 상대적 금제품 외에도 전쟁용이나 평시용으로 제공될 수 있는 것은 고지하는 선언의 방법에 의하여 상대적 금제품으로 추가할 수 있다(제25조).

⑪ 유자철선(有刺鐵線)과 그 가설용 또는 절단용으로 제공되는 기계 기구

⑫ 체철 및 체철용 재료

⑬ 견인 및 안정에 사용되는 물건

⑭ 쌍안경, 망원경, 크로노미터 및 각종 항해용구

(2) 비전시금제품(제28조, 자유품)

① 생면, 양모, 면, 황마, 아마와 기타 직물업용 원료와 그 직계

② 유제품의 원료인 견과, 穀種 및 코프라

③ 코쥬, 고무 수지, 고무, 칠 및 호프

④ 생피(生皮), 각(角), 골(骨) 및 상아

⑤ 천연 및 인조비료(농업에 사용할 수 있는 초산염 및 인산염 포함)

⑥ 광석

⑦ 흙, 점토, 석회, 석(石)(대리석 포함), 연와, 판석 및 개와

⑧ 자기 및 유리기

⑨ 종이류 및 그 제조용으로 제작된 재료

⑩ 비누, 채료(彩料)(전적으로 이를 제조하는 데 사용되는 재료 포함) 및 양칠(洋漆)

⑪ 클로르석탄, 소다회(灰), 가성소다, 솔트케이크, 암모니아, 유화암모니아 및 유화동(硫化銅)

⑫ 농사용, 채광용, 직물업용 및 인쇄용 기계

⑬ 귀석, 준귀석, 진주, 진주모 및 산호

⑭ 벽시계, 탁상시계 및 크로노미터 이외의 회중시계

⑮ 기호품 및 사치품

⑯ 각종 우모 및 강모류

⑰ 가구용 및 장식용 물건과 사무용 기구 및 그 부속품

이들 품목들 외에도 전적으로 상병자의 간호용에 제공되는 물건 및 재료와 선박 자체의 사용에 제공되는 선내에 있는 물건 및 재료67)와 항행 중 그 선박의 승무원 및 승객의 사용에 제공되는 물건 및 재료는 전시금제품으로 간주할 수 없다(제29조).

마. 포획

(1)화물

(가)전시금제품

전시금제품은 적화(敵貨)이든 중립화(中立貨), 적선 상에 있든 중립선상에 있든 무력분쟁 중 중립국 영수 이외의 해상에서 언제든지 포획되어 몰수된다. 전시금제품의 소유자에 속하는 동일 선박 내에 있는 화물도 몰수된다(런던선언 제42조).

전시금제품을 수송하는 선박이 석방될 때에는 각국 포획심검소의 검색절차 그리고 검색 중 당해 선박 및 그 적재화물의 보존에 있어서 포획자가 지출한 비용은 그 선박이 부담한다(동 제41조).

그리고 선박이 전쟁의 사실 또는 그 화물에 대한 전시금제품 선언을 알지 못하고 항해 중에 해상에서 군함을 조우한 경우에는 전시금제품인 물품은 배상을 지불치 않고서는 몰수할 수 없다. 이 선박 및 화물의 잔여분은 몰수 및 제41조에 규정한 비용의 지불이 면제된다.

---

67) 이들 품목도 군사상 중대한 필요가 있는 경우 적국영역, 적국점령지 또는 적군으로 행선지를 가진 때에는 배상을 지불하고 징발할 수 있다(제29조).

선장이 전쟁의 개시 또는 전시금제품에 관한 선언을 알고 있어도 또 전시금제품인 물품을 양륙할 수 없을 때에도 또한 같다. 중립항의 소속국에 대하여 적당한 시기에 있어서 전쟁개시 또는 전시금제품 선언의 고지가 있은 후 선박이 그 항구를 출발한 때에는 상기 선박은 전쟁상태 또는 전시금제품의 선언을 알았던 것으로 간주한다. 또한 전쟁개시 후 적항을 출발한 대에는 그 선박은 전쟁상태를 알았던 것으로 간주한다(동 제43조).

또한 전시금제품을 수송하고 있다는 이유로 정선을 명령받았으나 분량 관계상 몰수되지 않은 선박은 선장이 교전국 군함에 금제품을 인도한다면 사정에 의하여 그 항해를 계속함이 허가될 수 있다. 전시금제품을 인도할 경우, 포획자는 이를 정선을 명령한 선박의 서류에 기입하며, 또한 선장은 필요한 일체의 선박서류의 인증등본을 포획자에게 교부함을 요한다. 포획자는 인도된 전시금제품을 파괴하는 권능을 향유한다(동 제44조).

① 절대적 금제품

절대적 금제품은 적국영역, 적국점령지 및 적군에 향해졌음이 입증된 때에는 포획된다. 그 물품이 직접 수송되건 전재(轉載) 또는 육로로 수송되는가는 관계없다(동 제30조).

절대적 금제품의 행선지를 판단함에 있어 ⓐ 화물이 적항에 양륙되거나 또는 그 군함에 인도되어야 함이 선박서류에 기록되어 있을 때 및 ⓑ 선박이 적항에만 도달하여야 할 때 또는 선박이 선박서류상 화물의 양륙지인 중립항에 도달하기 이전에 적항에 기항하며 혹은 적군과 조우치 않으면 안 되는 것일 때에는 적국영역, 적국점령지 및 적군이 그 행선지라는 것을 명백히 증명하는 것으로 본다(동 제31조).

선박서류는 절대적 금제품을 수송하는 선박의 항로에 관한 증거로 본다. 단, 그 선박이 선박서류의 기재에 의하여 항행하는 항로를 명백히 이탈한 경우에 군함에 조우하며 또한 항로변경에 대하여 충분한 이류를 변증할 수 없을 경우에는 그러하지 아니하다(동 제32조).

② 상대적 금제품

상대적 금제품은 적국의 군대 또는 행정청의 사용으로 향해졌음이 입증된 때에는 포획된다. 단, 행정청에 향해진 경우에 있어서 상대적 금제품(금, 은, 화폐 및 기타의 지금, 화폐의 대용지폐는 제외)이 사실상 전쟁에 사용되지 않음이 제반 상황에 의하여 입증되었을 때에는 그러하지 아니하다(동 제33조). 적국관헌에게 수송될 때, 또는 적구에 거주하는 상인이 그 종류의 물건 및 재료를 적에 공급하는 것이 현저한 경우 그 상인 앞으로 수송되는 화물은 적국의 군대 또는 행정청으로 향하는 것으로 추정된다. 적이 방어하고 있는 장소 또는 적군기지인 기타 장소를 선행지로 하여 수송될 때에도 마찬가지다. 단, 이와 같은 장소로 향하여 항행하는 상선 자체에 관하여 그 전시금제품이라는 성격을 입증하려고 하는 경우에는 행선지는 무해한 것으로 추정한다. 이러한 추정에는 반증이 허용된다(동 제34조).

그리고 상대적 금제품이 적국영역, 적국점령지 및 적군으로 향해 항행하는 선박 내에 있거나 중간의 중립항에서 양륙되지 않는 경우가 아니면 포획할 수 없다(동 제35조 전단). 상대적 금제품이 향하는 적국이 해양에 면하는 국경을 갖지 않은 경우에도 포획된다(동 제36조).

(나) 비전시금제품

중립선상의 비전시금제품은 몰수되지 않으며(파리선언 제2조), 적선 상의 중립화도 보호를 받지만(동 제3조), 적선 상의 화물은 통상 적화(敵貨)로 추정되기 때문에[68] 중립화라는 것을 입증하지 못하면 포획된다. 이 경우 그 화물중의 비전시금제품이 전시금제품의 소유자와 동일인에게 속할 경우 포획된다(런던선언 제42조).[69]

(2) 선박

전시금제품을 수송하는 선박이 적선이든 중립선이든 중립국 영수 이외의 수역에 있어서는 언제든지 나포될 수 있으며, 적국영역, 적국 점령지 및 적군에 도달하기 전에 중간항에 기항하려는 의사를 가진 때에도 또한 같다(동 37조). 또한 전시금제품이 가격, 중량, 용적 또는 운임 상 전체 화물의 반을 넘을 경우에는 이를 수송하는 선박을 몰수 있다(동 제40조).[70]

그러나 전시금제품을 수송하는 선박을 포획할 수 있는 경우는 현

68) 런던선언 제59조. 적선 내에 있는 화물의 중립성을 입증할 수 없을 때에는 그 화물은 적성을 가지는 것으로 추정된다.

69) 영미주의는 이와 같은 런던선언의 감염주의에 일치하는 것으로서 비전시금제품의 몰수를 원칙으로 하나 반드시 이 주의를 일관하지는 않고 선매권(先買權)을 유보하는 실행도 있었다. 이에 대하여 대륙주의(프랑스주의)는 이러한 비전시금제품의 비몰수를 관행으로 한다. 이한기, *op. cit.*, p.782.

70) 전시금제품을 수송하는 중립국선박의 포획에는 영국주의와 대륙주의 입장이 대립하였는데, 영국주의는 선박소유자가 전시금제품의 소유자와 동일한 경우나 선박소유자가 전시금제품 수송에 악의를 가진 경우에 그 선박을 포획한다고 본 반면에 대륙주의는 선박의 적재된 화물 중에 전시금제품이 타 화물과 비교하여 다량인 경우에 한하여 선박을 몰수할 수 있다고 보았다. 런던선언은 후자, 즉 대륙주의 입장을 취하고 있다.

행 중에 한정되며 전에 이행하였거나 또는 현재 종료한 전시금제품의 수송이라는 이유로써 할 수 없다(동 제38조).

5. 해상봉쇄

가. 해상봉쇄의 의의 및 형태

(1) 해상봉쇄의 의의

봉쇄는 교전당사자가 주로 해군력에 의하여 적국 또는 적국이 점령한 지역의 항구 혹은 해안의 전부나 일부에 대하여 해상교통을 차단하는 전쟁행위[71)]이다.[72)] 한편 군사적인 측면에서 볼 때 해상봉쇄는 전쟁이전에는 적국에 대하여 경제적 압력과 교통의 차단 등으로 그의 약체화를 기하고 전쟁의 참화를 방지하는 것이며, 전쟁발발 후에는 적의 무력화와 전쟁필요에 따라 적의 항만·해안·해상기동 등을 방해할 목적으로 해군력을 가지고 차단 고립시키는 해군작전이다.[73)] 이처럼 봉쇄는 "모든 국가의 선박 및 항공기의 출입을 방지하기 위한 목적으로 행하는(for the purpose of preventing ingress or egress of vessels or aircraft of all nations)" 군사작전인 것이다.[74)]

---

71) 봉쇄행위는 전쟁행위로서 자위권 행사를 위하여 실시하는 것이 아닌 한 전쟁의 위법화에 따라 금지되는 행위이며, 특히 1933년의 '침략의 정의에 관한 조약'도 타국의 해안 또는 항구의 봉쇄를 침략행위에 포함하고 있다.

72) Theodore Halkiooulas, "The Interference between the Rules of new Laws of the Sea and Law of War", Rene-Jean Dupuy and Daniel Vignes(eds.), *A Handbook of the New Law of Sea*, Vol.2, Dordrecht, Martinus Nijthoff Publishers, 1991, p.1329; Ludwig Weber, "Blockade", Rudolf Bernhardt(ed.), *Encyclopedia of Public International Law*, Vol.3, Amsterdam, North-Holland, 1982, p.47.

73) 병관수, 군사학대사전, 서울, 세문사, 1964, p.46.

봉쇄는 교전당사자에 의하여 행하여지기 때문에 교전당사자인 국가 및 교전단체는 봉쇄의 주체가 될 수 있지만 반란단체(insurgency)는 봉쇄를 행할 수 없다. 왜냐하면 반란단체의 승인의 효과는 제3국에게 중립의무를 지우지 않기 때문이다.75)

또한 봉쇄는 주로 해군력에 의하여 행하여지는 것이 일반적이지만 이는 반드시 함정세력만을 의미하는 것은 아니다. 해군은 공군과 육군 장거리포의 도움을 받아 봉쇄할 수도 있다. 특히 현대에 들어 항공기의 발달로 항공기에 의한 봉쇄가 주목받고 있다.76)

그리고 봉쇄는 적국 또는 적국이 점령한 지역77)에 대하여 행하여진다. 따라서 중립국의 항구나 해안의 봉쇄는 금지된다(런던선언 제18

---

74) H. Lauterpacht, *Openheim's International law*, 7th ed., Vol.2, London, Longmans, 1952, pp.768-769.

75) Herbert W. Briggs, *The Law of Nations: Case, Documents and Notes*, 2nd ed., New York, Appleton, 1953, p.1003.

76) James M. Spaight, *Air Power and War Rights*, 3rd ed., London, Longmans, 1947, p.396. 한편 항공기에 의한 봉쇄는 실효성을 갖추지 못한 지상봉쇄(paper blockade)로 위법이라는 반론도 있다. Phillip C. Jessup, *A Modern Law of Nations*, New York, Macmillan, 1948, p.119. 그러나 광대한 지역의 봉쇄를 실시키 위해 항공모함에서 발진하는 항공기 세력으로 실효적 봉쇄가 성립될 수 있을 것이다. 봉쇄지역으로 접근하는 수상함정의 통제는 무선으로 가능하며, 봉쇄침파의 혐의가 있는 함정의 수색을 위해 항공기는 혐의선박을 수상함 쪽으로 유도할 수 있을 것이다. 김영구, "해상봉쇄에 관한 해전법규의 발전과 변모(II), 해양전략 제33호, 1984, p.23. 항공기를 이용한 해상포획에 관한 전반적인 내용에 대해서는 Zbigniew Rotocki, "Aircraft and Prize Law in Sea Warfare", 4 *Polish Yearbook of International Law*, 1977, pp.187-208 참조.

77) 일반적으로 적국이 점령한 지역이란 제3국의 영역을 말하는 것이 일반적이지만 적국이 점령한 자국(봉쇄국)의 영역일 수도 있다. 이러한 봉쇄의 사례로는 보불전쟁 당시 프랑스가 독일군에 의해 점령당한 자국 항구인 Rouen, Dieppe, Fecamp을 봉쇄한 것을 들 수 있다. H. Lauterpacht, *op. cit.*, p.773.

조). 1909년의 런던선언도 마찬가지로 "봉쇄는 적국 또는 적국 점령지의 항구 및 연안에 한하여 이를 시행하여야 한다(blockade must not extend beyond the ports and coasts belonging to or occupied by the enemy)"고 규정하고 있다(동 제1조). 적국과 중립국 사이에 있는 항구는 중립국의 권리를 침해하지 않는 범위 내에서 봉쇄할 수 있으며, 중립국의 항구나 해안에 도달할 것이 명백한 중립선은 통과를 허용하여야 한다.

봉쇄의 목적은 적국의 영토로 또는 그로부터 인원 및 물자를 수송하기 위하여 적이 적국 또는 중립국의 선박 및 항공기를 이용하는 것을 거부하는데 있다. 적국으로의 전시금제품 유입을 막기 위하여 중립국 영역외의 어느 곳에서도 행사할 수 있는 교전국의 임검 또는 수색권과는 달리 교전자의 봉쇄권은 적을 국제해역 또는 공역으로부터 분리시키기 위하여 설정, 공표된 봉쇄선을 선박과 항공기가 통과하지 못하도록 한다. 이처럼 봉쇄는 적국의 교통을 단절하는 행위로서 적의 항구나 해협을 공격하거나 점령하는 전투행위가 아니라 해상교통을 차단함으로써 경제적 저항력을 약화하는데 있다.[78)]

봉쇄는 그 성립에 불가결한 요건을 사실상 갖추지 못하게 될 때 종료된다. 교전당사자가 봉쇄를 해제하고 이를 중립국 및 봉쇄구역의 지방관헌에 고지하는 경우(런던선언 제13조), 봉쇄부대의 대부분이 다른 방면으로 회항하는 등 봉쇄가 실효성을 상실한 경우, 봉쇄함대가 특정 중립국 또는 자국 선박에게만 봉쇄항에의 출입을 허가하는 등 차별대우를 하는 경우 및 봉쇄는 전쟁을 전제로 실행되므로 전쟁이 끝난 경우에 종료된다.

78) H. Lauterpacht, *op. cit.*, p.768.

그러나 악천후로 인하여 봉쇄함대가 일시 그 장소를 이탈하거나(동 제4조), 다른 함선의 추적을 위하여 일시 그 장소를 이탈한 경우에는 실효성을 잃지 않는다. 그리고 해난으로 인하여 봉쇄구역을 출입해야 할 때에는 적화를 양륙하지 않을 것을 조건으로 예외적인 대우를 할 수 있다(동 제7조). 미국 해전법규에서도 "급박한 위난에 처한 중립국의 선박 및 항공기는 봉쇄함대에 대하여 지휘관이 지시한 조건하에 봉쇄구역으로 들어오고 또한 나갈 수 있도록 허가할 수 있다"고 규정하여 런던선언과 뜻을 같이 하고 있다.79)

(2) 해상봉쇄의 형태

봉쇄는 수단, 방법, 시기 및 목적 등에 따라 다양하게 구분된다. 첫째, 봉쇄는 전시봉쇄(belligerent blockade)와 평시봉쇄(pacific blockade)로 구분할 수 있다. 전시봉쇄는 전쟁의 수행방법으로 행하여지는 전쟁행위이며, 평시봉쇄는 전쟁을 전제로 하지 않고 평시에 복구수단으로 행하여지는 봉쇄이다. 통상적으로 봉쇄라고 할 때에는 전시봉쇄를 의미함이 일반적이다. 결국 양자의 구별은 전쟁이냐 복구냐의 구별문제로 귀착된다.80)

둘째, 봉쇄는 내부봉쇄(inward blockade)와 외부봉쇄(outward blockade)로 구분할 수 있다. 일반적으로 모든 봉쇄는 모든 선박의 출입항을 동시에 방지할 목적으로 선언된다. 그러나 입항 또는 출항만을

---

79) The Law of Naval Warfare(NWIP-10), 제632항 h(2).

80) 평시봉쇄는 침략행위, 평화의 파괴 및 평화에 대한 위협을 이유로 한 국제연합 안전보장이사회의 결의에 의한 제재조치로 또는 자국 또는 자국민의 안전과 재산에 대한 불법적인 무력공격 시 자위권행사의 수단으로 행해지는 경우를 제외하고는 국제법상 위법한 행위이다.

방지하기 위하여 선언하는 경우도 있는 바, 전자는 내부봉쇄, 후자는 외부봉쇄라 한다. 내부봉쇄의 예로는 1854년 크리미아전쟁 당시 동맹군이 다뉴브강의 입구에 대한 봉쇄를 행하였음을 들 수 있는데 이는 바다로부터 러시아군에게 공급되는 보급을 방지하고자 함에 그 목적이 있었다.[81)]

셋째, 봉쇄는 전략적 봉쇄(strategic blockade)와 통상봉쇄(commercial blockade)로 나뉜다. 전략적 봉쇄는 해군봉쇄(Naval blockade) 또는 함대봉쇄(Fleet blockade)로 불리는 것으로 해군의 독자적인 작전으로 적국이나 적의 점령지역의 항구 또는 해안을 공격하기 위하여 설정되거나 적군의 군수보급을 차단하기 위하여 선언되는 봉쇄이며, 반면에 통상봉쇄는 군사행동이 개시되기 이전에 외부로부터 물자의 공급을 차단함으로써 적국의 경제력을 약화시키는 것을 직접목적으로 하여 선언되는 봉쇄로 경제봉쇄(Economic blockade)라고도 한다.[82)]

넷째, 봉쇄는 정박봉쇄(anchored blockade)와 순항봉쇄(watched blockade)로 구분된다. 정박봉쇄란 봉쇄항 또는 봉쇄해안의 전면에 함대가 계속적으로 정박하여 봉쇄구역을 침파하려는 선박에게 위협을 주는 봉쇄를 말하며, 순항봉쇄란 봉쇄항구 또는 봉쇄해안을 출입하는 선박을 포획할 수 있을 정도의 병력으로 감시하는 봉쇄를 말한다.[83)]

이외에도 지상봉쇄(paper blockade, 위장봉쇄(fictious blockade)라고도 함), 석봉쇄(stone blockade), 장거리봉쇄(long distance blockade), 자기봉

81) H. Lauterpacht, *op. cit.*, p.771.
82) 김영구, "해상봉쇄에 관한 해전법규의 발전과 변모", 국제법학회논총, 제57호, 1985, p.104.
83) 문정식, "봉쇄에 관한 소고", 해양법자료집 제3호, 1984, p.12.

쇄(self blockade) 등이 있다. 지상봉쇄는 병력에 의해서 실효성이 보장되지 않고 단순한 선언에 의한 무형의 봉쇄로서 그 효력이 인정되지 않으며, 석봉쇄는 돌의 침적에 의해서 행하는 봉쇄로 1861년에 미국의 남북전쟁 당시 연방정부는 찰스톤항을 돌을 적재한 선박을 침몰하여 봉쇄하였다. 그러나 이러한 행위는 일반적인 의미로서의 봉쇄라고는 할 수 없다. 오히려 위장봉쇄의 일종이라고 보는 것이 타당하나, 만일 석봉쇄가 해군력에 의해 유지될 때에는 봉쇄라고 볼 수 있겠다. 장거리봉쇄는 제1차 세계대전 이후 생겨난 특수한 봉쇄로서 해군력에 의해 일정한 항구나 해안을 봉쇄하는 것이 아니라 일정한 해역을 군사지역으로 획정하여 놓고 그 해역 내에서 발견되는 적상선은 정선, 검색 등이 없이 직접 격침한다는 것을 선언한 것이기 때문에 중립국 선박도 커다란 위험이 따르게 된다. 자기봉쇄는 반란단체가 본국에 의해 봉쇄당하는 경우에 성립하는데 이러한 봉쇄는 반란단체를 진압하기 위한 경찰권의 행위에 불과하기 때문에 진정한 의미의 봉쇄라고 할 수는 없다.[84)]

다음으로 특수한 봉쇄의 일종으로 안전수역(Zone of Security)이 있다. 이는 중립국이 설정하는 차단수역으로 종래에 볼 수 없는 특수한 봉쇄의 일종이다. 제2차 세계대전 초인 1939년 10월 3일 미주제국은 제1회 외상회의에서 안전수역에 관한 선언을 채택하고 내전국

---

84) 자기봉쇄의 예로는 “반도나 혁명집단에 의해 점령된 지역의 국내적 평화의 확보와 통신을 방지하기 위하여 국가가 자신의 항구나 하천에의 출입을 금지하는 행위는 봉쇄라 부르지 않는다”라고 한 1904년에 미국과 베네수엘라 간의 Orinoco Steamship Co. Case가 있다. George Schwarzenberger, *International Law as Applied by International Courts and Tribunals*, ii, The Law of Armed Conflict, London, Stevens, 1968, p.681.

의 전쟁행위에 대한 미주대륙의 자위조치를 강구하였다. 그 안보수역의 범위는 미주제국의 해안으로부터 수백 마일이나 되었으며, 영국·프랑스·독일은 이러한 안전수역의 국제법적 근거를 인정할 수 없다고 항의하였으나 미주제국은 안전수역의 수호를 선언하여 양보하지 않았다.85)

한편 해양전략사상가 줌왈트 제독은 봉쇄를 전통적인 교전봉쇄(traditional belligerent blockade), 평시봉쇄(pacific blockade) 및 제한봉쇄(limited blockade)로 구분, 교전봉쇄는 봉쇄 그 자체가 전쟁을 수행하기 위한 교전적 성격의 봉쇄이며, 제한봉쇄는 전시봉쇄와 평시봉쇄의 중간단계로 확전을 방지하기 위한 제한적 성격의 봉쇄라고 설명하고 있다.86)

나. 해상봉쇄법의 성립 및 내용

(1) 해상봉쇄법의 성립

노선시대의 해상봉쇄는 로마와 카르타고의 지중해에서의 패권을 차지하기 위한 포에니 전쟁에서 찾아 볼 수 있다. 제1차 포에니 전쟁에서 로마함대는 시칠리아 섬에 대하여 해상봉쇄를 실시하여 카르타고군의 고립을 기도하였다. 이때의 봉쇄는 군수적재능력의 제한으로 장기간 실시가 곤란하였다. 또한 함선은 폭풍에 취약했기 때문에 가능한 한 원거리 항해를 기피하였다. 따라서 적의 세력을 기동하지 못하게 봉쇄한다는 개념은 범선이 출현하면서 가능하게 되었다.87)

---

85) 이한기, *op. cit.*, p.784.

86) Elmo R. Zumwalt, "Blockade and Geopolitics", 4 *Comparative Strategy*, No.2, 1983, p.24 참조. 제한봉쇄는 평시봉쇄와 유사하나 보다 장기적이고 전반적이며, 전면전에는 미치지 못하는 제한된 방법으로 실시된다. *Ibid.*

해군력에 의한 최초의 공식적인 봉쇄는 1584년 네덜란드에 의한 스페인령 플랑드르(Flanders) 해안에 대한 봉쇄이다.[88] 이때부터 군사력의 측면에서 봉쇄를 확립하고 중립국으로부터 그 합법성을 인정받기 위해서는 어떤 요건이 요구되는가 하는 것이 문제되었다. 이후 각기 다른 국가이익들의 대립으로 이의 규제법규를 확립하지 못했음에도 불구하고 각국은 다양한 형태의 봉쇄를 실행하여 왔다.

해상봉쇄는 영국과 프랑스의 7년 전쟁(1756-1763)에서도 사용되었다. 개전 6개월 전인 1755년 여름 영국은 프랑스에 대하여 봉쇄를 실시하였는바, Ushant와 Cape Finisterre에 있는 프랑스 선박에 한정하여 적용되었던 이 봉쇄의 목적은 전쟁발발 전에 프랑스를 전략적으로 약화시키고자 하였던 것이다. 7년전쟁이 공식적으로 선언되기 이전 이미 영국 해군은 300척의 프랑스 상선과 6,000명이 넘는 선원들을 포획하고 있었다. 전쟁기간에 모든 프랑스 항구는 봉쇄되고, 프랑스 항구로 향하는 모든 선박은 국적에 관계없이 합법적인 전리품으로 포획될 것이라고 영국은 공표하였다. 영국 해군은 중립국 선박까지도 포함하는 이 봉쇄작전을 계속하였으며, 1758년에는 176척이 넘는 중립국 선박을 포획하였다.[89] 이러한 봉쇄는 그 당시 해양에서 경쟁자가 없었던 영국이 어떤 형태의 봉쇄를 설정하여 강제하든 인정될 수밖에 없다는 힘을 바탕으로 한 현실주의적 입장의 표출이었

87) 임동원, 해상봉쇄의 전략적 가치와 해군력 발전방안, 해군대학 졸업논문, 1996, p.8.

88) James F. McNulty, Blockade: Evolution and Expectation, 62 *US Naval War College International Law Studies*, 1980, pp.172-174. 동 봉쇄는 봉쇄선언에만 의존하여 간혹 임검하여 혐의가 있을 경우 나포할 뿐이어서 실효성을 결여한 지상봉쇄였다.

89) 김성찬 역, “봉쇄”, 해양전략 제77호, 1992, pp.168-169.

다.[90]

이후 계속되어온 해상봉쇄에서 봉쇄국들은 선언, 공포 또는 유사한 수단들을 이용하여 봉쇄관련 사실들을 중립국에게 고지하였지만, 종종 그 불공평으로 인하여 중립국과 봉쇄국 간의 갈등 및 마찰을 가져왔다.[91] 봉쇄가 일반화됨에 따라 이전의 관행 대신에 이를 규제할 일반규칙이 요구되었던 것이다. 이에 따라 국제법학자들은 기존의 관행을 그대로 인정하여 이를 정당화하기에 앞서 적의 보급선을 차단하고자 하는 교전국의 열망과 타국과의 교역을 지속하고자 하는 중립국의 이익을 조화시키고자 노력했다.

그러나 전통적인 봉쇄법의 근간이 된 것은 실질적으로 국가관행이었다. 당시까지 행해지던 봉쇄관행의 분석에서 전통적인 봉쇄법의 주요내용들을 도출했던 것이다. 중립국들은 교전국들의 특수한 봉쇄관행에 대해 침묵함으로써 묵시적으로 그에 따르기도 하고, 공개적으로 항의하거나 분쟁에 개입함으로써 그러한 관행에 대한 거부를 나타내기도 했다. 이러한 중립국과 교전국간의 대립과 타협으로 봉쇄의 설정(establishment) 및 강제(enforcement)를 규제하고 봉쇄기간 동안 상반되는 중립국 및 교전국의 권리들을 조정하는 원칙들, 즉 적절한 설정, 충분한 고지, 실효적 강제, 공평한 적용, 중립국 권리의 존중 및 봉쇄침파의 처벌이라는 일반원칙들이 확립되었다.[92]

---

90) Alfred T. Mahan, *The Influence of Seapower Upon History*, New York, Hill and Wang, 1957, p.275 참조. 프랑스 함대를 파괴하기보다는 무력화시키기 위한 이러한 영국의 봉쇄로 전쟁 중이나 전쟁 후에 있어서도 프랑스를 계속 열세한 상태에 처할 수밖에 없었다. *Ibid.*, p.261.

91) James F. McNulty, *op. cit.*, p.175.

92) Michael G. Fraunces, “The International Law of Blockade: New Guiding Principles in Contemporary State Practice”, 101 *The Yale Law Journal*,

이후 이러한 원칙들은 봉쇄의 설정 및 강제에 있어, 그리고 상충하는 이해를 조정함에 있어 기본이 되었다. 중립국들은 일반적으로 봉쇄를 존중하여 자국 상선에 대한 임검 및 수색을 묵인하였으며, 교전국들은 일반적으로 중립무역에 종사할 중립국의 권리를 존중했다.[93] 또한 봉쇄국으로서 뿐만 아니라 중립국으로서 봉쇄를 경험한 해양강대국들도 이러한 전통적 원칙들의 가치를 인정하여 이를 승인하고, 자국 포획법원에서 봉쇄의 정당성과 제3국 선박의 권리의무를 판단함에 있어 그 준거로 이러한 전통적 원칙들을 원용하였다.[94]

중립국 및 해양강대국의 전통적 주요원칙들의 존중은 봉쇄군의 조치와 중립국 상선들의 조치들은 더욱 예상할 수 있게 하였고, 합리적 범위내의 봉쇄를 가능케 하여 중립국과 봉쇄국간의 갈등이 분쟁으로 발전될 가능성을 감소시켰다.[95] 이러한 각국의 태도와 이후 형성된 관행들은 교전국 군함과 중립국 상선간의 다양한 이익들을 조정하고 분쟁과 갈등을 감소시킴으로서 그러한 원칙들을 국제관습법의 지위로 올려놓았다.[96]

1992., p.895.

93) Daniel P. O'Conell, *The Influence of Law on Sea Power*, Manchester, 1975, pp.18-19.

94) 해양강국들은 제국건설이라는 공통의 목적을 갖고 있었는데, 봉쇄법은 이러한 그들의 목적추구를 반영한 것이었다. 교전국들은 해외식민지 건설에 봉쇄법을 이용했다. 당시 그들은 교전국 및 중립국으로서의 자신들의 역할이 얼마나 빨리 역전되는가를 알고 있었으며, 그리고 양자의 권리들을 존중할 가치가 있다는 것을 인식하고 있었다. Michael G. Fraunces, *op. cit.*, p.899.

95) Michael G. Fraunces, *op. cit.*, p.893.

96) W. T. Mallison, *Studies in the Law of Naval Warfare: Submarines in General and Limitted Wars*, 1966, p.61, Michael G. Fraunces, *op. cit.*, p.896에서 재인용.

그런데 제1차 세계대전 발발 시까지 봉쇄의 설정 및 강제에 있어 지침이 되었던 이러한 전통적 원칙들은 이미 17세기 말부터 일반적으로 승인되고 있었음에도 불구하고 대륙국과 영국간의 매우 첨예한 의견대립으로 1856년까지 공식적인 국제적 합의나 이들 원칙들의 적용에 대한 국제적 승인을 받지 못했다.97)

그 이후 1909년 주요 해양국들은 관습봉쇄법의 법전화를 위하여 런던에서 회합을 갖고 이제가지의 관행과 관행에서 도출된 원칙들을 명문화하였다. 이것이 런던선언이다. 그러나 회의 참석자들은 런던선언에 서명은 했었지만 발효에 필요한 비준은 하지 않았다. 하지만 동 선언은 전통봉쇄법의 원칙들을 집단적으로 승인한 당시까지의 관행과 각국의 입장을 확인할 수 있는 유일한 법적 문서일 뿐만 아니라 오늘날의 해상봉쇄를 규제하는 기본적인 지침역할을 하고 있다.

---

97) 크리미아전쟁 수 세기 전부터 유럽 여러 국가들에 의해서 받아들여진 중립국의 선박이나 화물과 구분하여 적국의 선박과 화물의 대우에 대하여 대체로 반영되지 않았다. 동 전쟁의 발발과 함께 분쟁당사국들은 해상에서의 선박나포에 대한 규정을 일치시켜야 할 필요성을 느꼈다. 이에 1856년 2월 25일부터 4월 16일까지 파리에서 개최된 회의에 소집된 7개국(오스트리아, 프랑스, 영국, 프러시아, 러시아, 사르디니아 및 터키) 대표들은 사략선의 폐지, 중립국 선박 내의 적국 또는 중립국의 화물(전시금제품 제외)의 나포 금지, 봉쇄의 유효성 요건을 규정한 파리선언을 채택하였다. 동 선언은 해상봉쇄를 명문화한 최초의 공식문서이다. 비록 동 선언이 7개국에 의해 서명되었지만(총 가입국 51개국) 그 후 사실상 모든 해양국들이 동의하였으며, 많은 비당사국들도 동 선언을 준수하여 국제관습법으로 받아들여졌다. 해군본부, 전쟁법규집, 1988, p.28. 당시 미국은 공식적으로는 동 선언을 승인하지 않았지만 실제로는 미국내전과 1898년의 스페인 전쟁에서 이를 인정하였다. Herbert A. Smith, "The Delaration of Paris in Modern War", 55 *The Law Quarterly Review*, 1939, p.237.

(2) 해상봉쇄법의 내용

(가) 적절한 설정

봉쇄를 설정할 수 있는 권리는 적대행위에 공개적으로 참여한 국가에게만 한정된다.[98] 봉쇄국은 이를 설정할 경우 봉쇄설정을 결정한다는 일방적 의사표시인 봉쇄선언을 행한다. 봉쇄의 선언은 종래의 국가관행으로 봉쇄요건이 아니었으나 런던선언에서 비로소 봉쇄의 성립요건이 되었다.[99] 이는 국가행위이므로 봉쇄를 설정하는 국가 또는 해군당국에 의해서 행하여야 한다.[100] 따라서 함대사령관이 재량에 의하여 봉쇄의 선언을 행할 수 없다. 그러나 함대사령관에게 선언의 권한이 부여된 경우 또는 선언 후 본국정부에 의하여 사후추인이 행해진 때에는 예외이다. 봉쇄의 선언에는 봉쇄개시일, 봉쇄구역의 범위 및 중립선박에 허용되는 퇴거기한 등이 명시되어야 한다. 실제 봉쇄와 다른 봉쇄인 경우 그 선언된 봉쇄는 무효이며, 새로이 봉쇄를 선언해야 한다.

(나) 충분한 고지

충분한 고치 원칙은 적절한 설정 원칙과 밀접하게 관련되어 있다. 봉쇄의 고지는 봉쇄를 결정하였다는 통지로서 고지를 하지 않은 경우에는 그 사실에 입각한 권리를 주장할 수 없다.[101]

---

98) H. Lauterpacht, *op. cit.*, p.775.

99) L. Weber, *op. cit.*, p.48.

100) 런던선언 제9조. 1967년 5월 제3차 중동전쟁의 직접적인 도화선이 되었던 아랍연맹의 이스라엘 아카바만에 대한 봉쇄는 아랍연맹 대통령이, 쿠바미사일 위기 시 해상차단 및 베트남 전쟁에서 북베트남 봉쇄는 미국 대통령이 봉쇄를 선언했다.

봉쇄의 고지방법으로는 일반적 고지(general notification), 지방적 고지(local notification), 개별적 고지(special notification)의 3가지가 있다. 일반적 고지는 모든 중립국에 대한 고지로서 직접 중립국정부에게 공신을 발하거나 봉쇄를 행하려는 국가에 주둔하는 중립국의 대사·공사에게 공신을 보내어 행한다(런던선언 제11조 1항). 지방적 고지는 봉쇄된 항구, 해안에 대한 고지로서 봉쇄함대의 지휘관이 지방관헌에 대하여 행한다.[102] 지방관헌은 가능한 한 속히 봉쇄항 또는 봉쇄해안에서 직무를 집행하는 외국의 영사에게 이를 통지해야 한다(런던선언 제11조 제2항). 미국 해전법규에서도 적절한 수단으로써 모든 국가의 정부에 대하여 고지하는 것이 실례이다. 봉쇄부대의 지휘관은 항상 봉쇄구역의 지방당국에 고지를 행한다고 규정함으로써 일반적 고지는 물론 지방적 고지를 원칙으로 하고 있다.[103] 개별적 고지는 봉쇄함대에 의한 개개의 선박에 대한 고지이다. 개개의 중립선박이 봉쇄사실을 실제로 몰랐던 경우는 반증의 자유를 인정하여 반증이 성립하면 봉쇄함대 지휘관은 다시 해당선박에 고지함과 아울러 해당선박의 항해일지에 기입하게 된다.[104] 이와 같이 고지의 방법은 세 종류이지만 런던선언은 일반적 고지와 지방적 고지를 채택하고 있다.

---

101) H. Lauterpacht, *op. cit.*, pp.775-776.

102) 한편 중립국 정부에 대한 일반적 고지로 충분하며 봉쇄연안지역의 지방관헌에 대한 고지는 필요 없다는 견해도 있다. 천본정소, "현행법상의 해상봉쇄", 기술정보, 제24호, 해군본부, 1984. 9, p.3.

103) NWIP-10, 제632항 C.

104) 천본정소, *op. cit.*, p.3.

(다) 실효적 강제

전통적 봉쇄법은 봉쇄를 설정해서 종료되기까지 실효적인 강제를 요구했다. 이는 교전국이 봉쇄를 강제할 능력도 없으면서 봉쇄를 선언하는 소위 지상봉쇄(paper blockade)를 불법화하여 중립국 통상에 대한 제한을 가능한 한 줄이기 위해서였다.[105] 동 원칙은 이론적으로는 만약 봉쇄국이 적연안에 충분한 수의 군함들의 배치할 능력과 자원을 갖고 있지 못한 봉쇄에 의해 무역거래에서 방해받고 싶지 않다는 중립국의 의도를 반영한 것이다.[106] 봉쇄가 효과적이기 위해서는 "적연안에의 접근을 실질적으로 방지할 수 있을 정도로 충분한 군대에 의해 유지되어야 한다."

봉쇄의 실효성 보장방법에 있어서 대륙주의와 영미주의는 입장을 달리하였다. 대륙주의는 정박봉쇄를 주장하고, 영미주의는 순항봉쇄를 주장한다. 그러나 오늘날 함정의 고속화 및 항모의 출현 등 전투수단의 발달에 따라 정박봉쇄는 그 의미를 상실하였으며, 1856년의 파리선언 제4조이나 1909년의 런던선언 제2조에서 순항봉쇄(영미주의)를 채택하였고, 대표적 대륙주의 지지국인 프랑스도 제1차 세계대전 이후 정박봉쇄 주장을 포기하였다.[107]

---

105) Robert W. Tucker, *The Law of War and Neutrality at Sea*, 50 U.S. Naval War College International Law Studies, 1955, p.285.

106) Francis H. Upton, *The Law of Nations affecting Commerce during War*, London, Methuen & Co., 1863, p.278. Michael G. Fraunces, *op. cit.*, p.897에서 재인용.

107) H. Lauterpacht, *op. cit.*, p.780.

(라) 공평한 적용

전통적 봉쇄법은 또한 국적에 관계없이 모든 선박에게 봉쇄를 공평하게 적용해야 할 의무를 요구했다(런던선언 제5조). 이는 무역거래를 지속케 함으로서 영국의 상업적 이익은 허용하면서도 특정항구에의 타국선박의 출입을 금지하던 18세기 및 19세기 초의 불공평한 영국관행에 대한 대륙국가의 반발에서 나왔다.[108)]

여기서 공평이란 국가에 대한 공평을 의미하며 선박에 대한 공평을 뜻하는 것이 아니다. 따라서 각국에 대하여 평등하게 취급하는 한 일정 종류의 선박에 한하여 출입을 허용할지라도 봉쇄의 유효성은 저해되지 않는다.[109)] 즉 출입항에 대한 허용여부는 각국에 평등하게 적용되는 한 봉쇄함대 지휘관의 자유재량이었다(런던선언 제6, 7조).

따라서 해난을 만난 선박이 봉쇄해역내로 일시 피난하여 재출발하는 것을 허가하여도 적화에 이상이 없는 경우는 공평을 위반한 것이 아니다(동 제7조). 그리고 봉쇄항으로의 입항 또는 봉쇄항으로부터의 출항 중 어느 한쪽만을 금지하는 경우도 봉쇄의 공평성을 위반하는 것이 아니다. 실제로 봉쇄되었을 때 봉쇄항 내에는 중립선박은 허가된 퇴거기간에 출항하는 것에는 봉쇄선 통과가 인정되고 있으나 출항하지 않고 재항하는 것은 이를 포획할 수 있다.[110)]

(마) 중립국 권리의 존중

중립국 권리의 존중 원칙은 중립국과 교전국 권리 및 의무간의 매

108) James F. McNulty, *op. cit.*, p.176.
109) 김명기, 국제법원론(하), 박영사, 1996, p.1487.
110) 천본정소, *op. cit.*, p.4.

우 복잡한 관계를 나타낸다. 봉쇄군은 중립국이 봉쇄항 또는 봉쇄연안과 직접적으로 통상하는 것을 방지할 권리를 갖는 바, 중립국항에 대한 접근의 방지까지 봉쇄를 확대하지는 않는다. 즉 봉쇄는 중립항 또는 중립지역으로 도달하는 것을 차단하는 것이어서는 안 된다(동 제18조). 한편 적국과 중립국 사이에 있는 항구에 대해서는 관계중립국의 권리를 침해하지 않는 범위 내에서 봉쇄할 수 있으며, 중립국의 항구나 해안에 도달할 것이 명백한 중립선은 통과를 허용하여야 할 것이다.

봉쇄군의 권리는 중립국의 위반행위가 행해진 위치, 즉 중립국 선박의 위치에 따라 다양하다. 봉쇄국 선박과 적연안 중간에 위치하는 수역에서는 교전국은 봉쇄연안을 출입하는 등 봉쇄침파를 시도하는 어떠한 선박을 나포(capture) 할 수 있다(동 제17조). 출항침파의 경우 봉쇄를 침파하는 선박은 봉쇄군의 선박에 의해 계속적으로 추적되는 동안 나포될 수 있다(동 제20조).

봉쇄구역 외부 및 공해에서 교전국은 적국에 전시금제품(contraband)을 수송하고 있는 것으로 의심되는 선박을 정선시키기 위하여 "임검 및 수색(visit and search)"의 관행에 의존해 왔다. 공해를 항행하는 교전국 군함은 모든 상선을 임검 및 수색할 권리를 갖는다. 적에게 전시금제품을 수송하는 것이 확인된 상선은 나포되어 교전국의 가까운 항으로 인치되었다. 그런 다음 교전국의 포획법원은 나포된 선박과 화물의 운명을 결정했다. 상선이 나포 또는 임검 및 수색에 저항하는 경우 봉쇄군은 추적할 수 있으며 필요하다면 그 선박을 복종하도록 하기 위하여 피해를 입히거나 파괴할 수 있다.[111]

111) William O. Miller, "A New International Law for the Submarine?", *US*

(바) 봉쇄침파 선박의 처벌

봉쇄침파(breach of blockade)란 유효하게 성립된 봉쇄선을 선박이 통과하여 봉쇄구역으로 출입하는 행위를 말한다. 봉쇄침파가 성립하기 위해서는 봉쇄선을 침범한 자가 봉쇄사실을 알고 있어야 하며(봉쇄의 인식), 중립선박이 봉쇄를 돌파하여 그 봉쇄지역을 통과하였거나 통과하기 위하여 항행하고 있어야 하며(봉쇄선의 통과), 봉쇄선을 침입한 중립선박은 현행중에 포획된 것이어야 한다(현행중).

봉쇄의 인식의 정도는 대륙주의와 영미주의가 견해를 달리한다. 대륙주의는 추정적 인식으로는 부족하고 현실적인 인식이 있어야 한다고 한다. 따라서 개별적 고지가 있어야 하며 그 후에 봉쇄선을 통과하려고 할 때에 봉쇄의 침파가 성립된다고 한다. 반면에 영미주의는 일반적 고지가 있으면 봉쇄의 사실을 알고 있는 것으로 추정하며, 부지의 사실을 선박 측에서 입증해야 한다. 런던선언에서는 현실적 또는 추정적인 인식이 있어야 한다고 규정하고 있기 때문에 양 주의를 조화시킨 것으로 보인다(동 제14조). 미국 해전법규에서도 런던선언과 같은 내용을 규정하고 있다.[112]

어떠한 경우를 통과의 시도라고 볼 것인가에 대하여도 대륙주의와 영미주의가 대립된다. 대륙주의는 힘이나 기계를 사용하여 봉쇄선을 통과하고자 시도하는 것이 필요하다고 한다. 반면에 영미주의는 봉쇄선 근처에서 봉쇄선을 향한 방향으로 항행하거나 또는 그 봉쇄를 고지하고 있는 항을 향하여 집행하고 있는 경우에도 봉쇄선의 통과를 시도한 것으로 인정된다. 또한 연속항행주의를 주장하여 외관상

Naval Institute Proceeding, Oct. 1966, p.97.

112) NWIP-10, 제632항 g.

중립국항 또는 봉쇄되지 않은 적항을 향하여 항행하는 선박이라 할지라도 다시 그 곳을 경유하여 봉쇄항으로 항행할 의도가 있을 경우에는 그 선박을 포획할 수 있다는 것이다. 런던선언에 있어서는 통과의 시도에 대한 규정이 없다. 다만 봉쇄함대는 선박이 중립국의 항구나 해안에 도착하는 것을 차단할 수 없고, 현재 봉쇄되지 않은 영해를 향하여 항해하고 있을 때에는 선박이나 화물을 포획할 수 없다고 규정하고 있다(런던선언 제192h). 이는 연속항해주의를 인정하지 않았음을 의미한다.113)

봉쇄의 침파는 현행중(in delicto)의 침파행위에 대해서만 성립한다(런던선언 제38조). 그러나 미국 해전법규에서는 봉쇄침파의 미수에 관하여 다음과 같이 정의했는데 “봉쇄침파는 어떤 선박이나 항공기가 봉쇄를 무효화할 의도로써 항구나 활주로를 출발한 때로부터 발생한다. 만일 궁극적인 목적지가 봉쇄구역이거나 혹은 적하에서 발견된 물건이 봉쇄구역을 통하여 다른 선박에 옮겨실을 예정이었다면, 임검 당시에 그 선박이나 항공기가 중립국의 항구 또는 비행장행이었다는 것은 문제가 안 된다. 선박 및 항공기가 봉쇄지역으로의 통과지점으로 기여하는 중립국의 항구 또는 비행장행인 경우에 봉쇄침파 기도로 추정된다”라고 하였다. 그러면서 이러한 기도의 경우도 후술할 포획의 대상으로 규정하고 있다.114)

또한 포획에 대해서 대륙주의와 영미주의의 학설이 대립하는 바, 런던선언은 대륙주의를 채택하고 있다(런던선언 제17 및 제20조). 대륙주의는 함선이 봉쇄선 내에서 항행중일 경우에 포획한다. 즉 이 주

113) H. Lauterpacht, *op. cit.*, pp.786-87, n.5.
114) NWIP-10, 제632항 g(1)(2).

의는 현행중이라는 의미를 봉쇄선내에서 항행중일 때와 그곳에서 봉쇄함대에 의하여 추적되고 있는 동안을 의미한다고 주장한다. 영미주의는 출발항에서 봉쇄항을 거쳐 출항 또는 본국으로 귀항하는 동안에 어느 때이건 포획이 가능하다. 이는 연속항해주의에 따른 개념이라 하겠다.115)

봉쇄를 침파한 경우, 봉쇄를 선언한 교전당사자는 이를 포획, 처벌할 수 있다. 선박은 몰수된다. 그 선박이 적국의 선박이건 중립국의 선박이건 불문한다(런던선언 제21조). 선적된 화물의 경우에 영미주의는 첫째 화주와 선주가 동일하지 않은 경우에도 화주가 화물을 선적할 때에 당해선박이 봉쇄항을 향한다는 사실을 인식한 경우에는 몰수된다. 런던선언은 화물을 선적할 때에 봉쇄의 고지가 있었음을 화주가 인식하지 못하였거나, 인식할 수 없었음을 입증한 경우 이외에는 몰수된다고 규정하고 있다. 선원에 대해서는 18세기 이전에는 선원은 사형에 처했으나, 오늘날에는 포획재판소의 결정에 따라 즉시 석방되며 포로로 할 수 없다. 그러나 적국의 선원은 대체로 포로가 된다.116)

다. 해상봉쇄의 제한

(1) 인도적 물품의 통과 및 구호기관(요원)의 활동 보장

봉쇄는 피봉쇄국의 모든 통상을 차단하기 때문에 민간주민에 대한 고통을 가중시키는 경향이 있다. 따라서 군사목적상 봉쇄를 강제할 경우에도 인도적 물품의 통과 및 구호기관(요원)의 활동을 보장함으로써 봉쇄로 인한 민간주민의 피해와 고통을 최소화할 필요가 있다.

115) 천본정소, *op. cit.*, p.6 참조.

116) H. Lauterpacht, *op. cit.*, p.790.

이는 오늘날 국제인도법의 일부 규정들에서 확인되고 있다.

'전시에 있어서의 민간인의 보호에 관한 1949년 8월 12일자 제네바협약'(제네바 제4협약) 제23조는 제1항에서 비록 봉쇄를 침파한 화물이라 할지라도 다른 목적에 사용하지 않고, 남용되지 않는다는 것이 보장될 경우 오로지 민간인을 위하여 사용되는 의약품, 종교용품 및 15세 미만의 아동과 임산부용 물품은 자유통과가 보장되어야 한다는 것을 명규하면서, 제2항에서 탁송품이 그 행선지에 도착하지 못하거나, 관리가 유효하게 실시되지 못할 우려가 있는 경우 및 적의 군사력 또는 경제에 명백히 이익을 주게 될 우려가 있는 경우에는 통과를 제한할 수 있다는 내용을 부가하고 있다.117)

그리고 '1949년 8월 12일자 제네바협약에 대한 추가 및 국제적 무력분쟁의 희생자 보호에 관한 의정서'(제1추가의정서)는 제70조에서 제네바협약에서 규정하고 있는 민간주민의 구호품뿐만 아니라 그 성질상 인도적이고 공정하며 어떠한 불리한 차별도 없이 행하여지는 구호활동의 허용(제1항)과 구호요원의 신속하고도 무해한 통과의 보장(제2항)을 재차 확인하고 있다. 이외에도 동의정서 제69조(피점령지역에 있어서의 기본적 필요)는 점령국은 가용한 수단을 다하여 그리고 어떠한 불리한 차별도 없이 피복· 침구· 대피장소 · 피점령지역의 민간주민의 생존에 필수적인 기타물품 및 종교적 예배에 필요한 물건

117) E. Rosenblad는 제23조 제1항은 전체로서의 민간주민에 대해서가 아니라 15세 이하의 아동, 임산부 및 유아의 모와 같은 "가장 고통받기 쉬운(공격을 받기 쉬운) 계층에 대해서만 구호를 규정하고 있으며, 제2항은 광범위하고 모호해서 봉쇄군에게 너무 많은 재량과 주관적 행사를 허용하고 있다고 비판한다. E. Rosenblad, *International Humanitarian Law of Armed Conflict: Some Aspects of the Principle of Distinction and Related Problems*, Geneva, Henry Dunant Institute, 1979, pp.113-114.

의 공급을 보장해야 함을, 제71조(구호활동에 참여하는 요원)는 구호요원은 자신의 임무를 수행할 영역이 속하는 당사국의 승인과 안보상의 요구를 존중하는 조건으로 구호활동에 참여할 수 있으며, 이들은 존중되고 보호되어야 한다고 규정하고 있다.

또한 해상봉쇄는 민간인들에 대한 전투방법으로서의 기아작전을 금지시키고 있는 제1추가의정서 제54조(민간주민의 생존에 불가결한 물건의 보호) 및 '1949년 8월 12일자 제네바협약에 대한 추가 및 비국제적 무력분쟁의 희생자 보호에 관한 의정서'(제2추가의정서) 제14조(민간주민의 생존에 불가결한 대상물의 보호)에 의해 일정한 제한을 받는다. 만약 전투방법으로서 민간주민에 대한 기아작전이 금지된다면 논리적으로 볼 때 민간주민의 기아를 가져올 수 있는 전투방법은 불법이거나 합법성이 의문시된다. 봉쇄에 의해 야기된 고의적인 경제적 마비는 민간주민을 기아에 빠뜨릴 가능성이 크다.[118] 파리선언 및 런던선언의 규정에도 불구하고 절대적 전시금제품과 상대적 그것 간의 구분이 사라져 가고 있고, 전시금제품목이 확대되는 경향에 비추어 볼 때 봉쇄로 인한 민간주민의 기아는 절박한 문제이다. 사실상 식료품(식량)이 절대적 또는 조건부 금제품으로 취급됨에 따라 민간주민은 가장 극심한 고통을 피할 길이 없을 것이다.

(2) 봉쇄국과 중립국의 이익 조화

오늘날 해상봉쇄의 결정과정에 있어서 최우선적인 고려사항은 중립국과 교전국간의 이익을 어떻게 조화시킬 것인가 하는 것이다. 이

---

118) T. D. Jones, "The International Law of Maritime Blockade: A Measure of Naval Economic Interdiction", 26 *Howard Law Journal*, 1983, p.540.

러한 양자의 입장을 어떻게 절충하느냐에 따라 봉쇄의 성공여부가 판가름 나기 때문이다. 만일 중립국이 해양강국이라면 강력한 부정적 반응을 보이는 등 봉쇄국에게 매우 큰 심리적 부담을 주기 때문에 봉쇄규모가 축소되거나 봉쇄설정 자체가 취소될 수도 있지만, 봉쇄설정으로 달성하고자 하는 목표의 가치가 예상되는 중립국의 부정적 반응을 능가할 경우에는 적절한 봉쇄형태 및 봉쇄규모가 선택된다.

이는 제2차 세계대전, 이란-이라크전 및 포클랜드전에서 확인되었는데, 이들 전쟁 모두에서 봉쇄국들은 그들의 봉쇄목표 및 능력이 중립국을 능가할 경우에는 봉쇄규모를 확대하였으며, 중립국의 필요 및 능력이 봉쇄국을 압도할 경우에는 봉쇄규모를 크게 제한함으로써 자국의 이익과 중립국 이익간의 조화를 이루었다.[119]

봉쇄국과 중립국간의 이익의 조정 문제는 봉쇄실행에 있어서 강제수단의 선택과도 밀접한 관련이 있다. 오늘날 국가들은 봉쇄를 강제하기 위하여 육지, 공중 또는 수상함에서 발사되는 미사일, 핵 또는 디젤추진 잠수함, 고속제트기, 수상함 및 다양하고 복잡한 기뢰 등을 이용하는데,[120] 그 성능이 각각 다르기 때문에 어떤 수단이 사용되느냐에 따라 중립국 선박에 미치는 부담이 다르다. 봉쇄국들은 중립

119) B. Bozcek, "Law of Warfare at Sea and Neutrality: Lessons from the Gulf War", 20 *Ocean Development and International Law*, 1988, pp.239, 244-245; W. J. Fenrick, "The Exclusion Zone Device in the Law of Naval Warfare", 24 *Canadian Yearbook of International Law*, 1986, pp.109-116; O. E. Bring, "The Falkland Crisis and International Law", 51 *Nordisk Tidsskrift for International Ret*, No.3-4, 1982, p.145 참조.

120) R. Grunawalt, "The Rights of Neutrals and Belligerents, in Conference Report, The Persian-Arabian Gulf Tanker War: International Law or International Chaos", 19 *Ocean Development and International Law*, 1988, pp.299, 307.

국 상선에 과해지는 부담이 증가될수록 봉쇄지역의 규모를 축소한다. 중립국에 과해지는 부담은 봉쇄에 사용되는 무기체계의 중립국과 교전국 선박의 구별능력에 따라 달라지는 바, 봉쇄국들은 그러한 구별능력이 가장 뒤떨어진 무기를 사용할 때 봉쇄규모를 최대한으로 축소한다. 왜냐하면 그러한 무기일수록 중립국 상선에 피해를 입힐 가능성이 더 크기 때문이다.[121)]

6. 전쟁수역

가. 전쟁수역의 의의

20세기 들어 발생한 해상무력분쟁에서 분쟁당사국들은 많은 경우 해상이나 그 상공에 정규의 통항 및 비행을 제한할 목적으로 일정 수역(zones)을 설정함으로써 분쟁당사국이나 제3국 선박 및 항공기가 허가 없이 진입하는 것을 거부해 왔다. 이러한 수역은 전쟁수역(war zones) 외에도 배제수역(exclusion zones), 군사수역(military areas), 폐쇄수역(barred areas) 및 작전수역(operational zones) 등 여러 명칭으로 불리고 있다.

나. 전쟁수역 설정의 제한

전쟁수역의 설정으로 동 수역에의 출입 허가를 받지 않은 선박이나 항공기는 종종 미사일, 항공기, 잠수함 또는 수상함에 의한 공격 및 제재를 받거나 분쟁당사국들이 적의 해양사용을 억제하고 출입을 봉쇄하기 위하여 부설한 기뢰원에 들어갈 위험을 무릅쓴 채 이러한

121) M. G. Fraunces, *op. cit.*, p.912.

수역에 출입할 수밖에 없다.

문제는 실제 해상무력분쟁에서 각국들이 관행적으로 각종 수역들을 설정, 운용하고 있는데도 현재까지 발효된 어떠한 해전법규에서도 이들 수역에 관한 명시적 규정을 두고 있지 않다는 것이다. 따라서 일부에서는 이러한 수역은 위법이며 따라서 그것을 설정해서는 안 된다고 주장하기도 한다.122)

그러나 실제 분쟁에서 이들 수역이 현실적으로 존재하여 왔고, 아직도 그러한 국가관행을 불법화할 명확한 관행이나 합의가 존재하지 않는 현실에서는 이들 수역의 설정을 지나치게 확대한다든가 또는 수역을 설정함으로써 기존의 국제법적 의무를 면하려고 하는 분쟁당사국의 자의적인 조치를 방지하기 위해서는 보편적인 지침을 제시하는 것이 보다 합리적일 것이다.

왜냐하면 전쟁수역은 교전국에게는 지정수역 내에서 해상교통을 정지시킬 수 있는 권리주장을 가능케 하며, 중립국 선박에게는 동 수역에서 항행을 해서는 안 되는 의무를 부과할 뿐만 아니라 공격을 받거나 격침될 수도 있는 수역으로 동 수역의 설정으로 중립국 국민들은 타국의 군사적 필요에 의해 결과적으로 피해를 당하는 결과를 가져올 수 있기 때문이다.123)

---

122) 1982년 포클랜드 분쟁에서 영국은 주변 200해리 구역에 해상배제수역(maritime exclusion zone, MEZ) 내진 전면배제수역(total exclusion zone, TEZ)—일반적으로 전쟁수역(war zone)으로 불림—을 설정하고, 이 구역에 침입하는 선박이나 항공기는 공격대상이 된다는 취지를 각국에 통고하였다. 같은 종류의 전쟁수역은 1980년부터 1989년에 걸쳐서 발생한 이란-이라크 분쟁에서도 양국에 의해 설정되었다. 전자에 대해서는 제3국도 이를 존중한다고 하였지만, 후자에 대해서는 페르시아만의 넓은 수역이 대상으로 되어 각국의 항의가 계속 이어졌다. 노석태(역), p.369.

가장 바람직한 것은 국가들 간의 행위를 예상가능토록 하고 그에 따라 해상에서의 폭력을 감소시키기 위해서는 현 봉쇄법을 중심으로 한 전쟁수역 설정 원칙들을 명료하게 하는 일이다. 원칙(법)이 명확할수록 분쟁당사국은 전쟁수역의 설정 및 집행에 있어 더욱 명확한 결정을 내릴 수 있을 것이고, 그 원칙들을 준수함으로서 자신들의 행위는 더욱 신뢰를 받게 될 것이며, 교전국과 중립국간의 불필요한 분쟁은 줄어들 것이다.

첫째, 분쟁당사국은 해양의 일정구역의 합법적 사용에 역효과를 미치는 구역을 설정함으로서 국제인도법의 의무를 면할 수 없다.

둘째, 분쟁당사국이 예외적인 조치로서 전쟁수역을 설정한 경우 전쟁수역의 범위, 위치, 기간 및 부과된 조치는 군사적 필요성 및 비례성 원칙에 의해서 엄격하게 제한되어야 한다.

셋째, 전쟁수역의 지리적 범위가 중립국의 항구 및 해안에의 자유롭고 안전한 교통을 현저히 방해하는 경우나 군사적 요구가 인정되지 않는 경우를 제외한 통상적인 항로가 영향을 받는 기타의 경우에는 중립국 선박 및 항공기에 대해 전쟁수역 내에 필요한 안전통항로를 설정하여야 한다.

넷째, 전쟁수역을 설정하는 분쟁당사국은 해양을 합법적으로 사용할 중립국의 권리에 타당한 고려를 해야 한다. 이러한 중립국의 권리에는 어업의 권리와 관선 및 전선을 사용할 권리가 포함되어야 한다. 또한 전쟁수역의 개시일, 기간, 위치 및 범위, 부과되는 제한은 공개적으로 선언되고 적절히 통고되어야 한다. 이러한 통고에는 외

---

123) 김현수, "국제법상 전쟁수역의 법적 지위", 해양전략, 제89호, 1995. 12, p.124.

교경로와 적절한 국제기관, 특히 국제해사기구(International Maritime Organization: IMO)와 국제민간항공기구(ICAO)가 포함되어야 한다.

다섯째, 전쟁수역이 설정되었다고 해서 선언된 전쟁수역 이외의 해상작전 인근에 있는 중립국 선박 및 항공기를 통제할 교전당사국의 관습적 권리를 감소시키는 것으로 간주되어서는 안 된다.

7. 군사적 방조

가. 의의

교전국에 대하여 군사적 이익이 되는 중립인의 행위를 군사적 방조(幇助) 또는 비중립역무(非中立役務, unneutral service)라고 한다. 전시금제품이나 봉쇄의 경우와 같이 적국에 대한 화물의 보급 및 거래가 문제시되는 것이 아니고, 적국군대의 수송, 적국에 대한 정보의 전달과 같이 직접적인 이적행위가 문제되는 것이다. 전시금제품의 수송과 유사한 까닭에 운반되는 사람을 전시금제인(戰時禁制人), 운반되는 문서를 전시금제서(戰時禁制書) 또는 양자를 합하여 유사금제품(類似禁制品, analogues of contraband), 준금제품(準禁制品, quasi-contraband)이라고도 부르나 이것들은 어느 것이나 공적 용어는 아니다.[124)]

군사적 방조를 행하는 중립선박은 몰수되며, 문제의 사람은 포로로 하거나 또는 억류할 수 있고 문제의 정보도 몰수할 수 있다. 제1차 세계대전 중 중립국은 이러한 교전국의 권리에 반대하였으나 국가관행은 이 교전국의 조치를 인정한 것으로 간주된다. 1940년 1월 영국군함에 의하여 21명의 독일인이 납치당한 아사마마루(淺間丸,

124) 이한기, *op, cit.*, pp.788-789.

Asama Maru)호 사건에서 일본정부는 공해상의 중립선박으로부터 적의 병력을 납치할 수 있는 권리는 부인하지 않았다(병력 이외의 자에 대한 납치는 부인).[125)]

나. 내용

런던선언은 군사적 방조를 경방조(輕幇助)와 중방조(重幇助)로 구별하고 있다.

(1) 경방조

(가) 선박이 적군에 편입된 승객을 수송할 목적을 가지고 또는 적을 이롭게 하는 정보를 전달할 목적을 가지고 특별히 항해하는 경우

(나) 선박이 적국정부가 파견한 대리인의 명령 또는 감독 하에 놓인 경우

(다) 선박이 전체로서 적국정부에 고용된 경우

(라) 현재 또는 전적으로 적국전대의 수송 또는 정보의 전달에 종사하는 경우를 말한다(런던선언 제45조).

(2) 중방조

(가) 선박이 직접 전투에 참가하는 경우

(나) 선박이 적국정부가 파견한 대리인의 명령 또는 감독 하에 놓인 경우

(다) 선박이 전체로서 적국정부에 고용된 경우

(라) 현재 또는 전적으로 적국군대의 수송 또는 정보의 전달에 종

125) *Ibid.*, p.789.

사하는 경우를 말한다(동 제46조).

다. 처벌

경방조의 경우에는 선박은 몰수되고, 화물은 선박소유자에 속한 것을 제외하고는 몰수를 면하고, 승무원도 포로가 되지 않는다.

중방조의 경우에는 선박 및 선박소유자에 속한 화물이 몰수되는 것은 경방조와 같으나 적화 및 금제품인 중립화가 몰수되며, 승무원은 포로가 된다.126)

제5절 중립법규

1. 중립의 개념

중립은 전쟁에 참가하지 않은 국가의 국제법상 지위, 즉 쌍방의 교전국에 대한 공평과 무원조를 내용으로 한 것이다. 중립은 전쟁을 전제로 하는 교전당사국에 대한 비교전당사국의 법적 지위이며 중립국은 모든 교전당사국에게 동등한 권리를 행사하고 의무를 이행하여야 한다.

중립과 관련하여 구별되는 개념으로는 준중립과 영세중립이 있다. 준중립이란 국가 또는 비국가적 실체의 비전쟁무력분쟁과 평화의 파괴에 대한 제3국의 지위를 말하며, 영세중립이란 이해관계국 간의 조약에 의하여 자위의 경우 이외에는 전쟁을 행하지 않으며 간접적

126) *Ibid.*

으로 전쟁에 개입할 우려가 있는 국제의무를 지지 않을 것을 조건으로 영구히 그 독립과 영토보전을 보장받는 것을 말한다(오스트리아 및 스위스의 경우).

전쟁에 참가하지 않고 교전국과 평시관계의 지속을 원하는 국가는 즉시 교전국에게 중립을 통고할 필요가 있다. 그러나 중립의 통고는 중립의 지위를 취득하는 불가결의 요건이 아니며 비록 중립을 통고하지 않았다 하더라도 사실상 전쟁에 참가하지 않고 교전국에 대하여 공평과 무원조의 태도를 취하는 국가는 중립국의 지위를 취득한다.

2. 중립의 시기와 종기

중립의 시기는 전쟁상태의 존재와 동시 또는 그 이후이다. 중립의 시기에 관하여는 학설상의 대립이 있으나 통설은 중립국이 전쟁상태를 인지하였을 때를 중립의 시기로 본다.

중립의 종기는 전쟁의 종료 또는 중립국이 전쟁이 참가하게 되면 중립은 종료된다. 따라서 휴전은 전쟁의 종료가 아니므로 휴전에 의해서는 중립이 종료되지 않는다. 단순한 중립위반은 그것이 교전당사국에 의해 행해졌던 중립국에 의해 야기되었든 간에 중립을 종료시키지 않는다.

3. 중립국의 의무

가. 회피의무

회피의무(duty of abstention)는 중립국이 교전국의 일방에 대하여 직접 또는 간접으로 전쟁수행에 관계되는 원조를 제공하지 않을 의무이다. 따라서 교전국으로부터 전쟁수행에 관계되는 원조를 요청받더라도 중립국은 이를 회피하여야 한다.

나. 묵인의무

묵인의무(duty of acquiescence)는 교전국이 중립법에 의해서 행한 행위를 용인해야 할 의무이다. 즉 교전국은 전쟁수행 중 중립국에게 비록 고의가 아니더라도 어떠한 해를 끼칠 수 있는데, 이것이 평시에는 용인될 수 없으나 전시에는 용인될 수밖에 없다(예 : 중립선박내의 병역연령자인 적국민은 포로로 할 수 있다).

교전국 일방은 타방교전국의 군에 입대한 중립국 국민을 타방교전국의 국민과 같이 다룰 수 있으며 이들은 중립인으로 취급되지 않는다. 또한 중립국국민과 교전국과의 통상은 원칙적으로 자유이며 교전국은 이것을 방지할 수 없으나, 전시금제품에 한해서는 몰수할 수 있다.

다. 방지의무

방지의무(duty of prevention)는 중립국의 영역이 교전국의 전쟁수행을 위한 목적에 이용되는 것을 방지해야 할 의무이다. 중립국의 영토는 불가침이며 중립국영토에서 교전당사자는 적대행위를 할 수 없다(육전중립조약 제1조). 교전당사자는 군대·탄약·군수품을 중립국의 영토를 통하여 수송할 수 없으며(동 제2조) 중립국의 영토에서 교전당사자를 위하여 전투부대를 편성하고 병의 징집사무소를 개설할 수 없다(동 제4조). 또한 교전당사자는 무선통신국 또는 육상이나 해상에서의 교전당사자와의 통신으로 제공되는 일체의 기계를 중립국의 영토에 설치할 수 없다(동 제3조).

4. 해전과 중립

가. '해전중립협약'의 성립

전통적 해전중립법규는 1982년 해양법협약의 채택으로 영향을 받지 않을 수 없었다. 기존의 해양수역과는 달리 EEZ 등 새로운 수역이 설정되었을 뿐만 아니라 영해의 범위가 확대되는 등 해양제도에 일대 변혁을 가져왔기 때문이다.

해양법협약이 전통적인 해전중립법규에 미친 영향을 이해하기 위해서는 우선 1982년 해양법협약에 의해 현재와 같은 수역들이 확립되기 이전의 내수, 영해 및 공해로 구성되던 기존 해양법 하에서 일반적으로 승인되었던 전통적 해전중립법규를 이해하여야 한다.

17~18세기 들어 해전중립에 관한 일반원칙들은 구체적이지는 못했지만 각국들의 관행에 의해 일반적으로 승인된 일련의 공식적인 행위규칙으로 다듬어 졌으며, 특히 앨라배마호 사건을 계기로 체결된 워싱턴조약은 중립제도에 크게 기여하였으니, 전시 중립국은 자국 영해 내에서 전쟁에 참여할 것으로 믿어지는 선박들이 전비를 갖추어 출항하는 것을 금지해야 하며, 교전당사국들은 자국 항구나 수역을 다른 교전당사국에 대한 작전기지로 사용하거나 군시장비나 무기의 교체 및 증강에 사용하도록 허용하면 안 된다는 원칙이 마련되었다.[127] 이러한 행위규칙 및 기본원칙들의 대다수는 제2차 헤이그

127) 이석용, "해양의 군사적 이용에 관한 연구", Strategy 21, vol.3, no.2, 2000,

평화회의(the 2nd Hague Peace Conference)에서 '해전에서의 중립국의 권리 및 의무에 관한 1907년 협약(XIII)'(Convention(XIII) Concerning the Rights and Duties of Neutral Powers in Naval War, 이하 '해전중립협약')으로 성안되었다.

장차 발생될 모든 경우에 적용될 수 있는 종합적인 조치를 강구할 수는 없지만 무력분쟁이 발발할 경우 적용할 수 있는 일반적 규칙을 마련하기 위하여 체결된 '해전중립협약'은 영국을 비롯한 대다수 해양강국들의 일반적인 비준을 받지 못했음에도 불구하고, 그 규정들의 대부분은 관습법을 선언한 것으로 간주되었으며,128) 중립국의 '해상영토(maritime territory)', 즉 내수 및 영해 내에서의 적대활동과 관련된 중립국과 교전국의 권리 및 의무를 규정한 조약으로 이러한 문제들에 대한 논의에 단초를 제공한 것으로 이해되고 있다.

'해전중립협약'은 제31조(발효규정)129)에 의해 1909년 11월 27일부터 60일 이전에 비준한 국가는 1910년 1월 26일자로, 기타 비준국 및 조인국들은 그 일자로부터 60일이 경과한 후 발효하였으며, 중국, 미국, 터키를 비롯한 일부 국가들은 서명, 및 비준 시에 일부 조항 및 그 해석과 관련하여 유보를 선언하기도 하였다.130)

---

p.96.

128) D. Schindler, "Commentary on Hague Convention XIII", N. Ronzitti(ed.), *The Law of Naval Warfare: A Collection of Agreements and Documents with Commentaries*, Dordrecht Boston·London, Martinus Nijhoff Publishers, 1988, p.211.

129) 동 협약 제31조는 다음과 같다.
본 협약은 제1회의 비준서 기탁에 가입한 국가는 그 기탁서의 일자로부터 60일 후, 그 후에 비준하거나 가입하는 국가는 네덜란드 정부가 비준 또는 가입의 통고를 접수한 날로부터 60일 후에 그 효력을 발생한다.

130) 동 협약과 관련된 각국의 유보내용에 대해서는 J. B. Scott, *The Hague*

'해전중립협약'은 일부 규정을 제외하고 대부분이 국제관습법의 일부로 간주되고 있지만, 현 국제법에서 동 협약은 전체적으로 그 중요성에 있어 제한적이다. 동 협약은 단지 해전중립법규의 일부, 즉 중립국 영토 및 영수와 관련된 중립법규만을 다루고 있으며, 동 협약은 전통적인 엄격한 의미에서의 중립국을 구상(고안)하였을 뿐 현 국제법 하에서 대부분의 경우 국가들이 비교전상태(non-belligerency)를 취한다는 사실을 고려하지 않고 있고, 동 협약의 규정들은 1945년 이후 실질적으로 잘 적용되지 않고 있다.131)

나. '해전중립협약'의 내용

'해전중립협약'은 오로지 중립국 영역(중립국 항구 및 중립국 수역) 내에서의 중립국과 교전국의 권리의무를 다루고 있을 뿐, 공해에서의 그러한 내용을 다루지는 않고 있다. 그러므로 동 협약은 전시금제품, 봉쇄, 임검, 수색, 중립국 상선의 나포 및 파괴, 포획절차 등과 같은 중립무역에 관한 교전국의 제한에 관한 어떠한 규정도 다루고 있지 않다. 이러한 문제들은 1907년 '상선의 군함으로의 전환에 관한 헤이그 제7협약', 1907년 '해전에서의 포획권 행사의 제한에 관한 헤이그 제11협약', 1907년 '전시 포획심검소의 설치에 관한 헤이그 제12협약' 및 1909년 '해전법규에 관한 런던선언'에서 부분적으로 다루어지고 있다.

Conventions and Declarations of 1899 and 1907, New York, 1915, pp.218-219 참조.

131) N. Ronzitti, *The Law of Naval Warfare*, Martinus Nijhoff Publishers, Dordrecht/Boston/London, 1988, p.221.

(1) 중립국의 권리

'해전중립협약'에서의 중립국은 권리는 크게 중립국의 영역을 존중해야 할 교전국의 의무와 중립위반을 구성하지 않는 중립국의 조치로 나누어 볼 수 있다. 먼저 전자와 관련하여 교전국은 중립국의 주권적 권리를 존중하고 중립국 영토 및 영수에서 중립위반을 구성하는 일체의 행위를 삼가야 하며(해전중립협약 제1조), 교전국 군함이 중립국 영수에서 포획, 임검, 수색 기타 일체의 적대행위를 행하는 것은 중립위반이다(동 제2조). 그리고 교전국은 중립국의 영토 내뿐만 아니라 영해에 있는 선박 내에도 포획재판소를 설치할 수 없으며(동 제4조), 교전국은 중립국의 항구 및 영수를 작전근거지로 삼거나 무선전신국이나 교전국 병력과의 통신에 사용되는 장비를 설치할 수 없다(동 제5조).

다음으로 후자와 관련하여 중립국은 교전국의 일방 또는 타방을 위한 병기, 탄약, 기타 군용에 제공될 수 있는 일체의 물건의 수출 또는 통과를 방지해야 할 것이 요구되지 않으며(동 제7조), 중립국은 교전국의 군함 또는 그가 포획한 선박의 단순한 중립영수의 통과는 허용할 수 있으며(제10조), 중립국은 그의 도선사를 교전국 군함에서 사용함을 임의로 결정할 수 있고(동 제11조), 중립국이 협약에 규정된 권리를 이행하는 것은 이를 승인한 교전자의 일방 또는 타방에 대하여 우의에 위반하는 행위로 간주되지 않는다(동 제26조).

(2) 중립국의 의무[132]

(가) 회피의 의무(duty of abstention)

회피의무는 중립국이 교전국의 일방에 대하여 직접 또는 간접으로 전쟁수행에 관계되는 원조를 제공하지 않을 의무이다. 따라서 중립국은 교전국으로부터 전쟁수행에 관계되는 원조를 요청받더라도 이를 회피하여야 한다.

'해전중립협약'에서 이러한 중립국의 회피의무를 규정하고 있는 유일한 규정은 다음과 같은 제6조이다. "중립국은 어떠한 명의로서 행하든 교전국에 대하여 직접 또는 간접으로 군함, 탄약 또는 일체의 군용재료를 교부할 수 없다"(제6조). 이러한 금지는 중립국에게만 적용되며, 중립국 영역 내에 있는 개인이나 법인에게는 적용되지 않는다.

(나) 방지의 의무(duty of prevention)

중립국은 그 항구, 정박지 및 영수에서 일체의 중립위반을 방지하기 위하여 시행할 수 있는 모든 수단으로 감시하여야 한다. 특히 중립국은 중립을 침해하는 교전국의 모든 행위를 방지하여야 한다. 중립국은 만약 '시행할 수 있는 수단'을 이용했다면, 그 조치의 반드시 효과적인 것이어야 할 필요는 없다. 그러한 경우 교전국은 만약 중립국 영토 및 영수에서 개시된 무력공격의 희생자가 되는 경우가 아니면, 중립국 영수를 불법적으로 이용하는 적국에 대하여 적대행위를 취하는 것이 허용되지 않는다.[133)]

---

132) 중립국은 교전국이 중립법규에 의해 행한 행위를 용인하여야 한다. 교전국은 전쟁수행 중 중립국에게 비록 고의가 아닐지라도 어떠한 해를 끼칠 수 있는데, 이것이 평시에는 용인될 수 없으나 전시에는 용인될 수밖에 없다. 이러한 '묵인의 의무(duty of acquiescence)'와 관련 중립국 영수에서의 권리의무를 다루는 '해전중립협약'은 묵인의무가 주로 관련되는 공해에서의 권리의무에 대해서는 아무런 언급이 없으며, 그 결과 중립국의 묵인의무에 관해서는 어떠한 규정도 포함하고 있지 않다. *Ibid.*, p.221.

먼저 중립국은 교전국의 적대행위를 방지할 의무가 있다. 교전국은 중립국의 영수에서 적대행위를 행할 수 없으며, 중립국은 그러한 행위를 방지할 의무가 있으며(동 제25조), 교전국 군함이 중립국 영수 내에서 선박을 포획한 경우 중립국은 그것을 석방하기 위하여 가능한 일체의 수단을 강구하지 않으면 안 된다(동 제3조).

또한 중립국 자국 영수 내에서 교전국 선박이 무장하는 것을 방지하여야 한다. 중립국은 교전국의 일방에 대하여 순라의 용도에 제공되고 또는 적대행위에 참가하리라고 믿을만한 상당한 이유가 있는 선박이 자국의 관할 내에서 장비, 의장 또는 무장하는 것을 방지하지 않으면 안 되며, 또 교전국의 일방에 대하여 그러한 의도로 어느 선박이 자기의 관할 외로 출발하는 것을 방지하기 위하여 동일한 형태의 감시를 하지 않으면 안 된다(동 제8조).

다음으로 중립국은 교전국 군함이 예외적인 경우를 제외하고 중립국 항 및 영수에 정박하는 것을 방지하여야 한다. 정박은 허용할 수 있으나 교전국 쌍방에 대해 공평하게 적용한다는 전제하에서 이를 금지 또는 제한할 수 있으며(동 10조), 정박은 파손 또는 해난상태의 경우를 제외하고는 원칙적으로 24시간을 초과할 수 없다(동 제12조). 동일한 항에 동시에 정박할 수 있는 교전국 군함의 수는 각각 3척을 초과할 수 없으며(동 제15조), 교전국 쌍방의 군함이 동시에 동일한 항에 정박하는 경우에는 일방의 군함의 출발과 타방의 군함의 출발과의 간에는 적어도 24시간의 간격을 두어야 하고(동 제16조), 교전국 군함은 중립국항에서 항해의 안전에 필요한 정도 이상으로 그 파손을 수리하거나 또는 어떠한 방법에 의하든 간에 그 전투력을 증강할

133) *Ibid.*, p.218.

수 없으며(동 제17조), 교전국 군함은 군수품이나 무장을 변경 또는 증강시키거나 승무원을 보충하기 위하여 중립국의 항구, 정박지 또는 영수를 이용할 수 없다(동 제18조). 교전국 군함은 원칙적으로 가장 가까운 본국 항에 도달하는데 필요한 한도 이상의 연료를 중립국의 항에서 적재하거나 또는 중립국의 동일의 항에서 3개월 이내에 재차 연료를 적재할 수 없으며(동 제19조 및 제20조), 교전국 군함이 중립국 관헌의 통고가 있음에도 불구하고 퇴거치 아니할 때에는 중립국은 당해 군함을 전쟁 계속 중에 출항할 수 없도록 억류할 수 있다(동 제24조).

그리고 중립국은 포획물은 중립국 항으로 인치하는 것을 방지하여야 한다. 불가항력의 경우와 억류의 경우를 제외하고 교전국 군함은 포획한 선박을 중립국의 항에 인치할 수 없으며(동 제21조), 포획된 선박이 이러한 조건에 의하지 않고 인치된 경우 중립국은 이를 석방하여야 한다(동 제22조).

제4장
전투수단과 방법의 제한

제1절 전투수단과 방법의 제한 필요성

지난 반세기 동안 국제법은 산업화와 자유주의의 확산으로 인권, 경제, 환경 등 다양한 분야에서 괄목할만한 발전이 있었다. 특히 지난 세기 인류는 양차 대전을 비롯한 국제적 무력분쟁 외에도 수많은 비국제적 무력분쟁을 경험하면서 무력분쟁법 분야에서도 많은 변화와 발전을 이루었다. 무력분쟁법의 발전이 있었다는 것은 역설적으로 그만큼 원치 않는 무력분쟁이 많았다는 것과 무력분쟁을 규제하는 법의 위반이 많았다는 것을 의미한다.[1)]

국제사회는 유사 이래 계속되어 온 무력분쟁에 대응하여 교전국의 전투행위 규제와 분쟁의 결과 발생되는 희생자 보호를 위한 일련의 법적 문서들을 채택하여 왔다. 소위 헤이그법이라고 불리는 전자에는 전투수단과 방법[2)]의 규제에 관한 법규들이 중심을 이루는 반면,

---

1) 임태근, "실명성 레이저 무기의 국제적 규제", 민주법학, 제18호, 2000, p.211.
2) 전투수단(means of warfare)이란 적에게 가하기 위한 폭력의 수단을 말하며, 구

제네바법이라고 불리는 후자에는 상병자, 난선자, 아동·부녀자·난민 등의 민간주민 등 분쟁희생자의 인도적 구호에 관한 법규들이 핵심을 이루고 있다. 이들 양자는 무력분쟁에서의 인권보호라는 기본이념을 공통적으로 갖고 있으며, 통칭 '국제인도법'의 양대 내용을 이루고 있다.

무력분쟁에서 각국은 모든 수단과 방법을 동원하여 자국의 의지를 강제하고 적을 굴복시키고자 한다. 그러나 적국을 군사력으로 굴복시키기 위한 모든 수단과 방법이 무제한적으로 허용되는 것은 아니다. 무력분쟁의 목적은 적 군사력의 약화이지 불필요한 살상이나 파괴가 아니기 때문이다.

이러한 불필요한 살상이나 파괴를 막기 위한 적대행위에서의 전투수단 및 방법의 제한과 관련된 법규는 역사적으로 기독교 사상과 기사도 정신의 영향 하에 한편으로는 불필요한 고통 및 손해와 배신행위를 금지하고, 다른 한편으로는 인도의 원칙과 비전투원과 민간인의 보호라는 개념에 기초하여 교전당사자의 행위를 규제해 왔다.

그러나 오늘날의 무력분쟁은 과학기술의 발달에 힘입은 전투수단과 방법의 파괴력 증대로 많은 희생자를 낳고 있으며, 이들의 보호

체적으로는 다양한 각종 무기체계(weapon system)를 말한다. 오늘날 무기체계는 재래식 무기와 대량파괴무기로 대별된다. 재래식 무기(conventional weapons)라고 함은 이를테면 종전부터 무력충돌에서 일반적으로 사용되어온 무기를 말하며, 대량파괴무기(mass destruction weapons)라고 함은 그 파괴력과 살상력이 특히 극심하고 또한 그 사용효과가 장기간 지속되는 무기를 말하며 구체적으로 화학무기, 세균(생물학적) 무기 및 핵무기 등이 이 분류에 속한다. 정운장, 국제인도법, 영남대학교 출판부, 1994, pp.264-265. 반면에 전투방법(methods of warfare)이란 적대행위에 있어서 적국을 격파하기 위하여 각종 전투수단, 군대의 이동, 기습공격 및 각종 정보활동 등 이용가능한 모든 수단과 방법을 사용하는 전술 및 전략을 말한다. *Ibid.*, p.311.

및 존중이 중요한 문제로 부각되고 있다. 특히 군사목표물에 한정되지 않는 대량파괴무기의 기술적 발달은 새로운 형태의 전투방법으로부터 분쟁희생자의 보호 문제를 새로운 관점에서 검토할 필요성을 제기하였으며, 분쟁당사자는 더욱 정밀해진 전투수단, 즉 잠수함, 항공기, 기뢰 및 미사일을 사용하여 보다 넓은 해역을 감시할 수 있게 되었고 이러한 수단들의 사용은 선언된 특정수역에 들어오는 모든 선박들을 무차별적으로 격침시키는 전쟁수역의 설정을 가능케 하여 분쟁당사국 뿐만 아니라 제3국의 중립무역에도 상당한 영향을 미쳐 분쟁을 필요 이상으로 확대시킬 수도 있어 이에 대한 적절한 규제가 시급한 실정이다.

제2절 전투수단과 방법 제한의 발전과정

무력분쟁에 대한 법적 규제는 매우 오래 전부터 발달하여 왔으나 관습법으로 체계화되지 못했으며, 신학자들을 중심으로 전쟁에 있어서의 인도적 관습법을 체계화해야 한다는 주장이 제기되어 오다가 그로티우스에 의해 비로소 실현되었다. 오랫동안 각국 정부의 교전규칙의 형태로 발전되어 온 이러한 전쟁관습법은 19세기말부터 성문화되기 시작하였다. 1856년 '해전에 관한 파리선언'을 시작으로 성문화되기 시작한 전쟁법규는 1864년 '부상자·병자·위생병보호에 관한 제네바조약', 1868년 '400g 이하의 폭발탄 및 소이탄의 금지에 관한 상트페테르부르크선언',[3] 1899년[4] 및 1907년[5] 헤이그회의에서 법전

3) 근대적 의미에서 특정무기의 사용을 금지한 최초의 국제문서인 상트페테르부

화되고 발전되었다.

전쟁관습법의 성문화 작업은 제1차 세계대전 이후에도 계속되어 1922년 '워싱턴협약', 1925년 '질식성 기타 독가스 및 세균무기의 사용에 관한 제네바의정서', 1929년 '부상자·병자·포로대우에 관한 제네바협약' 및 1930년 '런던협약 및 부속서'가 제정되었으며,6) 제2차 세계대전 이후 전쟁의 파괴와 살육을 경험한 국제사회는 1949년 제네바 4개 협약을 채택하여 전쟁의 비인도화, 반인권화를 막고 희생자의 보호를 강화하고자 노력하였다.7)

르크선언은 '전쟁의 필요성'이 '인도상의 요청'에 양보하여야 할 기술상의 한계에 관한 각국의 공동의사를 기초로 무력화된 전투원에게 불필요한 고통을 주거나 불가피하게 죽음에 이르게 하는 무기의 사용은 인도적인 법칙에 반한다고 하였다(동 선언 전문).

4) 1899년 제1차 헤이그평화회의에서는 육전의 법규관례에 관한 조약(동 규칙 포함), 적십자조약의 원칙을 해전에 적용하는 조약, 덤덤탄 금지선언, 공중으로부터의 투사물·폭발물 투하 금지선언 및 독가스금지선언 등 전쟁과 관련하여 5개의 조약이 채택되었다.

5) 1907년 제2차 헤이그평화회의에서 채택된 조약은 다음과 같다. ① 국제분쟁의 평화적 처리에 관한 조약, ② 계약상의 채무회수를 위한 병력사용의 제한에 관한 조약, ③ 개전에 관한 조약, ④ 육전의 법규관례에 관한 조약(1899년 조약 개정), ⑤ 육전에 있어서의 중립국 및 중립인의 권리의무에 관한 조약, ⑥ 개전 시 적상선의 취급에 관한 조약, ⑦ 상선의 군함으로의 변경에 관한 조약, ⑧ 자동촉발수뢰의 부설에 관한 조약, ⑨ 전시 해군력에 의한 포격에 관한 조약, ⑩ 적십자조약의 원칙을 해전에 적용하는 조약(1899년 조약 수정), ⑪ 해전에서의 포획권행사 제한에 관한 조약, ⑫ 국제포획심검소의 설치에 관한 조약(미발효), ⑬ 해전에 있어서의 중립국의 권리의무에 관한 조약.

6) F. Gerster and Meyer, "New Developments in Humanitarian Law in Challenge to the Concept of Sovereignty", 34 *International and Comparative Law Quarterly*, 1985, pp.267-270 참조.

7) 1949년 무력분쟁의 희생자 보호에 관한 제네바협약은 인도성(humanity), 연대책임성(solidarity) 및 보편성(universality)을 근본원칙으로 하여 인도주의 법규에 큰 발전을 가져왔으나, 무기규제에 관해서는 진전이 없었다. 임덕규, "전투수

그러나 1949년 제네바협약이 채택된 이후에도 정치적·문화적·인종적·종교적 갈등으로 인한 무력분쟁에서 민간주민들은 살해되거나 난민 또는 유민으로 전락하거나 자국이나 거주지역에서 강제추방되기도 하였다. 군사목표물에 한정되지 않는 대량파괴력을 가진 무기의 기술적 발달은 새로운 형태의 지상 및 공중공격으로 민간인을 보호하기 위한 추가적인 규정들을 발전시켜야 함을 보여주었으며, 게릴라전의 성행은 게릴라전사가 전쟁포로로 대우되어야 하는가 하는 문제 등이 발생되었다.

이러한 새로운 관심에 따라 국제적십자위원회(International Committee of the Red Cross: ICRC)는 제네바협약을 보충하기 위하여 새로운 인도적 규정들을 발전시키기 위하여 노력했다. 1974년에 개시된 '무력분쟁에 적용되는 국제인도법의 재확인과 발전에 관한 외교회의'는 4년에 걸친 노력 끝에 1977년 전문, 102개조 및 2개 부속서로 이루어진 '1949년 8월 12일의 제네바협약에 대한 추가 및 국제적 무력분쟁의 희생자 보호에 관한 의정서'(제1추가의정서), 전문과 28개조로 이루어진 '1949년 8월 12일의 제네바협약에 대한 추가 및 비국제적 무력분쟁의 희생자 보호에 관한 의정서'(제2추가의정서)를 채택하였다.

이와 같은 전쟁법의 발전 및 법전화 과정에서 재래식 무기의 사용금지 및 규제 문제는 1970년대 들어 본격적으로 주목받기 시작하였다. 1977년 2개의 추가의정서를 채택하기 위한 1974년부터 1977년까지의 외교회의(제네바)에서 특정재래식무기(Certains Conventional Weapons) 문제는 특별위원회(ad hoc committee)에서 논의되었지만 합의에 이르지는 못했으며,[8] 다만 1977년 6월 9일 제4차 제네바 외교회의는

단의 국제법적 규제", 육사논문집, 제21집, 1981, p.306.

특정재래식무기의 사용금지 및 제한에 관한 협정을 채택하기 위한 국제연합 전권회의를 1979년 이전에 개최할 것을 결의하였다(결의 제 22(IV)).[9)]

1977년 12월 19일 국제연합 총회는 1979년에 특정재래식무기에 관한 유엔전권대표회의를 개최하기로 결의하였다. 이를 위한 준비회의가 85개국 대표들이 참석한 가운데 1978년 9월과 1979년 3월~4월에 제네바에서 열렸다. 그 후 1979년 9월 10일~9월 28일(제1차 회의), 1980년 9월 15일~10월 10일(제2차 회의) 두 차례의 '무차별적이고 과도한 피해를 초래하는 재래식무기의 사용금지 및 제한에 관한 유엔전권대표회의'가 제네바에서 개최되어 본 협약[10)] 및 이와 불가분의

---

8) 당초 외교회의에서는 무기사용의 규제분야를 추가의정서의 고유부분으로 포함시키려는 주장이 있었다. 그러나 의정서에 관한 작업은 당시 이미 성숙단계에 있었으나 무기사용 규제문제는 더욱 연구 및 검토를 요하는 준비단계에 있었으며, 준비단계에 있는 무기문제를 토의하게 될 경우 추가의정서의 채택마저 지연될 우려가 있었고, 무기문제에 대한 각국들의 합의도출을 위해서는 추가의정서와 분리된 별도의 문서를 채택하여 각국들로 하여금 이를 선택 가입케 함으로서 규제케 하는 것이 더욱 효과적이라는 이류로 특정재래식무기 사용의 규제문제는 추가의정서와 일단 분리하여 심의하게 되었다. UN. Doc. A/CONF. 95/PREP. CONF./CRP.1 (Report of the Ad Hoc Committee on Conventional Weapons of the Diplomatic Conference, 1st Sess.) paras.13-16, 정운장, "제네바 4개 협약 추가의정서의 적용상의 문제점: 전투원, 전투의 방법 및 수단을 중심으로", 국제법학회논총, 제51권, 1982, p.321에서 재인용.

9) 동 결의는 국제연합 및 국제적십자위원회 등에서의 논의들에서 X선으로도 탐지불가능한 파편에 의한 상해를 주성능으로 하는 재래식무기의 사용 및 금지 가능성과 지뢰 및 위장성 무기에 관한 광범위한 합의가 존재하고 있다고 결론내리고 있다.

10) Doc. CCW/CONF.I/CE/CRP.4(1994. 5. 16). 조약의 정식 표제는 '과도한 장해를 주거나 무차별적인 효과를 미치는 것으로 인정되는 특정재래식무기의 사용 금지 또는 제한에 관한 조약(Convention on Prohibitions or Restrictions on the Use of Certain Conventional Weapons Which May be Deemed to be Excessively

관계를 이루는 3개의 의정서가 채택되었다. 이는 19세기 이후 답보 상태에 머무르고 있던 재래식 무기에 대한 국제적 규제분야의 결산으로 그 의의는 매우 중요하다.

지뢰피해가 날로 심각해지면서 이를 인식한 국제사회에서는 제2의정서의 내용을 강화하자는 견해가 부각되기 시작하였다.[11] 1991년 말부터 활동을 시작한 국제지뢰금지운동(International Campaign to Ban Landmines: ICBL) 등의 비정부 국제기구(Non-Governmental Organization: NGO)들이 대인지뢰의 위험에 대해 꾸준히 관심을 촉구하였으며, 1993년 프랑스는 특정재래식무기 규제협약 제8조 제3항에 의거 협약개정을 위한 재검토회의를 제안하였으며, 그 결과 1994년부터 당사국들 간에 협상이 시작되었다.

그 후 1995년 9월 25일부터 동년 10월 13일까지 비엔나에서 개최된 '특정재래식무기협약에 대한 제1차 재검토회의(The First Review Conference of the 1980 Convention on Certain Conventional Weapons)' 제1회기에서 제4의정서가 채택(1995년 10월 13일)되었으며, 1996년 1월 15일부터 동년 1월 19일 및 1996년 4월 22일부터 동년 5월 3일까지 제네바에서 각각 개최된 재검토회의 제2, 3회기에서 대인지뢰문제와

Injurious or to Have Indiscriminate Effects)'이다.

11) 지뢰는 전세계 64개국에 약 1억 1천만 개가 매설되어 있고, 매년 200만 개가 추가로 매설되고 있었고 각국이 보유하고 있는 지뢰는 약 2억만 개로 추산되었다. 반면에 제거되는 지뢰는 연간 2O만 개에 불과하며, 교전이 종료된 후에도 지뢰는 제거되지 않은 채 그대로 방치되고 있어 지뢰의 피해는 날로 심각해지고 있었던 바, 방치된 지뢰의 피해자는 대부분이 민간인으로서 매년 2만 5천명의 사상자가 계속 발생되고 있었으며, 이들의 약 20%가 15세 미만의 아동들로서 특히 캄보디아에서는 국민 230명당 1명이 지뢰로 인하여 숨지거나 부상당하였다. ICRC, *The Worldwide Epidemic of Landmines Injuris*, Geneva, ICRC, 1996, p.3.

제2의정서 개정문제를 집중적으로 검토한 결과 1996년 5월 3일 제2의정서에 대한 개정안을 최종 합의하였다.[12)]

개정 의정서는 대인지뢰의 사용 및 이전에 대한 통제만을 강화하였을 뿐, 사용 자체를 금지시키지는 않았기 때문에 지뢰의 폐해를 근본적으로 근절할 수 없었다. 이에 특정재래식무기협약만으로 지뢰피해를 방지하기에는 미흡하다고 판단한 미국, 캐나다 등 서방 선진국들과 국제연합, 국제적십자사 및 비정부 국제기구들을 중심으로 대인지뢰전면금지를 위한 국제협약 제정이 추진되기 시작하였다. 1996년 10월 3일부터 5일까지 캐나다 주관으로 오타와에서 '대인지뢰의 전면적 금지를 위한 국제전략회의(International Strategy Conference towards Global Ban on Anti Personnel Mine)'의 개최를 시작으로 1997년 4차례의 회의 끝에 마침내 1997년 9월 100여 국가들이 참석한 오슬로회의에서 오스트리아안(Austrian Text)으로 불리는 협약초안을 바탕으로 전문 및 본문 22개조로 구성된 '대인지뢰의 사용, 비축, 생산 및 이전의 금지와 폐기에 관한 협약(Convention on the Prohibition of the Use, Stockpiling, Production and Transfer of Anti-Personnel Mines and on Their Destruction, 대인지뢰금지협약)'이 채택되었다.

---

12) L. Doswald-Beck, "New Protocol on Blinding Laser Weapons", 312 *International Review of the Red Cross*, 1996, p.272.

제3절 전투수단과 방법의 제한 원칙

1. 전투수단 및 방법의 선택권 제한

무력분쟁에 있어 전투수단 및 전투방법을 선택할 분쟁당사국의 권리는 무제한적이지 않다. 동 원칙의 기원은 19세기에 개최된 여러 회의와 논의들에서 확인되고 있는 바, 1874년 브뤼셀 회의에서의 무력분쟁에 관한 문서(브뤼셀선언) 제12조에 처음으로 반영되었고, 그 후 1907년의 헤이그 육전규칙에서 제22조로 조문화되었으며, 1977년 제1추가의정서 제35조 1항 및 1980년 특정재래식무기협약 서문에서 재확인되었다.

헤이그 육전규칙 제22조는 전통 전쟁법상의 '군사필요원칙' 및 '인도주의원칙'과 관련하여 논의되어져야 할 것이다. '군사필요원칙'은 정당한 전쟁목표의 신속한 달성을 위해 필요한 군사력의 사용을 허용한다는 원칙이고, '인도주의원칙'은 교전당사자에게는 군사목표를 달성하기 위한 모든 전투수단과 방법이 허용되는 것이 아니고 문명과 인도주의(civilization and humanity)에 따른 제한이 부과된다는 것이다. 이러한 양 원칙의 조화로서 전투수단 특히 무기에 관해서 전통 전쟁법 원칙으로 표현된 것이 '교전자는 해적수단(해적수단)의 선택에 관하여 무제한적인 권리를 갖는 것은 아니다'라고 규정하고 있는 헤이그 육전규칙 제22조라고 볼 수 있다.

그러나 전투에 관한 인도적 기본규칙의 핵심인 동 원칙은 전투수단과 방법의 규제에 있어 기초를 구성하지만,[13] 실제 상황에서 선택

13) D. Fleck(ed.), *The Handbook of Humanitarian Law in Armed Conflicts*,

할 수 없는(또는 있는) 전투수단과 방법에 대해 아무런 언급도 하고 있지 않기 때문에 구체성과 명확성을 결한 추상적·일반적인 성격을 갖는다.

신무기 및 전투수단과 방법의 연구·개발·획득 및 채택에 있어서 체약국에게 동 무기 및 전투수단의 사용이 제1추가의정서 및 체약국이 적용할 수 있는 국제법의 여타 규칙에 의하여 금지되는지의 여부를 결정할 의무를 부과하고 있는 동 의정서 제36조는 본 항의 실효적인 이행과 관계가 깊다. 무력분쟁법에 의해 분쟁당사국이 부담하는 의무와 관련하여 새로운 전투수단과 방법을 평가하여야 할 의무는 본 항에서 언급된 선택의 자유가 없다는 것으로부터 논리적으로 도출된다.[14)]

그리고 이 원칙은 이론 및 국가의 사후관행 면에서 다음과 같은 역할을 행하였다. 이론 면에서 볼 때 이 원칙은 '교전자에게 잔인하거나 배신적인 행위를 억지하여야 할 일반적 의무를 과하는' 역할을 행하여 왔으며,[15)] 관행 면에서 볼 때 (1) 헤이그 육전규칙에 의하여 금지되지 않는 무기는 그 사용이 허용된다는 추론을 배제하며,[16)] (2)

Oxford University Press, 1995, p.112.

14) Yves Sandoz, Christophe Swinarski and Buruno Zimmermann(eds.), *ICRC Commentary to Additional Protocol Ⅰ, Commentary on the Additional Protocols of 8 June 1977 to the Geneva Conventions of 12 August 1949*, 1987, pp.390-399 참조.

15) D. Bindschedler-Robert, *A Reconsideration of the Law of Armed Conflicts*, 1971, p.28.

16) A. Cassese, "Means of warfare: The Traditional and the New Law", A. Cassese(ed.), *The Humanitarian Law of Armed Conflict*, Napoli, 1979, p.161. 이는 전투수단은 국제법의 다른 규정, 즉 전쟁에 관한 법규 및 선언에 의한 금지 또는 허용여부에 따라 결정된다는 것을 의미한다.

특정무기사용의 규제를 위한 기본적 전제[17]로서의 역할을 담당해왔다.[18]

위 원칙은 해전에 있어서의 전투수단과 방법의 선택에도 마찬가지로 적용할 수 있을 것이다. 물론 육상 무력분쟁에 적용되는 일반원칙이 해상에서의 적대행위에도 관련있는지 명확하게 언급하고 있는 조약규정은 현재 존재하지 않는다. 그러나 이러한 일반원칙이 해상무력분쟁법에 확실히 정착되었다는 것은 전체 법체계에서 볼 때 당연하다. 게다가 국제연합 총회는 1968년 12월 19일의 결의 2444(XXIII)[19]에서 '무력분쟁에 있어서 전투수단 및 방법을 선택할 분쟁당사국의 무제한적 권리 불인정'을 포함한 무력분쟁법의 기초가 되는 여러 원칙들을 만장일치로 확인한 바 있다.

---

17) 1974년부터 1977년에 걸쳐 개최된 '무력분쟁에 적용될 국제인도법의 재확인 및 발전에 관한 외교관회의'에서 동 기본원칙을 전제로 하여, 특정재래식무기를 규제하기 위한 일반적 기준으로 불필요한 고통 및 과다한 상해를 일으키거나 무차별적 효과를 초래하거나 배신적 효과를 갖는 무기사용의 금지라는 3개 원칙을 채택하였다. Report of the Ad Hoc Com. on Conventional Weapons of the Diplomatic Conf., 1st Sess.(CDDH/47/ Rev.1, 1977), pars.21-25.

18) UN. Doc. A/9215(Existing rule of international law concerning the prohibition or restriction of use of specific weapons, Respect for Human Rights in Armed Conflicts), vol.1, 1973, p.17.

19) 국제연합의 후원 하에 1968년 4월 22일부터 5월 13일까지 테헤란에서 개최된 국제인권회의(International Conference of Human Rights)는 인권과 국제인도법 간의 관계를 확립함으로써 중요한 전환점을 이루었는데, 동 회의는 국제연합 총회로 하여금 사무총장에게 (1) 모든 무력분쟁에서 국제인도법의 보다 나은 적용을 확보하기 위한 조치, (2) 모든 무력분쟁에서 민간주민, 포로 및 전투원의 보호 및 특정 전투방법을 금지시키기 위한 국제인도법의 개정 또는 보완을 연구토록 요구할 것을 요청했다. 이러한 요청을 받아들인 국제연합 총회가 사무총장에게 국제적십자위원회 등과 협력하여 이를 행할 것을 요청한 결의가 총회 결의 2444(XXIII)이었다.

2. 과도한 상해 및 불필요한 고통을 야기하는 무기 사용금지 원칙

과도한 상해 및 불필요한 고통을 야기하는 무기 사용금지 원칙은 간접적인 표현 형식이기는 하지만 1868년의 상트페테르부르크선언(St. Petersburg Declaration) 전문에서 처음으로 규정되었다. 즉, "국가가 전쟁기간 중에 달성하고자 노력하여야 할 정당한 목적은 적의 군사력(military forces)을 약화시키는 것이며, 이를 위하여서는 가능한 한 다수의 자를 무능력화 하는 것으로 충분하며, 따라서 이미 무능력하게 된 자의 고통을 불필요하게 증대하거나 또는 죽음을 불가피하게 하는 무기의 사용은 전쟁법의 목적의 범위를 넘어선다"라고 하였다.

동 원칙을 보다 명확하게 표현한 것은 헤이그 규칙과 제1추가의정서이다. 헤이그 규칙 제23조 (e)항에 의하면 불필요한 고통을 일으키는 무기, 발사물 및 기타의 물질의 사용을 금지하고 있으며,[20] 제1추가의정서 제35조 2항에서도 '필요 이상의 상해 또는 불필요한 고통'을 일으키는 성질의 무기, 발사물 및 전투물질과 그러한 방법을 사용함을 금지한다고 규정하고 있다.

동 원칙은 세계여론으로 하여금 교전국가들의 행위의 정당성 여부를 평가함으로써 도덕적, 정치적 규범으로서 역할을 할 수 있다. 이 원칙의 초법적인 평가는 여론이 대중매체를 통해 정부에 영향을 주기 때문에 단순한 법적인 평가보다도 더 중요하게 나타날 수 있으므

---

20) 동 원칙은 400g 이하의 작열탄, 담담탄, 질식성 또는 유독성 가스 등 몇 가지 전투수단의 특수한 사용금지를 자동적인 규칙으로 만들고자 하는 것을 목적으로 하고 있다. A. Cassese, *op. cit.*, p.162.

로 과소평가 되어서는 안 된다. 무엇보다도 동 원칙은 각 국가가 새로운 무기를 개발하는 것을 억제하거나 그들의 사용을 금지하고자 할 때 일반적인 인도주의적 근거의 하나로 설명하기 때문에 대단히 중요한 교시의 자료로서 제공된다고 본다.[21]

그러나 동 원칙은 그 개념이 애매하고 객관성이 결여되어 있어 실질적으로 존중되지 않았으며, 각국은 편의적으로 해석하는 경향이 강하였다. 그 결과 잔인한 특성의 무기가 명백하기 때문에 누구도 그것을 부인할 수 없다거나, 동 원칙을 반복적·대규모적으로 위반한 증거가 있는 경우와 같은 극단적인 경우에만 교범적인 역할을 하고 있다.[22]

3. 무차별적인 효과를 초래하는 무기 사용금지 원칙

분쟁당사국은 민간인 또는 피보호자와 전투원, 민간물자 또는 공격 면제물자와 군사목표를 항상 구분하지 않으면 안 된다. 무력공격은 엄격하게 군사목표에 한정되어야 하는 바, 공격은 군사목표에 대하여 또는 군사목표인 적선 및 적항공기에 의해 수행되는 것과 기능상 구별되지 않는 임무에 종사하는 제한된 중립국 선박과 항공기를 목표로 하여야 한다.

군사목표물은 그 성질, 위치, 용도 또는 사용이 군사활동에 효과적으로 공헌하는 것으로 그 전면적 또는 부분적 파괴, 포획 또는 무력화가 당시 상황 하에서 명확한 군사적 이익을 가져오는 것이다. 이

21) 임덕규, *op. cit.*, p.297.
22) A. Cassese, *op. cit.*, p.163.

러한 정 의하에서 군사목표로 분류되는 것은 예컨대 군함, 군용차량, 무기, 탄약, 연료 저장소 및 요새와 같은 엄밀한 군사목표 외에도 가정의 미래 시점이 아닌 그 당시 상황에서 이러한 기준을 충족하는 경우, 예컨대 수송과 통신체계, 철도, 비행장, 항만시설 및 무력분쟁에 있어서 기본적인 중요성을 갖는 산업과 같은 군사작전에 대하여 행정 및 후방지원을 제공하는 활동도 군사목표에 포함된다. 또한 군사목표가 '군사활동에 효과적으로 공헌'하는 것이어야 한다는 것이 전투행위와의 직접적인 관계를 요구하는 것은 아니기 때문에 민간물자가 전투행위와 단지 간접적으로 결부되더라도, 분쟁당사국의 전체적인 전쟁 수행능력 중의 군사적 부분에 효과적으로 공헌하도록 사용되면 군사목표가 되어 공격으로부터 면제되지 않는다.

구별의 원칙(Principle of Distinction)은 오늘날에 이르기까지 헤이그법의 가장 기본적인 원칙으로서 확립되어 있으며, 제1추가의정서 제48조에 의하여도 재확인되고 있고, 국제연합 총회도 일반적인 무력분쟁법 전체의 기초가 되는 약간의 원칙을 만장일치로 확인하면서 '가능한 한 민간주민을 보호하기 위하여 적대행위에 참가하는 자와 민간주민의 구성원은 항상 구별되지 않으면 안 된다'라고 결의한 바 있다.[23)]

이 원칙은 모든 전투행위를 오직 교전자와 군사목표에 대하여만 지향하고 민간인에게는 원칙적으로 교전자격을 인정하지 않는 반면에, 민간인 및 민간물자는 최대한도로 공격대상으로부터 면제하고, 이들을 가능한 한 보호하려는데 그 목적이 있다.[24)]

---

23) U.N., G.A., Res.2444(XXIII)(1968. 12. 19)

24) 정운장, *op. cit.*, pp.256-257.

그러나 군사목표에 대한 공격이 군사목표를 오인하거나 군사목표에 명중했지만 그 영향이 군사목표에 한정되지 않고 확대되어 다른 사람이나 물건에 부수적인 사상이나 손해를 야기하였다고 해서 무조건 동 원칙을 위반한 것은 아니다. 왜냐하면 어떠한 전투방법이나 수단도 100퍼센트 정확히 기능하는 것은 아니며, 일반적으로 발사체가 표적에 명중할 확률은 꽤 낮다. 그러므로 부수적 손해가 일어날 가능성이 있다고 해서 무력공격을 불법적인 것으로 만드는 것은 아니다.

구별원칙이 해전법규에 적용된다고 명확하게 언급하고 있는 조약규정은 현재 존재하지 않는다. 그러나 실제로 해상작전을 규율하는 무력분쟁법은 비록 불완전하기는 하지만 공격할 수 있는 자와 없는 자, 공격할 수 있는 물자와 없는 물자 간에는 식별원칙이라고도 불리는 구별원칙을 그 법체계의 본질적인 요소로 하고 있다. 현대 무력분쟁에서 모든 희생자중 민간인 희생자의 비율이 증가하고 있는바, 오늘날 구별원칙이 모호해졌다고 볼 수도 있겠지만 이러한 구별원칙이 강조되고 강화되어야 하는 것은 자명한 일이다.

4. 전멸명령 금지원칙

생존자에 대한 전멸명령과 그러한 명령으로 적을 위협하는 행위 및 생존자를 전멸시킬 목적으로 행하는 적대행위는 금지된다. 1907년의 헤이그 육전규칙 제23조(d) 및 제1추가의정서 제40조에 명시적으로 규정된 동 원칙은 상당히 오랜 역사적 과정을 거쳐 발전되었다. 다만 어떠한 조명도 허용하지 않는다고 선언하는 것을 확고하게 반대하는 입장이 확립된 것은 19세기 이후이다. 이러한 원칙은 분명히 해상에서의 부상자, 병자 및 난선자의 존중 및 보호와 밀접히 결부되어 있다. 먼저 불필요한 고통에 관한 규칙의 설명에 비추어 실제 이것은 전투원으로보다는 물자에 대하여 주로 영향을 미치는 성질 때문에 해상작전의 수행에 직접 적용되는 원칙이라기보다는 병자 및 난선자를 보호하는 의무의 일부로 보아야 한다. 이러한 접근은 항복하는 적의 살상을 금지하고 있는 제17조에서 조명거부를 첨부하고 있는 1913년의 해전에 관한 옥스퍼드 매뉴얼에 반영되어 있다. 해상에서의 적대행위에서 동 원칙은 제2차 세계대전 후에 열린 몇몇 주요한 재판의 판결에서 그 유효성이 지속되고 있다는 것이 확인된 바 있다.25)

5. 고의적인 대규모 환경파괴 금지원칙

분쟁당사자는 전투수단 및 방법의 선택에 있어 국제법의 관련규칙을 고려하여 자연환경에 타당한 고려를 해야 하는 바, 군사적 필요성에 의해 정당화되지 않고 또한 자의적으로 행하여지는 자연환경에 대한 손해 또는 파괴는 금지된다.

1974년 12월 9일 유엔총회에서 채택된 결의 3264(XXIX)는 적절한 국제협약의 체결을 통해 국제안보, 인류복지 및 건강유지에 반하는 군사적 및 기타 적대적 목적으로 환경 및 기후에 영향을 주는 행동을 금지하기 위한 실효적 조치의 필요성을 강조하였으며, 이는 1977년 제1추가의정서에 반영되어 있다.

---

25) Wolff Heintschel v. Heinegg(ed.), *The Military Objective and the Principle of Distinction in the Law of Naval Warfare*, pp.11-17 참조.

평시에 있어서 자연환경에 대한 국제법상 책임은 현대 국제법에서 널리 인정되고 있는 것처럼 무력분쟁법에서도 동일하게 인정되어야 하는 바, 자연환경에 대하여 광범위하고 극심한 손상을 야기하려는 의도를 갖거나 그렇게 될 것으로 예상되는 전투방법 및 수단의 사용은 금지되며(제1추가의정서 제35조 3항), 전투 중 광범위하고 장기간의 극심한 손상으로부터 자연환경을 보호하기 위한 조치를 취하여야 하며 주민의 건강 및 생존을 침해할 것이 예상되는 전투수단 및 방법의 사용과 복구에 의한 자연환경에 대한 공격은 금지된다(동 제55조).

무력분쟁은 일반적으로 군사적, 경제적 목적을 위한 삼림의 파괴, 식수의 고의적 오염과 같은 직접적, 계획적인 환경파괴 및 환경에 유해한 화학물질 배출시설에 대한 공격, 부정확한 표적선택 및 대량파괴무기에서 발생되는 의도하지 않았던 경미한 환경파괴와 같은 간접적, 부수적으로 영향을 미친다.[26]

베트남전쟁은 계획적인 환경파괴의 심각성을 적나라하게 보여주었는데 베트남 영토의 10% 이상에 2천만 갤런의 화학물질이 투하되었다. 그 중 절반은 남베트남의 생태계를 유지하는 데 중요한 역할을 하는 맹그로브(Mangrove) 숲의 54%를 파괴시킨 고독성 물질인 오렌지작용제(Agent Orange)였다. 이 외에도 고독성 화학물질 및 융단폭격으로 베트남 숲의 14%가 파괴되었다.[27]

고의적인 환경파괴는 최근의 걸프전에서 극명하게 나타난다. 걸프

---

26) J. Leggett, "The Environmental Impact of War: a Scientific Analysis and Greenpeace's Reaction", G. Plant(ed.), *Environmental Protection and the Law of War:A Fifth Geneva Convention on the Protection of the Environment in Time of Armed Conflict*, London/N.Y., Belhaven Press, 1992, p.68.

27) *Ibid.*, p.69.

전에서 이라크는 쿠웨이트에서 철수하기 직전 쿠웨이트의 전후경제를 파괴하기 위해 700개 이상의 유정에 방화하고, 약 250만 내지 3백만 배럴의 석유를 걸프만에 유출시켜 돌고래, 해우, 물고기 및 거북 등의 생존을 불가능하게 했을 뿐만 아니라 인간의 생존을 유지하는 생태계에도 엄청난 악영향을 미쳤다.[28)]

이처럼 무력분쟁은 고의적이든 비고의적이든 환경파괴로 인한 다양한 문제들을 유발한다. 이러한 문제들에 대응하여 국제사회는 무력분쟁시의 환경보호에 관한 제규정들을 두고 있다. 이러한 법규들에는 무력분쟁과 관련 없는 국제환경법상의 일반원칙 및 보호규정, 환경문제를 직접 언급하지는 않았지만 적용 가능한 무력분쟁 관련법규에 명시된 규정 등이 있다.[29)] 이들 중 무력분쟁법상 무력분쟁에서 환경보호에 관한 법규들로는 전투수단과 방법의 제한에 관한 불필요한 고통금지, 군사상 필요원칙 및 전투원과 민간인의 구분원칙 및 비례성원칙 등 무력분쟁법의 일반원칙과 헤이그 협약[30)], 1949년 제네바협약(제네바 제4협약 제32, 5, 55 및 56조 참조), 1977년 추가의정서

---

28) *Ibid.*, p.70. 걸프전에서의 환경파괴에 대한 자세한 설명은 A. Roberts, "Environmental Destruction in the 1991 Gulf War", 291 *International Review of the Red Cross*, 1992, pp.538-553, 특히 다국적군에 의한 환경파괴는 *Ibid.*, pp.545-547. 참조.

29) 이들 각각의 규정들에 대한 자세한 설명은 B. Baker, "Legal Protections for the Environment in Times of Armed Conflicts", 33 *Virginia Journal of International Law*, 1993, pp.353-376 참조.

30) 1899년 협약(II) 제22조 및 제55조, 1907년 협약 제22, 25, 27, 28 및 55조 참조. 이러한 규정들은 직접적으로 환경보호를 위해 채택된 것은 아니지만 군사필요성으로 정당화되지 않는 문화적으로 중요한 자연자원과 환경보호에 적용 가능하며 국제인도법이 자연환경의 보호문제에까지 확대될 수 있는 법적 기초가 되었다.

(제1추가의정서 제35, 54, 55 및 56조 참조), '환경변경기술의 군사적 또는 기타 적대적 사용금지협약(Convention on the Prohibition of Military or any Other Hostile Use of Environmental Modification Techniques: ENMOD Convention)'[31] 등이 있다.[32]

해상 무력분쟁에서의 환경문제는 새로운 해전 기술과 방법, 무력분쟁법과 해양법의 새로운 전개 및 해상무력분쟁의 결과로서 환경에 대한 중대한 손해가 발생할 가능성의 증대로 주목받기 시작하였으며, '해상무력분쟁에 적용될 국제법에 관한 산레모 선언'의 채택을 위하여 1991년에 개최된 베르겐(Bergen) 회기와 1992년의 오타와(Ottawa) 회기에서의 예비논의를 거쳐서 1993년 제네바 회기 라운드 테이블을 위한 합의의제로 삽입되면서부터 공식적으로 논의되기 시작하였다.

제네바 회기 중 무력분쟁 중의 환경보호에 관한 특별보고자는 보고서에서 평시에 해양환경을 해하지 않을 의무가 국가에 존재한다고 하였는데, 걸프전쟁(1991년)의 경험에 비추어 볼 때 적어도 해상 무력분쟁 중에 전투의 수단으로서 해양환경을 이용하는 것 또는 그것을 공격목표로 하는 것을 금지하는 규칙이 출현했다는 것은 매우 명

31) UN GA Res.31/72, UN GAOR, 31st Sess., Supp.No.39, UN Doc.A/31/39(1976). 군축위원회의 산물인 동 협약은 환경에 유해한 전투행위의 규제를 포괄적으로 규제하지는 못했지만 군비통제와 환경보존간의 관계를 나타냄으로서 인간보존을 위한 건강한 환경의 필요성을 묵시적으로 인정하고 있다. 동 협약 제1, 2조 참조.

32) 무력분쟁 시의 환경보호에 관한 국제인도법에 대해서는 International Committee of the Red Cross, Protection of the Environment in Time of Armed conflict: Report Submitted by the International Committee of the Red Cross to the Forty-English session of the United Nations General Assembly, 1993 참조.

백하다고 강조하였다. 제네바 회기에서 논의 결과 '군사적 필요성에 의하여 정당화되지 않고 또한 자의적으로 행하여지는 자연환경에 대한 손해 또는 파괴는 금지한다'라는 조항을 채택하기로 합의되었다. 이는 많은 참가자들이 표명한 관심사, 즉 '군사적 필요 원칙'의 범위 내에서 해상 무력분쟁의 전투수단 또는 공격의 직접목표 또는 대상으로서 해양환경을 이용하는 것을 위법화해야 한다는 것을 수용한 것이었다.

제네바 회기에서 합의된 안은 리브로노(Livrono) 최종회기에서 '전투수단 및 방법은 그 법원의 여하에 관계없이 무력분쟁에 적용되는 자연환경의 보호와 보전에 관한 국제법 규칙에 따라서 사용되지 않으면 안 된다'라고 수정할 것이 제안되었는데, 이는 보다 명확하고 직설적이었다. 특히 무력분쟁시의 환경보호에 적용되는 법규의 향후 발전에 길을 여는 것이었다. 그러나 다른 참가자들은 본 항에 '국제법의 관련규칙을 고려하여'를 언급하는 것은 무력분쟁에 적용되는 그러한 규칙을 존중하지 않으면 안 된다는 것을 적절히 규정하고 있고, 또한 그것에 '타당한 고려'의 기준을 추가하는 것은 보다 효과적인 환경보호에 기여한다고 생각하였다. 그 이유는 오늘날 무력분쟁 중의 환경보호를 직접 언급하는 규칙은 매우 한정되어 있고, 또한 '타당한 고려'라는 표현은 개개의 특정 경우에 대립되는 이해를 평가하는데 유연성을 부여한다고 보았기 때문이었다.

6. 마르텐스 조항

저명한 국제법 학자로서 헤이그 전쟁법회의 제2위원회 제2소위원회 의장이던 러시아 대표 마르텐스(F. F. Martens)는 1907년 '육전의 법규와 관례에 관한 헤이그협약(Convention on Respecting the Laws and Customs of War on Land)' 전문 제8항에 도입된 소위 마르텐스 조항(Martens Clause)을 기초했다. 동 조항은 1949년 제네바협약(공통조항, 제1협약 제163조) 및 1977년 추가의정서(제1조 2항)에서도 그대로 계승되고 있다. 실제 발생할 수 있는 모든 상황을 다룰 수 있는 규칙을 제정하는 것이 가능하지 않음을 확인한 동 조항은 협약에 의해 규제되지 않는 경우에도 "교전자는 인도의 법칙 및 공공양심의 명령으로부터 유래되는 문명화된 인민들 사이에 확립된 관습상의 국제법 원칙의 보호 및 지배하에 있다"라고 하여 '인도적 이익 및 점진적인 문명화의 필요성'을 강조하고 인도적 원칙이 무력분쟁에 관한 모든 법전에까지 확대된다는 것을 분명히 하고 있다. 이는 제국들이 국제인도법의 정신과 실질을 준수해야 할 의무가 있다는 것을 인정하고 있다는 것을 의미한다.33) 따라서 마르텐스 조항은 명문의 규정이 없더라도 모든 무력분쟁에 적용되는 관습적 성격을 갖는 일반원칙이라고 볼 수 있다.

---

33) M. Lippman, "Crime Against Humanity", 17 *Boston College third World Law Journa*l, 1997, pp.173. M. Lippman은 이 논문에서 '인도에 대한 죄'의 의의와 기원, 발전과정 및 관련판례를 상세하게 설명하면서 논문의 말미에서 민족적, 인종적 및 종교적 폭력과 적대에 있어서의 적대행위의 발흥은 일국뿐만 아니라 국제사회의 안정을 직간접적으로 위협하고 있다면서 위험에 처한 민간주민을 보호하고 잔악행위를 억제하기 위해서는 '인도에 대한 죄 금지협약'의 채택이라는 과감하고 역사적인 조치를 취할 것을 촉구하고 있다. *Ibid.*, p.273.

제4절 재래식무기의 규제

1. 특정재래식무기의 규제

가. 내용

(1) 특정재래식무기 규제협약

전문과 11개조로 구성된 동 협약[34)]은 전투수단의 규제에 관한 기본원칙을 따르고 있다. 협약은 전문에서 먼저 국제연합 헌장에 의거하여 타국의 주권, 영토보전 또는 정치적 독립에 대하여 행하여지거나 또는 국제연합의 목적에 반하는 형태로 행하여지는 무력의 행사 및 위협을 중지시킬 의무를 언급한 후, 인도주의적 관점에서 전투행위로부터의 민간인 보호라는 일반원칙을 상기시키고 전투수단을 채택할 교전국의 권리는 무제한적이지 않다는 것과 불필요한 고통을 초래할 수 있는 무기, 발사대 및 기타 물질의 사용은 금지된다는 것을 강조하고 있다.

이러한 2가지 기본원칙들은 1868년 '400g 중량이하의 폭발성 또는 소이성 성질을 충전한 투사물 사용을 포기하는 국제선언'(세인터피터스버그선언),[35)] 1907년의 '육전의 법규 및 관례에 관한 협약 부속

---

34) 특정재래식무기 규제협약은 무기별 4개의 선택의정서와 연결되어 1개의 조약을 이루는 조약으로서 일반조약의 기본적 내용을 포함하고 있으나 사용이 금지 또는 제한되는 무기를 별도의 선택의정서에서 규정하고 있으며, 조약가입국에 가입할 의정서 선택을 부여하는 형태를 취하고 있는 umbrella treaty(general treaty)이다. 임덕규, *op. cit.*, p.307.

35) '불필요한 고통'과 '무익한 살해'의 회피를 이유로 하는 동선언의 금지법리는 그 긍정적 효과에도 불구하고 1) 400그람 이하의 소총탄 사용을 금지하면서 더 큰 군사적 효과가 있는 400그람 이상의 폭발성 또는 소이성의 포탄, 수

규칙'(육전규칙) 제22조 및 제23조 제5항,[36] 1925년 '전시 질식성, 독성 또는 기타 가스 및 세균성 무기사용 금지에 관한 제네바의정서' 및 1977년 제1추가의정서 제35조 제2항 등에서 확인되고 있다.

또한 동 협약은 '자연환경에 대하여 광범위하고 장기간에 걸쳐 극심한 피해를 끼칠 것을 의도하거나 그와 같은 피해를 예측할 수 있는 전투수단과 방법의 사용은 금지된다'라는 것을 상기시키고 있으며,[37] Martens 조항[38]도 확인하고 있다.

전문에서 전투수단의 사용규제에 관한 전쟁법상의 일반원칙을 강조한 동 협약은 본문에서는 협약의 성립과 적용에 관한 일반적인 규정만을 두고 있고 직접적으로 사용의 규제대상이 되는 특정무기에

류탄, 폭탄은 그 용법에 대한 별다른 언급도 없이 이 선언의 예외적인 것으로 하여 금지하지 않았고, 2) 당시의 전술차원의 고려에 따라 군대와 함대에서의 사용만을 규제하였고 공전에서는 적용되지 않는 것으로 전황에 따른 공간적 한계에 커다란 문제를 남겼으며, 3) 여타의 유사무기·개량무기·신무기에 대해서는 아무런 규정도 두지 아니했고 다만 '전쟁의 필요'와 '인도의 법칙'과의 조화를 목적으로 하는 보다 정확한 제안이 나오면 다시 협의할 것을 유보하는 식의 '장래의 수시 협의'로 밀어두는 등의 한계를 지니고 있다. 김정균, "전쟁법, 인도법에 있어서의 무기사용규제", 인도법논총, 제14호, 1994, p.4.

36) 육전규칙은 '교전자는 해적수단의 선택에 관하여 무제한의 권리를 갖는 것이 아니다'(제22조)는 것과 '불필요한 고통을 주는 무기, 투사물, 기타의 물질을 사용하는 것은 금지된다'(제23조 제5항)는 것을 명규하고 있다.

37) 무력분쟁에서의 자연환경에 대한 고의적인 파괴금지원칙은 월남전에서 고엽제로 인한 막대한 피해를 경험한 이후 국제적 관심을 끌기 시작하였으며, 1977년 제1추가의정서 제35조 및 제55조 등에서 명규되었으며, 1977년 5월 18일 환경변경기술의 군시적 이용금지협약이 채택되었다.

38) Martens 조항이라 함은 '전투수행에 관한 조약규정이 존재하지 않을 경우 분쟁당사국은 아무런 제한 없이 전투수단과 방법을 사용할 수 있는 것이 아니라 확립된 관행, 인도상의 법칙 및 공공양심에 입각한 국제법의 원칙들에 의하여 제한을 받는다'라는 것으로서, 1899년 및 1907년 육전규칙 전문 및 1949년 제네바 4개 협약 및 1977년 제네바협약 추가의정서에서 확인되고 있다.

관해서는 동 협약에 부속된 4개의 의정서에서 다루고 있다.

본문에서 규정하고 있는 주요내용은 다음과 같다.

첫째(적용범위), 본 협약 및 부속의정서는 1949년 8월 12일자 제네바협약 공통2조 및 1977년 제1추가의정서 제1조 제4항에서 규정하고 있는 사태에 적용된다(제1조). 1949년 제네바협약 공통2조는 "본 협약은 둘 또는 그 이상의 체약국간에 발생할 수 있는 모든 선언된 전쟁 또는 기타 무력충돌의 모든 경우에 대하여 당해 체약국의 하나가 전쟁상태를 승인하거나 아니하거나를 불문하고 적용되며, 또한 일 체약국 영토의 일부 또는 전부가 점령된 모든 경우에 대하여 비록 그러한 점령이 무력저항을 받지 아니한다 하더라도 적용된다"라고 규정하고 있으며, 1977년 제1추가의정서 제1조 제4항은 "'국제연합 헌장' 및 '국제연합 헌장에 따른 국가 간 우호관계와 협력에 관한 국제법원칙의 선언'에 의하여 보장된 민족자결권를 행사하기 위하여 식민통치, 외국의 점령 및 인종차별정권에 대항하여 투쟁하는 무력충돌에 적용된다"라고 밝히고 있다. 이러한 양 규정에 비추어 볼 때 특정재래식무기 규제 협약 및 의정서는 국제적 무력분쟁에만 적용되며, 1949년 제네바협약 공통3조 및 1977년 제2추가의정서가 적용되는 비국제적 무력분쟁(이른바 내전)에는 적용되지 않는다.

둘째(기타 국제협약과의 관계), 본 협약 및 부속의정서는 무력충돌에 적용가능한 국제인도법에 의하여 부과된 다른 의무를 감소시키지 않는다(제2조).

셋째(서명), 본 협약은 1981년 4월 10일부터 12개월간 국제연합 본부에서 모든 국가의 서명을 위하여 개방된다(제3조).

넷째(비준, 수락, 승인 또는 가입), 국가는 본 협약에 대한 비준, 수락,

승인서 또는 가입서를 기탁할 때 2개 이상의 부속의정서에 구속받는다는 자국의 동의를 수탁자[39]에게 통고하여야 하며(제4조 제3항), 그 이후 어느 때든지 아직 구속받지 아니하는 의정서에 대한 구속동의를 수탁자에게 통고할 수 있다(동조 제4항).

다섯째(발효), 본 협약 및 의정서는 20개국이 비준, 수락, 승인 또는 가입서를 기탁한 후 6개월 후에 발효하며, 그 이후에 기탁한 국가는 기탁 6개월 후에 효력을 발생한다(제5조).

여섯째(보급), 체약국은 무력충돌기간이나 평시를 불문하고 본 협약과 자국이 구속받는 의정서의 내용을 국내에서 최대한 광범위하게 보급하여야 하며, 특히 자국군대에 주지시킬 수 있도록 군사교육계획에 포함시켜야 한다(제6조).

일곱째(본 협약의 발효에 따른 조약관계), 무력충돌당사국의 일방이 본 협약 및 의정서의 비당사국일 때에도 이에 구속받는 당사국들은 그들 상호간에서는 이에 구속되며(제7조 제1항), 만일 비당사국이 본 협약 및 의정서의 적용을 수락하여 수탁자에게 통고할 경우 체약국은 이에 구속된다(동조 제2항).

여덟째(재검토 및 개정), 본 협약 및 의정서 당사국은 언제든지 개정을 제안할 수 있으며, 18개국 이상이 동의하는 경우 수탁자는 신속히 당사국전체회의를 소집하여야 하며, 이 경우 비당사국은 옵서

---

39) 본 협약 및 부속의정서의 수탁자는 국제연합 사무총장이다(제10조 제1항). 수탁자는 통상적인 기능 외에도 본 협약에 대한 서명(제3조), 본 협약에 대한 비준, 수락, 승인 또는 가입에 관한 문서의 수탁(제4조), 의정서에 대한 구속동의의 통고(제4조), 본 협약 및 부속의정서의 효력발생일자(제5조), 탈퇴 및 그 효력발생일자(제9조)에 관한 사항을 모든 국가에 통지하여야 한다(제102조 제2항).

버로 참가할 수 있다(제8조 제1항 가, 제2항 가).

아홉째(탈퇴), 본 협약 및 의정서 당사국은 수탁자에 통고로써 이로부터 탈퇴할 수 있으며(제9조 제1항), 통고 후 1년이 경과한 후 그 효력을 발생한다(동조 제2항). 그러나 탈퇴통고 발효일 당시 탈퇴국이 본 협약 및 의정서가 적용되는 사태에 가담하고 있는 경우에는 그 사태가 종료될 때까지, 무력충돌에 적용되는 국제법에 의해 보호되는 자들의 최종석방, 송환 및 복귀와 관련되는 업무가 종료될 때까지 그리고 관련지역에서 국제연합군이나 국제연합 사절단이 평화유지, 감시 또는 이와 유사한 기능을 수행하는 경우 이의 종료 때까지 본 협약 및 관계의정서에 구속된다(동조 제2항 단서규정). 본 협약의 탈퇴통고는 탈퇴국이 구속받는 모든 부속의정서에 대하여도 통용되는 것으로 간주되며(동조 제3항), 탈퇴는 그 발효일 이전에 행하여지는 모든 행위와 관련하여 무력충돌을 이유로 본 협약 및 의정서에 의하여 발생된 의무에 아무런 영향을 미치지 않는다(동조 제5항).

(2) 제1의정서(Protocol on Non-Detectable Fragments: Protocol I)

제1의정서는 그 효과가 X선에 의하여 인체 내에서 탐지가 불가능한 파편이 상해를 가하는 것을 주된 목적으로 하는 무기의 사용을 금지하고 있다. X선탐지불가무기는 군사적인 효용성의 측면에서 볼 대 별다른 가치가 없었기 때문에 예비회의에서 이를 금지하기로 이미 합의되었었다.[40)]

동의정서는 인체 내에 들어간 파편소재의 확인불가로 이를 제거하

40) UN. Doc. A/CONF.95/8.

지 못함으로써 부상자를 효과적으로 치료할 수 없게 되는 경우를 방지하기 위한 목적에서 채택되었다. 이는 이러한 무기가 군사적 효과가 적은데 비하여 부상자에게 불필요한 고통을 야기하는 해적수단으로 인식되기도 하지만 살상수단과 방법이 치료불능을 전제로 한 무제한적인 면이 있어 매우 비인도적이라는 점을 유의한 것이다.[41] 그러나 현재 이러한 무기는 현실적으로 존재하지 않기 때문에 동의정서는 말하자면 예방적 규정이라 할 수 있다.[42]

그러나 탐지불가무기와는 달리 공중에서 고농도의 기체연료 및 가연성 액체분말을 살포하여 폭발시킴으로서 인명을 살상시키는 폭발성 무기와 폭약의 주위를 따라 대칭적인 모양으로 고속의 수많은 파편을 확산시켜 인체의 조직과 여타 기관을 광범위하게 파괴시키고 또 제2차 파편을 발생시킬 위험을 갖는 등 고속효과를 일으키는 파쇄성무기의 일반적 규제에 관해서는 아무런 합의점을 찾지 못하고 있다. 폭발성 무기 경우는 동 무기가 인체에 미치는 효과에 관하여 정확한 실험결과가 없기 때문에 의견이 대립되고, 파쇄성무기는 이들 무기가 특수한 군사적 기능을 갖고 있고 또 대체무기가 없다는 점에서 쉽게 합의점을 발견할 수 없었던 것이다.[43]

---

41) 김정균, *op. cit.*, pp.6-7.

42) 藤田久一, 國際人道法, 有新堂, 1993, p.96.

43) CDDH/408, paras.27-28; Stockholm International Peace Research Institute (SIPRI), *The Law of War and Doubious Weapons*, Stockholm, 1976, pp.70-72; UN. Doc.A/CONF. 95/15, para 19 참조. 임덕규, *op. cit.*, p.308에서 재인용.

(3) 제2의정서(Protocol on Prohibitions or Restrictions on the Use of Mines, Booby-Traps and Other Devices: Protocol Ⅱ)

제2의정서는 지뢰, 부비트랩 및 장치 장치물 등 시간지연장치를 가진 폭발식무기로서 주로 적의 기동력을 제한하기 위한 수단으로 사용되는 지발성 무기의 사용을 금지하고 있다.

앞에서 살펴본 바와 같이 동의정서는 1996년에 개정, 보완되었다. 14개 조문 및 기술부록으로 구성되어 있는 개정 제2의정서는 8개 조문으로 구성된 기존의 제2의정서에 비해 첫째, 전자감응장치(electronic sensors)에 의하여 폭발되도록 고안된 모든 지뢰는 형태여하를 불문하고 그 사용을 금지하고, 둘째, 영구적인 대인지뢰(long-lived anti-personnel mines, 일명 멍청이 지뢰:dumb-mines)는 (1) 탐지가 가능하고, (2) 민간인을 보호하기 위하여 울타리 쳐 표시하고 보호표지를 설치한 지역에 부설하는 조건하에서만 생산, 이전 및 사용할 수 있으며, 셋째, 비영구적인 대인지뢰(short-lived anti-personnel mines, 일명 스마트 지뢰:smart-mines)는 (1) 탐지가 가능하고, (2) 외부에 표시되고 울타리를 치고, 30일 이내에 자동폐기(self-destruction)되며(신뢰도 90%), (3)자동폐기될 수 없는 비영구적 대인지뢰는 120일 이내에 자동불발(self-deactivation)되는(신뢰도 99.9%) 조건하에서 생산, 이전 및 사용을 허용하는 등 대인지뢰에 대해 새로운 제한규정을 추가하고 있다.

개정 제2의정서는 민간인의 보호, 무차별적 사용의 금지, 불필요한 고통의 금지 및 배신행위의 금지 등의 기준에 따라 지뢰 등의 사용을 규제하고 있다. 그 주요내용은 다음과 같다.

(가) 적용범위 및 효과

① 적용무기

동 의정서는 지뢰, 부비트랩(booby-traps) 및 기타 장치물44) 등에 적용되는 바, 이에는 해안, 수로 또는 강 연안에 장치되는 지뢰는 포함되지만 바다 또는 내수상의 선박을 파괴하기 위한 대함지뢰는 포함되지 않는다(제1조 제1항).

② 적용분쟁

동 의정서는 특정재래식무기 금지협약 제1조에서 언급한 사태(국제적 무력분쟁) 외에도 1949년 8월 12일자 제네바협약 공통3조에서 언급한 상황에도 적용된다. 단, 폭동, 간헐적 및 산발적인 폭력행위 및 이와 유사한 성격의 무력분쟁이 아닌 국내소요 및 긴장사태에는 적용되지 않는다(제1조 제2항). 체약국 영역 내에서 발생하는 비국제적 무력분쟁의 경우에는 분쟁당사자 양측 모두 본 의정서의 적용을 받는다(동조 제3항). 이로써 지뢰, 부비트랩 등 방어용으로 많이 사용되는 특정무기를 규제할 수 있게 됨으로서 비국제적 무력분쟁에서의 무차별 살상효과로를 갖는 무기로부터 민간인을 보호하는데 한층 나

---

44) 본 의정서가 규제하는 '지뢰'는 지표면 혹은 기타 표면의 아래, 위 혹은 근접한 곳에 위치하여 인원 혹은 차량의 출현, 접근 혹은 접촉에 의해 폭발되도록 고안된 탄약을 말하며(제2조 제1항), '부비트랩'은 사람이 외견상 무해한 물체를 건드리거나 접근할 경우 혹은 안전한 것으로 여겨지는 행동을 할 경우 의외로 작동하여 인명을 살해 혹은 상해하도록 고안, 제조 혹은 변형된 장치 또는 물체이며(동조 제4항), '기타 장치'는 인명의 살상 혹은 피해를 입히기 위하여 즉석 제조된 폭파장치를 포함한 원격조정에 의해 혹은 일정시간 경과 후 자동적으로 작동되는 수작업으로 설치된 탄약 및 장치를 의미한다(동조 제5항).

아졌다.[45]

③ 적용의 법적 효과

동 의정서는 모든 적법한 수단을 통한 국내의 법과 질서 유지 및 재확립, 국가화합 및 영토의 통일성을 수호하기 위한 국가의 주권 및 정부의 책임에 영향력을 행사할 수 없으며(제1조 4항), 의정서의 어떠한 내용도 이유를 막론하고 직간접적으로 회원국의 영토 내에서 발생한 무력분쟁이나 체약국의 국내외 문제에 대한 간섭의 정당화 수단으로 사용될 수 없다(동조 제5항). 비체약국이 본 의정서의 적용을 수락한 경우 의정서의 적용은 분쟁당사국의 법적 지위 또는 분쟁지역의 법적 지위를 변경시키지 않는다(동조 제6항).

(나) 지뢰, 부비트랩 및 기타 장치물의 사용에 대한 일반적 제한

① 일반원칙

어떠한 경우에 있어서도 과도한 상해나 불필요한 고통을 발생시키는 지뢰, 부비트랩 및 기타 유사한 장치물은 사용이 금지되고(제3조 제3항), 공격, 방어 혹은 보복을 위한 수단 등 어떠한 경우에 있어서도 민간인이나 민간목표물에 사용해서는 안 되며(동조 제7항), 1) 비군사적 목표물[46]에 대하여 사용되거나, 2) 구체적인 군사적 목표물

45) 이장희, "대인지뢰금지협약에 대한 한국의 입장에 대한 분석", 대한적십자사/대한국제법학회, 제17회 국제인도법세미나 발표논문집(주제:국제인도법 발전의 새로운 경향), 1998. 11. 20, p.26.

46) 비군사적 목표물에서 종교시설, 민간가옥, 기타 거주지 또는 학교 등 통상 민간용도로 사용되는 시설이 군사활동에 효과적인 기여를 하기 위해 사용되고 있는지 여부에 대해 확신을 하지 못할 경우에는 군사적 목표물로 간주되어서는 안 되며(제3조 제8항 가호), 도시, 마을, 촌락, 기타 민간인 또는 민간목

을 지향하지 않는 투발 수단 및 방법을 사용하거나, 3) 명확하고 직접적인 예상 군사적 이익을 상회하는 민간인 사상 및 민간목표물에 대한 피해가 우발적으로 생길 수 있다고 예상되는 경우 무차별적 사용은 금지된다(동조 제8항).

② 예방조치 및 사전경고

지뢰, 부비트랩 및 기타 장치물의 효과로부터 민간인을 보호하기 위한 모든 가능한 예방조치를 취하여야 한다. 실행가능한 예방조치란 인도주의적 및 군사적 고려사항을 포함한 당시의 '모든 상황'을 고려한 실질적으로 가능한 예방조치를 말한다. 여기서 '모든 상황'은 1)지뢰지대의 존속기간 관련 민간인에 대한 지뢰의 장·단기적 효과, 2)민간인 보호를 위한 가능한 조치(예: 담장, 표시, 경고, 감시), 3)지뢰, 부비트랩 및 기타 장치물 이외 수단의 가용성 및 실행 가능성, 4)지뢰지대에 대한 장, 단기적 군사적 충족 여건 등이 포함된다(제3조 제10항).

또한 상황이 허락하는 한 민간인에 대한 영향을 미칠 수 있는 지뢰, 부비트랩 및 기타 장치의 설치에 대한 효과적인 사전경고를 실시해야 한다(동조 제11항, 제4조 제4항).

③ 지뢰의 사용 제한

지뢰탐지작전시 일반적으로 가용한 지뢰탐지기의 통상적 운용간 자장 또는 비접촉 영향에 의해 탄약을 폭파시키도록 고안된 장치가

표물이 집중되어 있는 장소 등에 위치한 명확하게 분리된 별개의 다수 군사적 목표물의 경우 단일 군사목표물로 취급되어서는 안 된다(동조 제9항).

사용된 지뢰, 부비트랩 및 기타 장치물은 사용이 금지되며, 지뢰의 기능발휘 능력이 중단된 이후에도 기능이 발휘되도록 제조된 기뢰제거 방지장치가 장착된 자동무능화 기뢰의 사용은 금지된다(제3조 제6항).

또한 탐지불가 대인지뢰는 사용이 금지되며(제4조), 원격투발지뢰[47]는 자동폭파 혹은 자동무능화장치가 장착되어 있고 지뢰가 매설된 군사적 목적이 종료되었을 경우 지뢰로서의 기능을 더 이상 발휘하지 못하도록 자동무능화시키는 보조장치가 장착되어 있지 않을 경우 사용이 금지된다(제6조 제3항). 원격투발지뢰 이외의 대인지뢰는 1) 군인의 감시 하에 있으며, 민간인 접근의 효과적 차단을 보장할 수 있는 담장 혹은 기타 조치로 보호된 표시지역 내에서의 사용 경우, 2) 지뢰가 운용된 지역을 포기하기 이전에 지뢰가 제거되는 경우 이외에는 사용이 금지된다(제5조 제2항). 단, 요구되는 보호조치의 유지 및 차후 지뢰제거에 관한 책임을 수행하는 국가에게 동 지역을 이양할 경우는 예외이다.

④ 부비트랩 및 기타 장치의 사용금지

부비트랩 및 기타 장치는 첫째, 특정 대상물, 즉 1) 국제적으로 인정된 보호 문장, 표시 또는 신호, 2) 환자 · 부상자 또는 시체, 3) 매장지·화장지 혹은 무덤, 4) 의료시설 및 기구·의약품 또는 의료수송수단, 5) 어린이 장난감 또는 급식 · 건강 · 위생 · 의류 또는 어린이 교

47) '원격투발지뢰'란 매설된 것이 아닌 야포, 미사일, 로켓, 박격포 혹은 이와 유사한 수단에 의하여 투발되거나 항공기에서 투하한 지뢰를 의미한다. 단, 사거리 500미터 이내의 지상 투발수단에 의하여 투발된 지뢰는 제외한다(제2조 제3항).

육을 위해 특별히 고안된 휴대용 물건 또는 제품, 6) 음식물 또는 음료수, 7) 군시설 · 군주둔지 또는 군보급창을 제외한 장소의 주방용품 또는 주방기구, 8) 종교적 성격이 명백한 물품, 9) 인류의 문화적·정신적 유산에 해당하는 역사적 기념물·예술품 또는 종교관련 시설 및 10) 동물 또는 동물의 시체 등에 부착 또는 이와 관련된 사용은 금지된다(제7조 제1항).

둘째, 폭발물을 담기 위하여 특별히 고안 제작된 일반적으로 무해한 것으로 인정되는 휴대용 물품 형태의 사용은 금지된다(동조 제2항).

셋째, 지상군간의 전투행위가 없는 도시, 마을, 촌락 등 민간인이 밀집되어 있는 지역에 대한 사용은 금지된다. 단, 군사목표물상에 또는 이에 근접하여 설치된 경우 및 경고목적의 초병배치, 경고발령 또는 담장설치 등 무기의 효과로부터 민간인의 보호조치가 강구된 경우에는 사용할 수 있다(동조 제3항).

⑤ 이전

동 의정서의 목적을 촉진하기 위하여 회원국들은 의정서에서 사용이 금지된 지뢰는 이전할 수 없으며, 국가 또는 국가기관 이외의 어떠한 대상에게도 모든 지뢰의 이전은 금지되고, 의정서에서 사용이 금지된 지뢰가 이전되는 것을 막기 위하여 억제력을 행사하여야 한다. 만약 의정서에 의거 이전되는 경우에도 이전국 및 피이전국은 의정서의 관련 조항 및 적용가능한 인도적 규범을 완전하게 이행토록 보장하여야 한다. 특히 본 의정서의 비당사국에게는 여하한 대인지뢰도 이전해서는 안 된다(제8조 제1항). 이처럼 동의정서는 이러한 이전 금지 및 제한규정을 둠으로써 본의정서의 적용에 합의하지 않은 비체약당사국에 대하여도 CCW의 준수를 강제하는 동기를 어느 정도 부여하고 있다고 할 수 있다.[48)]

⑥ 관련정보의 기록 및 사용

당사국은 지뢰지대, 지뢰지역, 지뢰 부비트랩 및 기타 장치에 관한 모든 정보를 기록하여야 하며(제9조 제1항), 이러한 모든 기록은 분쟁당사국에 의해 유지되어야 한다. 당사국들은 자국 통제지역내의 이들 무기들의 효과로부터 민간인을 보호하기 위하여 실질적인 적대행위 종료 후 지체 없이 이러한 정보의 사용을 포함한 모든 필요하고도 적절한 조치를 취하고, 타 분쟁당사국 및 국제연합 사무총장에게 더 이상 자국의 통제를 받지 않는 지역에 자국이 설치한 이들 무기들에 관한 정보를 모두 제공하여야 한다. 다만 호혜주의에 입각하여 타 분쟁당사국에 자국 병력이 남아있는 경우에는 완전히 철수할 때까지 안보이익상 필요한 범위 내에서 기록정보의 제공을 보류할 수 있다(동조 제2항).

지뢰 및 부비트랩의 사용에 관련된 정보의 기록 및 유지와 민간인 보호조치 등을 부과하고 있는 것은 이들 무기들은 전쟁종료 후에도 민간주민과 환경에 장기간 위협을 미치기 때문에 이러한 피해를 제거하기 위해서이다.[49)] 국제연합 회의에서 이러한 의무규정은 적대세력의 소재에 상관없는 보편적인 적용이 기대되는 규정이라고 합의되

48) Peter Herby, "Third Session of the Review Conference of States Parties to the 1980 United Nations Convention on Certain Conventional Weapon (CCW)", 312 *International Review of the Red Cross*, 1996, p.363 참조.

49) CDDH/408/Rev.1. para.11.

었지만,[50] 매장지역이 광범위하고 매장된 지뢰의 수가 엄청나며 자연재해로 인해 유실되는 등의 이유로 실제로 정확한 기록을 유지하기가 어렵다. 특히 원거리발사지뢰의 경우 구체적인 기록작성이 사실상 불가능하여 지뢰부설당사자에 대하여 상기의무를 강제하기가 곤란하다.

⑦ 지뢰 등의 제거 및 국제협조

지뢰를 부설한 당사국은 적극적 적대행위가 종료한 후 지체 없이 지뢰, 부비트랩 등을 제거, 폐기 또는 유지관리하여야 하며(제10조 제1항), 체약국은 자국통제지역내의 지뢰 등에 대해 책임이 있으므로(동조 제2항), 더 이상 통제력을 행사할 수 없는 지역에 자국이 설치한 지뢰 등에 대해서는 그 지역을 통제하는 당사국에게 자국 여건이 허락하는 한도 내에서 이의 제거에 필요한 기술 및 물자지원을 제공하여야 한다(동조 제3항). 또한 체약국들은 본 의정서의 이행 및 지뢰제거 수단과 관련된 장비, 물자 및 과학기술 정보를 최대한으로 교환하고(제11조 제1항), 지뢰제거에 필요한 지원을 제공하거나 지뢰제거지원을 위한 국제연합 자발기금에 기여하며(동조 제2항), 본 의정서에서 규정한 금지 및 제한의 이행을 촉진하기 위하여 기술협력 및 이전에 노력하여야 한다(동조 제6항).

⑧ 국제연합 및 기타 인도적 요원 등의 보호

체약국 및 분쟁당사국은 국제연합군, 국제연합 헌장에 의거 평화유지 및 이와 유사한 활동을 전개하는 요원, 헌장 제8장에 따라 구성되

50) *Ibid.*

어 분쟁지역 내에서 기능을 수행하는 대표단, 국제적십자, 각국 적십자 요원 및 기타 인도적 기구의 역무에 종사하는 요원들이 보다 안전하게 자신의 임무를 수행하고 희생자에게 접근할 필요가 있는 경우 지뢰지역에 통로를 내기 위하여 자국의 통제 하에 있는 지뢰 등의 효과로부터 이들을 보호하기 위하여 필요한 가능한 조치를 취하고, 필요하다면 기뢰 등을 제거 또는 무해화하며, 지뢰지대에 대한 정보를 제공하여야 한다(제12조 제2~5항). 분쟁당사국이 신뢰차원에서 제공한 모든 정보에 대해 수령인은 사실 그대로 받아들여야 하며, 정보제공국의 승인 없이 외부로 유출되지 않아야 한다(동조 제6항).

이러한 보호조치의 제공이 분쟁당사국의 법적 지위 또는 분쟁지역의 법적 지위에 어떠한 영향을 미치는 것은 아니며, 본 조항의 내용이 기존의 인도적 법규, 기타 적용가능한 국제법규 및 본 의정서보다 더 높은 수준의 보호를 제공하는 안전보장이사회의 결정에 위배되는 것은 아니다(동조 제1항). 또한 피보호 요원들은 자신들의 특권 및 임무수행상의 의무에 위배되지 않도록 활동지역 관할국의 법과 규정을 존중하고 자신들의 임무에 따른 공정성 및 국제적 특성에 맞지 않는 행동이나 활동을 자제하여야 한다(동조 제7항).

⑨ 회원국 전문가회의

회원국들은 본 의정서의 시행과 관련된 모든 문제점에 대하여 체약당사국 상호간에 협의 및 협력하여야 하고, 체약당사국회의를 매년 개최되어야 한다(제13조 제1항). 동 회의는 (1) 본 의정서의 운영상태 검토, (2) 체약당사국의 연례보고서[51]에서 제기된 사항 심사, (3)

---

51) 회원국들은 국제연합 사무국에 연례보고서를 제출하여야 하며, 사무국은 이

의정서 재검토회의의 준비, (4) 지뢰의 무차별 효과로부터 민간인을 보호하기 위한 기술개발의 고려 등에 관한 내용들을 주요안건으로 한다(동조 제3항).

⑩ 의정서의 이행

국제인도법 최대의 문제점은 이의 이행 및 준수를 어떻게 실효적으로 확보하고, 이의 위반시 이를 강제할 수 있을 것인가 하는 문제다. 본 의정서는 그 준수를 보장하기 위하여 체약국이 준수해야 할 몇 가지 방안을 제시하고 있다.

첫째, 자국 관할지역내에서 행하여지거나 관할 하에 있는 국민이 행하는 의정서의 위반을 방지하고 억제하기 위하여 입법 등 적절한 조치를 취할 의무가 있다(제14조 제1항).

둘째, 무력분쟁과 관련하여 고의적으로 민간인에게 중상을 입히거나 살해하는 자는 형사처벌하여야 한다(동조 제2항).

셋째, 본 의정서의 준수를 확보하기 위하여 자국군대의 군사지침 및 작전절차를 발간하고 이를 훈련 및 교육시킬 의무가 있다(동조 제3항).

넷째, 본 의정서의 해석과 적용에 관련된 문제의 해결을 위하여 체약당사국 상호간에 또는 국제연합 사무총장 또는 적절한 국제절차

들 보고서를 회의에 앞서 모든 회원국들에게 회람시켜야 한다. 회원국들은 다음사항들을 연례보고서에 포함하여야 한다. 1) 자국군대 및 일반국민들에게 의정서와 관련된 정보 전파, 2) 지뢰 제거 및 재건 계획, 3) 정서의 기술적 요구사항을 충족시키기 위하여 취해진 조치 및 기타 관련 정보, 4) 의정서와 관련된 입법활동, 5) 국제 기술정보 교환, 지뢰제거에 관한 국제협력 및 기술과 지원과 관련하여 실시한 조치(제13조 제4항).

를 통하여 협의 및 협력하여야 한다(동조 제4항).

(4) 제3의정서(Protocol on Prohibitions or Restrictions on the Use of Incendiary Weapons : Protocol Ⅲ)

제3의정서는 소이무기의 사용을 금지하고 있다. 1899년의 덤덤탄 금지선언에도 불구하고 제1차 세계대전에서는 산탄총, 400그램 이하의 수류탄 및 고속도 탄환 등 덤덤탄 이상의 효과를 가지는 무기가 사용되었으며, 동시에 그 허용성 여부가 다투어지기도 하였다. 국제연맹 군축회의가 만장일치로 채택한 군축조약안(제49조)에서 소이무기의 사용금지를 명규한 것은 그 비인도성을 지적해 온 오랜 비판을 유의, 반영해 온 것이었다.

그러나 군사적인 파멸적 효과만을 노린 소이성 무기를 사용한 폭격은 계속 성행되었으며, 마침내는 소이무기 계열의 네이팜탄이 개발 생산되자 소이무기 논쟁은 더욱 고조되었다. 네이팜탄은 약 8천도의 화열로 소화불능상태인 대규모 화재를 야기하고 산소결핍으로 인한 질식상태, 소이생성물의 독소효과, 각종 건조물의 파괴, 삼림 및 경작물 등 생태계의 변화 등 헤아릴 수 없을 만큼 큰 비인도적인 무차별 효과를 가져오는 것이어서 오랜 기간에 걸쳐 심각한 논쟁이 계속되어 왔다.[52)]

특히 국제사회는 베트남 전쟁을 통해서 네이팜탄이 경작지와 삼림에 장기적 영향을 미치며 또한 사회생태학적 변화까지 야기함을 인식하게 되어 비인도적이고 불필요한 고통을 주며 무차별적 효과를 갖는 네이팜탄을 명시적으로 금지하고자 하였다.[53)]

---

52) 김정균, *op. cit.*, p.7 주15).

이와 같은 필요성에 의해 채택된 동 의정서는 목표물에 대해 점화, 화염, 열 또는 그것의 결합을 통하여 인명에 화상을 입히도록 고안된 화기 내지는 폭탄인 소이화기(제1조 제1항)는 1) 민간인이나 민간목표물을 공격하는 것은 모든 상황에서 금지되며(제2조 제1항), 2) 공중전달수단을 이용하여 민간집단 내 군사목표물을 공격할 수 없으며(동조 제2항), 3)삼림과 식물군락을 공격대상으로 할 수 없도록 하였다(동조 제4항). 이는 소이성 무기는 민간인과 민간목표물을 보호하는 한계 내에서 사용되어야 함을 말하는 것이다.

다만 군사목표가 민간인으로부터 완전히 분리되어 있고 모든 가능한 예방수단이 취해져 민간인 생명의 부가적 손실, 민간인 상해 및 민간목표물의 피해가 회피되고 최소화될 경우에는 인구밀집지역 내 군사목표물을 공격할 수 있으며(동조 제3항), 삼림 등이 은폐 · 엄폐 · 위장된 전투원 및 그 자체가 군사적 목표물인 경우에는 공격의 대상이 된다(동조 제4항).

(5) 제4의정서(Protocol on Blinding Laser Weapons : Protocol IV)

레이저무기의 위험성에 대한 관심은 1986년 제25차 국제적십자회의(1986)에서 비롯되었다. 동 회의에서 스웨덴 및 스위스 정부대표는 "군사용 레이저 기술의 발달은 군의 레이저 장비가 전투에서 대인용으로, 특히 전투원의 영구적 실명을 초래할 위험이 내포되어 있으며, 그러한 사용은 국제법상 이미 금지되어 있다"는 내용의 결의안을 제출하였다. 이들은 비록 레이저가 직접 살상용으로 사용되지 않고 거

53) 이용호, "재래식무기의 사용규제와 그 한계", 영남법학, 제6권 제1/2호, 2000, pp.69-70.

리측정용 또는 목표물 설정을 위해 이용되더라도 신 레이저 기술은 시각센서를 파괴하도록 고안되어 있어 이를 군대에 보급할 경우 적 전투원을 영구적으로 실명케 함으로써 불필요한 고통을 초래할 수 있음을 강조하였으며, 이러한 무기의 사용은 상트페테르부르크선언과 적법한 전투수단 및 방법의 사용에 반한다고 보았던 것이다. 하지만 동 안은 당시 레이저 무기를 개발하고 있었던 일부 국가들의 반대로 채택되지 못하였다.[54)]

그 후 프랑스의 발의로 1993년 12월에 개최된 특정재래식무기규제협약 검토회의에서 전투수단으로서의 대인용 레이저 사용금지를 핵심내용으로 하는 레이저무기의 규제에 관한 스웨덴과 국제적십자위원회의 2개안[55)]이 제출되었으며, 동 검토회의 제4차 정부전문가회의에서 참가국 13개국 중 12개국(오스트리아, 쿠바, 사이프러스, 독일, 이란, 멕시코, 네덜란드, 뉴질랜드, 노르웨이, 러시아, 스페인, 스위스)이 실명성 레이저무기의 사용규제를 주장하면서 거리측정용 및 목표추적용 레이저의 사용은 허용할 것을 주장했다. 국제적십자위원회의 제안으로 몇 차례 비공식 회의를 가진 후 검토회의 의장의 제안으로 1) 전투수단으로써 시력을 영구히 상실시키는 레이저 빔의 사용금지, 2) 영구실명을 목적으로 고안된 레이저무기의 사용금지, 3) 전장에서 합법적으로 사용되는 레이저 빔에 의한 실명 금지 불포함을 내용으로 하는 새로운 초안이 제의되었으며,[56)] 비정부기구의 활동과 미국의 입장변화로 1995년 10월 3일부터 5일까지 개최된 검토회의 제3

54) L. Doswald-Beck, *op. cit.*, p.273.

55) UN. Doc. CCW/CONF.1/GE/CRP.28.

56) UN. Doc. CCW/CONF.1/GE/CPR.23.

위원회에서 실명성 레이저무기의 규제에 관한 의정서가 사실상 확정되었으며, 1995년 10월 13일 4개의 조문으로 구성된 제4의정서가 채택되었다.[57)]

동의정서의 주요내용은 다음과 같다.

첫째, 나안이나 또는 교정용 시력장치를 낀 눈을 영구적으로 실명시키기 위해 특별히 전투용의 하나로 고안된 레이저 무기의 사용은 금지되며, 각 체약국은 이러한 무기를 어떠한 국가 또는 비국가적 실체에 양도하여서는 안 된다(제1조). 이는 대인용레이저만을 사용금지한 것으로 초안에서 규정되었던 대물용레이저무기는 그 군사적 가치를 강조하는 일부 군사선진국들의 반대로 사용금지 대상에서 삭제되었다.

둘째, 레이저체계의 사용에 있어서 각 체약국들은 난안이나 교정용 시력장치를 낀 눈을 영구적으로 실명으로 이르게 하는 사고를 회피하기 위하여 실행가능한 모든 예방조치(군대의 훈련 및 기타 실제적 조치를 포함함)를 취하여야 한다(제2조).

셋째, 레이저체계의 합법적인 군사적 사용(광학장비에 대해 사용되어지는 레이저체계를 포함한)으로부터 야기되는 우발적 또는 부수적 실명은 본 의정서의 금지범주에 해당되지 않는다(제3조).

넷째, 본 의정서에서 영구적 실명이란 돌이킬 수 없는 그리고 교정할 수 없는 시력의 손실을 말한다(제4조).

나. 문제점

1981년 특정재래식무기협약은 특정 전투수단의 사용규제와 관련

57) 동 의정서는 1998년 7월 30일부로 발효하였다.

하여 상당한 성공을 거두었다. 불법화되는 종류의 무기가 명확하여 확실성이 있고, 특정한 살상수단을 기술발달의 정도 및 의료 및 구호수단에 있어서의 교전국의 능력여부와 상관없이 어떠한 환경 하에서도 금지시키고 있다.[58] 그러나 동 협약은 결코 가볍게 넘겨 버릴 수 없는 문제점도 갖고 있다.

전투수단의 규제에 관한 일반론적 관점에서 볼 때 오늘날 특정 무기사용의 규제를 위한 노력은 거의 일반화된 무기 또는 지난날의 구형무기에 대해서만 제동을 가하는 것에 불과하고, 특정의 군사 선진국이 갖고 있는 최신형 무기 또는 앞으로 사용될 최첨단 무기에 대해서는 전혀 제동을 가하지 못하고 있다는 점이다. 그러므로 특정무기사용의 규제의 경우, 고도의 기술 및 자본을 갖는 선진국은 아무런 제동을 받지 아니하고 더욱 고성능의 새 무기를 개발함으로서 규제대상의 범위로부터 쉽게 빠져나가는 반면, 그와 같은 신무기의 개발이 어려운 대다수 국가가 보유하고 있는 무기만이 규제의 대상으로 남게 됨으로써 결과적으로 규제의 불균형이 초래되기 쉽다는 것이다.[59] 또한 현재 무기체계 일반과의 대비검증이나 자체분석을 통한 실증이 없어서 특정무기 규제 자체의 객관성 유지에 많은 어려움이 따르고 있다.[60] 이러한 규제의 불균형 및 비객관성은 오늘날 모든 전투수단의 규제에 있어서 국제사회가 공통적으로 안고 있는 고질적인 문제이다.

특정한 금지무기도 그 제원을 다소 수정 변형하거나 그 사용법을

58) 임덕규, *op. cit.*, pp.310-311.

59) 정운장, 국제인도법, *op. cit.*, pp.288-289.

60) 김정균, *op. cit.*, p.8.

변경하면 무방한가 하는 금지범위의 문제나 육해군에는 사용을 금지해도 공전에는 적용되지 않는다거나, 전시에는 금지되어도 평시에는 무방하며 수출입도 자유라는 식으로 공간적 시간적 한계의 문제가 애매모호해서 교전자의 자의적인 해석이 심해 그 실효성 유효성의 보장이 어렵게 되어 있으며, 특정무기의 사용금지 이유가 '인도적 고려' 이상으로 군사적 효율에 비해 생산경비가 너무 고가라는 경제적 이유나 보다 성능이 좋은 신무기의 개발 생산이라는 군사적 이유를 '진정한 이유'로 한 것일 경우, 총가입조항을 과용 남용하여 적의 위법사용을 계기로 과잉보복할 경우 '금지되지 않는 한 허용된다'는 무절제한 법인식을 과학기술의 발달이나 전략전술의 진전이 조장할 경우 권력정치적인 신의의 결핍아래에 있는 무력충돌이라는 살상의 시공에서의 오판 오차가 우려될 경우 등이 서로 얽혀 무기규제에 대한 불신성이 그치지 않고 있다.[61)]

특정재래식무기조약에 관련하여 보면 엄중하고도 효과적인 국제관리 하에서의 전면적이고도 완전한 군비축소의 진전에 공헌키 위해 모든 노력을 계속키로 한 전문의 정신은 아직도 군축론적 소망차원에 머물러 있을 뿐이라는 것이 중론이며, 국제연합 총회 및 국제연합 군축위원회(the United Nations Disarmament Commission)가 이 조약의 금지범위의 확대가능성에 관해 검토할 수 있고, 또 군축위원회(the Committee of Disarmament)가 어떤 종류의 통상무기 사용금지를 위한 새로운 조치의 채택을 심의할 수도 있다고 했으나 아직도 그러한 진행이나 성과는 두드러진 것이 없다.[62)]

---

61) *Ibid.*, pp.8-9.
62) *Ibid.*, p.8.

다음으로 부속의정서를 볼 때, 첫째, 부속의정서에서 규제되는 무기의 종류가 극히 한정된 것에 지나지 않는다는 점이다. 4개 의정서 모두 무기로 인한 잔학성의 직접적인 규제를 위한 것이기는 하지만 몇몇 통상무기의 사용금지를 한정적으로 거론했을 뿐이고 그나마도 절대적 사용금지를 명규한 것은 제1의정서의 인체 내에서 탐지되지 않는 파편, 제2의정서에서의 탐지불가능한 대인지뢰 및 제4의정서의 실명성 레이저 무기뿐인데 제1의정서는 아직 존재하지도 않은 해적 수단에 대한 예방적 규정일 따름이다.[63]

둘째, 개정제2의정서는 기존 제2의정서보다 진일보한 것이기는 하지만, 대인지뢰 개념의 불명확성,[64] 기술적 요구조건의 신뢰도 및 구체적 검증규정의 결여, 그리고 체약당사국 및 무력충돌당사국의 지뢰제거 재원확보 등 여전히 많은 문제점을 남겼다. 개정 제2의정서의 이러한 문제점 때문에 대인지뢰전면금지 협정을 위한 협상이 시작된 것이다.[65] 개정 초기에 요청되었던 대인지뢰의 사용뿐만 아니라 생산, 저장 등의 전면적 금지에서 재검토회의 과정에서의 난항

---

63) *Ibid.*

64) 개정 제2의정서의 용어정의에 대해 국제적십자위원회를 비롯한 인도적 비정부기구들과 국제인도법 선도국가들이 강력한 유감을 표명한 것은 대인지뢰의 정의에 관한 것이었다. 개정의정서에 따르면 "대인지뢰란 한 사람 또는 그 이상의 사람을 무력화, 상해 또는 살해하는 사람의 출현, 접근, 또는 접촉에 의하여 폭발되도록 우선적(primarily)으로 고안된 지뢰"라고 정의되고 있다. 여기서 논란이 된 것은 '우선적'이 정확하게 무엇을 의미하는지가 불명확하여 대인지뢰 사용을 규제하려는 본래의 취지가 퇴색되었다는 것이었다. 이 단어의 삽입으로 또 다른 우선적 목적을 위하여 편의를 제공할 수 있는 '이중사용의 대인지뢰'에 대한 본 의정서의 적용을 배제시킬 여지가 있다는 것이었다.

65) 임태근, "대인지뢰금지협약에 관한 일고찰", 인도법논총, 제18호, 1998, p. 232.

끝에 절충적 입장, 즉 예외가 인정되는 원칙적 사용금지로 낙착되었다는 점은 무기규제분야의 어려움을 그대로 보여준다고 하겠다.66)

셋째, 제2, 3의정서의 경우 일반주민에 대한 무차별적 사용을 금지한 것은 당연한 일이어서 일단 평가될 만한 면이 있는 것은 사실이다. 그러나 군사목표만을 대상으로 할 경우나 전쟁마당에서의 경우는 그의 무제한적 사용이 허용될 수 도 있는 것이냐는 역해석상의 문제점이 제기될 수도 있어 무기사용에서의 허용한계성 문제의 본질론이나 범위론을 흐려놓은 시름이 없지도 않다. 왜냐하면 무기규제란 원래가 당연히 군사목표만을 대상으로 한 때의 그 범위 내에서의 한계성 논의이어야 하는 것임에도 불구하고 일반주민처럼 당연히 군사목표일 수 없는 것까지를 혼론함으로써 결과적으로는 오히려 일반주민만을 주된 대상으로 하는 것이 아니면 군사기술상 얼마든지 사용가능한 특정무기를 보장해준 셈이 아니냐는 식의 군사우선적 해석경향에 대한 우려를 남겨 놓았다.67)

넷째, 제4의정서의 경우 재래식무기에 있어 기왕의 규제가 이미 구식이 된 무기를 중심으로 행하여져 왔던 것에 비하여, 이제 막 실용화 단계에 들어선 최신무기인 레이저 무기를 규제하고 있다는 점에서 그 의의는 상당하다고 평가할 수 있을 것이다.68) 그러나 그 적용범위에 있어서 아무런 조항을 두지 않음으로써 비국제적 무력분쟁에의 적용여부에 대한 논란을 불식시키지 못했으며,69) 사전예방조치

66) 정운장, "재래식무기 사용규제 분야의 당면과제", 인도법논총 제19호, 1999, p.18.

67) 김정균, *op. cit.*, p.8.

68) L. Doswald-Beck, *op. cit.*, p.297.

69) 제4의정서는 적용범위에 대해 아무런 언급을 하지 않고 있는데, 이는 의정

를 이행하지 않는 체약국에 대한 제재조치가 규정되지 않았으며, 레이저 무기의 생산금지 삭제 및 대인용 레이저무기만을 금지하는 등 초안에서 훨씬 후퇴하는 등 한계를 지니고 있다.

2. 대인지뢰의 규제

지뢰는 전세계 64개국에 약 1억 1천만 발이 매설되어 있으며 매년 200만 발이 추가로 매설되고 있다. 이들 지뢰는 교전이 종료된 후에도 지뢰는 제거되지 않은 채 그대로 방치되고 있어 매년 2만 5천명의 사상자가 계속 발생되고 있다. 대부분이 민간인인 이들의 약 20%가 15세 미만의 아동들이다.[70)]

이러한 지뢰 피해의 심각성을 인식한 국제사회에서는 1996년 CCW 협약 제2의정서를 개정하는 등 지뢰사용의 규제를 위하여 노력하였다. 그러나 개정의정서는 대인지뢰의 사용 및 이전에 대한 통제만을 강화하였을 뿐, 지뢰의 폐해를 근본적으로 근절하기에는 미흡하였다. 특정국가가 자국안보를 목적으로 합법적 사용조건들을 구비한 경우 이를 제한할 아무런 법적 장치가 없었던 것이다.

서 채택을 위한 검토회의 당시 대인지뢰금지협약을 국제적 무력분쟁에까지 확대한 것인가 하는 적용범위에 대한 논란으로 협약의 채택이 지연되었기 때문이었다. 이러한 문제로 동의정서의 적용범위에 대해 약간의 논란이 있는 바, 비국제적 무력분쟁에는 적용되지 않는다는 입장(Louise Doswald-Beck, *op. cit.*, pp.287-288)과 모조약이라고 볼 수 있는 특정재래식무기규제협약과 마찬가지로 비국제적 무력분쟁에까지 적용되어야 한다는 입장이 대립되고 있다. 임태근, "실명성 레이저 무기의 국제적 규제", *op. cit.*, pp.215-216.

70) ICRC, *The Worldwide Epidemic of Landmines Injuris*, Geneva, ICRC, 1996, p.3.

이에 미국, 캐나다 등 서방 선진국들과 국제연합, 국제적십자사 및 비정부 국제기구들을 중심으로 대인지뢰전면금지를 위한 국제협약 제정이 추진되기 시작하였다. 1996년 10월 3일부터 5일까지 캐나다 주관으로 오타와에서 '대인지뢰의 전면적 금지를 위한 국제전략회의(International Strategy Conference towards Global Ban on Anti Personal Mine)'가 개최된 이후 1997년 2월 비엔나회의, 1997년 4월 본회의 및 1997년 6월 브뤼셀회의에서의 협약초안에 대한 논의를 거쳐, 1997년 9월 100여 국가들이 참석한 오슬로회의에서 오스트리아안(Austrian Text)으로 불리는 협약초안을 바탕으로 전문 및 본문 22개 조로 구성된 '대인지뢰의 사용, 비축, 생산 및 이전의 금지와 폐기에 관한 협약(Convention on the Prohibition of the Use, Stockpiling, Production and Transfer of Anti-Personnel Mines and on Their Destruction, 대인지뢰금지협약)'이 채택되었으며, 그 해 12월 캐나다 오타와에서 서명식이 있었다.

대인지뢰금지협약은 대인지뢰의 예외 없는 전면금지를 목표로 하고 있다. 협약은 가입국의 일반적 의무로서 대인지뢰의 사용·개발·비축·생산·이전행위 및 본 협약에서 금지하는 행위를 지원하거나 유도하는 행위를 금지하고 모든 대인지뢰의 폐기의무를 부여하고 있다(제1조).[71] 비축지뢰의 폐기는 조속한 시일 내에 수행되어야 하며 늦어도 본 협약의 발효 후 4년 이내에 이루어져야 하고(제4조), 지뢰지대 내에 매설된 대인지뢰의 폐기는 조속한 시일 내에 이루어져야 하

71) 예외적으로 그 목적에 필요한 최소량을 넘지 않는 한도 내에서 지뢰탐지훈련이나 지뢰제거 및 폐기 기술개발을 위한 보유 및 이전과 지뢰폐기를 위한 대인지뢰의 이전은 예외로 하고 있다(제3조).

며 협약 발효 후 최소한 10년 이내에 이루어져야 하며, 이 기간 내에 대인지뢰를 폐기하지 못하는 국가는 10년 내에 상기 대인지뢰를 폐기하겠다는 계획을 협약 평가회의에 제출하여야 한다(제5조). 또한 협약은 특정국가의 국내적 사정에 따른 예외를 허용하지 않는다는 협약의 의지를 보여주기 위하여 여타 다자간 조약들과는 달리 특정 조항에 대한 유보(reservation)를 인정하지 않고 있다(제19조).

제5절 대량파괴무기의 규제

1. 화학무기

가. 의의 및 이용 사례

화학무기는 화학작용에 의해 사람, 동물 및 식물을 살상 또는 고사케 하는 것이어서 그 성질이 종래의 통상무기와는 현저히 다르다. 화학무기는 유기화학공업의 발달에 힘입어 이루어진 제1차세계대전 시의 전쟁용 가스의 대량생산으로 시발된 후 가스공습에 의한 무차별적 희생사례가 많은 비판을 받았음에도 불구하고 자극성, 질식성 및 유독성 가스뿐만 아니라 신경성, 정신착란성 및 무능력화성 등 일층 확대된 대량살상 효과를 갖는 각종 가스들이 무수히 개발되고 또한 對게릴라 전용 최루가스나 고엽제까지 널리 생산 활용되기에 이르렀다.72)

72) 김정균, "전쟁법 · 인도법에 있어서의 무기사용규제", 인도법논총, 제14호, 1994, p.11.

화학물질이 전쟁수단으로 사용된 것은 오랜 역사를 갖고 있다. 기원전 428년 펠레폰네소스전쟁에서 아테네군이 스파르타군을 공격할 때 송진에 유황을 묻혀 불태워 유독가스, 즉 아황산가스를 사용하였다 한다.[73] 중세와 근대에도 점점 발달된 화학무기가 여러 전쟁에서 사용되었지만, 현대적 의미의 화학무기는 제1차 세계대전중인 1915년 4월 22일 독일군이 벨기에 이프레(Belgium Ypres) 전투에서 최초로 사용했다. 독일군이 연합군의 방어진지를 재래식 무기로 돌파하지 못하자 염소 가스를 발사함으로써 5천여 명을 일거에 살해하는 놀라운 전과를 거두었다. 그러나 연합군도 이에 대해 겨자탄, 염소가스 및 호스겐 등의 화학무기를 개발하여 대항함으로써 제1차 세계대전중 화학무기의 사용으로 10만 명이 사망하고 130만 명이 부상을 입었다. 이처럼 화학무기의 사용은 대량의 인명을 무차별적이고도 비인도적으로 살상할 수 있음을 보여주었다.[74]

제1차 세계대전 이후에도 화학작용제는 대규모 살상수단으로 사용되었다. 1919년 러시아내전(Russian Civil War)에서는 영국군이 겨자가스탄을, 1925년 북아프리카에서는 스페인이 겨자가스 항공폭탄을 사용했고, 1935년~1940년에는 이탈리아가 에티오피아에서 항공기 살포 탱크와 항공폭탄을 이용하여 겨자가스를 사용했으며, 일본도 1937년~1940년 중 만주에서 겨자가스 및 루이사이트 항공폭탄을 사용했다. 제2차 세계대전 후 지금까지 화학무기는 비교적 드물게 사용되었다. 1966~1967년 예멘내전에 개입한 이집트군은 포스겐과 겨자항

73) 한영채, 소리없는 전쟁, 문우사, 1987, p.32.

74) 신성택, "대량살상무기체계의 확산 동향", 권태영 외, 21세기 군사혁신과 한국의 국방비전, 한국국방연구원, 2003, p.319.

공폭탄을 사용했으며, 1960년대 말 미국은 베트남에서 고엽제로 오렌지작용제(Agent Orange)를 사용했는데 이에 노출되었던 상당수 인원이 후유증으로 인해 사망하거나 아직도 후유증에 시달리고 있다.75)

1980년대에 들어서는 이란-이라크전(1980~1988)이 대표적 사례로 손꼽힌다. 이란은 무력분쟁 기간 동안 242회에 걸친 이라크군에 의한 화학무기 사용으로 인하여 자국민 희생자가 44,000명에 달하였다는 항의를 제기하였고, 이에 대하여 이라크는 이란의 주장을 부인함과 동시에 화학무기는 이란군이 먼저 사용하였고 이로 인하여 3,000명 이상이 희생되었다고 반박하였다. 유엔 사무총장은 이란의 요청에 의하여 1984년에 이어 1988년에도 4회에 걸쳐 유엔 조사단을 현지에 파견하였다. 그 중 3회는 이란 내에서, 1회는 이라크 내에서 각각 조사를 행하였는바, 양국에서 공히 화학무기의 사용에 기인하는 부상자를 확인하였다고 보고했다.76)

나. 법적 규제

화학무기의 법적 규제는 1899년 '질식가스에 관한 헤이그선언'과 '헤이그 육전규칙' 제23조 a항이 그 시초이다. 전자는 화학무기의 사용을 금지시킨 최초의 국제문서라는 점에서 의의를 갖지만, 반면 그

75) *Ibid.*, pp.321-322; C. M. Hyltenius, "The Chemical Weapon Convention: A Great Achievement in Multilateral Disarmament", U. N., *Disarmament*, Vol. 14, No.1, 1993, p.3 참조.

76) S. J. Lundin, "Chemical and Biological Warfare : Development in 1988", SIPRI, Yearbook, 1989, pp.100-103 참조; 정운장, "화학무기협약(초안)에 관한 고찰", 인도법논총, 제12호, 1992, pp.41-42에서 재인용

금지대상을 "질식성 또는 유독가스의 살포를 유일한 목적으로 하는 발사체의 사용"으로 한정하고 있기 때문에 내재적 한계를 갖고 있다. 즉 제1차 세계대전 당시 화학무기를 사용한 국가들은 독가스 전용의 발사체를 사용하지 않고 독가스탄을 일반적 발사체로서 발사하였기 때문에, 당시 화학무기의 대량적 사용을 규제하지 못하였던 것이다. 따라서 제1차 세계대전 이후, 동 선언은 독가스의 사용에 대해 아무런 규제도 못하는 조약으로 인식되었던 것이다.[77] 후자는 독 또는 독을 가공한 무기의 사용을 특히 금지하고 있다.

다음으로 화학무기를 규제하는 국제적 문서로는 1925년의 제네바가스의정서가 있다. 위의 화학무기 규제법규가 실제 제1차 세계대전에서 제 기능을 하지 못하고 약 130만 명의 사상자(그 중 약 10만 명이 사망)가 발생[78]하자 국제사회는 화학무기의 위험성에 주목하고 이를 규제하고자 노력하였으니, 그 구체적 산물이 제네바가스의정서이다. 동 의정서는 전시에 질식성·독성·기타 가스 및 이와 유사한 액체, 물질 또는 장치물의 사용과 세균적 방법의 사용을 금지하고 있다. 동 의정서는 화학무기의 사용을 직접적으로 금지한 최초로 조약임에도 불구하고 의정서상의 '기타 가스'의 범주에 최루가스 등의 비살상용 화학작용제와 고엽제 또는 제조제 등의 대(對)식물화학 작용제가 포함되느냐의 유무에 학설과 각국의 실천이 대립되는 등 금지대상인 화학무기의 범위가 명확하지 못하고, 체약국들은 반격으로서의 화학무기의 사용이 가능하도록 하는 유보를 붙이고 있기 때문에 무

77) 정운장, 국제인도법, *op. cit.*, pp.297-298.

78) UN, *The United Nations and Disarmament:A short history*, UN Department for Disarmament Affairs, 1988, p.81.

력분쟁에서의 동 의정서의 구속력이 사실상 배제될 위험성이 있다는 단점을 갖고 있다.79)

이후 화학무기에 대한 국제적 관심사는 소강국면에 접어들었다. 원자탄과 그에 이어 핵무기가 등장하고, 이의 가공할 위력을 실감한 주요 강대국들이 핵무기 개발에 경쟁적으로 뛰어들었기 때문이다. 국제사회가 화학무기에 다시 주목하기 시작한 것은 1960년대 말부터였다. 베트남전에서의 고엽제의 무차별적 사용이 주된 이유였다. 그런데 이 시기의 논의는 화학무기와 생물무기를 구별하지 않고 동시에 다루어졌는데, 1970년대 초에 들어서야 양자는 독자적으로 취급되기 시작했다.

미국과 구소련은 1974년부터 1980년까지 양자간 협상을 통해 1979년과 1980년에 '군축에 관한 위원회'에 공동보고서를 제출한 바 있으며, 그 이후 독자안을 유엔총회와 제네바군축회의에 제출했다. 1980년 '군축에 관한 위원회'는 특별실무그룹(Ad Hoc Working Group)을 설립하였고, 1984년 화학무기에 관한 특별위원회(Ad Hoc Committee on Working Group)를 설립하여 화학무기를 규제하기 위한 노력을 계속했다. 이러한 노력에도 불구하고 1992년 초까지 검증문제 등 여러 측면에서 국가 간의 이견으로 합의를 보지 못하다가 1993년 1월 13일 파리에서 '화학무기의 개발·생산·비축 및 사용의 금지와 그 폐기에 관한 협약(화학무기금지협약)(Convention on the Prohibition of the Development, Production, Stockpiling and Use of Chemical Weapons and on their Destruction, CWC)'이 서명되었다.80)

---

79) 정운장, 국제인도법, *op. cit.,* pp.298-299.

80) 이용호, 전쟁과 평화의 법, 영남대학교 출판부, 2001, p.136.

전문과 24개 조문 및 3개의 부속서[81]로 구성되어 있는 동 협약은 지금까지 체결된 여타 군축조약에 비해 비차별적이고 균형적이다. 그 주요 내용을 살펴보면, 체약국은 '어떠한 상황에서도' 화학무기의 사용 및 사용을 위한 군사작전에 개입하거나 화학무기를 개발·생산·획득·비축 또는 이전해서는 안 되며, 보유하고 있는 화학무기를 파괴하여야 한다(제1조). 또한 화학무기의 위협을 받고 있는 체약국은 타국으로부터 훈련과 장비, 기술이전을 제공받을 수 있으며(제10조), 화학무기금지기구를 구성하고 화학원료를 사용하는 체약국 기업체에 대한 사찰을 실시하며(제4조), 체약국은 단독으로 타체약국에 사찰실시를 요구할 수 있다(제9조).

그러나 화학무기협약 체결은 전투수단의 법적 규제에 있어 이정표적인 것이긴 하지만 목적한 바를 달성하기에는 많은 한계를 가지고 있다. 화하무기의 폐기에 따른 비용 및 환경오염문제, 검증체계의 한계 등은 화학무기의 전면적 금지 실현을 위해 국제사회가 극복해야 할 과제이다.

화학무기는 이상의 개별 국제법 문서에 의한 규제 외에도 위에서 살펴본 전투수단을 규제하는 일반원칙에 비추어 보아도 당연히 금지된다. 화학무기는 그 성질상 당연히 무차별적일 수밖에 없고 또 불필요한 잔혹한 고통을 주는 무기임이 분명하기 때문이다. 가능한 한 적군을 살상하지 않고 전투밖에 있도록 해야 한다는 인도적 이념에 반하는 야만적 성격의 것이다.[82]

81) 3개의 부속서는 '화학제에 관한 부속서', '이행과 검증에 관한 부속서' 및 '비밀정보에 관한 부속서'이며, 이들 부속서는 화학무기협약의 필수적 부분이다(협약 제17조).

82) A. Cassese, "The Prohibition of Indiscriminate Means of Warfare", R. T.

2. 생물무기

가. 의의 및 이용 사례

생물무기란 사람이나 동식물에 치사효과를 주기 위하여 사용되는 병원성 미생물, 독소, 질병 매개물 그리고 이들 작용제를 장전한 포, 폭탄 등을 말하며 핵무기나 화학무기에 비하여 그 효과 발현시간이 상대적으로 늦긴 하지만 효과영역은 광범위하다.[83)]

인간이나 동식물에 해로운 미생물이나 독소를 사용하여 적의 전쟁 수행 능력을 저하시켜 전황을 유리하게 이끌 생각은 고대, 중세부터 존재했다. 그리스 로마시대에 적의 진영이나 요새에 동물사체를 던지고 배설물로 우물을 오염시켜 질병을 만연시킨 예는 많았다. 근대에 병원균이 확인되면서 각국은 그 독을 직접 전쟁에 이용하는 생물무기, 세균전에 눈을 돌려 일부 실전에도 사용되었다.[84)]

20세기 들어서도 생물학적 무기의 사용은 끊이지 않고 계속되었다. 20세기 최초의 생물학전은 1915년 미국이 연합군에게 제공하려

Akkerman(ed.), *Declarations on Principles*, 1977, p.173. F. Horbour 여사는 화학무기는 고문의 한 형태이며, 불필요한 정신적 및 신체적 고통을 가하고, 비인간적이며, 종국에는 존엄성을 상실한 채로 죽음에 이르게 하고 전투원과 비전투원을 구별하지 않는다는 비도덕적이라고 주장하였다. F. V. Harbour, "Chemical Weapons and Soldier's Rights", paper presented at the Joint Services Conference on Professional Ethics(JSCOPE), National Defense University, Washington, D. C., January 12, 1990; P. Christopher, *The Ethics of War and Peace : An Introduction to Legal and Moral Issue*, Prentice-Hall, 1994, p.211에서 재인용.

83) 신성택, *op. cit.*, p.331.

84) *Ibid.*, p.335. 1346년 크리미아전에서 타타르인들이 카파시를 공격할 때에 페스트로 희생된 시체들을 성안으로 던져 넣었으며, 1763년 영국인들이 미국 인디언 추장들에게 오염된 담요를 제공하여 많은 인디언들이 사망하였다.

는 우마(牛馬)에 독일군이 질병을 유발하는 박테리아를 살포한 사건이다. 제2차 세계대전 중에는 독일, 러시아 및 일본이 생물학전에 대한 실험실 연구를 시작하였고, 미국과 영국도 1941년경 유사한 연구를 시작하였다. 특히 1942년 일본이 10여 개 중국 도시를 페스트, 탄저균, 파라티푸스를 포함한 생물학 작용제로 공격한 사실이 1949년과 1985년에 공개되었다.

제2차 세계대전 이후 각국은 핵, 화학무기와 더불어 생물학작용제를 미래전의 한 양상으로 생각하기 시작했다. 이 때문에 각국은 공격, 방어의 양면으로부터 생물전의 연구를 중시해 왔다. 아프가니스탄, 라오스, 캄보디아에서는 생물학작용제가 국지적으로 쓰인 것으로 보이며, 걸프전 때에는 이라크군에 의한 화학작용제와 생물학작용제의 사용이 문제가 되었다.[85)]

나. 법적 규제

생물무기의 규제문제는 초기부터 화학무기와 구별되지 않은 채 같이 논의되었다. 화학무기와 그 성질이나 효과가 유사하기 때문이었다. 1925년 제네바 가스의정서도 화학전 금지에 부가하여 당사국간 생물학전을 금지한다고 언급하였으며, 1948년 유엔 사무총장도 총회에 제출한 연례보고서에서 "원자무기의 통제 및 관리에 관한 논의가 장기화됨에 따라 치사성 화학무기 및 생물무기에 관한 문제는 거의 관심사항이 아닌 것으로 되어 있다. 그러나 화생무기의 발달상황에 비추어서 유엔 총회는 이 분야에 대해 더욱 주목할 것을 기대한다"라고 하여 양 무기를 구별하지 않았다. 1968년 18개국이 참가한 제네바 군

85) *Ibid.*, pp.335-336.

축회의에서 영국의 제청에 의해 화학전에 관한 조약과 생물학전에 관한 조약을 분리하자는 안이 제시되었으며, 그 이듬해인 1969년 유엔총회에서는 생물무기와 화학무기를 분리하여 개별적으로 다루기 시작하였다. 또한 동시에 '18개국 군축위원회'에서는 "생물무기와 화학무기를 공동으로 다루자"라고 주장하는 사회주의 및 비동맹국가의 접근방법과 "우선 합의가 용이한 생물무기의 규제를 우선적으로 다루자"라고 주장하는 서구국가간의 접근방법 간에 논란이 있었다. 1971년 구소련 및 기타 사회주의 국가의 양해 하에 양측은 분리안에 동의하였다. 그에 따라 먼저 미국과 구소련이 각각 제출한 협약안에 기초하여 1972년 4월 10일 '세균(생물) 및 독소무기의 개발 · 생산 · 비축금지 및 그 폐기에 관한 협약(생물무기금지협약)(Convention on the Prohibition of the Development, Production, Stockpiling of Bacteriological (Biological) and Toxin Weapons and on their Destruction, BWC)'이 체결되었다.86)

동 협약은 생물무기의 개발 생산 및 비축 금지 및 폐기에 관해 규정하고 있다. 생물학적 전투수단의 사용금지는 인류의 양심 및 행동을 함께 구속하는 국제법의 일부라는 믿음의 소산이었다. 개발 등의 금지대상은 "미생물 작용제 및 그 밖의 생물작용제"와 "독소" 및 "그 사용을 위해 고안된 무기, 장치 또는 발사수단"까지 포함하며, 상기 물질과 무기 또는 발사수단을 동 협약의 발효 후 9개월 이내에 파괴하거나 또는 평화적 목적을 위하여 전환하도록 하고 있다. 따라서 동 협약에 의해 생물무기의 사용 가능성을 완전하게 제거할 길이

86) 이용호, "국제인도법의 발달과 평가 : 무기사용의 규제를 중심으로", 인도법논총, 제20호, 2000, p.197.

열렸다고 할 수 있다.[87)]

이처럼 동 협약이 생물무기의 전면적 포괄금지를 명시하였다는 점에서 그 의의는 매우 크다고 하겠다. 그럼에도 불구하고 동 협약은 객관적이고 효과적인 검증체제를 두고 있지 않다는 점과 동 협약의 위반에 대한 대응조치가 규정되지 않았다는 점 등에서 내재적 한계를 지니고 있다고 평가되고 있다.[88)]

3. 핵무기

핵무기는 핵분열 또는 핵융합반응의 핵폭발에서 생기는 강력한 폭풍, 열선 및 방사선의 동시적·상승적인 효과를 특징으로 하는 전투수단으로 제어되지 않고 핵에너지를 방출하는 그리고 전쟁용으로 사용되어질 일련의 특성을 지닌 모든 장치이다.

1945년 일본에 투하된 원폭으로 해서 한 도시가 일순간(1.4초)에 황폐화하고 수십만 주민을 찰나에 전멸적으로 사상케하고 피폭지 외곽에서 더러 명맥을 건진 빈사자와 그 후대들이 원폭증으로 인한 죽음의 공포에 시달리는 쓰라림을 경험하였다. 그러나 냉전기간 중의 무제한적인 핵군비경쟁은 그칠 줄을 몰랐고 마침내는 수천 메가톤급에 이르는 거대한 파괴력을 갖는 전략용 핵무기에서부터 소형의 전술용 또는 전장용에 이르기까지 끊임없이 핵무기가 개발, 생산되고 그 운반수단도 대륙간탄도탄, 잠수함발사탄도미사일, 순항미사일 등 다양한 모습을 갖추기에 이르렀다.[89)]

---

87) 藤田久一, 國際人道法, 東京, 有信堂, 1993, p.101.
88) 정운장, 국제인도법, *op. cit.*, p.309.

핵무기는 핵보유국이나 이들 국가의 핵보호를 보장받고 있는 이른바 핵우산 국가들에게 있어 잠재적 적대관계에 있는 국가들의 선제공격을 억지한다는 군사전략적 측면과 보유 자체만으로 국제사회에서의 위치와 영향력이 예전과는 비교할 수 없을 정도로 향상된다는 국가정책적 측면의 문제들이 어지럽게 얽혀 있어 여느 전투수단과는 달리 그 해결의 실마리를 찾는 것이 단순하지 않다.

1950년대 이래 국제사회는 핵무기의 통제문제에 깊은 관심을 보였다. 그 결과 남극조약(1959년), 부분적핵실험금지조약(PTBT, 1963년), 우주조약(1967년), 라틴아메리카비핵화조약(Tlateloloc조약, 1967년), 핵무기비확산조약(NPT, 1968년),[90] 해저비핵화조약(1970년), 달조약(1979년), 남태평양비핵화조약(Rarotonga조약, 1985년), 포괄적핵실험금지조약(CTBT, 1996년) 및 구소련(또는 러시아)과 미국 간의 제조약이 체결되었다.[91]

그러나 화학무기 및 생물무기와는 달리 핵무기의 사용을 금지하는 조약은 아직 체결되지 않고 있다.[92] 다만 논쟁적 수준에서 핵무기의

89) 김정균, "전쟁법·인도법에 있어서의 무기사용규제", *op. cit.*, p.9.

90) 동 조약은 핵전쟁이 전인류에 미치는 참해를 막으려는 뜻에서 1963년의 부분적핵실험금지조약(대기권 내, 우주공간 및 수중에서의 핵무기 실험을 금지하는 조약)이 핵무기 실험적 폭발의 영구적 정지를 희구했던 결의를 계승하여 핵무기의 제조 정지, 현존 저장 핵무기의 폐기, 핵무기 운반수단의 제거 등을 위해 구체적으로 핵무기국의 확산방지의무(제1조), 비핵무기국의 확산피지(避止)의무(제2조), 비핵무기국의 원자력 평화이용의무(제3조), 핵폭발의 평화적 응용에 관한 비핵무기국의 원조(제5조) 등을 규정하고 있다. *Ibid.*, pp.9-10.

91) 이용호, "국제인도법의 발달과 과제 : 무기사용의 규제를 중심으로", *op. cit.*, p.192.

92) 국제적 차원에서 핵무기의 사용금지를 규정하고 있는 일반 국제규범은 존재하지 않지만 지역적 차원에서 핵무기의 사용을 규제하는 조약이 체결되어 있기도 하다. 1967년에 체결된 라틴-아메리카비핵화조약이 그 대표적 사례

사용에 대한 다양한 견해가 제기되고 있을 뿐이다. 이러한 견해들은 종합해 보면 핵무기의 사용은 불법이라는 위법설, 핵무기 사용이 적법이라는 합법설 및 핵무기의 종류 및 사용방법에 따라 위법 또는 합법이라는 절충설로 요약된다.

첫째, 핵무기의 사용의 위법설이다. 핵무기는 현행법상 그 사용이 금지되는 "불필요한 고통을 일으키는 무기"에 해당되고 또한 "질식성, 독성 및 기타의 가스 또는 이와 유사한 물질 및 고안물"에 해당하는 무기로 볼 수 있으며, 엄청나게 큰 살상력과 파괴력으로 인하여 전투원과 민간주민의 구별 및 군사목표와 민간물자의 구별에 입각하는 국제인도법의 기본원칙(구별원칙)과 무차별공격 금지의 원칙에 반한다는 것이다.[93]

둘째, 핵무기 사용의 합법설이다. 현재 핵무기 사용의 전면적인 금지 규정이나 직접 명시적으로 금지하는 조약 또는 관습법이 존재하지 않기 때문에 핵무기는 그 사용이 허용된다는 입장이다.[94] 그러나 핵무기에 대한 실정법상의 불언급상태를 받아들이는 입장은 두 모습

이다. 동 조약에 따르면 각 체약국은 자국영역 내에 핵무기를 실험, 배치, 수입 및 기지설치 등을 할 수 없으며, 이를 확인하기 위해 국제원자력기구(IAEA)의 안전조치를 받아야 한다. 특히 제2부속의정서는 5대 핵무기보유국에게 체약국에게 핵무기를 사용하거나 위협하지 않을 것을 약속토록 하고 있고, 5대 핵무기보유국 모두 본 의정서를 비준했다.

93) 정운장, 국제인도법, *op. cit.*, p.291.

94) 이러한 입장은 핵보유국의 입장에서도 확인된다. 이들 국가들은 자국이나 핵우산 보장국가에 대한 무력공격시 핵무기 불사용원칙은 재검토될 수 있다는 입장이다. 또한 이들 국가의 군사교범에서도 확인된다. 1956년의 미 육전법규 교범(The Law of Land Warfare, Army Field Manual FM27-10)은 "핵무기가 어느 부대에 의하여 사용되든 그 사용을 규제하는 국제관습법 또는 명시적 국제조약이 존재하지 않으므로 국제법상 위법이 아니다"(제35항)라고 규정하고 있다.

으로 정리되었는데 하나는 명문규정의 부존재로 해서 핵무기와 인도법은 무관한 것이므로 핵무기 사용은 인도법에 위배되지 않는 주권국의 자유재량행위라는 입장이고, 다른 하나는 핵무기 사용금지의 명문규정이 없어도 그에 관련된 적용가능한 국제법과 인도법의 원칙이나 규칙이 있는 것이므로 명문규정의 부존재가 핵무기 사용을 당연히 합법화한다고 해석되어서는 안 된다는 입장인데,[95] 핵무기 사용의 합법설은 전자의 입장을 취하고 있는 것이다.

셋째, 핵무기는 사용 형태와 방법에 따라 허용되거나 금지된다는 절충설이다. 전략용 핵무기 사용은 금지되어야 하나 전술용 또는 공해상의 적군함이나 사막속의 적군대 등의 국지용 핵무기와 방사능 강하물을 거의 수반하지 않는 핵무기의 사용은 구별원칙 및 무차별 공격금지원칙에 위반되지 않는 범위 내에서 허용된다는 것이다.[96]

이상과 같이 핵무기 사용의 합법성을 둘러싸고 제 견해가 대립되고 있고, 개별국가의 핵무기 개발의 욕구 및 기술발전은 이를 규제하려는 국제사회의 열망과 의지를 언제나 앞서가고 있지만 핵무기는 어떠한 경우에도 그 사용이 금지되어야 한다는 것은 분명하다.

인도주의적 입장에서 본다면 명시적이고 포괄적인 국제조약이 없다 해도 해적수단(害敵手段)의 제한을 누누이 강조해온 무력분쟁법이나 관습법 및 인도법의 규정들에 비추어 비인도적 살상 파괴무기인 핵무기의 사용은 금지되어야 마땅하다.

유엔도 핵무기의 사용은 헌장의 목적과 정신에 반할 뿐만 아니라 무차별적이고 불필요한 고통을 초래하는 인류와 문명에 대한 범죄행

95) 김정균, "핵무기와 국제인도법", 인도법논총, 제18호, 1988, pp.170-171.
96) 정운장, 국제인도법, *op. cit.*, p.291.

위로 보고,[97] 핵무기 사용을 항구적으로 금지해야 한다는 결의를 채택하기도 하였다.[98]

국제적십자위원회(ICRC)도 1956년 '전시 일반주민이 입는 위험의 제한에 관한 규칙안'에서 "어떤 특정무기의 현재 또는 장래의 금지를 해함이 없이 소이적, 화학적, 세균학적, 방사능적 또는 기타의 물질의 살포로 해서 생기는 유효한 효과가 예측할 수 없을 정도로까지 확대되고 또한 공간적 또는 시간적으로 사용자가 제어할 수 없게 되어 그 결과로 일반주민을 위협에 빠뜨릴 우려가 있는 무기의 사용은 금지된다"(제14조)라고 하였으며, 1971년 '군축과 평화에 대한 결의안'에서는 "제네바협약과 추가의정서가 대량파괴무기, 특히 잔악하고 무차별적인 효과를 갖는 무기에 관한 명시적 금지규정을 두지 않지만 그러나 이들 무기는 인도적 요청에 반하는 것이고 또 무력분쟁에 있어 모든 국제사회 구성원이 절대적으로 이를 포기해야 하는 것으로 생각한다"라고 하여 핵무기의 사용은 금지되어야 한다는 것을 확인하였다.

하지만 핵무기 사용을 금지하는 일은 어렵고도 힘든 과제이다. 이것이 얼마나 어려운 일인가는 '핵무기의 위협 또는 사용의 합법성(Legality of the Threat or Use of Nuclear Weapon)'에 대한 국제사법법원(ICJ)의 권고적 의견에서도 확인된다. ICJ는 총회의 요청에 따라 약 1년 반 동안 45개국의 의견진술을 들은 뒤 1996년 7월 8일 권고적 의견을 발표하였다. 동 의견에서 ICJ는 "핵무기의 위협, 사용을 특별히 허용하는 국제관습법이나 국제조약법은 없다"라면서 "핵무기의 위

97) U.N., G.A., Res. 1653(1961)
98) U.N., G,A., Res. 2936(1972)

협, 사용은 무력분쟁에 적용되는 국제법의 제규칙, 특히 인도법 제원칙과 규칙에 일반적으로 위반되는 것이나 국가존립의 위기라고 하는 극한상태에 있어서의 자위로서의 핵무기의 위협, 사용에 관해서는 그것의 위법, 합법의 결론을 내릴 수 없다"[99]라고 하여 명확한 법적 판단을 유보하고 있다.

동 권고적 의견에 대해서는 상반되는 평가가 행해지고 있다. 핵보유국의 전권사항인 것처럼 생각되어온 핵무기 사용문제에 대해 ICJ가 '중대한 책임의식을 보여주고' '핵무기의 위협, 사용의 합법성 승인의 길이 열려있는 것으로 해석해서는 안 된다'라는 것을 못박아 '법의 지배'를 넓혀 낸 역사적 판단으로 핵무기의 불법성을 묻는 최초의 판단요청에 대한 최초의 공식적인 법적 응답이었다는 평가(긍정적인 입장)와 결국 ICJ의 그런 결론은 모든 나라를 두루 유념한듯 하면서도 기실은 모든 나라에 만족을 주지 못할 반반의 절충형이어서 미묘하게 피신했으되 그로 인한 ICJ의 권위실추를 부인할 수 없게 되었으며, 그런 정도의 사법판단으로는 찬성국이나 반대국을 막론하고 핵관련정책을 재고, 수정할 국가는 전무할 것이어서 별무효과일 수밖에 없다는 평가(부정적인 입장)가 대립되고 있다.[100]

99) Advisory Opinion on Legality of the Threat of Use of Nuclear Weapons, 1996 ICJ Rep. p.266.

100) 김정균, "핵무기와 국제인도법", *op. cit.*, p.179 참조.

제5장
국제인도법과 무력분쟁의 희생자 보호

제1절 국제인도법의 발전 및 주요원칙

1. 의의

국제인도법은 무력분쟁으로 인하여 야기되는 인간의 고통을 완화함을 목적으로 하는 법으로서 전투능력을 상실한 군대요원과 전투행위 불참자를 적대행위에서 야기되는 고통의 경감 내지 그로부터의 보호를 규율한다. 이처럼 국제인도법은 무력전쟁에서 개인의 보호 및 존중을 목적으로 하는 법이다.

국제인도법은 구체적으로 전쟁희생자보호에 관한 1949년 제네바 4개협약과 적대행위 수행이나 무기의 사용, 전투원의 행동이나 복구행사에서 인도적 이유로 준수해야 할 한계를 정한 조약과 관습법규 및 그것의 적정적용을 확보하기 위한 규칙 중 "그 성질상 명백히 인도적인 무력분쟁법의 규제, 즉 사람 및 그에 불가결한 재산을 보호하는 규칙"이다.[1)]

무력분쟁법이 '전시 무력분쟁 일반에서의 규칙'으로 해적수단의 제한을 중심으로 해서 투쟁상태의 완화를 위해 성문화된 것이라면 국제인도법은 무력분쟁시의 인도적 대우와 희생자의 보호를 강화하기 위한 것으로 전자가 1899년부터 1907년까지의 헤이그 협약들이 주축을 이루고 있는 반면에 후자는 1949년 제네바협약을 근거하고 있다.

2. 형성 및 발전

국제인도법은 1859년의 솔페리노(Solferino) 전투에서의 부상병들에 대해 인도적 구호활동을 전개하였다. 앙리 뒤낭(Henry Dunant, 1828-1910)의 구조로 탄생되었다. 앙리 뒤낭은 솔페리노 전투에서 목격하였던 비참한 광경과 자신의 경험담을 엮어 1862년에 출간한 "솔페리노의 회고(*A Memory of Solferino*)"에서 군의료기관을 원조하기 위한 자발적인 구호단체의 설립과 이들 단체의 업무를 촉진하고 부상병의 효과적인 치료를 보장하기 위한 국제기구의 설립을 각국에 호소했다.

그 결과 1863년 앙리 뒤낭을 포함하여 제네바에서 "부상병 구호를 위한 국제위원회(International Committee for Aid to the Wounded(5인위원회, Committee of Five라고도 함). 1880년 오늘날의 국제적십자위원회(ICRC)로 개칭)"가 설립되었으며, 1864년 제네바에서 외교회의가 개최되어 「전지 군대부상자의 상태개선에 관한 협약(Convention for the Amelioration of the Field, 제1차 적십자조약)」이 채택되었는바, 이것이 최초의 성문화된 국제인도법이다.

제1차 적십자조약이 채택된 이래 국제인도법은 상당히 발전되어

1) 김정균, "국제인도법의 철학과 기조", 인도법논총, 제18호, 1998, p.9.

왔다. 그 대표적인 문서가 1949년 제네바 4개 협약이다. 협약의 존중, 피보호자의 권리포기 금지, 인도적 단체의 활동 보장, 이익보호의 확보 및 이익보호국의 중개 등을 공통적으로 두면서[2] 광범하고 상세한 인권적 고려에 입각한 1949년 제네바협약의 채택은 제2차 세계대전의 경험, 즉 비인권적 침략세력의 억압 하에 있는 피점령지역을 해방시키는 과정에서의 전쟁경험을 집약한 현대적인 인도법 체제의 형성이었다. 특히 민간인의 보호에 관해서는 생명과 신체에 대한 위해 금지, 인질과 방축의 금지를 강조하였다. 이 단계의 전시적 규제가 오늘날의 국제인도법 체계의 대본(大本)이다.[3]

그러나 1949년 제네바협약이 제2차 세계대전의 경험을 받아들인 것이기는 하나 원칙적으로 적대행위가 행해지는 전장과 일반주민이 거주하는 배후지의 구별에 따른 고전적인 전쟁방법을 전제로 해서 작성된 것이다. 그러나 현대의 무력분쟁에서는 해적수단의 비상한 발달이나 게릴라전 등 전쟁방법이 크게 변화하여 제네바 4개 협약만을 중심으로 해서는 다양화된 전쟁상태에 충분히 응할 수 없게 되는 것이 면이 있게 되었다. 이러한 상황에 대처하기 위해 1977년 국제

2) 1949년 제네바협약은 전쟁법규와 관계가 있는 공통사항이면서도 기왕에 분명하지 아니했거나 또는 구구했던 것을 공통규정으로 확립한 획기적인 것이었다. 공통규정은 비록 제네바협약에만 공통되는 것이기는 하지만 모델조항이라고 할 만한 훌륭한 집약이었다. 각 협약은 서두에 총칙 11개조(제4협약은 12개조)로 공통규정을 두고 있는 바, (1) 협약의 존중 강조, (2) 협약의 적용범위, (3) 비국제적 무력분쟁에의 적용, (4) 중립국에 의한 적용, (5) 협약적용의 시간적 범위, (6) 협약 외 특별협정의 체결 인정, (7) 피보호자의 권리포기의 금지, (8) 이익보호국 제도, (9) 인도적 단체의 활동, (10) 이익보호국 임무의 위탁, (11) 협약의 적용 및 해석에 관한 분쟁발생시 이익보호국의 중개 규정이 그것이다.

3) 김정균, *op. cit.*, p.8.

적십자위원회가 작성한 제네바협약에 대한 2개의 추가의정서를 채택하게 되었다.[4)]

이 과정에서 가장 특징적인 것은 보호대상의 확대인데, 당초 육전에서의 부상병에 한정되었던 것이 해전에서의 부상병 및 조난자, 포로 및 특정 민간인으로 확대되었으며, 민간주민 특히 여성·아동·난민 등과 환경·문화재 등의 보호강화에 큰 관심을 두고 있다. 또한 국제법의 규제범위 밖에 놓여 있던 비국제적 무력분쟁(내전)을 국제법의 테두리 내로 끌어들였다.

국제인도법 관련 주요 국제법규로는 다음과 같은 것들이 있다.

① 육전에서의 군대의 상병자의 상태개선에 관한 협약(제네바 제1협약)(Geneva Convention for the Amelioration of the Condition of the Wounded and, Sick and in Armed Forces in the Field)

② 해상에서의 군대의 상병자 및 조난자의 상태개선에 관한 협약(제네바 제2협약)(Geneva Convention for the Amelioration of the Wounded, Sick and Shipwrecked Members of Armed Forces at Sea)

③ 포로의 대우에 관한 협약(제네바 제3협약)(Geneva Convention relative to the Treatment of Prisoners of War)

④ 전시 민간인의 보호에 관한 협약(제네바 제4협약)(Geneva Convention relative to the Protection of Civilian Persons in Time of War)

⑤ 1949년 제네바협약에 대한 추가 및 국제적 무력분쟁의 희생자 보호에 관한 의정서(제1추가의정서)(Protocol additional to the Geneva Conventions of 1949, and relating to the Protection of Victims of International Armed Conflicts)

---

4) *Ibid.*, pp.9-10.

⑥ 1949년 제네바 제네바협약에 대한 추가 및 비구제적 무력분쟁의 희생자 보호에 관한 의정서(제2추가의정서)(Protocol additional to the Geneva Conventions of 1949, and relating to the Protection of Victims of Non-international Armed Conflicts)

3. 주요원칙

가. 불가침(Inviolability)의 원칙

개인은 자기의 생명, 신체적 완전성, 그리고 자기의 개성으로부터 불가분의 여러 가지 속성에 대하여 존중받을 권리를 갖는다. 이를 설명하기 위해서는 다음과 같은 7가지 응용원칙을 열거할 수 있다.

① 전투 중에 쓰러진 자는 신성불가침한 존재이다. 그리고 투항한 적군은 목숨을 살려준다.

② 고문, 인간의 품위를 저하시키거나 또는 비신도적 처벌은 금지된다.

③ 모든 자는 법 앞에서의 평등한 개인이라는 지위를 승인받을 자격이 있다.

④ 모든 자는 자기의 명예, 가족으로서 갖는 권리, 신앙 및 습속을 존중받을 권리가 있다.

⑤ 누구나 고난을 당하는 자는 수용되고 또 그의 상태가 요구하는 구호를 받는다.

⑥ 모든 자는 가족과 소식을 주고받으며, 구호품 및 소포를 받을 권리가 있다.

⑦ 누구나 자기의 재산을 함부로 박탈당해서는 아니 된다.

나. 비차별(Non-discrimination)의 원칙

개인은 인종, 성별, 국적, 언어, 사회적 지위, 재산정도, 정치적·철학적 또는 종교적 견해나 기타 어떠한 기준에 입각한 아무런 차별도 없이 공정한 대우를 받아야 한다.

다. 안전(Security)의 원칙

누구나 신체의 안전에 관한 권리가 있다. 이것을 네가지의 응용원칙에 의하여 설명하면 다음과 같다.

① 누구든지 자기 자신이 잘못하지 않은 행동에 대하여 책임을 질 수 없다.

② 보복, 집단적 처벌, 인질로 잡는 일 및 추방은 금지된다.

③ 각 개인은 문명국민들에 의해 승인된 법률제도의 이익을 향유한다.

④ 누구든지 인도주의적 협약에 의해 부여된 권리를 포기할 수 없다.

라. 정상(Normality)의 원칙

피보호자들은 가능한 한 정상적인 생활을 영위할 수 있어야 한다. 예를 들면 포로신분이란 처벌이 아니라 교전상태의 구성원을 아군측에 대하여 가해행동을 할 위치에 서지 않도록 방지할 수단일 뿐이어야 한다는 것이다.

마. 보호(Protection)의 원칙

국가는 자기 권력 내에 들어 온 자(적군)에 대하여 국내적·국제적 보호가 보장되도록 하여야 한다. 이는 다음 3가지의 응용원칙으로

설명할 수 있다.

① 포로는 그들을 생포한 부대의 권력 내에 있게 되는 것이 아니고 그 부대가 소속한 국가의 권력 내에 있게 된다.

② 각국은 피수용자의 태도와 유지, 피점령지역의 질서 및 치안에 대하여 책임을 진다.

③ 분쟁희생자들에게는 공정한 인도적 기관의 역무가 제공된다.

바. 구호(Relief)의 원칙

누구나 구호와 편의를 제공받을 권리가 있다.

4. 공통규정

1949년 제네바 4개 협약은 무력분쟁법규와 관계가 있는 공통사항이면서도 기왕에 분명하지 아니했거나 또는 구구했던 것을 공통규정으로 확립한 획기적인 것이었다. 공통규정은 비록 4개 협약에 공통되는 것이기는 하지만 모델조항이라고 할 만한 훌륭한 집약이었다. 각 협약의 서두에 총칙 11개조(제4협약은 12개조)로 열거된 공통규정의 내용은 다음과 같다.

가. 협약의 존중

체약국은 모든 경우에 있어 협약을 존중하고, 또한 협약의 존중을 확보해 나갈 것을 약정하고 있다.

나. 협약의 적용

제네바4협약은 모든 선언된 전쟁과 기타의 무력분쟁에서 어느 측의 전쟁상태의 승인여부를 불문하고 언제나 적용되고, 또 영역의 일부 또는 전부가 점령된 경우 그 점령에 대한 무력저항의 우무를 막론하고 적용된다. 비체약국과의 분쟁이 있을 때도 체약국은 협약을 지켜야하고, 비체약국도 이 협약규정을 수락하면 협약에 구속된다고 하여 총가입조항을 배제하였다.

다. 비국제적 무력분쟁의 경우

비국제적 무력분쟁 시에도 적대행위에 참가하지 아니하는 자는 인종 · 종교 · 신조 · 성별 · 빈부의 차별 없이 인도적으로 대우하여야 한다. 특히 생명과 신체에 대한 폭행 · 인질, 존중의 침해, 재판에 의하지 아니한 판결의 언도 또는 형의 집행을 엄단하고 있다.

라. 중립국에 의한 적용

중립국도 그 영역 내에 있는(인수 또는 억류에 의한) 분쟁당사국의 병상자, 위생요원, 종교요원에게 협약규정을 준용해야 한다.

마. 적용범위

분쟁 또는 점령의 개시에 따라 협약적용이 시작된다. 분쟁당사국의 영역 내에서는 군사행동의 전반적 종료 시에, 점령지역 내에서는 군사행동의 전반적 종료 후 1년이 되는 때에 협약적용이 완료된다. 제네바협약의 보호대상자로 적의 수중에 든 자에 대해서는 최종적으로 석방되거나 송환되는 때 또한 거주지가 확인될 때까지 조약이 적용된다.

바. 특별협정

조약 중에 특기된 협정 이외에도 필요에 따라 특별협정을 체결할 수 있다. 그러나 제네바4협약에 규정된 대우와 권리를 제한해서는 안 된다.

사. 권리포기의 금지

제네바협약 피보호자(병상자, 위생요원, 조교요원)는 어떠한 경우에도 보장된 권리를 부분적으로나 전면적으로 포기할 수 없다.

아. 이익보호권

분쟁당사국의 이익을 보호하려는 이익보호권은 제네바 4개 협약의 적용에 협력하고, 또 그 적용형태를 감시해야 한다. 이익보호국은 외교관, 영사관이외의 대표를 자국민 또는 다른 중립국인 중에서 임명할 수 있다. 이들 대표는 임무수행지국의 승인을 얻어 그 임무를 수행하게 되는 데, 분쟁당사국들은 그들의 임무수행에 최대의 편리를 제공해야 한다. 대표들은 임무수행에 있어 협약상의 임무범위를 넘어서는 안 되고 또 임무수행지국의 안보상의 절대적 필요사항을 유의해야 한다.

자. 인도적 단체의 활동

제네바 4개 협약의 어느 규정도 적십자국제위원회나 또는 다른 공평한 인도적 단체가 분쟁당사국의 동의를 얻어서 병상자, 위생요원, 군종요원에 대해 행하는 인도적인 보호구제활동을 방해할 수 없다고 했다.

차. 이익보호의 확보

이익보호국의 임무를 공평하고 유효하게 보호하려는 기관에 이익보호국 임무를 위탁할 수도 있다. 이익보호국이나 이익보호기관의 편익을 받고 있지 않는 상병자나 기타의 보호대상을 억류하고 있는 국가는 중립국이나 중립기관에 대해 분쟁당사국이 지명한 이익보호국의 임무를 인수하도록 요청해야한다. 그래도 보호가 행하여지지 아니할 때엔 적십자국제위원회 같은 인도적 기관에 대해 역무제공을 요청하여야 한다. 모든 체약국은 군사적 이유로 타국과 교섭할 자유가 없게 된 국가를 상대로 해서 제네바협약 규정의 효력저하를 목적으로 하는 특별합의를 체결해서는 안 된다.

카. 이익보호국의 중개

협약규정의 적용 또는 해석에 관해 분쟁당사국 간에 문의가 있을 경우 이익보호국은 피보호자의 이익을 위해 중개활동을 해야 한다.

제2절 무력분쟁 희생자의 인도적 보호

1. 상병자

가. 의의

상병자란 그의 국적에 관계없이 전투능력을 상실하고 전열로부터 이탈된 자이다. 상병자로서 대우받을 수 있는 자격은 포로자격과 동일하며, 국제전뿐만 아니라 내전에서의 상병자에게도 부여되며, 육전 · 해전 · 공전의 구별 없이 모든 전장에서의 상병자를 포함한다.

나. 관련 법규의 발달

17세기 이래 상병자에 관한 많은 조약이 체결되었음에도 불구하고 19세기 중엽까지는 상병자를 살해하거나 학대해서는 안 된다는 정도의 관습만이 존재했었다. 상병자의 보호에 관한 일반적 국제법의 발전은 스위스정부의 주도하에 1864년 '전쟁에 있어서의 상병자의 상태개선에 관한 협약'(적십자조약)이 채택되면서부터이다.

동 협약은 국제법사상 획기적인 일이었다. 당시까지만 하더라도 19세기 초의 소위 나폴레옹 전쟁의 영향을 받아 야전병원과 부상자 및 군대 의무요원도 공격의 표적이 되었다. 더욱이 의무요원도 적에게 발견되기만 하면 포로로 잡혀서 혹사되었으므로 적군이 접근해 오기 전에 도망가버리는 것이 보통이었으며 부상병은 언제나 방치될 수밖에 없었던 것이다. 그러던 당시에 이른바 불가침의 원칙, 중립성의 원칙, 차별금지의 원칙 및 식별의 원칙을 조약상의 의무로서 최초로 명문화했다는 점에서 그 의의는 매우 크다.5)

이후 동 협약은 ICRC의 제안과 제1차 국제평화회의(1899년, 헤이그)에서의 지지를 배경으로 전쟁양상의 변화에 따른 필요성을 반영

5) 정운장, "국제인도법의 발전과 과제", 인도법논총, 제18호, 1998, p.21. 뿐만 아니라 실전에서의 동 협약의 준수사실은 당시의 세인들에게 큰 놀라움과 감명을 주었다고 한다. 즉, 1870-1871년의 독일(프러시아)과 프랑스간의 전쟁에서 동 협약이 처음으로 적용되었는바, 당시 쌍방의 교전국에 대하여 의무대, 의약품 및 구호품이 제공되었다고 한다. 이 새로운 사실을 통하여 치열한 전투가 계속되는 전쟁 중에서도 특정 법규의 적용 및 준수가 가능하다는 것이 처음으로 입증되고 또한 당시의 사람들이 처음으로 이러한 입증사실을 분명하게 인식하기에 이르렀던 것이다. *Ibid.*, p.22.

하기 위하여 1906년에 개정되었다. 이에는 피보호자 자격에 군대부상자 외에 병자가 포함되었으며, 내용적으로도 더욱 자세하게 규정하고 있었다(33개 조문). 또 제1차 세계대전의 경험을 반영하여 1929년에 재개정되었으며, 1949년에 세 번째로 개정되어 제네바 제1협약이 되었다.

한편 1864년 협약은 1907년 헤이그평화회의에서 채택된 '제네바협약의 원칙을 해전에 적용하는 협약'의 성립으로 해전에 적용되게 되었으며, 1949년 해전에 관한 사항은 별도의 협약(제네바 제2협약, '해상에 있어서의 군대의 상병자 및 난선자의 상태개선에 관한 협약')으로 분리되었다.[6)]

또한 공전에 관하여도 1929년 개정 시 동 협약의 공전에의 적용문제를 장래에 다룰 것을 결정하였다. 그리고 1977년 제1추가의정서가 채택되어 1949년 협약을 보완하고 있다.

---

6) 1864년 협약상의 제원칙을 해전에 적용토록 할 목적으로서 1868년 제네바 외교회의에서 "전시 부상자의 상태에 관한 추가조문"(15개 조문)이 서명되었으나 비준을 얻지 못하여 성립하지 못하였다. 그러나 추가조문의 제규정은 1870-1871년의 독불전쟁과 1898년 미국·스페인 전쟁에서 각 교전국간의 합의에 의하여 사실상 적용되고 준수되었다. 이러한 상황에서 19세기 말경에는 상병자 보호협약을 해전에 적용토록 하기 위한 보완문제가 새로운 관심사로 대두되었다. ICRC는 스위스 연방정부의 요청에 의하여 새로운 협약초안을 작성하였다. 당초 이 초안은 새로이 개최될 외교회의에서 심의될 예정이었으나, 거기에 앞서서 1899년의 제1차 국제평화회의에서 심의되고 채택되었다. 이것이 "제네바협약상의 제원칙을 해전에 적용하는 협약"(14개 조문)이다. 단, 동 협약은 1907년의 제2차 국제평화회의에서 채택된 새 협약(헤이그 제10협약, 명칭은 동일하나 28개 조문으로 확대)에 의하여 대체되었다. 새 협약은 제1차 및 제2차 세계대전에서 적용되었으나, 오늘날은 1949년 제네바 제2협약에 의하여 대체되었다. *Ibid.*

다. 상병자의 대우

교전당사국는 상병자를 인도적으로 대우하여야 하며, 성별 · 인종 · 국적 · 종교 · 정치적 견해 또는 기타 이에 유사한 기준에 의하여 차별대우를 해서는 안 되며, 상병자의 생명 및 신체에 대한 위해, 특히 살해, 고문, 생리적 실험 및 비위생적 방치는 금지된다(제네바 제1협약 제12조). 적의 세력 하에 들어간 상병자는 포로가 되며, 포로에 관한 국제법규와 상병자보호에 관한 국제법규가 동시에 적용된다(동 제14조). 교전당사국는 교전 후 상병자를 찾아 수용하고 그들을 약탈 및 학대로부터 보호하며(동 제15조), 자기의 수중에 들어오는 적 상병자 및 사망자에 관하여 가능한 한 조속히 그러한 자의 신원판별에 도움이 될 내용을 기록하고 통지하여야 한다(동 제16조).

1977년 채택된 제1추가의정서도 상병자의 대우에 대해 규정하고 있는데, 그 주요내용으로는 상병자의 신체절단·과학실험의 금지(동 제11조), 의무요원에 대한 의료임무 수행 처벌 및 정보강요의 금지(동 제16조), 민간주민 · 구호단체의 상병자보호권의 확대(동 제17조), 피보호자 및 피보호물자에 대한 보복금지(동 제20조) 등이 있다.

라. 의무요원 등의 보호

의무요원은 상병자의 수용, 수송 및 치료에 전적으로 종사하는 자 또는 본국으로부터 정식으로 인정된 구제단체의 인원으로 어떠한 경우에도 보호·존중되어야 하며, 적의 세력 하에 들어가도 포로가 되지 않고 적국의 동일계급자 또는 대등한 인원과 동등한 대우를 받는다.

의무기관은 상병자의 간호를 위한 기관으로 이동기관과 고정건조물을 포함하여 모두 교전당사국에 의해 보호 · 존중된다. 그러나 의

무기관이 전투원보호 · 간첩행위 · 무기은폐 등 해적행위를 하는 경우에는 보호가 부여되지 않는다. 고정 건물과 그 안의 재료는 상병자를 위하여 필요한 동안 용도를 변경시킬 수 없다.

적의 수중에 들어간 이동의무기관의 의무재료는 그 기관 내에 보존되며, 상병자 간호를 위해서만 사용할 수 있다. 고정건조물, 재료 및 저장품은 상병자의 간호를 위해 필요한 한 용도가 변경되지 않는다.

수송기관은 상병자를 전장으로부터 후방으로 수송하는 선박·항공기로서 이동위생기관과 동일한 대우가 부여된다. 교전당사국은 상병자 구호임무에 종사하고 있는 항공기가 교전당사국간에 특별히 합의된 고도 · 시각 · 노선에 따라 비행하고 있는 동안 공격할 수 없다.

2. 민간인

가. 국제적 무력분쟁

(1) 1949년 제네바 제4협약

제4협약(전시민간인보호협약)은 무력분쟁에 있어서의 민간인 보호에 관한 최초의 협약이다. 그러나 그 명칭과는 달리 동 협약은 전시 분쟁당사국의 모든 민간인의 보호에 주목적을 두고 있는 것이 아니다. 그러므로 모든 민간인에 대한 일반적 보호에 관하여는 159개 조문 중에서 불과 14개(제2편 무력분쟁의 영향으로부터의 주민의 일반적 보호)만을 두었을 뿐이고 나머지 대부분 규정(제3편)은 일정한 범주에 속하는 민간인 즉, 점령지역내의 민간인 및 일방 분쟁당사국에 억류된 적국 민간인의 보호에 주목적을 두고 있다.[7]

7) 정운장, 국제인도법, 영남대학교 출판부, 1994, p.212.

(가) 적대행위에 직접 가담하지 않는 민간인의 일반적 보호

제네바 제4협약에서 적대행위에 직접 가담하지 않는 민간인의 일반적 보호에 관한 규정(14개 조문)을 간략하게 살펴보면, 분쟁당사국은 주민에 대하여 인종, 국적, 종교 또는 정치적 의견에 의하여 불리한 차별을 금지하여야 하며(제13조), 폭격으로부터의 민간주민의 부상자와 병자를 보호하기 위하여 전투지역 밖에 설치되는 병원 및 안전을 위한 지대 및 지구의 설치되고 승인되어야 하고(제14조), 전투원과 비전투원을 불문하고 부상자와 병자 및 적대행위를 행하지 않고 또한 어떠한 군사적 성질의 작업도 행하지 않은 민간인을 무력분쟁의 영향으로부터 보호하기 위한 중립지대가 설치되어야 한다(제15조).

그리고 민간인 부상자 및 병자와 허약자 및 임산부는 특별한 보호를 받거나 존중되어야 하고(제16조 1항), 군사적 사정이 허용하는 한 민간인 사망자 및 부상자의 수색, 조난자 및 기타 위험에 처해있는 자의 구조 및 약탈과 학대로부터의 보호조치에 대한 편익을 제공하여야 하며(제16조 2항), 분쟁당사국 간 특별히 합의된 고도, 시간 및 항로에 따라 비행하는 항공기가 민간인 부상자, 병자, 허약자 및 임산부의 후송 또는 의무요원 및 의료용 기자재의 수송을 위하여 전적으로 사용될 경우 이에 대한 공격은 금지된다(제22조).

또한 15세 미만의 아동 및 임산부에게 송부되는 긴요한 식료품, 피복 및 영양제 등의 탁송품은 자유로운 통과가 허용되어야 하며(제23조), 전쟁고아 및 가족과 헤어진 아동의 부양 및 교육을 보장하기 위한 필요한 조치와 무력분쟁 기간 중 아동이 중립국내에 수용되도록 편의가 제공되고(제24조), 무력분쟁 중 가족 간의 통신권이 인정되어야 한다(제25조).

(나) 분쟁당사국 및 점령지역내의 민간인의 보호

① 공통규칙

분쟁당사국 및 점령지역내의 민간인은 모든 경우에 있어서 그들의 신체, 명예, 가족으로서 갖는 모든 권리, 신앙 및 종교상의 행사, 풍속 및 관습을 존중받을 권리가 있다. 그들은 항상 인도적으로 대우되어야 하며, 특히 모든 폭행 또는 협박, 모욕 및 공중의 호기심으로부터 보호되어야 한다. 부녀자들은 그들의 명예에 대한 침해, 특히 강간, 강제매음, 또는 기타 모든 형태의 외설행위로부터 특별히 보호되어야 한다. 피보호자를 그 권력 하에 두고 있는 분쟁당사국은 건강상태, 연령, 종교 또는 성별에 관한 규정을 침해함이 없이 특히 인종, 종교 또는 정치적 의견에 따르는 불리한 차별 없이 모든 피보호자를 동일한 고려 하에 대우하여야 한다(제27조).

피보호자의 소재지는 군사행동으로부터 보호되는 지점 또는 지역으로 이동되어서는 안 되며(제28조), 피보호자를 관리하고 있는 분쟁당사국은 자국기관이 그러한 피보호자에게 부여하는 대우에 대하여 책임을 져야하고(제29조), 피보호자 또는 제3자로부터 정보를 얻기 위하여 육체적 또는 정신적 강제를 가하여서는 안 된다(제31조).

체약국은 그 권력 하에 두고 있는 피보호자들에게 육체적 고통을 주거나 학살 등과 같은 성격의 조치를 금지할 것에 특히 동의한다. 이러한 금지는 피보호자들의 살해 고문 육체적 형벌, 신체의 절단, 그들의 치료상 필요치 않은 의학적 또는 과학적 실험에 적용될 뿐 아니라 그것이 민간기관에 의한 것이든 군사기관에 의한 것이든 불문하고 기타의 모든 잔학한 조치에도 적용된다(제32조).

피보호자는 그 자신이 행하지 않은 위반행위로 인하여 처벌되어서는 안 되고. 단체벌, 모든 협박 또는 공갈에 의한 조치, 약탈 및 피보호자와 그들의 재산에 대한 보복은 금지된다(제33조). 그리고 인질도 당연히 금지된다(제34조).

② 분쟁당사국의 영역 내에 있는 민간인 보호

분쟁이 개시될 때 또는 진행 중에 분쟁당사국의 영역으로부터 퇴거하기를 희망하는 모든 피보호자들은 그 퇴거가 분쟁당사국의 국가적 이익에 반하지 않는 한 퇴거할 권리를 갖는다(제35조). 이러한 퇴거는 안전 위생 보건 및 식량에 관하여 만족할 만한 조건하에서 행해져야 하며, 퇴거 실시에 세목이 필요할 때에는 관계국 간의 특별협정으로서 정할 수 있다. 이는 분쟁당사국이 적의 권력 내에 있는 자국 국민의 교환 및 송환에 관하여 특별협정을 체결하는 것을 방해하지 않는다(제36조). 소송 중에 구금되어 있거나 또는 자유형에 복역하고 있는 피보호자들은 인도적으로 대우되어야 하며, 석방되는 즉시 퇴거를 요구할 수 있다(제37조).

송환되지 않는 자에 대하여도 여러 규정을 두고 있다. 피보호자의 지위는 원칙적으로 평시의 외국인에 관한 규정에 의하여 계속 규율되어야 한다. 여하한 경우에 있어서도 피보호자들은 개인 또는 집단에게 송부되는 구호품을 받을 수 있을 것, 건강상태로 보아 필요할 경우 관계국의 국민들과 동등한 정도로 의료상의 간호 및 입원치료를 받을 것, 신봉하는 종교를 믿을 수 있고 또 동일한 종파에 속하는 성직자들로부터 종교상의 원조를 받을 수 있을 것, 전쟁의 위험에 직면한 지역에 거주하고 있을 경우에는 관계국의 국민과 동일한 정도로 그 지역으로부터의 이전이 허용될 것, 15세 미만의 아동, 임산부 및 7세 미만의 유아를 가진 부녀자는 그들에게 상당하는 관계국 국민과 동등한 대우에 의한 혜택을 받을 것 등의 권리를 부여하여야 한다(제38조).

피보호자는 그가 재류하는 분쟁당사국의 국민과 동등한 정도 이상으로는 노동을 강제 당하지 않는다. 피보호자가 적국의 국민일 경우에는 인간으로서의 식량, 주거, 의류, 수송 및 건강을 확보하기 위하여 정상적으로 필요한 노동으로서 군사행동의 수행에 직접 관계가 없는 것 이외에는 그들에게 강요할 수 없다(제40조).

피보호자를 그 권력 하에 두고 있는 국가는 본 협약에서 말하는 통제조치가 부적당하다고 인정하는 경우에 있어서도, 제42조 및 제43조의 규정에 의한 주거지정 또는 억류조치보다 더 가혹한 통제조치를 취하여서는 안 된다. 주거를 지정하는 결정에 의하여 종래의 주거로부터 타 장소로 이동할 것을 요구받은 자에 대하여 제39조제2항의 규정을 적용함에 있어 억류국은 가능한 한 본 협약 제3편제4부에서 정하는 복지의 기준에 따라야 한다(제41조).

피보호자의 억류 또는 주거지정은 억류국의 안정보장상 이를 절대 필요로 하는 경우에 한하여 명할 수 있다. 만일 어떤 자가 이익보호국 대표를 통하여 자발적으로 억류를 구하고, 또 그의 사정이 억류를 필요로 할 때에는 그 자를 권력 하에 두고 있는 국가는 그를 억류하여야 한다(제42조).

피보호자로 억류되었거나 또는 주거지정을 받은 자는 재심사를 위하여 억류국이 지정하는 적당한 법원 또는 행정기관에서 가능한 한 신속히 그러한 처분에 대하여 재심사를 받을 권리를 가진다. 억류 또는 주거지정이 계속될 경우에는 최초의 결정을 유리하게 변경시키기 위하여 정기적으로 그리고 최소한 년 2회씩 각 사건의 심사를 행하여야 한다. 억류국은 관계 피보호자의 반대가 없는 한 억류되었거나 주거지정을 받은 자 또는 억류 또는 주거지정으로부터 방면된 자들의 성명을 가능한 한 신속히 이익보호국에 통고하여야 한다(제43조).

억류국이 본 협약에서 말하는 통제조치를 적용함에 있어 사실상 여하한 정부의 보호도 받지 않고 있는 망명자들을 다만 그들이 법률상 적국의 국적을 가지고 있다는 이유만으로써 적성 외국인으로 취급하여서는 안 된다(제44조).

피보호자들은 본 협약의 체약국 이외의 국가에 이송되어서는 안 된다. 억류국은 당해 체약국이 본 협약을 적용한 의사 및 능력을 가지고 있음을 확인한 연후에라야 피보호자들을 본 협약의 체약국에 이송할 수 있다. 피보호자들이 그러한 사정 하에서 이송되었을 경우, 피보호자들을 받아들인 국가는 피보호자들이 그 보호 하에 있는 동안 본 협약을 적용할 책임을 진다. 피보호자들을 여하한 경우에라도 그들의 정치적 의견 또는 종교적 신앙 때문에 박해를 받을 우려가 있는 국가에 이송되어서는 안 된다(제45조).

피보호자들에 대하여 취하여진 제한적 조치는 아직 폐지되고 있지 아니하는 한 적대행위의 종료 후에 가능한 한 조속히 폐지되어야 한다. 피보호자들의 재산에 관하여 취하여진 제한적 조치는 억류국의 법령에 따라 적대행위의 종료 후에 가능한 한 조속히 폐지되어야 한다(제46조).

③ 점령지역의 민간인 보호

어떠한 경우에도 점령지역내의 민간인들의 권리는 불가침이며(제

47조) 점령지역으로부터 점령국 영역 또는 타국 영역으로 강제이송 및 추방되지 않는다. 다만 점령당국은 주민의 안전 또는 군사상의 이유로 필요할 경우에는 일정 구역의 전부 또는 일부를 철거할 수 있다(제49조).

점령국은 국가 또는 현지 당국의 협력 하에 아동들의 양호 및 교육에 전용될 모든 시설의 적당한 운영에 대하여 편의를 제공하여야 하며(제50조), 피보호자들에게 자국 군대 또는 보조부대에 복무할 것을 강요하거나 자발적으로 지원토록 하기 위한 압력 또는 선전은 금지되고(제51조), 군사상 절대 필요한 경우를 제외하고 개인·국가·기타 공공당국·사회단체 등에 속하는 부동산 또는 동산을 파괴해서는 안 된다(제53조).

점령국은 점령지역내에 있는 공무원 또는 법관들이 양심에 쫓아 자기의 직무 수행을 기피할 경우에라도, 그 공무원 또는 법관의 신분을 변경시키거나 또는 어떠한 방법으로 그들에게 제재를 가하거나 또는 강제적 또는 차별적 조치를 취하여서는 안 되며(제54조),[8] 이용 가능한 모든 수단으로써 주민의 식량 및 의료품의 공급을 확보할 의무를 지며 특히, 점령지역의 자원이 부족할 경우 필요한 식량, 의료품 및 기타 물품들을 수입하여야 한다(제55조).

점령국은 이용 가능한 모든 수단을 다하여 국가 및 현지당국의 협력 하에 있어서의 의료상 및 병원의 시설과 용역, 그리고 공중 보건 및 위생을 확보하고 또 유지할 의무를 진다. 점령국은 특히 전염병 및 유행병의 만연을 방지하기 위하여 필요한 예방적 조치를 채택하

---

8) 동 금지는 공무원들을 그들의 직책으로부터 해임시키는 점령국의 권리에 대하여 영향을 미치지 아니한다.

여 이를 실시하여야 한다(제56조).

점령국은 군대의 부상자 및 병자들을 간호하기 위하여 긴급한 필요가 있을 경우에 한하여 그리고 환자들의 간호 및 치료와 민간인 주민들의 입원 요구를 위하여 적당한 조치가 적당한 때에 취하여질 것을 조건으로 민간병원을 일시적으로 징발할 수 있다. 민간인 병원의 기재 및 저장품들은 그것들이 민간인 주민들의 수요에 필요로 하는 한 징발될 수 없다(제57조).

점령지역 주민의 전부 또는 일부에 대한 물자의 공급이 불충분할 경우 점령국은 주민들을 위한 구호계획에 동의하여야 하며, 또 사용가능한 모든 수단을 다하여 동 계획이 실시될 수 있도록 편의를 제공하여야 한다. 모든 체약국은 이러한 송부품의 자유 통과를 허가하고 또 그 보호를 보장하여야 한다. 그러나 적국 점령지역으로 가는 송부품의 자유통과를 허가하는 국가는 송부품을 검사하고 지정된 시각 및 경로에 의한 통과를 규율하며 그리고 그 송부품이 궁핍한 주민들의 구호를 위하여 사용될 것이고 점령국의 이익을 위하여 사용될 것이 아니라는 것을 보호국을 통하여 충분히 확인할 권리를 가진다(제59조).

긴급한 필요가 있고, 그것이 점령지역 주민의 이익을 위한 것이며 또 이익 보호국의 동의를 얻은 경우를 제외하고는 여하한 방법으로도 구호품의 지정된 용도를 변경시켜서는 안 된다(제60조).

구호품의 분배는 이익 보호국의 협력 및 감독 하에서 행하여져야 하며 이 임무는 점령국과 보호국간의 협정에 의하여 중립국, 국제적십자위원회 또는 기타의 공정한 인도적 단체에 위임될 수 있다.[9] 점

9) 점령국이 긴급한 안전상의 이유 때문에 취하는 일시적 및 예외적인 조치에

령국은 이러한 구호품들이 신속히 분배될 수 있도록 편의를 제공하여야 한다. 모든 체약국은 점령지역으로 가는 그러한 구호품들의 무상통과 또는 수송을 허가하도록 노력하여야 한다(제61조). 점령지역에 있는 피보호자들은 긴급한 안전상의 이유에 따를 것을 조건으로 개인에게 보내온 구호품의 수령을 허용받아야 한다(제62조).

피점령국의 형벌법규는 그것이 점령국의 안전을 위협하거나 협약의 적용을 방해한 때에 점령국이 이를 폐지 또는 정지시키는 경우를 제외하고 계속 효력을 가지며(제64조), 점령국이 제정한 형벌법규는 주민들이 사용하는 언어로 공포하고 또 주민들에게 주지시킨 후에 발효되며 효력은 소급되지 않고(제65조), 점령국이 공포한 형벌법규에 위반하는 행위가 있을 경우 점령국은 정당히 구성되고 비정치적인 점령국의 군사재판에 피의자들을 인도할 수 있다(제66조).

(2) 1977년 제2추가의정서

제2차 세계대전 전후의 무력분쟁에서 특히 강화된 공중폭격 및 고성능 무기의 강력한 파괴력과 살상력은 모두 무차별효과를 갖는 것으로서 무력분쟁에서의 민간주민의 희생과 민간물자의 파괴가 격증되었다. 이러한 상황을 고려 제1추가의정서는 제네바 제4협약의 효력을 유지하되 민간주민의 보호 강화를 위하여 그 내용의 일부를 전후의 새로운 상황에 적응할 수 있도록 대폭적으로 보완하였다.[10)]

따를 것을 조건으로 적십자사와 기타의 구호단체들은 인도적 활동을 수행할 수 있다(제63조).

10) 정운장, 국제인도법, *op. cit.*, pp.232-233.

(가) 부상자, 병자 및 난선자의 일반적 보호

모든 부상자, 병자 및 난선자는 인종·피부색·성별·종교·신념·정치적 또는 기타의 견해·민족적 사회적 출신 성분 혹은 기타의 신분 혹은 모든 유사한 기준에 근거하는 어떤 불리한 차별도 받지 않으며(제9조), 모든 부상자·병자 및 조난자는 국적 여하를 불문하고 존중되고 보호되며, 상병자 및 조난자는 '모든 경우에' 인도적으로 대우하여야 하며 실행 가능한 한 최대한 또는 지체 없이 요구되는 의료적 가료와 보호를 제공하여야 한다. 의료상의 이유 외에는 어떤 사유로도 피보호자를 차별해서는 안 된다(제10조).

그리고 적대국의 권력 내에 있거나 구류, 억류되었거나 자유가 박탈된 자의 육체적 또는 정신적 건강 및 완전성은 부당한 작위 또는 부작위로 인하여 위태롭게 되어서는 안 된다. 특히 이들의 동의가 비록 있었다 하더라도 당해인의 건강상태로 보아 필요하며 자국민에게 적용하는 일반적으로 인정된 의료기준과 일치할 경우를 제외하고는 신체절단, 의학 또는 과학실험 및 이식을 위한 조직 또는 장기의 제거는 금지된다(제11조).

(나) 민간주민의 보호 강화

① 적대행위 영향으로부터의 일반적 보호

분쟁당사국은 민간주민 및 민간물자의 존중 및 보호를 보장하기 위하여 항시 민간주민과 전투원, 민간물자와 군사목표물을 구별하여야 하며 작전이 군사목표물에 대해서만 행하여지도록 해야 한다(제48조).

민간주민 및 민간인은 군사작전으로부터 발생하는 위험으로부터 일반적 보호를 향유한다. 이들은 공격대상이 되지 않고 민간주민 사이에 테러를 만연시킴을 주목적으로 하는 폭력행위 및 그 위협은 금지되며 무차별공격[11])도 금지된다. 보복수단으로서의 민간주민 또는 민간인에 대한 공격은 금지되며, 민간주민이나 민간인의 존재 또는 이동은 특정지점이나 지역을 군사작전으로부터 제외되도록 하기 위하여, 특히 군사목표물을 공격으로부터 엄폐하거나 또는 군사작전을 엄폐, 지원 또는 방해하려는 기도로 사용되어서는 안 되고, 분쟁당사국은 군사목표물을 공격으로부터 엄폐하거나 군사작전을 엄폐하기 위하여 민간주민 또는 민간인의 이동을 지시하여서도 안 된다(제51조).

그리고 민간물자는 공격 또는 보복의 대상이 되지 않으며(제52조), 문화적 또는 정신적 유산을 형성하는 역사적 기념물·예술작품 또는 예배장소를 목표로 하는 모든 적대행위나 이들을 군사적 노력을 지원하기 위하여 사용하거나 보복대상으로 하는 것은 금지된다(제53조).

또한 전투방법으로서의 민간인의 기아작전이 금지되는 등 민간주민의 생존에 불가결한 물자는 보호되며(제54조), 자연환경이나 위험한 물리력을 포함하고 있는 시설물도 보호된다(제55조~제56조). 군사작전 수행에 있어 민간주민, 민간인 및 민간물자가 위해를 받지 아

11) 무차별공격이라 함은 특정한 군사목표물을 표적으로 하지 아니하는 공격, 특정한 군사목표물을 표적으로 할 수 없는 전투방법 또는 수단을 사용하는 공격, 공격의 영향이 제한될 수 없는 전투방법 또는 수단을 사용하는 공격을 말하며 그 결과 개개의 경우에 있어서 군사목표물과 민간인 또는 민간물자를 무차별적으로 타격하는 성질을 갖는 것을 말한다. 이러한 유형에 해당하는 공격으로는 (1) 도시, 읍, 촌락 또는 민간인이나 민간물자가 유사하게 집결되어 있는 기타 지역 내에 위치한 다수의 명확하게 분리되고 구별되는 군사목표물을 단일 군사목표물로 취급하는 모든 방법 또는 수단에 의한 폭격, (2) 우발적인 민간인 생명의 선실, 민간인에 대한 상해, 민간물자에 대한 손상 또는 복합적 결과를 야기할 우려가 있는 공격으로서 소기의 구체적이고 직접적인 군사적 이익에 비하여 과도한 공격 등을 들 수 있다.

니하도록 하기 위하여 부단한 보호조치가 취하여져야 하며 우발적인 민간인 및 민간물자에 대한 손상을 피하고 극소화하기 위하여 공격 수단 및 방법의 선택에 있어 실행가능한 모든 예방조치를 취하고 소기의 군사적 이익과 비교하여 과도한 모든 공격은 피하여야 한다(제57조). 분쟁당사국은 가능한 최대로 자국의 지배하에 있는 민간주민, 민간인 및 민간물자를 군사목표물의 인근으로부터 이동시키도록 노력하고 이들을 군사작전에서 기인하는 위험으로부터 보호하기 위하여 필요한 예방조치를 취하여야 하며 군사목표물을 인구가 조밀한 지역 내에 또는 인근에 위치토록 해서는 안 된다(제58조).

② 민방위제도의 신설

제2차 세계대전 이래 무력분쟁에서의 민간인의 희생이 급증함에 따라 대전 당시의 경험을 통하여 특히 영국을 비롯한 유럽국들이 행하였던 국내적인 민방위활동 즉, 사전방재조치와 사후긴급구조조치 등이 결과적으로 전시 민간주민 피해의 극소화에 기여함으로써 민간주민의 보호를 확보하는 데에 극히 유용하다는 사실을 많은 국가들이 재인식하기에 이르렀다. 그 결과 제1추가의정서에 민방위에 관한 규정(제61조~제67조)이 채택되었다.[12)]

민간방위단체 및 그 요원들은 제1추가의정서의 규정을 따를 것을 전제로 존중·보호되고(제62조), 피점령지역 민간방위단체는 당국으로부터 자체의 임무수행에 필요한 편의를 제공받으며(제63조), 충돌당사국내에서 동의 및 통제 하에 활동하는 중립국 또는 기타 비분쟁

12) 남태욱, 무력충돌에 있어서의 민간주민 보호제도에 관한 연구, 영남대학교 박사학위논문, 1996, pp.48-49.

당사국의 민간방위단체 및 국제조정 기구도 존중·보호되고 편의를 제공받는다(제64조). 단, 이러한 보호는 이들의 고유한 임무에서 일탈하여 적에게 유해한 행위를 행하거나 행하기 위해 사용될 경우 정지된다(제65조).

민방위에 관한 이들 규정들은 추가의정서의 기본목적 즉, 국제적 무력충돌에 있어서의 민간주민의 보호 확보를 위한 가장 유용한 법제도적 장치의 하나로서 국제인도법상 획기적인 일로서 일반적으로 평가되고 있다.[13] 그러나 민방위에 대하여 의무기관 및 의무요원의 그것과 유사한 보호를 부여한 이러한 국제법상의 최초의 시도가 과연 효과적으로 운용될 수 있을 것인지의 여부는 재검토되어야 할 문제다.[14]

③ 민간주민을 위한 구호활동

점령국은 가용한 수단을 다하여 그리고 불리한 차별 없이 피복, 침구, 대피장소, 피점령지역의 민간주민의 생존에 필수적인 기타 물품 및 종교적 예배에 필요한 물건의 공급을 보장하여야 하며(제69조), 분쟁당사국의 지배하에 있는 자들로서 피점령지역이 아닌 모든 지역의 민간주민이 이들 물품을 충족하게 공급받지 못하는 경우에는 그 성질상 인도적이고 공정한 그리고 어떠한 불리한 차별 없이 행하여지는 구호활동은 관련 당사국들의 합의에 따를 것을 조건으로 행하여야 한다. 이러한 구호의 제의는 무력분쟁에 대한 개입이나 비우호적 행위로 간주되어서는 안 된다(제70조). 구호요원은 존중되고 보호

13) 정운장, "민방위의 국제적 보호", 인도법논총, 제7호, 1987, p.49.
14) 남태욱, *op. cit.*, p.50.

되며 구호품을 수령하는 당사국은 실행 가능한 최대한 구호임무를 수행하는 구호요원에게 조력하여야 하고 긴급한 군사상 필요한 경우가 아니고는 구호요원을 활동을 제한하거나 일시적이나마 이동을 제한할 수 없다(제71조).

④ 분쟁당사국의 권력 내에 있는 민간인의 대우

분쟁당사국의 권력 내에 있는 자들은 모든 상황에 있어 인도적으로 대우되며 인종 · 피부색 · 성별 · 언어 · 종교 · 신앙 · 정치적 등의 견해 · 국가적 또는 사회적 출신 여하 · 빈부 · 가문 또는 기타의 지위 및 기타 유사한 기준에 근거한 불리한 차별 없이 최소한의 보호를 향유하며, 각 당사국들은 모든 그러한 자들의 신체 · 명예 · 신념 및 종교의식을 존중하여야 한다. 그리고 인간의 생명, 건강 및 신체적 또는 정신적인 안녕에 대한 폭력행위, 특히 살인 · 신체적 및 정신적인 모든 종류의 고문 · 체형 · 신체절단 · 모욕적이고 치욕적인 취급 · 강제매음 및 모든 형태의 저열한 폭행과 같은 인간의 존엄성에 대한 침해, 인질행위, 집단처벌 및 이러한 행위를 행하도록 하는 위협은 행위주체가 민간인이든 군사대리인이든 불문하고 시간과 장소에 관계없이 금지된다. 또한 무력분쟁에 관련되는 행위로 인하여 체포 또는 구류되는 모든 자는 이해할 수 있는 언어로 사유를 신속하게 통지받아야 하며, 형사범죄를 이유로 체포 또는 구류된 경우를 제외하고 가능한 최소한의 지체 후 그리고 체포, 구류 또는 억류를 정당화하는 상황이 종식되는 즉시 석방되어야 하며, 일반적으로 승인된 정식의 사법절차를 존중하는 공정하고 정식으로 구성된 법원에 의해서만 선고가 언도되고 형벌이 집행되어야 한다(제75조).

다음으로 부녀자는 특별한 보호의 대상이 된다. 특히 강간, 강제매음 및 기타의 모든 형태의 저열한 폭행으로부터 보호되며 무력분쟁에 관련된 이유로 체포, 구류 또는 억류된 임산부 및 영아의 모(母)는 최우선적으로 심리되고 분쟁당사국은 가능한 최대한도로 임산부 또는 영아의 모(母)에 대하여 무력분쟁에 관련된 범행을 이유로 하는 사형언도를 피하도록 노력하여야 할 뿐만 아니라 그러한 범행을 이유로 한 사형을 집행해서는 안 된다(제76조). 또한 아동도 특별한 보호의 대상이 되는데, 모든 형태의 저열한 폭행으로부터 보호되며 분쟁당사국은 그들의 연령 기타 어떠한 이유를 불문하고 그들이 필요로 하는 양호 및 원조를 제공하여야 한다. 분쟁당사국은 15세 미만의 아동이 적대행위에 직접 가담하지 아니하고 특히 자국군대에 그들이 징모되지 않도록 모든 실행 가능한 조치를 취하여야 한다(제77조).

나. 비국제적 무력분쟁

(1) 1949년 제네바협약 공통3조

공통3조는 불리한 차별 없는 인도적 대우의 기본적 보장으로서 어떤 경우 어떠한 장소에서도 금지되는 행위로 (1) 생명 및 신체에 대한 폭행, 특히 모든 종류의 살인·상해·학대 및 고문, (2) 인질, (3) 인간의 존엄에 대한 침해, 특히 모욕적이고 치욕적인 대우, (4) 정규재판에 의하지 않은 판결과 형의 집행 등의 4가지를 열거하고 있다. 이것들은 본질적으로 인도적 요구에 기초한 것으로 반드시 비국제적 분쟁의 성질이나 특징의 검토를 통해 이루어진 것이 아니고 제2차 세계대전의 경험에 비추어 제기된 것이기는 하나, 반란진압이라는 이름으로 자행되기 쉬운 수단방법을 가리지 않는 절대적 진압작전이 상례인 비국제적 무력분쟁 상태를 생각하면 상당히 소망스러운 요항들이었다.[15] 하지만 동조가 규정하고 있는 인도적 대우는 4개의 금지사항에 한정되지 않는다. 왜냐하면 그것은 예시규정으로 분쟁에서 적용되지 않으면 안 되는 인도적 대우의 최소한으로 제네바협약의 축소이기 때문이다.[16] 이상의 인도적 대우를 받는 자는 인종, 피부색, 종교 또는 신앙, 성별, 문벌이나 빈부 기타 유사한 기준에 의한 어떤 종류의 차별도 받지 않아야 한다.

(2) 1977년 제2추가의정서

① 분쟁당사자의 권력 내에 있는 자의 인도적 대우

제2추가의정서는 제4조에서 기본적 보장을 더욱 확대하고 동시에 보다 명확하게 규정하고 있다. 제4조는 무력분쟁이 발생한 영역에 있는 모든 주민의 보호를 목적으로 분쟁당사자가 그들의 권력내에 있는 자들에 대하여 준수해야 하는 일반적인 제한을 규정하고 있다. 일반적으로 수락된 보편원칙을 포함하고 있는 동 조는 제네바협약 공통3조, 제네바 제4협약 제33조(테러행위 및 약탈의 금지) 및 '시민적 정치적 권리에 관한 국제규약' 제8조(노예제도 및 노예매매의 금지)에 기초를 두고 있다.[17]

---

15) 김정균, "전쟁법, 인도법과 내란", 인도법논총, 제13호, 1993. p.10.

16) ICRC, *Basic Rules of the Geneva Conventions and their Additional Protocols*, 1983, p.52.

17) 제2추가의정서 제4조 1항 a, c, e호는 공통3조, b, d, g호는 1949년 제네바제4협약(민간인보호협약) 제33조, f호는 '시민적 및 정치적 권리에 관한 국제규약' 제8조 1항에 기초하고 있다.

'적대행위에 직접 참가하지 않은 또는 참가를 중지한 모든 자'는 자유가 제한되었는지 여부를 불문하고 신체, 명예, 신조 및 종교적 관행을 존중받을 권리를 가진다. 그들은 모든 상황에 있어 어떠한 불리한 차별도 받지 않고 인도적으로 대우되며 전멸명령이 금지된다(제4조 1항). 또한 이들에 대해서는 (a) 인간의 생명, 건강 및 신체적 또는 정신적 안녕에 대한 폭력행위, 특히 살인 및 고문, 신체절단 또는 모든 형태의 체벌과 같은 잔인한 취급, (b) 집단적 처벌, (c) 인질, (d) 테러행위, (e) 인간의 존엄에 대한 침해, 특히 모욕적이고 치욕적인 취급, 강간, 강제매음 및 모든 형태의 저열한 행위, (f) 노예제도 및 모든 형태의 노예매매, (g) 약탈, (h) 전기의 행위 중 어느 것이라도 행하도록 하는 위협은 항시 그리고 장소를 불문하고 금지된다(제2항).

또한 아동에 대해서는 특별한 보호가 부여되고 있다. 아동은 그들이 필요로 하는 양호와 원조를 받으며, 특히 (a) 부모의 희망에 부합하는 교육 또는 부모가 없을 경우에는 그들의 양호책임이 있는 자의 희망에 부합되는 교육(종교적 및 윤리적 교육 포함)을 받고, (b) 일시적으로 분산된 가족의 재결합을 용이하게 하기 위하여 모든 적절한 조치가 취해져야 하며, (c) 15세 미만의 아동은 군대 또는 무장집단에 징모되지 아니하며 적대행위에 가담하는 것이 허용되어서는 안되고, (d) 15세 미만의 아동에게 부여된 특별보호는 만일 그들이 (c)항의 규정에도 불구하고 적대행위에 직접 가담한 경우에도 계속 적용되며, (e) 필요할 경우 그리고 부모, 법률 또는 관습에 의하여 그들의 양호에 관하여 일차적 책임을 지는 자들의 동의를 얻어 가능할 경우 하시라도 아동들을 적대행위가 발생한 지역으로부터 국내의 보다 안전한 지역으로 이동하기 위한 그리고 그들의 안전과 복지에 관하여 책임을 지는 자들과의 동반을 보장하기 위한 조치가 취해져야 한다(제3항).

② 자유가 제한되고 있는 개인

제4조의 기본적 보장 외에 '자유가 제한된 자'에게는 공통3조에는 없는 일정한 보호가 주어지고 있다. 억류(intern) 및 구금(detain)된 자들의 대우에 대한 최소기준을 규정하고 있는 제5조가 그것이다. 제1항은 모든 상황에서 적용되어야 하는 최소한의 규칙들을, 제2항은 다소 약화된 형식, 즉 억류 및 구금에 책임 있는 자의 능력의 한도 내에서 존중해야 하는 추가적인 보장을 규정하고 있다.[18)]

'무력분쟁에 관련되는 이유 때문에 자유가 박탈된 자'들은 억류되고 있든 또는 구금되고 있든 불문하고 최소한 (a) 부상자 및 병자는 제7조(부상자, 병자 및 난선자의 보호 및 가료)에 따라 대우되며, (b) 현지 민간주민과 동일한 정도로 식량과 음료수의 공급을 받고 건강과 위생에 관한 보호 그리고 기후의 혹렬함과 무력분쟁의 위험에 대한 보호를 부여받으며, (c) 개인적 또는 집단적 구호를 수령하는 것이 허용되며, (d) 종교의식을 행하는 것이 허용되고, 만일 요청이 있고 적절한 경우에는 군종과 같은 종교적 임무를 수행하는 자들로부터 정신적 원조를 받는 것이 허용되며, (e) 만일 노동을 하여야 할 경우에는 현지 민간주민이 향유하는 것과 동일한 노동조건 및 보호를 향

---

18) 제2추가의정서도 적에게 체포된 전투원에게 포로지위를 인정하고 있지 않는데 비국제적 무력분쟁이라는 것을 고려하여 동조가 제네바 제3협약의 포로의 대우에 관한 규정들을 약화 및 단순화시켜 규정된 것으로 보는 견해도 있다. David. P. Forsythe, "The 1974 Diplomatic Conference on Humanitarian Law : Some Observation" 69 *AJIL*, 1975, p.293.

유한다(제5조 1항). 또한 '제1항에서 말하는 자들의 억류 또는 구금에 대하여 책임을 지는 자들은 그들의 능력 한도 내에서 전기의 자들에게 일정한 보호를 존중해야 하며(제2항), 제1항의 적용을 받지 않지만 무력분쟁에 관련되는 이유로 방법의 여하를 불문하고 자유가 제한된 자들은 제4조 및 제5조 제1항 (a), (c), (d) 및 제2항 (b)에 따라 인도적으로 대우되고(제3항), 만일 자유가 박탈된 자들을 석방하는 경우, 그러한 결정을 행하는 자는 그들의 안전을 보호하기 위한 필요한 조치를 취하여야 한다(제4항).

(나) 일반 민간주민의 보호

공통3조는 민간주민의 보호에 관해 직접 언급하지 않았으나 제2추가의정서에서 처음으로 약간의 그러나 중요한 기본적 규정들을 포함하고 있다. 민간주민 및 민간인은 군사작전에 따른 위험으로부터 일반적 보호를 향유하며, 민간주민 사이에 테러를 만연시킴을 주목적으로 하는 폭력의 행사 또는 그 위협은 금지되며, 민간인은 공격의 대상이 되지 아니하고 적대행위에 직접 가담하지 않는 한 보호되며(제13조), 전투방법으로서 민간인의 기아는 금지되며, 식료품·농경지역·농작물·가축용 음료수시설·관개사업장 같은 민간주민의 생존에 불가결한 물자를 공격, 파괴, 이동 또는 무용화하는 것은 금지되며(제14조), 위험한 물리력을 포함하는 사업장 또는 시설(댐·제방·핵발전소 등)은 군사목표물인 경우에도 그러한 공격이 위험한 물리력을 방출하여 민간주민에게 극심한 손상을 야기하는 때에는 공격의 대상이 되어서는 안 된다(제15조). 또한 국민의 문화적 또는 정신적 유산을 형성하는 역사적 기념물, 예술작품 또는 예배장소를 표적으로 하는 모든 적대행위와 군사적 지원을 위해 그것들을 이용하는 것은 금지된다(제16조). 그리고 민간인의 안전 또는 긴급한 군사적 이유가 없는 한, 민간주민의 이주는 분쟁에 관계되는 이유 때문에 명령되어서는 안 된다. 만일 그러한 이주가 불가피할 경우에는 민간주민이 대피장소, 위생, 보건, 안전 및 영양의 만족할 만한 조건 하에서 수용되도록 가능한 모든 조치가 취하여져야 한다. 또한 민간인들은 분쟁에 관계되는 이유 때문에 자국영역으로부터 퇴거하도록 강요되어서는 안 된다(제17조).[19)]

(다) 민간주민에 대한 구호활동

제2추가의정서는 제18조에서 영역내의 구호단체나 일반주민의 자발적 활동의 신청과 당해체약국의 동의를 조건으로 일반주민에 대한 구제활동을 인정하고 있다.

적십자와 같은 체약국의 영역 내에 있는 구호단체들은 무력분쟁의 희생자에 관계되는 그들의 전통적인 권능을 발휘하여 역무를 제의할 수 있으며 민간주민은 자발적으로 부상자, 병자 및 난선자의 수용 및 가료를 제의할 수 있다(제1항).

또한 만약 민간주민이 식료품 및 의약품과 같은 생존에 불가결한 물자의 부족으로 극심한 고난을 당하고 있는 경우 오로지 인도적이고 공정한 성질을 띠며 어떠한 불리한 차별 없이 행해지는 민간주민

19) 적으로부터의 공격을 방지하고자 고의적으로 민간인들을 일정장소에 집중시키는 경우도 있어 이 금지는 매우 바람직한 것이었다. 이주가 예외적으로 허용되는 경우로서 민간인의 안전 외에 분쟁당사자의 절대적 군사이유를 인정한 것은 민간인 보호에 있어서의 중요한 흠결일 뿐만 아니라 분쟁당사자의 군사요구의 관점이 어느 정도 작용할 수 있음을 나타내고 있다.

을 위한 구호활동이 당해체약국의 동의에 따를 것을 조건으로 취해져야 한다(제2항).

동 조항과 관련하여 ICRC초안은 구호수락을 의무적인 것에 가깝게 규정하였으나 최종적으로 채택된 규정은 관련당사자의 동의에 따르도록 했다. 이것은 동의라는 조건부적 구호를 규정함으로써 동규정의 채택자체가 불가능해져 버릴 가능성을 피하기 위해서였다. 이에 따라 만약 중앙정부가 구호활동에 반대한다면 설사 반란단체가 실효적 영역통제를 하고 있더라도 구호활동이 그들에게 행해질 수 없다.

3. 아동 및 여성

오늘날 무력분쟁으로 인한 참화의 직접적인 최대희생자는 민간인이다. 제2차 세계대전 이전의 적대행위는 주로 정규군 간에 행해졌으며 전투원과 비전투원은 구분되어 서로 다르게 취급되었다. 그러나 게릴라전과 민족해방전쟁의 성행 및 전투수단과 방법의 비약적 발전 등으로 전투원과 민간인은 확연히 구분되기 어려웠고 이러한 사정은 비국제적 무력분쟁의 급격한 증가로 더욱 심화되었다. 이러한 민간인 희생자중 인도적 원조가 긴급히 요구되는 자로는 아동 및 여성이 있다.

가. 아동

오늘날 아동은 무기 및 탄약의 수송, 전령, 군입대 및 전투참가 등 적대행위에의 직접적인 참여가 늘고 있고, 비록 적대행위에 직접 참가하지 않는다 할지라도 적의 포격 및 폭격에 대한 공포, 부모 및 가족과의 이산과 고아, 강제이주 및 추방, 비인도적 반인권적 전투장면의 목격, 주거지역의 파괴, 교육 및 의료지원의 중단, 난민 또는 유민화, 기아 및 성적 학대 등으로 고통을 겪고 있다.[20]

국제사회는 1959년의 '아동권리선언(Declaration of the Rights of the Child, UN. GA. Res.1386/XIV)', '세계인권선언(Universal Declaration of Human Rights)', '시민적 및 정치적 권리에 관한 국제규약(International Covenant on Civil and Political Rights)', '경제적, 사회적 및 문화적 권리에 관한 국제규약(International Covenant on Economic, Social and Cultural Rights)', 1974년의 '긴급사태 및 무력분쟁시의 부녀자 및 아동의 보호에 관한 선언(Declaration on the Protection of Women and Children in Situations of Emergency and Armed Conflict, UN, GA, Res.3318/XXIX)' 및 1989년의 '아동권리협약(International Convention on the Rights of the Child)' 등을 통해 분쟁에의 직접적인 참여여부 및 분쟁의 성격여부에 관계없이 국제인권법적 측면에서 아동의 권리 및 보호를 발전, 규범화 시켜왔다. 하지만 이러한 선언 및 협약은 무력분쟁에서의 아동의 보호를 다루기에는 내용적으로나 상황적으로 적합하지 못했다.

국제인도법에 있어 무력분쟁 시 아동보호문제는 ICRC의 적극적인 노력으로 1949년 제네바협약상의 적대행위에 가담하지 않은 민간인으로서의 아동에 대한 일반적 보호뿐만 아니라 특히 희생을 당하기 쉬운 약자로서의 아동에 대한 특별보호를 17개의 규정에서 다루어졌

20) Geraldine V. Bueren, "The International Legal Protection of Children in Armed Conflicts", 43 *International and Comparative Law Quarterly*, 1994, pp.812-817.

고,[21] 1977년 제1추가의정서도 제77조 및 제78조에서 아동의 보호 및 소개에 대해 자세히 규정하고 있다.

비국제적 무력분쟁과 관련 공통3조에서는 아동의 보호와 관련하여 직접적인 규정을 두고 있지 않다. 하지만 아동은 동조의 "적대행위에 적극적으로 참여하지 않은 모든 자"로서 보호를 받을 수 있을 것이다. 동조에 따라 아동은 적어도 무력분쟁에서 인도적으로 대우받을 권리를 가지며, 아동의 생명, 신체 및 존엄에 어떠한 폭력도 가해져서도 안 된다. 제2추가의정서는 민간주민(인)은 공격의 대상이 되어서는 안 된다는 원칙을 명규하고 있는 바, 아동들도 당연히 공격의 대상이 되어서는 안 된다. 또한 동의정서는 제4조 3항의 '기본적 보장'에서 "아동은 그들이 필요로 하는 치료 및 원조를 받아야 한다"라는 아동보호에 관한 일반원칙을 규정한 다음 일반원칙의 실질을 이루는 아동에 관한 특별조치로서 아동의 교육, 아동의 보호 가족관계의 유지, 15세 미만아동의 적대행위의 참가 금지, 체포, 억류 및 구금된 아동의 보호, 안전지역으로의 아동의 이주를 규정하고 있고, 제6조 4항에서는 18세 미만의 자에 대한 사형선고 금지를 두고 있다.

이러한 인도적 법규에 의한 아동의 일반 및 특별보호 외에도 ICRC는 항시 무력분쟁에서의 아동의 곤경에 민감하였으며 아동의 법적 보호를 증진함에 있어 적극적이었다. 인도적 기관으로서의 전통과 권한에 따라 ICRC는 법규정에만 의존하지 않고 인도적 발의를 통해 무력분쟁에서 아동의 법적 보호를 촉구하였으며 법규의 이행을 위하여 노력했다. 특히 제2차 세계대전 동안 법적 근거의 부족으로

21) Maria T. Tutli, "Captured Child Combatants", 278 *IRRC*, 1990, p.422.

인한 민간인 구호활동에서의 어려움 속에서도 18세 이하의 청소년을 특별캠프에 수용하고 아동과 부모의 재결합을 용이하게 하기 위하여 라디오방송국을 설립하고 아동의 거주지 건설 등의 조치들을 취하기도 했다.[22)]

하지만 이러한 인도적 법규상의 보호와 ICRC의 적극적인 노력이 있긴 하였지만 무력분쟁에서의 아동의 희생은 심각하다. 법적금지에도 불구하고 아동들은 여전히 적대행위에 동원되고 있고, 그 결과 무력분쟁의 주요 희생자가 되고 있다.[23)] 따라서 무력분쟁에서의 아동보호를 위한 구체적 작업이 절실히 요구되고 있다.

무력분쟁에서의 이들의 보호를 강화하기 위해서는 무엇보다도 국제사회가 기존의 아동보호규정을 지지하고 준수하는 것이 필수적이지만 현재의 보호규정 외에도 아동의 문화적 환경유지, 고아 및 이산아동의 보호 및 아동의 우선적 대우 보장 등이 인정되어야 할 것이다. 아동은 가족과 같이 있는 경우 가장 안정적일 수 있고, 자신이 자란 도덕적 가치, 종교, 문화 및 전통 등 그가 익숙한 문화적 환경 속에 있을 때 계속적으로 진정한 안식을 누릴 수 있다. 따라서 아동의 보호에 있어 이러한 문제가 우선적으로 고려되어야 할 것이다. 다음으로 ICRC 등 인도적 단체들은 억류아동들을 방문하여 지원하고 가족과의 결합을 주선하는 등 다양한 보호활동들을 전개해야 할 것이며 이를 보장하기 위한 국제사회의 합의도출을 위한 별도의 노

---

22) D. Plattner, "Protection of Children in International Humanitarian Law", 240 *IRRC*, 1984, pp.150-152.

23) 1983년부터 1993년까지의 비국제적 무력분쟁에서 약 150만 명의 아동이 사망했으며 약 4백만 명이 불구가 되었고 약 5백만 명이 난민 또는 유민이 되었다. U.N., Doc.CRC/C/SR.38(1992. 10).

력이 병행되어야 할 것이다.

나. 여성

현대적 여성의 권리는 국제연합 헌장에서 국제적으로 승인(전문 및 제1조 참조)된 이래, 국제인권법상 국제적 수준으로는 세계인권선언 및 국제인권규약에 의해, 지역적 수준으로는 유럽인권협약(European Convention for the Protection of Human Rights and Fundamental Freedoms), 미주인권협약(Americans Convention on Human Rights) 및 아프리카인권헌장(African Charter on Human and People's Rights)에 의해 그리고 특정 문제를 다루는 '인종차별철폐협약(International Convention on the Elimination of All Forms of Racial Discrimination)', 아동권리협약, '고문 기타 잔인하고 비인도적인 또는 저열한 대우 및 형벌에 관한 협약(Convention against Torture and Other Cruel, Inhuman or Degrading Treatment or Punishment)', 난민지위협약(Convention on relating to the Status of Refugees) 및 '여성차별철폐협약(Convention on the Elimination of All Forms of Discrimination against Women)' 등에서 어떠한 차별도 받지 않을 권리, 정치참여의 권리, 의견과 표현의 권리, 집회와 결사의 자유, 종교의 권리 및 사상의 자유, 생존권, 자유와 안전의 권리, 고문과 비인도적 대우를 받지 않을 권리, 결혼하여 가족을 구성할 권리, 사생활과 가정생활을 영위할 권리, 교육을 받을 권리, 건강권과 보건의료의 서비스를 받을 권리 및 과학적 진보의 이익을 향유할 권리 등이 인정되고 있으며, '여성차별철폐위원회(Committee on the Elimination of Discrimination against Women)', '인권위원회(Human Rights Committee)' 및 '경제적, 사회적 및 문화적 권리에 관한 위원회(Committee on Economic, Social and Cultural Rights)' 등의 인권기관들은 당사국들의 의무이행조치 및 추진상황을 보고받아 이를 검토, 심의하며 타국정부의 인권위반을 제소하는 개인적 탄원을 처리하기도 한다.[24)]

하지만 현존 국제인권체계상 여성의 보호는 법규의 치밀함, 감시 및 이행수단, 국제사회 및 개별국가의 준수의지에 있어 크게 부족하다.[25)] 더구나 오늘날 국제사회에서 여성들이 겪는 고통의 많은 부분은 대규모적으로 인권이 정지되고 개인들이 무력분쟁법에 의해 제공되는 보호에 의존해야 하는 무력분쟁 상황에서 발생하고 있다.[26)]

물론 여성들은 무력분쟁에 적용되는 국제인도법상 여성의 성과 생식능력을 유의한 규정들에 의해 특별한 인도적 보호를 받는다. 여성들은 적대행위에 직접 참여하지 않은 민간주민으로서의 일반적인 보호 및 존중 외에도 국제적 무력분쟁에서는 임산부용 식료품, 피복 및 영양제 등의 자유통과(제4협약 제23조), 부녀자들의 명예, 특히 강간, 강제매음 또는 모든 형태의 외설행위로부터의 보호(제4협약 제27조, 제1추가의정서 제76조), 임산부의 생리적 필요에 따른 식량증배(제4협약 제89조), 여성포로의 특별보호(제3협약 제14조), 무력분쟁에 관련된 이유로 체포, 구금 또는 억류된 임산부의 우선적 심리, 임산부에 대한 사형언도 회피노력 및 사형집행금지(제1추가의정서 제76조) 등의 특정보호를 받는다.[27)]

---

24) 서울대학교 의과대학 의료관리학교실 역, 여성의 건강과 인권: 국제인권법을 통한 여성건강의 보호와 증진, 한울, 1995, pp.47-85 참조.

25) C. Bunch, "Women's Rights as Human Rights: Towards a Re-Vision of Human Rights", 12 *Human Rights Quarterly*, 1990, p.486.

26) Y. Dinstein, "Human Rights in Armed Conflict: International Humanitarian Law", *Human Rights in International Law: Legal and Policy Issues*, T. Meron(ed), Oxford University Press, 1984, p.345.

하지만 여성들은 무력분쟁에서 엄청난 희생을 강요받고 있다. 무력분쟁에서 주요행위자는 대부분이 남성들인 전투원들이며, 일반적으로 여성들은 무력분쟁에의 참여비율이 상당히 낮음에도 불구하고 적대행위의 주요희생자가 된다. 무력분쟁 시 여성들에 대한 성폭력은 중세 이래 비록 이론적으로는 금지되었지만 무력분쟁의 전리품으로 간주되었고 전투행위를 지속시키는데 있어 주요한 동기부여 수단으로 인식되어 왔다.28)

또한 여성들은 무력분쟁 시 전투원으로 전선에 투입된 남성들을 대신해 가족의 부양을 위해 지뢰밭, 폭격 등의 위험에도 불구하고 식량, 식수, 연료 기타 생존수단을 조달하는 과정에서 많은 희생을 겪기도 한다. 그리고 무력분쟁이 종료된 후에도 전사상(戰死傷)으로 가족의 부양능력을 상실한 남성들을 대신해 병자, 아동, 노인 및 유민 등 가족과 사회의 부양책임까지도 떠맡게 된다. 게다가 여성들의 생식능력은 식량, 의약품 등의 부족에 특히 민감하게 영향을 받기 때문에 다음 세대에까지 영향을 미친다. 이처럼 여성들은 무력분쟁의 발발 및 수행과정에 관한 정책결정과 직접적인 적대행위에는 참여하지 않음에도 불구하고 분쟁의 결과와 더불어 살아가야만 하는 것이다.29)

---

27) 임신 또는 유아의 모라는 관계에서 여성에게 제공되는 보호는 현재 34개(이 중 19개는 아동의 보호가 우선이다)에 이르고 있지만(J. Gardam, "Women and the Law of Armed Conflict: Why the Silence?", 46 *International and Comparative Law Quarterly*, Part 1, 1997, p.57.), 현실적으로 발생되고 있는 여성의 피해를 보호하기에는 너무 피상적인 것들이다.

28) T. Meron, *Henry's Wars and Shakespeare's Law: Perspective on the Law of War in the later Middle Ages*, Oxford University Press, 1993, pp.111-112.

29) UNHCR, "Refugee Women", 100 *Refugees*, 1995, pp.3-15.

더군다나 여성은 비국제적 무력분쟁에서는 민간주민으로서의 일반적 보호 외에 단지 제2추가의정서 제4조 2항에 의해 '개인의 존엄에 대한 침해 특히 모욕적인 비하행위, 강간, 강제매춘 및 모든 형태의 비열한 폭행'으로부터 보호될 뿐이다. 이처럼 비국제적 무력분쟁에서 여성은 현 국제인도법이 민간인보다는 전투원의 권리의무에 중점을 두고 있으며, 민간인의 경우도 '여성'의 특성이 인정되는 경우가 많지 않고, '비국제적'이라는 분쟁의 특성상 더욱 제한적인 보호만을 받는 등 이중삼중의 고통을 당하고 있는 것이다. 하지만 최근의 무력분쟁들에서 여성들이 겪는 고통을 목도한 국제사회는 무력분쟁 시의 여성보호에 관한 인도적 법규의 변화를 점차 강하게 인정하고 있다.

무력분쟁, 특히 비국제적 무력분쟁에서의 여성보호를 강화하기 위해서는 국제적 무력분쟁에서 여성에게 인정되는 인도적 권리들이 비국제적 무력분쟁에서도 그대로 타당할 수 있게 보완되어야 할 뿐만 아니라 현대 분쟁들에서 여성들이 겪고 있는 희생을 감소, 제거시키기 위해 요구되는 새로운 규정들을 추가하여야 할 것이다.30)

무력분쟁 시 여성의 보호에 있어 최근의 경험에서 볼 때 가장 관심을 기울여야 할 문제가 여성에 대한 성폭력, 즉 강간이다. 무력분쟁시의 강간문제는 모든 문화권에서 일반화된 지 오래이지만 공식적으로 보고되거나 기록으로 남겨져 전해지는 경우가 드물어 정확한

30) J. Gardam은 현 국제사회에는 무력분쟁 시 여성보호 강화에 대한 합의가 성립되어 있다면서 여성보호에 관한 새로운 의정서의 채택을 주장하고 있다. 여성이 무력분쟁법에서 주요행위자인 전투원과 구별되어 취급되는 지금이 '무력분쟁 시 여성보호를 위한 제네바협약 의정서'(Protocol to the Geneva Conventions to Protect Women in Times of Armed Conflict) 채택의 적기라는 것이다. J. Gardam, *op. cit.*, pp.77-80.

파악이 되고 있지 않으나, 이로 인해 여성들이 겪는 고통은 이루 헤아릴 수 없을 정도이다.[31] 구유고분쟁에서의 여성에 대한 강간은 특정세력의 민간주민을 고의로 표적으로 하고 문화적 및 도덕적 파괴를 목적으로 하는 전투방법의 하나로 이용되기도 하였으며,[32] 르완다, 부룬디 및 소말리아 등의 분쟁들에서의 여성 난민 및 유민들에 대한 성폭력은 심각한 문제의 하나로 대두하고 있다.[33]

국제인도법에 있어서 강간문제는 1949년 외교회의에서 여성은 명예와 품위를 존중받는 절대적인 권리를 갖는 것이 확인되어 제네바 제4조약 제27조에서 금지하고 있지만 '중대한 위반행위'를 규정한 제147조에서는 명규되지 못했다. 해석상 강간은 제147조에서 말하는 '비인도적 대우' 또는 '신체 혹은 건강에 대해 고의로 중대한 고통을 주고 또는 상해를 가하는 것'으로 판단할 수 있는 여지가 많지만, '기타의 위반행위'로만 취급되고 있다. 제1추가의정서도 강간을 금지하고 있으나(제76조 1항), 중대한 위반행위라고 명시하고 있는 것은 아니다(제85조). 또한 공통3조는 강간에 대해 아무런 언급도 하지 않고 있고, 제2추가의정서도 강간금지규정을 두고는 있지만(제4조 2항 (e)) 보편적인 재판관할을 인정하는 '중대한 위반행위'의 규정은 볼 수 없다.

---

31) C. Chinkin, "Rape and Sexual Abuse of Women in International Law", 5 *European Journal of International Law,* 1994, pp.327-328.

32) 구유고분쟁과 관련한 성폭력 문제의 심각성에 대해서는 T. Meron, "Rape as a Crime under IHL", 87 AJIL, 1993, p.42; C. Chinkin, supra note 60, p.326; Final Report of the Commission of Experts established pursant to the Secretary Council Resolution 780, U.N., Doc.S/1994/674(1994), Paras.102-109, 232-253.

33) Human Rights Watch, *Global Report on Women's Human Rights*, 1995, p.1.

하지만 비국제적 무력분쟁에서의 강간은 공통3조에서 절대적으로 금지되고 있는 행위의 한 유형인 '잔인한 대우와 인간의 존엄에 대한 폭행'으로 볼 수 있어,[34] 현국제인도법의 해석에 의해서도 강간의 규제 및 처벌이 가능할 수도 있겠지만 이에 대한 명확한 규정의 확립이 요구된다.

이처럼 국제인도법상 강간은 명시적으로는 '중대한 위반행위'로 인정되지 않지만 '중대한 위반행위'의 유형인 '신체 또는 건강에 고의적으로 극심한 고통 또는 심각한 상해 야기하는 행위', '고문 또는 비인도적 대우'에 해당한다고 볼 수도 있고, 강간을 '중대한 위반행위'로 인정하고 있는 제국의 관행과 무력분쟁에서의 여성의 성적 보호를 강화하려는 현국제인도법의 발전추세에 비추어 볼 때 무력분쟁에서의 강간은 '중대한 위반행위'로 인정되어야 한다.[35]

다음으로 임산부 또는 유아의 모의 사형집행문제가 재고되어야 할 것이다. 임산부 및 유아의 모에 대한 사형집행금지는 태아나 유아를 보호하기 위한 것이지 임산부나 유아의 모를 특별히 보호하기 위한 것은 아니지만 아이를 출산한 후 오래지 않아 유아의 모를 사형집행할 가능성을 열어두고 있다. 이는 유아의 모 뿐만 아니라 유아에게도 비인도적이다. 유아의 모를 일정조건하에 사면할 것이 요구되며,

---

34) Americas Watch and Women's Rights Project의 페루에서의 여성에 대한 폭력에 관한 보고서(Untold Terror: Violence against Women in Peru's armed conflict, 1992)는 강간이 공통3조에서 절대적 금지행위로 열거되지 않았음에도 불구하고 동조의 위반을 구성한다고 명시적으로 인정하였다. 강간은 공통3조에서 명시적으로 금지되는 잔인한 대우와 인간의 위엄에 대한 폭행을 구성한다는 것이다.

35) O. Gross, "The grave breaches system and the Armed Conflict in the former Yugoslavia", 16 *Michigan Journal of International Law*, 1995, pp.821-823.

인도주의적 관점에서 18세 이하 아동에 대해 사형선고를 금지하는 것과 마찬가지로 임산부나 유아의 모에 대한 사형선고도 금지되어야 할 것이다.

또한 여성보호에 관한 규정들의 위반은 그 체계 자체에서 심각한 것으로 다루어지지 않으며 여성보호에 관한 규정 어느 것에서도 그 위반행위를 '중대한 위반행위'로 인정, 처벌해야 할 의무를 부과하지 않고 있다. 무력분쟁에서 여성들이 겪는 희생의 심각성을 고려, 이를 위반한 행위는 '중대한 위반행위'로 규정, 엄중 처벌하여야 할 것이다.

이제까지 무력분쟁에서의 여성의 보호문제는 민간인 보호문제라는 일반론 속에 함몰된 채 다루어 졌으며, 특별한 의미를 갖는 논의의 대상으로 인식되지는 못했다. 여성보호의 증대요구에 대한 이러한 일반론적 인식은 민간인의 보호가 강화되고 더욱 효과적인 인도적 법규의 강제체계가 확립되면 여성의 보호도 강화될 것이라는 면에서도 일응 타당하기는 하다. 그러나 무력분쟁에서의 여성의 보호가 강화되어야 한다는 주장에 대한 이러한 일반적인 반응은 무력분쟁에서 여성이 겪는 희생이 남성의 그것과는 기본적으로 다르고 현재의 인도적 법규들이 전투원, 즉 남성의 희생을 주요대상으로 하고 있다는 것을 간과한 태도이다.[36] 따라서 비국제적 무력분쟁에서 여성보호를 위한 인도적 법규의 보완, 발전에 있어 '여성'의 특성을 유의하여 이를 충분히 반영하여야 할 것이다.

36) J. Gardam, *op. cit.*, pp.58-59.

4. 난민 및 유민

최근 세계도처에서 발생하는 수많은 분쟁은 광범위하고 장기화된 인간고통의 원인이 되고 있다. 이러한 분쟁들에서 국제인도법 및 국제인권법의 원칙 또는 규칙의 위반으로 무고한 희생자가 양산되고 있고 그러한 희생자 중에서 오늘날 가장 심각한 문제의 하나는 대량 난민 및 유민의 발생이다. 이들은 처절하고 비인간적인 인권유린 또는 생존자체를 불가능하게 하는 기아를 피하여 자국 내 또는 제3국에 피난처를 구하고 있다.

물론 국제난민법상 난민들은 일정한 국제적 보호를 받는다. 난민들은 국적국으로부터 보호를 받을 수 없다는 점에서 매우 열악한 지위에 놓이게 되지만 그들의 생명이나 자유가 위협받을 우려가 있는 지역으로 추방 또는 송환이 금지되는 등 인권보호의 견지에서 일반 외국인과 별반 다르게 취급되지 않으며 국제연합 난민고등판무관(UNHCR)의 보호를 받는다(UNHCR규정 제8조 참조).

또한 난민들은 국제인도법상의 일정한 보호를 향유하기도 한다. 국제인도법은 난민의 일반적인 보호를 규정하고 있지는 않지만 일부 개별 규정들에서 난민보호를 다루고 있다. 1949년 제네바 제4협약 제44조는 "억류국은 사실상 어떠한 정부의 보호도 받지 못하는 난민을 단지 법률상 적성국의 국적을 가졌다는 이유만으로 적성외국인으로 대하여서는 안 된다"라고 하였으며, 제70조 2항은 점령지 내에 있는 점령국 국민인 난민의 보호를 규정하고 있다.

또한 1977년 제1추가의정서 제73조는 "적대행위의 개시 전에 관계당사국에 의하여 채택된 관련 국제조약에 의하거나 또는 피난국이나 재류국의 국내법에 의하여 무국적자 또는 난민으로서 인정된 자들은 모든 상황에 있어서 그리고 어떠한 불리한 차별도 받지 않고 1949년 제네바 제4협약 제1편 및 제3편의 피보호자가 된다"라고 하여 제4협약에 의하여 민간인으로서 일반적인 보호를 받지 못하는 난민에까지 그 보호범위를 확대하고 있다.37)

이러한 구체적인 보호규정 외에도 난민은 정치적 견해나 종교적 신념을 이유로 박해받을 우려가 있는 국가로 송환금지(제4협약 제45조 4항), 추방 및 제3국으로 개별적 내지 강제이주의 금지(제4협약 제49조 1항), 가족 간 소식 전달(제4협약 제25조), 이산가족 상호간의 연락 및 재결합을 위한 분쟁당사국의 의무 및 인도적 단체의 활동에 대한 협조의무(제4협약 제26조, 제140조 및 제143조, 제1추가의정서 제33조 및 제74조) 및 제2추가의정서 제14조(민간주민의 생존에 불가결한 물자의 보호)와 제18조(구호단체 및 구호활동) 등의 규정에 의해 간접적으로 보호받을 수 있다.

하지만 오늘날의 난민문제는 국제난민법 및 국제인도법 상의 난민보호제도로는 그들의 인도적 원조와 인권적 해결이 불가능하다는데 문제의 심각성이 있다. 오늘날의 난민문제는 과거와는 달리 대규모적이다.

이러한 대량난민 문제가 국제적 관심사로 등장하게 된 것은 제1차 세계대전 이후부터이지만 1980년대 말 냉전의 붕괴이후 종교, 인종, 민족적 갈등으로 일부지역이 아닌 전 세계에서 동시다발적으로 발생되고 있다. 특히 보스니아, 르완다, 부룬디 및 자이레 등의 분쟁으로

37) F. Maurice and J. Courten, "ICRC Activities for Refugees and Displaced Civilians", 280 *IRRC*, 1991, pp.10-13 참조.

인한 난민집단거주지역에는 예외 없이 각종 전염성 질병이 창궐하고 약탈 등 범죄가 만연하며 기아에 고통받고 있고, 특히 여성난민들은 성폭력의 대상이 되기도 한다.[38] 그리고 난민촌을 습격, 방화·학살하고 강제이주시키는 등 난민의 보호의무를 규정하고 있는 국제규범은 그 기능이 정지된 상태이다.

이들은 분쟁당사자의 관련법규의 무시 내지 준수의지결여로 인간으로서 누려야 할 최소한의 기본적 권리마저 침해당하고 있다. 난민 및 유민들을 원조하기 위한 재원도 너무나도 부족한 실정이며 더군다나 이를 해결하고자 하는 국제사회 및 개별국가들의 의지도 빈약한 상태이다. ICRC 및 UNHCR 등의 인도적 기구들이 이들에 대한 보호 및 구호활동을 수행하고 있지만 역부족이고 냉전이후 비국제적 무력분쟁들에서 보는 바와 같이 오늘날 난민 및 유민문제는 분쟁당사국, 분쟁인접국 및 난민유입국의 처리에만 맡겨둘 수 없는 국제평화와 안전을 위협하는 심각한 국제문제가 되고 있다.

그렇다면 오늘날 개별국가만의 문제가 아닌 국제사회의 문제로 확대되고 있는 비국제적 무력분쟁에서 발생하는 이러한 대량난민 및 유민들을 어떻게 보호하여야 할 것인가? 한편으로 국제사회는 분쟁당사자가 적대행위에 있어서 국제인도법, 관련 국제조약 및 관례를 준수하도록 촉구 및 감시하며 인도적 법규들을 정비하고 위반행위에 대해서는 강제적인 제재조치를 가하고 정부 간 및 비정부 간 경로를 통해 이들에 대한 적절한 보호수단 및 인도적 원조를 제공하여야 하며, 자발적 귀환과 귀환후의 정착을 위한 국제협력이 강조되어야 할

38) UNHCR, The State of the World's Refugees, 1995, pp.60-61; UNHCR, "Refugee Women", 100 *Refugees*, 1995, pp.3-9.

것이며, 다른 한편으로 분쟁당사자는 적대행위에 있어서 난민보호를 위하여 중립지대 및 비무장지대 내에 거주하는 적대행위에 가담하지 않은 모든 난민에 대한 보호조치를 준수하고, 의료시설 및 의약품, 종교의식에 필요한 물자, 민간주민의 생존에 불가결한 물자의 송부 및 구호활동종사자에 대한 보호 및 협조의무를 이행하며, 공격에 앞서 사전예방조치를 취하고, 난민 밀집지역내에 있는 군사목표물에 대한 공격은 삼가야 한다.[39)]

그리고 난민발생 및 송환에 대한 국가책임 및 난민발생국내 안전지대 설치문제에 대하여 진지한 검토가 있어야 할 것이며,[40)] 난민보호제도를 인권제도와 결합시켜 공동으로 난민발생의 원인이 되는 억압적인 조치를 막고 경제원조 및 기타 정치경제적 조치를 취할 필요가 있으며, 난민보호에 대한 인도적 원칙에 입각한 국제적 합의의 도출에 따라 장기적으로 지속적인 정착프로그램을 추진하고 인도적 제기구들의 노력들을 통합하는 것이 중요하며 그리고 무엇보다도 이들의 인권을 최소한이라도 보호하려는 각국들의 정치적 의지가 우선되어야 한다.[41)]

---

39) 임태근, "무력충돌에 있어서 난민의 보호", 국제법학회논총, 제40권 제2호, 1995, pp.165-169 참조.

40) 1989년 2월 13일부터 2월 18일까지 케냐의 나이로비(Nairobi)에서 개최된 아시아-아프리카 법률자문위원회(Asia-Africa Legal Consultative Committee) 총회는 난민문제에 대해 (1) 난민발생책임, 난민귀환책임 및 난민의 배상청구권 인정여부, (2) 난민발생국내 안전지대 설치문제가 논의되기도 했으나 구체적 성과는 없었다. 이들 사안에 대한 문제점과 참가국 및 UNHCR의 의견에 대해서는 백충현, "국제적 난민보호의 새로운 방향 모색: 제28차 아시아-아프리카 법률자문회의 참가보고", 인도법논총, 제9호, 1989, pp.172-175 참조.

41) D. Plattner, "The Protection of Displaced Persons in Non-International Armed Conflicts", 291 *IRRC*, 1992, pp.579-580; K. Newland, "Ethnic Conflict

5. 포로

가. 의의

포로는 전쟁에 의하여 교전당사자의 권력 하에 들어와 자유를 박탈당했으나 국제법이나 특별협정에 의해 일정한 대우가 보장된 적국민이다. 포로는 전쟁범죄인이 아니므로 처벌되지 않지만, 포로로서 전쟁법규를 위반하면 포로의 대우를 받지 못하고 전쟁범죄인으로서 처벌된다. 포로는 군사상의 이유로 적의 권력 하에 들어온 자이므로, 자발적으로 소속부대를 이탈하여 적의 권력 내에 들어간 귀순자는 포로의 범주에 들어가지 않는다.

나. 관련법규의 발달

고대・중세에 있어서 포로는 살해되거나 노예로 사용되었으며 복구의 대상이 되기도 하였으나 근대국가의 성립과 함께 포로를 범죄인으로 처벌할 것이 아니라 또다시 적군에 돌아가 무기를 들지 못하도록 자국에 억류하는 것이 좋다는 관념이 생겨나게 되었다. 1785년 프러시아-미국우호조약 제24조에서 최초로 포로에 대한 상당한 처우가 인정된 이래 19・20세기에 걸쳐 포로에게는 필요한 구속 이외에는 자국병사와 동등하게 대우되어야 한다는 원칙이 일반적으로 성립되었다.

포로에 관한 일반법규는 1907년 헤이그 육전규칙에서 포로에 관한 포괄적 규정을 마련한 것에서 비롯된다. 제1차 세계대전 후 육전규칙이 갖는 불완전성을 보충하기 위하여 '포로의 대우(상태개선)에 관한

and Refugees", 35 *Survival*, No.1, 1993, pp.96-99.

제네바협약'(1929)이 채택되었으며, 제2차 세계대전 후 1929년 협약을 보완하는 '포로의 대우에 관한 제네바협약'(1949, 제네바 제3협약)이 채택되었으며 한국전쟁, 인도차이나분쟁 및 중동전쟁 등의 새로운 전쟁 양상을 반영한 1977년 제네바협약 추가의정서가 채택되었다.

다. 포로의 범위

1949년 제네바 제3협약에 따라 군사적인 이유로 적의 권력내에 들어가 포로가 될 수 있는 자는 다음과 같이 분류할 수 있다.

(1) 교전자

교전당사국의 교전자는 정규군·비정규군, 전투원·비전투원의 구별 없이 포로가 된다. 의용병, 민병 및 군민병은 물론 조직적 저항운동단체의 구성원, 즉 점령자에 대항하는 유격대원, 국가의 명령에 호응하여 무기를 든 민중, 민족해방운동단체의 구성원도 교전자격을 구비하는 한 포로자격이 인정되지만 의무·군종임무에 종사하는 자는 포로가 아닌 특별한 보호를 받는다.

게릴라는 전투행위에서 자신을 노출시키는 표지의 사용을 꺼리기 때문에 포로자격에 관해 의문이 있을 수 있으나 매 회의 군사적 전개기간 중에(during each military deployment) 무기를 공공연히 휴대한 경우에는 전투원으로 인정되고 포로자격이 부여된다.

(2) 억류국이 승인하지 않은 정부 · 당국의 정규군구성원

억류국이 승인하고 있지 않은 정부 또는 당국에 충성을 서약한 정규군구성원에게도 포로자격이 인정된다. 따라서 승인 전의 국가 또는 정부에 속하는 정규군 구성원도 포로가 된다. 그러나 용병의 경우에는 포로자격이 부인된다.

(3) 종군자

군용기 민간승무원, 종군기자, 용달상인 및 군노무자 등 군대 구성원이 아닌 종군자도 포로자격이 인정된다. 이 경우 종군자는 소속군의 허가를 받아야 하며, 소속군이 발급한 증명서를 휴대하여야 한다.

(4) 상선·민간항공기의 승무원

교전당사국에 속하는 상선의 선장, 도선사 및 견습생을 포함한 승무원 및 민간항공기의 승무원도 포로가 된다.

(5) 피점령국 군대구성원

피점령국 군대의 구성원 또는 이에 속하였던 자로서 전투에 종사하고 있는 소속부대에 복귀하려다 실패한 경우 또는 억류를 목적으로 행한 소환에 응하지 않는 경우 포로로 대우된다.

(6) 제3국 억류자

전술한 포로자격을 갖는 자로서 중립국 또는 비교전당사국이 자국의 영역 내에 수용하고 있으며 또한 국제법상 그 국가가 억류를 필요로 하는 자도 포로로 간주한다.

(7) 국가원수, 장관 및 외교사절

국가원수, 장관 및 외교사절과 같이 정치상 국가의 현직에 있는 자는 적에게 억류될 때 포로의 대우를 받는다. 이들은 포로로 억류되어 있는 동안 국제법상 대외적 국가기관으로서의 권한을 행사할 수 없다.

라. 포로의 대우

(1) 일반적 보호

포로는 이를 체포한 개인이나 부대의 관할 하에 있는 것이 아니라 포획한 국가의 권력 하에 놓인다. 따라서 포로의 대우에 관한 궁극적인 책임은 이를 포획한 교전당사자에게 있다. 그러나 개인의 포로를 부당하게 확대하여 전쟁 범죄를 행한 경우 개별적 책임이 발생하는 것은 별개의 문제이다.

포로는 항상 인도적으로 대우되어야 하며 복구의 대상으로 할 수 없다. 포로를 죽게 하거나 건강을 위태롭게 하는 포로 억류국의 작위·부작위는 협약의 중대한 위반행위로서 금지된다. 포로는 신체·명예의 존중을 받으며, 사법상 신분은 완전히 유지된다. 성, 계급, 건강 및 특기에 근거한 예외 이외에는 모든 포로는 평등하게 대우되며 인종, 국적, 종교 및 정치적 견해 등에 의한 불리한 차별대우를 받지 않는다. 포로로부터 정보를 얻기 위해 고문을 할 수 없다.

(2) 억류

포로는 위생·건강상의 모든 안전을 보장하는 지상건물에 억류되며, 교도소·독방에 수용되지 않는다. 포로는 국적·언어·관습에 따라 구분수용 할 수 있다. 그러나 이 경우 소속군대의 다른 포로와 분리수용 되어서는 안 된다.

포로수용소는 전투지역으로부터 격리되어 있어야 하며, 특정지역을 군사작전지역으로부터 제외시키기 위하여 사용될 수 없다. 또한 포로수용소는 전쟁위험 및 공중폭격을 피하기 위한 시설을 갖추어야 허며, 타방교전당사자에게 그 위치가 통보되고 공중에서 식별 가능한 표지를 부착해야 한다.

(3) 보급

포로에게 부여되는 식량·피복·침실의 양과 질은 억류국의 보충부대에 보급되는 것과 동일하여야 한다. 충분한 음료수의 공급 및 흡연이 허가되어야 한다. 포로를 위한 식품 및 일용품을 판매하는 매점이 설치되어야 하며, 그 수익금은 포로를 위해 사용하여야 한다.

(4) 노역

억류국은 포로를 노역에 사용할 수 있다. 장교는 본인이 원하지 않는 한 노역을 강제할 수 없다. 하사관은 본인이 원하지 않는 한 감독, 노동 이외의 노역을 과할 수 없다. 노동은 계급·기능·체력에 적당한 것이어야 하며 그 범위는 열거적으로 제한된다. 포로에게는 자원하지 않는 한 모욕적이고 건강에 해롭거나 위험한 노역을 부과할 수 없으며, 적절한 작업 환경에서 일할 수 있도록 해야 한다. 노동시간은 그 지방에 있어서의 동일한 노동에 종사하는 억류국 국민의 노동시간을 초과할 수 없고, 1일에 1시간, 1주일에 1일 및 1년에 8일의 휴식이 부여된다. 노역에 대해서는 공정한 보수가 주어지면 이는 교전당사자간의 합의에 따라 정해진다.

(5) 통신

포로는 서신 · 소포 · 전보를 발송·접수할 수 있으며, 억류국은 모든 편의를 제공해야 한다. 이에 필요한 비용은 발신국, 통과국 및 수신국에 있어 모두 면제된다. 통신물에 대한 검열제도는 인정되지만 배달지연의 사유가 될 수 없다.

(6) 기율

포로는 억류군대에 적용되는 법률·규칙·명령에 복종할 의무가 있는바, 이를 위반하면 일정한 제재가 부과된다. 기율위반에 대한 제재는 가능한 한 사법조치보다는 징계조치를 채택하여야 하며, 전자의 경우 군사재판에 의해 부과되어야 한다. 포로에 대한 제재는 동일사항에 관하여 억류국 군인에 대한 것과 다른 것이어서는 안 되며 고문, 체형, 특수감방 수용 및 연대벌은 금지된다. 도주를 기도하다 체포된 포로는 처벌되지만, 성공한 포로는 후에 다시 포획되어도 도주행위에 대한 처벌은 면제된다.

마. 포로정보국 · 포로구제단체

(1) 포로정보국

포로정보국은 포로에 관한 모든 정보를 수집하고, 모든 의문에 답하는 기관으로 전쟁개시 직후에 교전당사자에 의해 설치된다. 중립국이 교전당사자의 병력을 자국영토에 수용한 때에도 설치하여야 한다. 포로정보국의 임무는 포로의 수용 · 이동 · 석방 · 송환 · 도주 · 입원 · 사망 등 포로에 관한 모든 정보를 수집하여 이에 관한 공사의 문의에 답하며, 사망한 포로가 남김 유류품을 각 관계국에 송부하는 것이다.

(2) 포로구제단체

포로구제단체는 포로를 위한 인도적 역무를 중개하는 사적 단체이다. 이 단체는 본국 법령에 의하여 정식으로 조직된 경우 교전당사자로부터 군사적 필요에 따른 제한 내에서 모든 편의를 제공받으며, 포로수용소, 송환 도중의 휴식소에서 구제품을 분배할 수 있다. 포로구제단체의 인도적 역무의 제공에 있어서 국제적십자위원회의 특별한 지위는 항상 존중되어야 한다.

바 포로신분의 종료

(1) 송환

포로 억류국은 중병자 또는 중상자인 포로가 수송할 수 있는 상태로 회복되면 계급·수에 관계없이 본국에 송환해야 하며, 송환된 포로는 포로의 신분이 종료되며, 다시 현역으로 군무에 복무하게 할 수 없다.

(2) 도주

포로가 도주에 성공하면 포로신분이 종료된다. 도주의 성공이라 함은 포로가 소속국 및 동맹국에 도착한 경우, 포로가 억류국 및 동맹국의 지배하에 있는 지역을 벗어난 경우 및 포로가 억류국 영해내의 소속국 및 동맹국의 선박에 도착한 경우를 말한다. 단 그 선박은 억류국의 지배하에 있지 않음을 요한다.

(3) 석방

억류국이 전쟁 중 포로를 석방하게 되면 포로신분이 종료하는 바, 이에는 단순석방과 선서석방이 있다. 단순석방은 무조건으로 일방적으로 석방하는 것이며, 선서석방은 억류국과 호국간의 합의에 따라 다시 적대행위에 참가하지 않는다는 선서를 받고 석방하는 것으로 이를 위반하여 재차 포획되면 전쟁범죄인으로 처벌된다. 그러나 포로는 선서석방의 수락을 강제 당하지 않는다.

(4) 교환

포로는 전쟁 중에도 교전당사자간의 합의에 따라 교환되는 경우가 있으며, 이 경우 포로신분이 종료된다.

(5) 전쟁의 종료

전쟁이 종료되면, 포로신분은 소멸된다. 교전당사자는 실제의 적대행위가 종료한 후 지체 없이 포로를 석방 및 송환하여야 한다. 여기서 적대행위의 종료라 함은 무조건항복과 같이 실제로 적대행위가 재개될 수 없는 경우를 말하며, 휴전과 같이 적대행위가 재개될 가능성이 있는 경우는 이에 포함되지 않는다.

6. 자연환경

대부분의 환경피해는 인간의 복지증진을 위한 재화의 생산과 소비 등 인간의 일상생활의 욕구충족에서 발생하는 것이 일반적이다. 따라서 현재의 환경관련 국제법규들도 평시의 환경문제를 주된 규율대상으로 하고 있다. 하지만 환경파괴는 무력분쟁에서도 발생할 수 있으며, 이에 대한 관심과 규제는 미흡한 실정이다. 여기에 문제의 심각성이 있다. 환경에 대한 평시의 피해는 부주의, 우발적인 사고 또는 태만의 결과로 발생하지만 무력분쟁에서의 환경피해는 전투수단과 방법의 고의적인 사용에서 발생한다는 점에서도 이에 대한 규제가 보다 강화될 필요가 있다.

무력분쟁은 일반적으로 군사적, 경제적 목적을 위한 삼림의 파괴, 식수의 고의적 오염과 같은 직접적, 계획적인 환경파괴 및 환경에 유해한 화학물질 배출시설에 대한 공격, 부정확한 표적선택 및 대량파괴무기에서 발생되는 의도하지 않았던 경미한 환경파괴와 같은 간접적, 부수적으로 영향을 미친다.42)

베트남전은 계획적인 환경파괴의 심각성을 적나라하게 보여주었는데 베트남 영토의 10% 이상에 2천만 갤런의 화학물질이 투하되었다. 그 중 절반은 남베트남의 생태계를 유지하는데 중요한 역할을 하는 맹그로브(Mangrove) 숲의 54%를 파괴시킨 고독성 물질인 오렌지작용제(Agent Orange)였다. 이외에도 고독성 화학물질 및 융단폭격으로 베트남 숲의 14%가 파괴되었다.43) 고의적인 환경파괴는 최근의 걸프전에서 극명하게 나타난다. 걸프전에서 이라크는 쿠웨이트에서 철수하기 직전 쿠웨이트의 전후경제를 파괴하기 위해 700개 이상의 유정에 방화하고, 약 250만 내지 3백만 배럴의 석유를 걸프만에 유출시켜 돌

42) J. Leggett, "The Environmental Impact of War: a Scientific Analysis and Greenpeace's Reaction", G. Plant(ed), *Environmental Protection and the Law of War:A Fifth Geneva Convention on the Protection of the Environment in Time of Armed Conflict*, Belhaven Press, 1992, p.68.

43) *Ibid.*, p.69.

고래, 해우, 물고기 및 거북 등의 생존을 불가능하게 했을 뿐만 아니라 인간의 생존을 유지하는 생태계에도 엄청난 악영향을 미쳤다.[44]

이처럼 무력분쟁은 고의적이든 비고의적이든 환경파괴로 인한 다양한 문제들을 유발한다. 이러한 문제들에 대응하여 국제사회는 무력분쟁시의 환경보호에 관한 제규정들을 두고 있다. 이러한 법규들에는 무력분쟁과 관련 없는 국제환경법상의 일반원칙 및 보호규정, 환경문제를 직접 언급하지는 않았지만 적용 가능한 무력분쟁 관련법규에 명시된 규정 등이 있다.[45] 이들 중 무력분쟁법상 무력분쟁에서의 환경보호에 관한 법규들로는 전투수단과 방법의 제한에 관한 불필요한 고통금지, 군사상 필요원칙 및 전투원과 민간인의 구별원칙 및 비례성원칙 등 무력분쟁법의 일반원칙과 헤이그 협약[46], 1949년 제네바협약(제네바 제4협약 제32, 5, 55 및 56조 참조), 1977년 추가의정서(제1의정서 제35, 54, 55 및 56조 참조), '환경변경기술의 군사적 또는 기타 적대적 사용금지협약(Convention on the Prohibition of military or any Other Hostile Use of Environmental Modification Techniques : ENMOD Convention)'[47] 등이 있다.

---

44) *Ibid.*, p.70. 걸프전에서의 환경파괴에 대한 설명은 A. Roberts, "Environmental Destruction in the 1991 Gulf War", 291 *IRRC*, 1992, pp.538-553, 특히 다국적군에 의한 환경파괴는 *Ibid.*, pp.545-547.

45) 이들 각각의 규정들에 대한 자세한 설명은 B. Baker, "Legal Protections for the Environment in Times of Armed Conflicts", 33 *Virginia Journal of International Law*, 1993, pp.353-376 참조.

46) 1899년 협약(II) 제22조 및 제55조, 1907년 협약 제22, 25, 27, 28 및 55조 참조. 이러한 규정들은 직접적으로 환경보호를 위해 채택된 것은 아니지만 군사필요성으로 정당화되지 않는 문화적으로 중요한 자연자원과 환경보호에 적용 가능하며 국제인도법이 자연환경의 보호문제에까지 확대될 수 있는 법적 기초가 되었다.

이들 법규들의 면면을 볼 때 이들은 국제적 무력분쟁과 깊은 관련을 갖고 있다는 것을 쉽게 알 수 있다. 물론 무력분쟁 관련법규의 기본원칙들은 비국제적 무력분쟁에도 적용가능 하지만 공통3조 및 제2추가의정서에서 환경보존과 직접적으로 관련 있는 규정들을 찾아볼 수 없다. 다만 제2추가의정서는 제1추가의정서 제54조(민간주민의 생존에 필수적인 물자의 보호) 및 제56조(농어지대, 관개시설 및 기타 환경에 대한 공격금지)와 유사한 제14조(민간주민의 생존에 필수적인 물자 및 시설물에 대한 공격, 파괴금지)와 제15조(위험한 물리력을 포함하는 사업장 및 시설물에 대한 공격금지)를 두고 있다. 이러한 규정들을 통해 제2추가의정서는 무력분쟁 시 환경보호를 간접적으로 규정하고 있다.[48)]

이처럼 국제인도법은 적대행위의 규제를 환경보호에까지 확대하였지만 환경보호에 공통되는 모든 문제를 충분히 다루지 못하고 있고, 군사필요성과 비례성원칙 등과 같은 전통적인 무력분쟁관련 원칙들의 '허용적 성격'에 따른 실질적인 적용상의 어려움, 주요규정들에서 사용된 '광범위한(widespread)', '장기간의(long-term)', '심각한(severe)' 등과 같은 용어의 해석상 어려움, 환경보호법규의 내적 응집력 약화 등으로 무력분쟁의 환경에 대한 충격을 다루는 데 있어서 효과적이지 못할 뿐더러[49)] 피해에 대한 적절한 구제수단을 제공하지 못하고

---

47) U.N. G.A., Res.31/72, U.N. GAOR, 31st Sess., Supp.No.39, U.N., Doc.A/31/39(1976). 군축위원회의 산물인 동 협약은 환경에 유해한 전투행위의 규제를 포괄적으로 규제하지는 못했지만 군비통제와 환경보존간의 관계를 나타냄으로서 인간보존을 위한 건강한 환경의 필요성을 묵시적으로 인정하고 있다. 동 협약 제1, 2조 참조.

48) P. Antonio, "International humanitarian Law and the Protection of the Environment in time of Armed Conflict", 291 *IRRC*, 1992, pp.525-527.

49) Michael N. Schmitt, "Green War:An Assessment of the Environmental Law

있다. 특히 비국제적 무력분쟁시의 환경보호 관련규정은 너무나도 빈약하여 그 의의를 찾아보기 어려운 실정이며, 적대행위 중의 각국들의 관행을 보더라도 환경보호에 있어 폭넓은 자유를 행사하고 있음을 알 수 있다.[50]

따라서 제국들은 무력분쟁에 적용될 환경보호 관련규정을 강화하거나 새로운 법률을 제정할 필요가 있으며 이들 규정들을 시행하기 위한 이행절차와 제재에 관한 규정이 채택되어야 할 것이다.[51] 또한 분쟁당사자는 일반적으로 무력분쟁 중 '환경'이라는 추상적 실체의 피해를 부인하는 경향이 있기 때문에 환경보호 관련규정의 강화에 있어서 어느 정도까지의 피해가 인정되는가, 어떤 기준을 위반하였는가, 어떤 규정이 적용되는가 및 어떤 의무가 준수되어야 하는가 등에 대한 명확한 기준이 확립되어야 할 것이다.[52]

---

of International Armed Conflict", 22 *Harvard International Law Journal*, 1997, pp.95-96.

50) Neil A. F. Popovi c , "Humanitarian Law, Protection of the Environment and Human Rights", 8 *The Georgetown International Environmental Law Review*, 1995, p.87.

51) P. Antonio, supra note 44, p.534. '무력분쟁과 환경보호문제'의 중대성에 대한 인식증대는 무력분쟁시의 환경보호에 관한 제네바 제5협약을 채택하자는 제안을 가져왔다. 이에 대한 설명은 G. Plant, "Introduction in Environmental Protection," 8 *The Georgetown International Environmental Law Review*, 1995, p.81쪽 참조.

52) '무력분쟁시의 환경보호'에 있어 1992년은 특기할 만한 해였다. 이 문제는 동 년 ICRC전문가회의, UN환경개발회의, ENMOD협약당사국 재검토회의, 제47차 UN총회에서 광범위하게 논의되었다. 이들 회의에서의 주된 논의내용에 대해서는 A. Bouvier, "Recent Studies on the Protecion of the Environment in Time of Armed conflicts", 291 *IRRC*, 1992, pp.556-565.

제6장
무력분쟁법과 비국제적 무력분쟁

제1절 적용법규의 발전

1. 전통국제법적 규제와 새로운 법규의 형성노력

1949년 제네바협약이 채택될 때까지 비국제적 무력분쟁은 국제법규의 규제대상이 아니라 발생영역국의 국내적 관할권 하에서 국내법에 의해 배타적으로 규제된다는 것이 일반적인 견해였으며, 제3국과 반도와의 통교는 국내분쟁에 대한 간섭행위로 간주되었다.[1)]

그러나 비국제적 무력분쟁의 희생자에 대한 인도적 보호가 1949년 제네바협약 공통3조에 의해 처음으로 규율된 것은 아니다. 비국제적 무력분쟁은 공통3조의 성립이전에도 전통국제법에 의해 다루어졌는바, 교전단체 승인이론이 바로 그것이다. 내란상태가 장기화해서 실전규모에 이르고 국권실태에도 큰 이변이 있어 본국이나 제3국과

---

1) G. Abi-Saab, "Non-International Armed Conflicts", UNESCO(ed), *International Dimentions of Humanitarian Law*, Martinus Nijhoff Publishers, 1988, p.217.

의 이해관계가 예민해지는 일정시점부터 일정요건을 갖춘 반도에게 국제법(전쟁법) 적용을 가능케 하는 매체인 교전단체 승인제도를 두어온 것이 오늘의 국제법 체계의 원형인 것이다.[2)]

그러나 남북전쟁을 계기로 형성된 교전단체 승인이론은 그 후 구체적 관행으로 정착되지 못했고, 비국제적 무력분쟁에 대한 전쟁법 적용문제는 이론적으로나 실행적으로 그다지 발전하지 못했다. 그것은 교전단체 승인은 순전히 임의적 행위여서 매우 드물게 행해졌으며, 그것이 행해진 몇몇 사례들조차도 무력분쟁의 상황이 상당히 진전되었을 때, 즉 반도가 국가영역의 일부에 대해 통제를 확보하고 당사자들이 공해에서의 교전단체의 권리를 주장하는 등 분쟁양상이 국가 간 무력분쟁과 유사하게 되었을 때 행해졌기 때문이다.

이러한 와중에서도 새로운 방향이 맹아적이기는 하지만 시사되었다. 그것은 교전단체 승인과는 구별하여 분쟁당사자, 특히 반도의 법적지위를 무시한 채 전쟁법의 일정규칙과 원칙의 적용을 꾀하는 타협적 해결책이었다. 즉, 비국제적 무력분쟁에서의 희생을 최소화하기 위하여 교전단체 승인이 행해지지 않는다 해도 국제법을 적용할 수 없겠는가 하는 것이 대두되기에 이르렀던 것이다.

이러한 노력과 시도에 큰 기여를 한 것은 국제적십자였다. 1912년 제9차 국제적십자회의(워싱턴)에서 미국 적십자사는 최초로 내전에 있어서의 적십자사의 역할을 제안했다.[3)] 미국의 제안은 내전에 있어

2) 김정균, "전쟁법, 인도법과 내란", 인도법논총 제13호, 1993, p.7.

3) 1898년과 1900년의 국제법학회 및 1928년의 범미회의에서 내전문제가 검토되었다. 하지만 그 주된 내용은 내전당사자간의 전쟁법 적용문제에 대한 것이 아니라 중앙정부에 대한 제3국의 권리·의무와 반란진압을 위한 제3국의 중앙정부에 대한 협력의무를 취급하는데 지나지 않았고, 교전단체 승인을 받지 않

서 각국 적십자사의 권리의무와 외국 적십자사의 원조활동에 적용될 규칙에 관해 당시에는 매우 진보된 독자적인 견해를 전개하고 있었다. 예를 들면 내전에서 외국적십자사가 제공하는 원조는 군부상자뿐만 아니라 민간상병자에게도 미치며 교전단체 미승인의 내전에도 적용될 규칙이 존재한다는 주장은 전통국제법의 틀을 뛰어넘는 견해였다. 그러나 동 제안은 그것을 국내문제에 대한 외국적십자사의 간섭이며 국가주권을 침해하는 것으로 받아들인 대다수 대표로부터 격렬한 반발을 받아 회의에서는 정작 토의조차 되지 못했다.[4)]

국제적십자는 동 회의 이후 분쟁당사자의 비협조속에서도 비국제적 무력분쟁에서 인도적 활동을 수행하였다. 그 결과 1921년의 제10차 국제적십자회의(제네바)는 제1차대전말과 그 후의 러시아와 헝가리에서 발생한 국내적 격변에서의 각국적십자사와 ICRC의 활동과 그들이 제출한 일련의 보고를 기초로 토의한 후, 내전 등에서의 희생자 구호활동에 대한 각국 적십자와 ICRC의 권리와 의무를 인정하는 결의(XIV)를 채택하였다.[5)] 동 결의는 법적 구속력은 갖지 못했지만 국내분쟁상황에서 요구되는 인도주의적인 정신을 반영한 진일보된 것으로, 상부실레지아(Upper Silesia)분쟁과 스페인내전에서 ICRC

은 반도의 지위는 전혀 언급되지 않았었다. 따라서 내전당사자에게 전쟁법을 적용하려고 하는 노력이나 시도는 거의 이루어지지 않았다. 藤田久一, “國際的性質を有しない武力紛争-1949Geneva諸條約第3條をめくつて(1)”, 金擇法學 제14권 2호, 1970, pp.19, 28-29 주5, 6 참조.

4) *Ibid.*, pp.19-20; J. Siotis, *Le Droit de la Guerre et les Conflits Armes d'un Caractere Non-International*, Librairie Generale de Droit et de Jurisprudence, 1958, pp.136-142.

5) Heather A. Wilson, I*nternational Law and the Use of Force by National Liberation Movement*s, Clarendon Press, 1988, p.42.

활동의 근거가 되었다.[6)]

이로부터 17년 후 1938년 제16차 국제적십자회의(런던)는 1921년의 결의를 보충, 강화한 '내전 시 적십자의 역할과 활동(Role and Activity of the Red Cross in Time of Civil War)'에 관한 새로운 결의(XIV)를 채택했다. 동 결의는 ICRC와 각국적십자사에 대하여 내전의 경우 (1) 1929년 제네바협약 및 1907년의 제10헤이그협약(제네바협약 원칙의 해전에의 적용협약)에 규정된 인도적 원칙, 특히 부상자, 병자 및 포로의 대우와 의무요원 및 의료저장품의 안전에 관한 것을 적용할 것, (2) 모든 정치범의 인도적 대우, 교환 및 가능한 한 석방할 것, (3) 비전투원의 생명과 자유를 존중할 것, (4) 개인적 성질의 정보전달 및 가정에의 복귀에 대한 편의를 도모할 것, (5) 아동보호에 관한 유효한 조치를 취할 것 등의 사항들을 확보하기 위해 협력할 것을 요청하고 있다. 이러한 결의가 채택된 배경에는 상부실레지아분쟁과 스페인내전에 개입해 온 ICRC의 활동으로부터 얻어진 결과인데, 특히 당시 분쟁 중이던 스페인내전에 있어서의 적십자의 활동에 대한 여러 가지 장애가 크게 작용했던 것으로 생각된다.

이러한 ICRC의 일련의 노력과 그에 힙 입어 채택된 결의들 및 상부실레지아분쟁과 스페인내전에서의 경험과 성과는 내전에 관한 규정을 1949년 제네바협약에 삽입토록 하는데 중요한 기여를 하였다.

2. 1949년 제네바협약 공통3조의 채택

제2차 세계대전 이후 ICRC는 제네바협약의 근본적인 개정을 준비

6) J. Siotis, *op. cit.*, pp.148-149, 151-156.

하면서 내전에 각별한 관심을 두고 있었다. 1948년 제17차 국제적십자회의(스톡홀름)에서 ICRC는 1946년의 '1929년 제네바협약'의 개정과 신협약의 작성준비를 위해 소집된 각국적십자사 예비회의 및 1947년 15개국이 참석한 제네바협약 개정문제에 관한 정부전문가회의에서 제시된 안과 토론을 기초로 4개 협약안 공통2조 4항을 제안했다.

동 안(스톡홀름안)은 제네바협약의 내전에의 적용여부 및 적용요건 등에 관한 검토과정에서 이루어진 것으로 '국제적 성질을 갖는 분쟁'과 '국제적 성질을 갖지 않는 분쟁'간의 법적지위에 있어서의 차이를 유지하고 있긴 하지만 처음으로 '국제적 성질을 갖지 않는 무력분쟁'이라는 용어를 사용하고 있으며, 협약전부의 적용을 제안하고 있고, 규정의 적용범위를 과도하게 제한할 가능성이 있는 상호주의를 삭제하고 있다.[7)]

1949년 외교회의에서 스톡홀름안은 먼저 합동위원회(Joint Committee)에 제출되었다. 동 위원회에서 각 대표들의 견해는 스톡홀름안을 지지하는 견해와 동안을 삭제하여 '비국제적 무력분쟁'에 협약의 적용을 거부하자는 견해로 나누어졌다.[8)] 이들 견해의 대립이 심각해지자 스위스대표의 제안으로 스톡홀름안에 대한 단일수정안을 채택하

7) 제국들은 이러한 상호주의 삭제를 반도에게 교전단체의 지위를 부여하는 것과 같다고 보았으며 만약 반도가 전투원의 지위를 갖는다면 분쟁종료후 석방을 요구할 수 있는 전쟁포로로 인정해야 하므로 반란을 진압하는 정부의 권능이 손상될 것을 우려했다. L. Lopez, "Uncivil Wars: The Challenge of applying International Humanitarian Law to Internal Armed Conflicts", 69 *New York University Law Review*, 1994, p.930.

8) 스톡홀름안에 대한 지지국과 비판국 및 그들의 견해의 주된 내용에 대한 자세한 설명은 Actes de la Conférence diplomatique de Genève de 1949, Tome II, Section B, pp.11-15; 대한적십자사, 제네바협약해설I, 1987, pp.47-48 참조.

기 위한 특별위원회가 설치되었다. 특별위원회에서는 벽두부터 스톡홀름안에 대한 수정안들이 제출되었지만 논의의 주된 대상이 된 것은 호주수정안과 프랑스수정안이었다. 양 수정안은 스톡홀름안 찬성안과 반대안의 중간적인 것으로 스톡홀름안을 적용하기 위해 분쟁당사자가 충족해야 하는 조건이나, '국제적 성질을 갖지 않는 무력분쟁'의 성질이나 한계를 규정하려는 것이었다.[9)]

이러한 심각한 견해 차이에 직면하자 대표들의 견해를 조정하여 새로운 안을 작성하기 위해서 미국, 프랑스, 호주, 노르웨이, 스위스 대표로 구성되는 실무반이 설치되었으며, 이 실무반에 의해 일정한 요건[10)]을 갖춘 분쟁의 경우 협약규정 전부가 각 분쟁당사자들에게 적용된다는 것을 인정하는 초안(제1안)이 작성되었다.

그러나 동 안은 협약(특히 민간인보호협약)의 전부를 '국제적 성질을

---

9) 호주수정안은 체약국의 본국 또는 식민지에서 발생하는 내전의 경우에 본 협약이 적용되기 위해서는 '(1) 정부에 의한 반도의 교전자격 인정, (2) 정부 자신의 교전자격 요구, (3) 정부의 반도에 대한 본 조약 적용만을 위한 교전자격 인정, (4) 분쟁이 국제평화에 대한 위협, 평화의 파괴 또는 침략행위를 구성하는 것으로서 국제연합 안전보장이사회 또는 총회의 의사일정에 포함될 것'이라는 조건들의 어느 하나가 충족되어야 함을 강조하였으며(Actes de la Conférence diplomatique de Genève de 1949, Tome III, Annexe, No.11, p.27.), 프랑스는 "하나 또는 그 이상의 체약국의 영역 내에서 발생하는 국제적 성질을 갖지 않는 무력분쟁의 경우 각 분쟁당사자는 적당사자가 조직된 군대, 일정영역에서 행해지는 행위에 책임을 지며 협약을 존중하고 그 존중을 확보할 수단을 지닌 책임 있는 당국을 가진다면 본 협약의 규정을 적용하지 않으면 된다"라는 수정안(*Ibid.*, Annexe, No.12, p.27.)을 제출했다.

10) (1) 중앙정부가 반도를 교전자로 승인할 것, (2) 반도가 국가영역의 일부주민에 대하여 사실상 정부권한을 행사하는 조직적인 당국, 그 당국의 지휘를 받는 조직적인 군대 및 본 협약과 기타 전쟁법규 및 관례를 실시할 수단을 가질 것, (3) 반도도 본 협약 및 기타의 전쟁법규와 관례에 따를 의무를 승인할 것.

갖지 않는 무력분쟁'에 적용하는 것은 불가능할 뿐만 아니라 부적절하다는 비판(프랑스, 영국), 반도가 '국가의 특징'을 구비할 것을 요구하고 있어 실제로 적용될 수 없을 것이라는 비판(이탈리아) 및 각 분쟁당사자는 자신들이 중앙정부라고 주장할 것이기 때문에 어느 쪽이 중앙정부인지를 결정하는 것이 곤란할 것이라는 비판(ICRC) 등[11] 구조의 복잡성, 용어의 부정확 또는 그 자의적 해석의 위험성을 지적하는 많은 비판이 제기되었다. 그 결과 보다 제한적 성질의 새로운 안을 작성할 것이 실무반에 요구되었다. 이 요구에 따라 실무반은 민간인보호협약에서는 '국제적 성질을 갖지 않는 무력분쟁'에 협약 전부가 아니라 그 기초를 이루는 인도적 원칙들만을 적용한다는 적용규정을 제한하는 방식을 택하고, 다른 3개 협약에서는 협약 전부가 적용될 분쟁을 제한하는 방식을 택하여 상병자, 해상상병자 및 포로협약에 적용될 복잡한 형식과 민간인협약에 포함될 간단한 형식의 2개의 새로운 안(제2안)을 제출하였다.[12]

제2안도 제1안과 마찬가지로 많은 비판을 받았다. 그것들은 주로 3개 협약에 포함될 안에 집중되었는데, 비판의 핵심은 문제가 된 분쟁이 '국제적 성질을 갖지 않는 무력분쟁'이 갖추어야 하는 조건들에 합치되는지 여부를 결정하지 않으면 안 되고, 이 결정을 둘러싸고 끝없는 논쟁이 벌어져 협약전부 또는 인도적 원칙들의 자동적 또는 신속한 적용이 방해받게 될 것이라는 것이었다. 이 경우 그 분쟁이 협약전부의 적용에 필요한 조건들을 충족하고 있는지 여부를 결

11) Actes de la Conférence diplomatique de Genève de 1949, Tome II, Section B, pp.42-47.
12) *Ibid.*, pp.73-74.

정할 어떠한 기관도 예정되어 있지 않으면, 그 결정은 중앙정부의 자의적 재량에 맡겨져 버리는 경우가 되고 또 그 조건들이 실제로 충족될 경우는 극히 희박할 것이라고 지적되었다.[13)]

이처럼 제1안과 제2안에 대해 각국이 심각하게 대립하게 되자 신협약의 비국제적 무력분쟁에의 적용문제는 어려운 난관에 봉착하여 그 진전이 지지부진하였다. 이 어려운 상황을 타개한 것이 프랑스수정안이었다. 프랑스는 '체약국의 영역 내에서 발생하는 국제적 성질을 갖지 않는 무력분쟁의 경우 각 분쟁당사자는 민간인보호협약 전문의 규정을 적용하지 않으면 안 된다'라는 수정안을 제출했다. 이것은 '국제적 성질을 갖지 않는 무력분쟁'의 정의는 부여하지 않고, 이들에 4개 협약의 인도적 원칙들만을 적용한다는 것이었다. 그러나 아직 채택되지도 않은 전문 초안이 인용되어 있었고 더욱이 이 전문 초안은 일정한 금지규정을 규정하고 있는데 불과하였으며, 그것도 원칙을 제시하고 있을 뿐 구체적 규정은 결하고 있었다.[14)] 동 수정안을 검토한 제2실무반은 제2안과 프랑스수정안을 기초로 하여 적용분쟁을 제한하지 않는 대신 이들 분쟁에 적용될 인도적 규정을 제한하는 제3안을 작성했다.[15)]

특별위원회는 제출된 모든 안들을 표결에 회부하였는데, 투표 결과 모두 부결되었다. 이렇게 되자 특별위원회는 이 제안들을 합동위원회에 대한 보고서에 첨부하여 제출했다. 합동위원회에서도 각 안

13) *Ibid.*, pp.75-76.

14) 대한적십자사, *op. cit.*, p.50.

15) Actes de la Conférence diplomatique de Genève de 1949, Tome II, Section B, p.79.

들이 순차적으로 표결에 부쳐졌는데, 표결 결과 제3안이 찬성 12, 반대6, 기권14로 채택되어 전체회의에 넘겨졌으며, 전체회의에서 찬성 34, 반대12, 기권1로 채택, 공통3조로 성립되었다.[16]

이로써 전통국제법이 전쟁법에 있어서의 내전의 위치를 소극적으로 풀이했던 것과는 달리 새로운 인도법 체계로 마련된 제네바협약에서는 '국제적 성질을 갖지 않는 무력분쟁'인 내전의 위치를 적극적으로 논의한 끝에 마침내 명문차원의 것으로까지 발전시키게 되었다.[17] 이것은 확실히 국가 또는 교전단체승인을 받은 반도만을 법주체로 하는 기존 법구조의 틀을 초월하는 것이며 여기에 공통3조의 혁신점이 있다.[18]

그러나 공통3조는 피할 수 없는 결점도 가지고 있다. 그것은 '국제적 성질을 갖는 무력분쟁'의 희생자와 '국제적 성질을 갖지 않는 무력분쟁'의 희생자 간의 불평등한 인도적 보호가 법에 의해 확고해졌다는 것이다. 국가주권의 저항을 넘지 못한 당연한 결과였다.[19] 이러한 보호의 이중기준은 당시 국제사회의 의식을 반영한 현실적인 선택이었겠지만 여기에서 동 조의 본질적인 흠결이 생성되었다. 전통국제법의 보수적 틀을 벗어나지 못한 대국들의 입김으로 해서 협약전체의 무조건 적용을 말한 모처럼의 ICRC초안을 후퇴시켜 한정된 기본적 인도규칙의 적용으로 바꾸어 놓은 타협의 산물[20]이어서

---

16) *Ibid.*, p.96.
17) 김정균, *op. cit.*, p.8.
18) J. Siotis, *op. cit.*, p.218.
19) S. Junod, "Additional Protocol II: History and Scope", 33 *The American University Law Review*, 1983, p.29.
20) 김정균, *op. cit.*, p.9.

민간인 보호규정의 미약, 체포된 적전투원의 보호 불비, 희생자 구호활동 및 전투수단과 방법의 규제 미흡, 이행규정의 약화 등 많은 면에서 문제점을 갖지 않을 수 없었다.

3. 1977년 제2추가의정서의 채택

공통3조 채택이후 국제적십자회의는 비국제적 무력분쟁의 희생자 보호에 지속적인 관심을 보였다. 1957년 제19회 국제적십자회의(뉴델리)는 공통3조를 보충하고 부상자에 대한 효과적인 치료를 보장하기 위하여 필요한 조치들을 취할 것을 각 정부에 긴급호소하고, 의사의 의료행위 보호 및 효과적인 구호조치의 보장을 위한 기본원칙 등을 규정한 '국내소요에 있어서의 구호(Relief in the Event of Internal Disturbance)'라는 결의(XIX)를 채택했다.

그 후 국제적십자회의는 1965년 제20차 회의(비엔나)에서 수감자 및 감금자 등 비국제적 무력분쟁의 희생자 보호문제의 조속한 해결을 위한 제정부의 협력과 국제적십자에의 지원을 촉구하는 2개의 결의[21]를 채택하였으며, 1969년 2월에 전문가회의를 소집하여 의견을 청취하고, 이를 참고하여 '비국제적 무력분쟁에서의 희생자보호(Protection of victimes of non-international conflicts)'를 하나의 장으로 포함한 '무력분쟁에 적용될 법규 및 관례의 재확인과 발전(Reaffirmation

21) Res.XXVIII(Protection of Civilian Population against the Dangers of Indiscriminate Warfare), Res.XXXI(Protection of Victims of Non- nternational Conflicts). 이들 결의의 구체적 내용에 대해서는 ICRC, *International Red Cross Handbook*, 12th ed., 1984, pp.626-627, 643-645 참조; 김명기, "Geneva 제협약 제1추가의정서 비준상의 문제점", 인도법논총 제3호, 1980, p.37.

and Development of the Laws and Customs applicable in Armed Conflicts, Geneva, 1969)'이라는 제목의 보고서를 동년 9월 이스탄불에서 개최된 제21차 국제적십자회의에 제출했다.[22)]

1970년 ICRC는 당시까지의 견해들을 기초로 하여 다음 해에 개최될 정부전문가회의에 제출할 구체적인 안을 작성하기 위하여 전문가회의를 개최하였다. 1971년 제1회 '무력분쟁에 적용될 국제인도법의 재확인과 발전을 위한 정부전문가회의(Conference of Government Experts on the Reaffirmation and Development of International Humanitarian Law Applicable in Armed Conflict, 1971. 5.24-6.11, Geneva)'에서 ICRC는 초안을 제출하지 않았지만 비국제적 무력분쟁에 적용될 국제인도법의 향후발전에 핵심이 될 중요문제들의 리스트를 제출했으며, 동 회의에 참석한 41개국 200여 명의 전문가들은 이것들을 기초로 토의했다.[23)] 하지만 논의영역이 광범하고 의견이 대립되는 등 3주간의 짧은 기간에 작업을 완료하는 것은 불가능했으며, 그 결과 국내소요가 인권법규에 의해 규제되어야 한다는 것이 대다수 정부전문가들에 의

22) 동 회의는 1949년 제네바협약에 규정된 기본적인 인권의 보호강화를 위한 모든 무력분쟁에 적용되는 인도적 규칙의 재확인 및 발전의 필요성과 긴급성을 강조한 결의XIII(Reaffirmation and Development of Laws and Customs applicable in Armed Conflicts), ICRC에게 비국제적 무력분쟁에서의 국제인도법의 발전에 특별한 주의를 기울일 것을 요구하고 공통3조를 보충하고 명료하게 할 필요성을 광범위하게 승인한 결의XVII(Protection of Victims of Non-International Armed Conflicts) 및 비국제적 무력분쟁에 참여한 전투원은 비인도적인 대우로부터 보호되어야 하며, 일정 조건 하에서 전쟁포로 대우를 인정할 것을 제안한 결의XVIII(Status of Combatants in Non-International Armed Conflicts)을 채택하였다.

23) 竹本正幸, 1949 Geneva諸協約に追加されるこつの議定書について(I), 國際法外交雜誌, 제77권 제2호, 1978, p.46.

해 지지된 것을 제외하고는 어떠한 결론도 얻지 못했다.

ICRC는 1972년 비엔나에서 개최된 제2회 정부전문가회의에서 비국제적 무력분쟁에서의 인도적 보호의 최대한의 확장을 목적으로 1971년에 제시된 다양한 의견을 고려하여 공통3조에 대한 추가의정서 초안(136개 조문)과 부속서를 제출했지만,[24] 1개월에 걸친 심의에서 4개 위원회에서 총395개, 전체회의에서 4개안이 제출되어 이에 대한 활발한 심의가 행해졌지만 상병자문제를 취급한 제1위원회를 제외하고 나머지 3개위원회에서는 의견이 크게 나누어져 특별한 진전이 없었다.[25]

ICRC는 국제적십자회의 및 2번에 걸친 정부전문가회의에 기초하여 1949년 제네바협약의 추가의정서 초안(Draft Additional Protocols to the Geneva Conventions of August 12, 1949: Commentary)을 작성, 1973년 테헤란에서 개최된 제22차 국제적십자회의에 제출했다. 이 최종초안이 1974년부터 스위스 정부의 초청으로 개최된 외교회의의 기초안이 되었다.

47개 조문으로 구성된 이 초안은 전문가회의에서 주장된 견해들을 대체로 고려한 것이었지만 이전의 초안과는 달리 적대행위와 전투의 수단과 방법에 관한 일부 규칙들을 포함함으로써 공통3조를 발전시키고 보완하였으며, 분쟁당사자가 더 이상 분쟁의 부존재를 구실로

24) 동 초안의 구체적 내용은 ICRC, Report on the Work of the Conference of Government Experts on the Reaffirmation and Development of International Humanitarian Law Applicable in Armed Conflicts(Geneva, 3 May-3 June 1972, second session), Vol.I, pp.15-45 참조.

25) R. R. Baxter, "Humanitarian Law or Humanitarian Politics? The 1974 Diplomatic Conference on Humanitarian Law", 16 *Harvard International Law Journal*, 1975, p.8.

그 적용을 거부할 수 없게 객관적인 물적 기준을 제시함으로써 무력분쟁의 개념을 더욱 명확하게 규정하였다.[26)]

ICRC가 성안한 추가의정서안을 검토하기 위하여 1949년 제네바협약 수탁국인 스위스의 초청으로 제네바에서 1974년부터 1977년까지 4차례에 걸쳐 총 136개국, 11개 민족해방단체, 52개 옵서버 자격의 국제기구가 참여한 '무력분쟁에 적용되는 국제인도법의 재확인 및 발전에 관한 외교회의(The Diplomatic Conference on the Reaffirmation and Development of International Humanitarian Law Applicable in Armed Conflict)'가 개최되었다.

1974년 제1회기에서는 민족해방단체의 참가자격 문제 및 위원 수 배분문제 등 절차문제의 대립으로 정작 초안에 대한 심의는 진전되지 못했다. 다만 민족해방전쟁에 대한 논의는 실질적으로 이루어져 사회주의 국가들의 지지를 받은 제3세계 국가들의 노력으로 이제까지 비국제적 무력분쟁이라고 인정되어 온 민족해방전쟁을 국제적 무력분쟁의 개념에 포함시킨 제1추가의정서 제1조가 제1위원회에서 찬성 70, 반대 21, 기권 13으로 채택되었다.[27)]

1975년 제2회기에서는 제2추가의정서의 적용범위에 관한 다양한 의견들이 제시되었다. 중국, 인도네시아, 필리핀, 이란, 일부 라틴아메리카 및 아프리카 국가들은 매우 제한적인 적용요건 또는 내용축소를 제의하였다. 국내문제를 국제화하고 외국간섭의 근거로 의정서가 인정되어서는 안 된다라는 많은 제3세계 국가들의 관심을 반영한 이러한 제한적인 접근은 사회주의국가 및 일부 서구제국 특히 캐나다에

---

26) S. Junod, *op. cit.*, pp.31-32.

27) R. R. Baxter, *op. cit.*, pp.11-18참조.

의해 지지되었다.[28] 반면에 스칸디나비아제국과 서구제국은 적용범위의 확대와 제1추가의정서와 유사한 상세한 규칙들을 주장하였으며, 여타 국가들은 용이하게 적용될 수 있는 규칙들만이 포함되어야 하며 전투행위에 관한 규칙들을 포함해서는 안 된다고 하였다. 특히 노르웨이는 무력분쟁으로 인한 고통은 동일하다는 것과 희생자들은 국제적이든 비국제적이든 모든 무력분쟁에서 동일한 보호를 받을 권리를 가지고 있다는 것을 주장하면서 단일의정서를 채택할 것을 주장했다.[29] 하지만 엄격한 적용요건을 선호한 국가들이 많았으며 따라서 ICRC에 의해 제안된 정의도 매우 제한적이며 간단하였다.[30]

1976년 제3회기에서는 이미 베트남전이 종결되고 포르투갈령 앙골라, 모잠비크가 독립을 달성하는 등 국제정세의 소강사태도 한 몫하여 비교적 냉정한 분위기속에서 조문심의가 진행되었다. 그러나 앙골라에서의 외국인 용병문제가 표면화되어 아프리카제국이 용병의 포로자격을 부인하는 제안을 하는 등 실질적인 심의는 이루어지지 못한 채 상당수의 조문안이 미심의 또는 심의중인 채 남겨졌다.

1977년 제4회기에서 각위원회는 양의정서에 공통 또는 유사한 규정이 많아 제1추가의정서의 각 편 또는 각 장의 조문을 심의한 후, 그것에 대응하는 제2추가의정서의 각 편 또는 각장을 검토하는 심의방식을 채택했다. 이렇게 하여 각위원회는 제1추가의정서를 모방한

28) G. Abi-Saab, *op. cit.*, p.227.

29) S. Junod, *op. cit.*, pp.32-33.

30) 제2추가의정서 채택에 대한 제국의 입장 차이에 대해서는 박재섭, “1949년의 제네바협약들에 대한 1977년의 제2부가의정서: 내란에 적용될 전시법규의 새로운 발전”, 법률행정논총 제18집, 고려대학교 법률행정연구소, 1980, p.28; David P. Forsythe, “The 1974 Diplomatic conference on Humanitarian Law: Some Observtion”, 69 *AJIL*, 1975, pp.279-282.

꽤 상세한 제2추가의정서 규정(CDDH/402)들을 채택할 수 있었다. 하지만 최종회의 하루 전 파키스탄 대표단장이었던 후세인(Hussain)은 위원회에 제출된 초안이 너무 상세하고 국제문서가 관여할 수 없는 영역까지 포함하고 있어 일부 대표들이 수락하지 않을 것이라고 판단, 각국 대표들과 협의한 후 28개 조문으로 구성된 제2추가의정서 '간략화안', 즉 Hussain Draft(CDDH/427)를 작성, 캐나다대표 및 ICRC대표와 상의한 후 외교회의에 제출했다. Hussain Draft는 공식적으로는 위원회안의 수정안으로 제출된 것이었지만 실제로는 이를 대체해 버렸으며 약 2주 만에 이전의 3년여 간(외교회의 이전의 협상을 포함할 경우 약 7년)의 작업결과를 변경시켰다.

반란단체에 대한 의정서의 적용, '분쟁당사자'라는 용어 및 전투의 수단과 방법 등에 관한 대부분 규칙들이 삭제된 간략화안은 현실주의와 '인도적 이유'를 앞세운 외국간섭의 가능성에 대한 극단적인 경계를 반영한 것으로 그 중심적 논거의 하나는 의정서는 "법과 질서의 유지 및 국가영역의 방위를 위한 체약국의 주권 또는 그 정부의 책임에 영향을 미치지 않으며, 외부의 간섭을 정당화하기 위해 원용되어서도 안 된다"라는 것이었다.31)

외교회의 본회의에서 이 안은 콘센서스에 의해 채택되어 제2추가의정서가 되었다. 4년 이상을 끈 외교회의에서 위원회안에 규정되었던 희생자의 인도적 보호에 관한 일부규정이 채택되긴 했지만 분쟁당사자의 많은 의무들이 약화, 삭제되었다. 그것은 비국제적 무력분쟁에 관한 각국의 일반적 이해관계가 달랐고, 동서냉전이라는 이데올로기 및 제3세계의 등장이라는 국제사회의 세력변화가 외교회의에서 대립

31) CDDH/I/SR.49, p.5.

되어 그 타협의 결과물로 동 의정서가 채택되었기 때문이다. 이러한 불비와 미흡에도 불구하고 제2추가의정서는 비국제적 무력분쟁에서의 희생자 보호에 있어서 커다란 진보로 평가될 수 있을 것이다.[32)]

비국제적 무력분쟁에 적용되던 인도법 규칙의 소체계인 공통3조를 확대한 의정서의 채택은 국제인도법 발전에 있어 획기적 진전일 뿐만 아니라 국제인도법의 새로운 역동적인 출발을 의미하는 것이며,[33)] 분쟁희생자의 존중, 보호 및 인도적 대우를 기본목적으로 하는 적십자운동에 있어 중대한 전기였다.[34)]

제2절 인도적 법규의 적용 및 문제점

1. 인도적 법규의 적용

국제인도법의 본질은 '무력분쟁의 희생자 보호'에 있다. 그 당연한

---

32) F. Bory, *Origin and Developement of International Humanitarian Law*, ICRC, 1982, p.38.

33) C. Sepùlveda, "Interrelationships in the implementation and Emplacement of International Humanitarian Law and Human Rights Law", 33 *The American University Law Review*, 1983, pp.117-118.

34) J. Pictet, "New aspects of International Humanitarian Law", 199 *IRRC*, 1977, p.401. 제2추가의정서에 대해서는 인종적, 종교적 동기로 인한 민간인 학살을 불법화했다는 등의 긍정적 평가가 있는가 하면, 참된 인도주의적 실질과 잠재적 성격을 결여한 좋은 내용을 가진 성명일 뿐이라는 비판이 맞서고 있다. M. Veuthey, "Implementation and Enforcement of Humanitarian Law and Human Rights Law in Non-International Armed Conflicts: The Role of the Red Cross" 33 *The American University Law Review*, 1983, p.88.

결과로 국제인도법이 보다 관심을 두어야 하는 대상은 패배한 측일 수밖에 없으며 국제적 무력분쟁보다 더욱 잔인하고 무자비한 그러면서도 법의 침투가 더욱 어려운 비국제적 무력분쟁에서 인도적 법규가 더욱 철저하게 준수되어야 한다는 것은 너무나도 당연한 것이다. 그렇다면 비국제적 무력분쟁에서의 희생자 보호규정들은 현실분쟁에서 어떻게 적용되고 있는가? '희생자 보호'라는 목적을 충분히 달성하고 있는가?

공통3조와 제2추가의정서는 각각 1950년과 1978년 발효된 이후 채택과정에서 제시된 제국의 입장대립과 그 후에 전개된 국제정치적 상황 등으로 인하여 그 적용을 의무지우는 것이 매우 어려울 것이라는 이들 규정들의 유효성에 대한 회의적인 견해가 지배적이었다.[35] 이러한 견해들은 부분적으로는 근거 있는 것이었으며, 실제적용에서도 확인되었다. 당사자들의 합의에도 불구하고 실제로 적용되지 않는 경우가 많았고, 적용되더라도 악용되거나 의도적으로 회피되어 실효적이지 못한 경우가 많았다.[36]

하지만 이들 규정들은 일부 분쟁에서 긍정되고 적용되어 왔다. 물론 그러한 경우에도 대부분은 그 이행이 철저하지 못했지만 그 유효성과 필요성을 무의미하게 만들 정도는 아니었으며, 적용분쟁에서의 희생자 보호에 있어 제한적 역할을 수행해왔다는 사실은 긍정적으로 평가되어야 할 것이다.[37] ICRC도 그 역할이 과소평가되거나 심지어

35) Raymunt T. Ying and Robert W. Ginnane, "The Geneva Conventions of 1949", 49 *AJIL*, 1952, p.396.

36) E. M. Wheeler, "Humanitarian Law, El Salvador and Protocol II: Do these Equal Substantive International Law?", 21 *Case Western Reserve of Journal International Law*, 1989, p.204.

무시되기도 했지만, 분쟁이 발생하면 분쟁당사자에게 역무를 제의하고, 국제인도법의 적용을 촉구하여 왔다. 그 결과 상당수의 분쟁에서 ICRC의 역무제의가 수용되어 상당한 성과를 거두었다. 따라서 비국제적 무력분쟁을 규율하는 법규들의 법적 내용과 그 적용에 있어서의 불충분이 그것들의 실효성에 대한 신념을 퇴색시키는 했지만 이를 지나치게 강조하여 그 무효성을 주장하는 것은 너무 성급한 결론이다.

비국제적 무력분쟁의 정의와 분쟁존부에 대한 객관적 판단기관 및 적용감시기관의 부재로 비국제적 무력분쟁이 얼마나 발생하였으며, 그러한 분쟁에 국제인도법이 어떻게 적용되었는가 하는 것을 확인한다는 것은 매우 어렵긴 하지만,[38] 불완전하게나마 무력분쟁에서 실

---

37) David P. Forsythe, "Legal Management of Internal War: The 1977 Protocol on non-International Armed Conflict", 72 *AJIL*, 1978, pp.276-277. Forsythe는 공통3조는 일반적으로 인식되고 있는 것보다 더 많은 관심을 받았다면서 동조는 국내전에의 국제법 개입의 합법성을 확립하였고, 국제적인 기준에 따라 자국민을 다룰 것을 일국에 요구하는 전지구적으로 수락된 최초의 국제법으로 내용에 있어 혁명적인 것으로 부족함이 있긴 하지만 만약 동조가 존재하지 않았다면, 국내전을 위한 더욱 효과적인 법의 추구에 있어서의 국제적 노력은 더욱 어려웠을 것이라고 전망하고 1949년부터 1975년까지 공통3조의 적용에 대한 제국의 관행을 1부류: 1949년 4개 제네바협약의 전부 또는 기본원칙의 적용을 위한 특별협정이 체결된 경우(콩고, 예멘(1963-67), 나이지리아), 2부류: 중앙정부가 공통3조의 적용을 명시적으로 수락한 경우(*표한 분쟁은 반란 단체도 공통3조의 적용을 명시적으로 수락한 경우)(과테말라, 프랑스(*), 레바논(*, 1958), 쿠바(*), 예멘(*, 1962), 도미니카공화국, 우루과이, 칠레), 3부류: 중앙정부가 승인하지 않았지만 ICRC가 억류자를 방문하여 공통3조의 적용이 가능했던 경우(알제리, 사이프러스, 헝가리, 말레이시아, 케냐, 남베트남, 로디지아, 라오스, 인도네시아, 아덴, 볼리비아, 북아일랜드, 기니비사우, 모잠비크, 부룬디, 필리핀, 앙골라, 타일랜드, 이라크(1974-75), 에티오피아, 레바논(1975 이후))로 나누고 있다. *Ibid.*, pp.273-276.

38) 藤田久一, "內戰と1949年Geneva條約", 國際法外交雜誌, 제71권 제2호, 1972,

제 적용된 이들 법규들의 대체적인 적용경향은 일반적으로 다음과 같이 분류해 볼 수 있을 것이다.

첫째, 비국제적 무력분쟁에 적용되는 인도적 규정들의 적용요건이 구비되었다고 보이는 분쟁에서 분쟁당사자(특히 중앙정부)가 '국제적 성질을 갖지 않는 무력분쟁'의 존재를 부정하고 이들 규정들을 적용하지 않은 사례가 많았다.[39] 공통3조의 '국제적 성질을 갖지 않는 무력분쟁'이나 제2추가의정서의 '비국제적 무력분쟁'이 제한적이 아닌 융통성 있는 개념으로 정의된 결과, 정부는 그 불명확함을 이유로 자국분쟁이 국제인도법이 적용되는 '무력분쟁'이 아니라고 자의적으로 판단하고 주장할 구실을 제공하였고, 인도적 규정을 적용하지 않음으로서 반도에게 법적지위를 인정하지 않고 그들을 진압하기 위한 우월적 지위에 있을 수 있었던 것이다.[40] 반면에 반란단체는 공통3조나 제2추가의정서는 물론 특히 그들이 체포되었을 경우 포로대우와 같은 국제적 무력분쟁에 적용되는 인도적 제규칙을 정부 측에 요구하고 자신들이 이의 준수를 선언하기도 했다. 왜냐하면 군사적으로 열세인 반도들은 인도적 법규의 보호아래 들어감으로서 국내적으로나 국제적으로 손실을 입을 것이 아무것도 없었고, 그들의 행위에 정당성을 부여하고 국제사회의 여론과 주민지지를 유도하여 정부군의 항복을 이끌어 낼 수 있기 때문이었다.

---

pp.38-39.

39) R. Geraldson, "What is International Humanitarian Law? The Role of the Int'l Committee of the Red Cross", 31 *The American University Law Review*, 1982, p.817; M. Bothe, "Article 2 and Protocol II: Case Studies of Nigeria and El Salvador", 31 *The American University Law Review*, 1982, p.899.

40) H. McCoubrey, *International Humanitarian Law*, Dartmouth, 1996, p.175.

둘째, 폭동 또는 반란을 진압하는 정부는 적어도 분쟁초기에는 공통3조를 구속적인 것으로 받아들이지 않는 대신에 긴급사태라고 보아 국내법에 따라 분쟁을 처리하려고 하고, 분쟁이 장기화되면 공통3조 또는 여타 국제인도법의 적용 압력을 받게 되어 반란단체를 인도적으로 취급한다는 약간의 의무를 수락하였다.41) 하지만 이런 경우에도 결코 공통3조 또는 제2추가의정서의 명시적 수락형태를 취하지 않는 대신에 ICRC의 역무제의를 수락하는 선에서 그치는 경우가 많았다. 실제로 많은 분쟁에서 정치적 제스처였든 법적 신념의 표출이었든 기존 정부와 반도들은 인도적 법규들을 승인하고 존중하여 그 보호의 그늘 속으로 들어가기를 희망하기도 했었지만 대부분의 경우 너무나도 늦게 인도적 법규의 유용성을 확인하곤 했다.

셋째, 공통3조는 비국제적 무력분쟁이 존재하기만 하면 교전단체 승인여부와는 관계없이 적용된다. 따라서 분쟁당사자들은 무력분쟁이 발생한 경우 공통3조의 적용을 우선적으로 요구하기도 하였으나 일부 분쟁에서 반란단체는 기본적인 인도적 규정만 적용되는 공통3조보다 오히려 제네바협약의 원칙들과 여타 기본적 규정들의 적용을 요구하였으며, 더 나아가 반란단체가 일정한 지배지역을 획득한 경우, 국제연합 결의 등에서 전쟁의 합법성을 인정받은 경우, 반도가 사실상의 국가적 조직을 갖춘 경우, 분쟁이 장기화되거나 외국군이나 국제연합군이 대규모로 군사개입한 경우(알제리, 콩고, 베트남 및 나이지리아분쟁 등)에는 그 분쟁이 공통3조 분쟁이 아니라 국제적 무력분쟁(제2조 분쟁)이라 주장하여 협약전부의 적용을 요구하는 경우도

41) James E. Bond, *Rules of Riots: Internal Conflict and the Law of War*, Princeton University Press, 1974, pp.60-61.

있었다.[42] 마찬가지로 제2추가의정서가 적용될 수 있을 정도로 조직화된 분쟁에서도 반란단체들은 제2추가의정서 이상의 국제적 무력분쟁에 적용되는 국제인도법의 적용을 요구하였고 그러한 주장의 일부는 받아들여지기도 했었다.

2. 적용상의 문제점

이상의 적용경향에서 살펴본 바와 같이 인도적 규정들은 실제 일부 무력분쟁에서 긍정되고 적용되어 왔지만 법의 실효성과 강제성이라는 일반적 관점에서 볼 때 만족스럽지 못했다고 평가할 수 있을 것이다. 그렇다면 그 이유는 무엇인가? 이에는 다음과 같은 요인들을 들 수 있다.

가. 분쟁환경의 특성

비국제적 무력분쟁은 국제적 무력분쟁과는 달리 분쟁당사자간 전술, 조직, 영역통제 등에서 불평등하다. 따라서 전력이 우세한 자(주로 중앙정부)는 열세 측을 완전 소탕하여 미래의 불안요인을 제거하려 하고 열세측은 생존과 정부전복을 위해 필사적으로 저항하기 마련이어서, 그 과정에서 전투수단과 방법의 제한, 민간주민의 보호 같은 인도적 규정은 무시되는 것이 일반적이었다.

이러한 과정에서 적어도 분쟁초기단계에서는 소위 '불균형적인 분쟁(asymmetrical conflicts)'이 성행할 수밖에 없으며, 이러한 분쟁당사자간 전력에 있어서의 심한 불균형은 대개 약자인 반도들을 게릴라

42) 藤田久一, 國際人道法, 有信堂, 1993, p.217.

전에 의존케 함으로써 '빈자의 전쟁(poorman's war)'을 수행케 한다.[43] 이러한 게릴라전은 정규군간의 적대행위와는 달리 산개한 게릴라에 의한 위장성과 은밀성을 주요특징으로 하는 기습전법을 취하는데, 민간주민들 속에서 행해지기 때문에 전투원과 비전투원의 구별이 어렵고 이에 따라 민간주민들의 희생이 클 수밖에 없다.[44]

또한 게릴라전은 분쟁기간에도 영향을 미치고 있다. 과거의 비국제적 무력분쟁은 성공하건 실패하건 단기간의 승부였지만, 오늘날의 분쟁은 게릴라전 등 비정규적 전투방식의 채택으로 대개 장기적 투쟁형태를 띠고 있다. 이러한 분쟁의 장기화는 게릴라전과의 결합으로 인도적 법규의 적용에 대한 지속적인 감시와 적용의지를 좌절시키게 되고 따라서 희생자 예방이나 구호활동의 부족으로 희생을 증대시키고 있다.

나. 적용요건 및 법규내용의 불명확성

공통3조는 모든 '국제적 성질을 갖지 않는 무력분쟁'이 존재하기만 하면 '당연히(ipso jure)', '자동적(automatic)'으로 적용되기 때문에 '무력분쟁'을 결정하기 위한 객관적인 요건들이 확립되어야 했으나, 실체적이고 절차적인 기준들을 규정하고 있지 않은 채 단지 '국제적

---

43) 게릴라라는 용어는 소규모 전투방법 내지 전투형태, 그러한 방법 내지 형태로 전투를 수행하는 자 및 분쟁의 성질을 표현하는 의미로 사용되는 바, 게릴라를 전투방법 내지 형태로 파악할 때 그것은 경무기를 사용하고 기습방법에 의존하며 정면대결을 피하는 이동집단에 의해 수행되는 것을 특징으로 한다. 따라서 게릴라전은 은밀성과 야행성을 띠지 않을 수 없다. 김찬규, "전쟁법상의 새로운 개념", 경희법학, 제19권 제1호, 1984, pp.4-5.

44) 최은범, "제네바협약 추가의정서에 있어서의 전시 민간인 보호의 강화", 국제법학회논총, 제27권 제1호, 1982, p.367 참조.

성질을 갖지 않는 무력분쟁'만을 언급하고 있다.

이러한 분쟁의 실체적 정의에 대한 침묵은 동 조의 최저적용요건, 즉 '국제적 성질을 갖지 않는 무력분쟁'의 존재를 확인하기 위한 필요하고도 충분한 최소한의 조건은 무엇인가? 그러한 분쟁은 최저적용요건에 도달하지 않은 저수준의 폭력사태와 국내질서의 붕괴(국내적 소요 및 긴장)와는 어떻게 구별되는가? 하는 문제와 중앙정부에 의해 그러한 분쟁의 존재가 부정될 수 있는 여지를 남겨, 공통3조의 적용여부에 대해 분쟁당사자간 및 분쟁당사자와 국제사회(국제연합, ICRC, 기타 인도적 기관 및 개별국가) 간 마찰을 빚게 하고 동 조의 적용거부를 정당화하기도 하였다.

이러한 문제는 제2추가의정서도 마찬가지다. 반란군에 의한 '영역의 일부에 대한 통제'의 기준이 통제의 정도(양)보다는 통제의 내용(질)까지 포함하는지라 일반적으로 무기준, 무질서로 다양하게 해석되고 있다. 무력분쟁, 특히 비국제적 무력분쟁에서의 전황은 계속적, 유동적으로 변하기 때문에 어느 정도의 시간, 범위 및 강도의 점령이 그 지역을 통제했다고 할 수 있을 것인가 하는 것은 분명하지 않다.45)

또한 군대 또는 특수 경찰력이 개입하는 간헐적인 폭력행위로 특징지어지는 국내소요 및 대량체포로 특징지어지는 국내긴장과 비국제적 무력분쟁의 초기단계를 명확하게 구분하는 것도 어렵다. 멀리 떨어진 곳에서 발생하는 사태의 범위와 특징은 정보의 부족으로 정확한 판단이 어려울 뿐만 아니라, 정치적 이유 등으로 의도적으로 과소평가되는 경우가 많고 전쟁선언 또는 국가의 영토적 통일에 대

45) S. Junod, *op. cit.*, p.37.

한 위반과 같은 방법에 의해 상대적으로 무력분쟁의 개시시점의 확인이 쉬운 국제적 무력분쟁과는 달리 비국제적 무력분쟁은 단순한 국내적 소요 및 긴장에서 무력분쟁으로 서서히 변해가는 경향이 강하기 때문이다.[46] 이처럼 공통3조와 제2추가의정서의 적용분쟁을 결정하기 위한 객관적인 요건과 절차의 부재는 이들 법규들의 적용을 어렵게 하는 중요한 요소 중의 하나라는 것을 보여준다.

비록 이러한 문제들이 해결된다 하더라도 국제인도법을 적용하는데 있어 어려움은 여전히 남는다. 국제적 무력분쟁은 약 500개의 조문으로 규제되지만 비국제적 무력분쟁은 매우 간결한 형태의 희생자 보호를 위한 필수적인 것으로 간주되는 소수의 원칙들만에 의해 규제되기 때문에 그 구체적 내용이 불명확하다. 그리고 체포된 전투원과 민간억류자들의 대우, 보호 및 무차별 공격으로부터의 민간인 보호와 같은 수많은 중요한 문제들을 언급하지 않았거나 언급하더라도 간접적으로 표현하고 있다. 이러한 간결하고 일반적 조문은 법규정으로서 '자기집행력(self-executing)'이 부족하고, 국제인도법이 적용되기 위해 가장 필요로 하는 '조건과 상황의 명확한 규정(a clear regulation of specific hypotheses and situation)'을 결하고 있어 이들 규정이 제공하는 보호의 내용과 정도에 관하여 해석의 여지를 많이 남기고 있다. 이처럼 비국제적 무력분쟁을 규율하는 법규정의 불명확성은 이들 법규들의 적용을 저해하는 또 다른 중요한 하나의 원인이 되고 있다.[47]

---

46) Richard N. Kiwanuka, "Humanitarian Norms and Internal Strife: Problems and Prospects", F. Kalshoven and Y. Sandoz(ed), *Implementation of International Humanitarian Law*, Martinus Nijhoff Publisher, 1989, p.234.

47) Robert K. Goldman, "International Humanitarian Law and Armed Conflicts

다. 국가주권의 저항

공통3조와 제2추가의정서는 비국제적 무력분쟁이 일국의 영토 내에서 발생하면 반란단체에 대한 승인여부와는 상관없이 최소한의 인도적 규정이 적용될 수 있다는 원칙을 확립함으로써 배타적인 국내문제로 간주되어온 비국제적 무력분쟁에도 적용할 수 있게 되었다. 그러나 원칙수준에서의 이러한 의의에도 불구하고 그 적용은 국가주권원칙에 의해 많은 어려움을 겪고 있다.[48)]

비국제적 무력분쟁의 당사자들은 분쟁정도에 관계없이 그것들을 '제한된 범위내에서 국제적 규칙과 요건에 의해 영향을 받는 국내적 관심사항'으로 간주하며, 국제인도법 관련의 어떠한 제안도 그 국가의 국내문제에 대한 간섭으로 보는 경향이 있다.[49)] 또한 국제적 무력분쟁에 적용되는 규정들과 비교해 볼 때 비국제적 무력분쟁을 규율하는 법규정에는 중대한 위반행위 규정, 이익보호국 제도 및 사실조사 절차 등 관련법규의 적용을 강제할 수단들이 없다.[50)] 이는 전

in El salvador and Nicarragua", 2 *The American University Journal of International Law and Policy*, 1987, pp.552-557 참조.

48) 외교회의 벽두부터 일부 국가(이라크, 인도, 인도네시아, 필리핀, 브라질 및 나이지리아 등)들은 국내분쟁에 대한 국제적 규정의 적용에 관한 거의 모든 제의에 반대했다. 이들 국가의 대표들은 주권은 국내법 질서에 대한 국가기관의 최고권을 의미한다면서 국제적 규제는 이러한 최고권을 침해한다는 것과 국내법은 인도적 고려와 안보적 이익 간 적절한 균형을 유지하는데 있어 국제법보다 더욱 적절하다는 것을 주장했다. 대표적으로 이라크의 주장에 대해서는 CDDH/I/SR, p.9 참조. 이러한 입장에 반대한 소수의 국가(노르웨이, 스칸디나비아제국 및 교황청(Holy See) 등)들은 분쟁의 법적 범주가 어떠하든 무력분쟁의 희생자에게 동일한 보호가 주어져야 한다고 주장했다.

49) D. E. Graham, "The 1974 Diplomatic Conference on the Law of War: A Victory for Political Causes and a Return to the 'Just War' Concept of the Eleventh Century", 32 *Washington and Lee Law Review*, 1975, pp.25-26.

50) Y. Sandoz, "Implementing International Humanitarian Law", UNESCO(ed),

통적으로 국내관할사항이라고 인정되어온 비국제적 무력분쟁의 규제에 있어 주권행사를 제한할 수도 있는 강력한 인도적 법규의 출현을 원치 않았기 때문이다. 공통3조와 제2추가의정서가 채택된 외교회의는 정치적 고려와 군사적 이유를 들어 인도적 고려를 희생시켰던 것이다.

공통3조는 그 적용이 분쟁당사자의 법적지위에 영향을 미치지 않는다고 하여 반도에 대한 국제적 지위부여의 가능성을 차단하였고, 더 나아가 제2추가의정서는 "불간섭"이라고 명명된 제3조에서 이를 더욱 확실히 하고 있다. 동 조에서 언급된 국가주권에 대한 유일한 제한은 '합법적인 수단'뿐이다. 하지만 분쟁에서 사용된 수단의 합법성을 평가하는 것은 분쟁국 자신이기 때문에 이는 매우 제한적일 수밖에 없다.

라. 이행 및 강제규범의 허약

제네바협약 및 제1추가의정서상의 이행 및 강제체계가 공통3조 및 제2추가의정서에서는 아무런 언급이 없거나 있더라도 매우 축약된 형태를 띠고 있다. 공통3조는 비국제적 무력분쟁에서 "ICRC와 같은 공정한 인도적 기관들은 그 역무를 분쟁당사자에게 제공할 수 있다"라고 규정하고 있지만 이 규정이 ICRC에게 그 역무를 제공할 것을 의무지우는 것도, 분쟁당사자에게 그것을 받아들일 의무를 부과하는 것도 아니다.[51] 이러한 제한적 접근은 제정부의 공통3조의 수용을

International Dimension of Humanitarian Law, Martinus Nijhoff Publishers, 1988, p.280.

51) 실제로 분쟁당사자들은 ICRC의 역무제의를 항상 수락하지는 않았으며 비록 수락하더라도 ICRC의 역할과 활동영역을 제한하였기 때문에 역무제의 및

위해 불가피한 것이었다. 공통3조 4항이 "전기 규정의 적용은 분쟁당사자의 법적 지위에 영향을 미치지 않는다"라고 명시적으로 규정하고 있는 것도 그러한 이유에서였다.

제2추가의정서도 강제와 이행 면에서 매우 허약하다. 많은 결점에도 불구하고 제2추가의정서는 국내분쟁에 적용되는 실제적인 인도적 규범에 있어 상당히 발전했지만 주권에 집착한 외교회의 참여국들은 강제적 이행규범의 채택을 꺼려 매우 완곡하게 표현된 몇몇 조항들조차 ICRC초안의 토의과정에서 모두 삭제되었다.

분쟁당사자는 ICRC와 같은 공정한 인도적 기관에 의해 억류된 자들에 대한 방문을 용이하게 하도록 노력해야 한다고 규정한 제8조 5항, 분쟁당사자는 그 영역 내에 있는 군사 및 민간기관과 개인들에 의한 의정서의 준수를 보장하기 위하여 조치를 취할 의무를 가진다고 규정한 제36조, 체약국은 군대와 민간주민 교육프로그램에 의정서 교육을 포함시켜 그들이 의정서를 알 수 있도록 해야 한다고 규정한 제37조 1항, 분쟁당사자는 협정 또는 일방적 선언에 의해 제네바 제협약과 제1의정서의 일부 또는 전부를 시행하도록 노력해야 한다고 규정한 제38조 및 분쟁당사자는 본 의정서 제규정의 준수에 있어 협력하기 위하여 ICRC와 같은 공정하고 유효한 모든 보장을 제공하는 단체에 요청할 수 있으며 그러한 단체는 또한 그 역무를 분쟁당사자에게 제공할 수 있다고 규정한 제39조 등이 삭제되었다. 이 규정들을 비국제적 무력분쟁에서의 의정서 적용의 '감시' 또는 '통제'수단으로

이의 수용이 공통3조의 정신 및 인도적 제법규의 준수에 대한 확실한 보장이 되지 못했다. G. Abl-Saab, "Non-International Armed Conflicts", *op. cit.*, p.224.

본 국가들은 이를 국내문제에 대한 용인할 수 없는 간섭으로 이해하여 외교회의에서 거부하였다. 그 결과 제2추가의정서에는 국제조약에서 가장 일반적이고 구속력이 약한 이행규정인 '당사자는 그 준수를 보장하여야 한다'라는 일반적인 조항조차도 없다.[52)]

다만 제18조에서 '본 의정서는 가능한 한 넓게 보급되어야 한다'라고 하여 국제인도법의 내용을 널리 교육할 필요성을 인정하고 있을 뿐이며, 이것이 제2추가의정서 이행을 위한 체약국의 책임을 말하고 있는 유일한 규정이다. 이러한 비강제적, 불구속적인 규정이 분쟁당사자에게 인도적 의무를 강제하는 것으로, 분쟁희생자에게 인도적 보호를 가져올 것으로 보기는 어려울 것이다.

제3절 희생자 보호규정의 보완 및 발전

1. 보완 및 발전을 위한 국제사회의 노력

가. 비상사태에 적용될 신 국제규범의 제안

비국제적 무력분쟁 당사국들은 비상사태(비국제적 무력분쟁 및 국내적 소요 및 긴장사태) 발생 시 국제인권법과 국제인도법의 상호보완작용이 확립되어 있지 않은 점을 이용하여 공공비상사태를 이유로 일반적인 인권법규에 대하여 효력정지조치를 취함과 동시에 공통3조나

---

52) L. C. Green, "Enforcement of the Law in International and Non-International Conflicts: The Way Ahead," 24 *Denver Journal of International Law and Policy*, No.2/3, 1996, p.314.

제2추가의정서상의 무력분쟁이 아닌 단순한 국내폭력사태가 발생했을 뿐이라고 주장하는 경향이 있다.

또한 실질적으로도 공통3조와 제2추가의정서가 적용되는 비국제적 무력분쟁과 국제인권법이 적용되는 국내적 소요 및 긴장사태를 명확히 구별하기 어려운 복잡성으로 국제인권법과 국제인도법의 공백이 생길 위험이 있어 이러한 사각지대에 국제인권법 및 국제인도법의 핵심규정이 적용되어야 한다는 인식이 있어 왔다.

이러한 인식의 영향으로 국제사회는 인권보호와 인간의 존엄성 존중을 목표로 한 노력의 하나로 국제인권규약과 유럽인권협약, 미주인권협약 등 인권관련법규를 채택하였고, 이들 각 법규에 효력정지금지규정을 두어 어떠한 상황 하에서도 지켜져야 할 기본적인 인권의 보호에 힘써 왔다. 그러나 이들 법규의 실시에는 강제성이 없었으며 어떤 조항들은 분쟁 시 그 적용이 적절하지 못했다.[53)]

이러한 문제점을 인식하고 항시 인권을 보호할 수 있는 규범창출을 위한 노력의 하나로서 1984년 국제법협회(International Law Association: ILA)는 파리회의에서 '인권법집행위원회(Committee of the Enforcement of Human Rights Law)'가 오랜 연구 끝에 작성한 "비상사태 시의 인권규범에 관한 최저기준(Minimum Standards of Human Rights in a State of Exception)"(Paris기준)을 승인했다.[54)] 또한 현재의 국제인도법과 국제인권법의 사각지대를 보완하고 그러한 상황에서의 인도적 보호를 위한 보다 효율적인 규범의 강화를 위한 현존 국제법규의

53) Waldemar A. Solf, "Problems with the Application of Norms governing Interstate Armed Conflict to Non-International Armed Conflict", 13 *Georgia Journal of International and Comparative Law*, 1983, pp.291-301.

54) ILA, Report of the Sixty-First Conference, Paris, 1984, pp.1, 56-96.

부적절함을 지적, 보완하는 새로운 제안이 있었는데 메론(Meron)의 "국내분쟁에 있어서의 모델선언(Draft Model Declaration on Internal Strife, Meron안)"[55]이 그것이다.[56] 전자가 장기화된 심각한 소요 및 긴장사태, 비국제적 무력분쟁 및 국제적 무력분쟁 등의 모든 비상사태에 완전적용됨을 목표로 하는 반면에, 후자는 소요 및 긴장사태와 비국제적 무력분쟁에서만 완전적용됨을 목표로 하고 있다.

이러한 새로운 국제법규의 제안들에는 모두가 비상사태에서 국제

---

55) 262 *IRRC*, 1988, pp.59-76. 1990년 핀란드 아보아카데미대학 인권연구소(The Institute for Human Rights of the Ábo Akademi University, Turku/Ábo, Finland)는 메론(Meron)안을 발전시켜 "인도적 최저기준선언(Declaration of Minimum Humanitarian Standards)"을 성안했다. 동 선언은 비국제적 무력분쟁에 포함되지 않은 국내적 폭력, 소요 및 긴장, 공공비상사태와 관련된 국제적 규칙을 법규화하여 개인의 보호 및 기본적 인권을 증진시키기 위한 것으로 인권법규를 근간으로 하고 제네바협약과 추가의정서를 참조하였다. 동 선언에 대한 자세한 설명은 282 *IRRC*, 1991, pp.330-336 참조.

56) 이외에도 Gasser의 "국내적 소요긴장사태에 있어서의 행동규칙(Draft Code of Conduct in the Event of Internal Disturbances and Tensions, Gasser안, 262 IRRC, 1988, pp.38-58.)"이 있다. 생명권, 살인・고문 기타 잔악한 대우 및 처벌의 금지, 공권력행사의 제한, 자유권, 자유가 제한된 자의 인도적 대우, 강제이주 및 주거지정금지, 국적박탈 및 국외추방금지, 형사상 사법절차의 보장, 임의적 사형금지, 부상자의 수용 및 치료, 실종자 확인, 아동의 존중 및 보호 등을 다루고 있는 가서(Gasser)안은 파리기준 및 메론안과는 달리 비상사태 중 국내적 소요 및 긴장사태에 적용되는데(따라서 본 논문에서는 부차적으로 다루었음), 타 제안과는 달리 새로운 법규의 제안이라기보다는 효력정지금지조항을 명백하고 구체적으로 명시함으로써 일반적으로 관습법으로 인정될 수 있거나 법의 일반원칙으로 승인될 수 있는 것들을 국내적 소요 및 긴장사태에 적용가능 하도록 보다 실질적이고 효과적으로 다듬은 '인류에의 원조'에 중점을 둔 순수한 인도주의의 표현이다. P. H. Kooijmans, "In the Shadowland between Civil War and Civil Strife: Some Reflections on the Standard-Setting Progress", Astrid J. M. Delissen and Gerhard J. Tanj(ed), *Humanitarian Law of Armed Conflicts: Challenges Ahead*, Martinus Nijhoff Publishers, 1991, p.241.

인권법이 효력정지로 인하여 대부분의 기본권이 제한되고 그나마 적용되는 효력정지금지조항의 숫자가 너무 적다는 것을 인식, 이를 보완코자 하는 의도가 분명히 나타나 있다. 특히 국제인권법과 국제인도법의 사각지대에서 신음하고 있는 국내적 소요 및 긴장사태에 적용될 규칙을 많이 포함하여 그러한 사태에까지 이들 제안들이 적용될 것을 예정하고 있다.

그러나 그 구체적 내용들은 기존의 국제인권법과 국제인도법의 단순한 혼합인 듯한 감이 많으며, 이것은 현법규의 준수마저도 소홀하게 만들 수도 있다. 그리고 이제 겨우 초보적 수준에 머물러있는 국제인권법의 현실적 적용이 쉽지 않은 점을 생각하면 새로운 제안들은 자칫하면 선언에서 끝나는 탁상공론이 될 가능성이 높으며, 새로운 제안들이 어떤 상황에서도 반드시 지켜져야 할 권리들을 제시하고자 한 점은 인정된다 하더라도 현 법규도 그 이행확보가 어려웠다는 점을 생각할 때 이행확보나 제재규정에 관한 내용도 너무 불충분하다. 이것은 결국 이제까지 문제점으로 지적되어온 사실을 그대로 남겨두는 셈이다.

나. 국제인도법과 국제인권법의 수렴

국제인도법과 국제인권법은 개인의 보호와 인간존엄의 존중이라는 공통의 목표를 갖고 있긴 하지만 기원, 주체, 규정방법 및 내용 등에 있어서 많은 차이를 보이고 있다. 그러나 오늘날 국제인도법은 형성당시와는 달리 전투원의 명예를 위한 규범 또는 분쟁규제를 위한 법적 수단이라기보다는 무력분쟁의 희생자를 전쟁의 공포로부터 가능한 한 보호하기 위한 수단으로 그리고 무력분쟁에 적용되는 국제인

권법으로 인식되고 있다.[57)]

무력사용의 법적 금지가 실제로 무력분쟁을 종식시키지 못했듯이 무력분쟁에서의 인도적 보호체계인 국제인도법도 불행하게도 그 역할을 다하지 못했다. 국제인도법의 이러한 한계는 무력분쟁에서 제기되는 비인도적, 반인권적 상황에 국제인권법의 원용을 증가시켰다. 한편 정부간, 비정부간 국제기구 및 인권단체들도 특정국가의 인권상황을 개선하기 위한 노력의 과정에서 과거와는 달리 국제인도법의 일반원칙, 더 나아가 국제인도법의 특정 규정에 의존하는 경향을 보이고 있다. 이러한 사실은 무력분쟁에서의 개인보호에 있어 양법의 관련성이 크다는 것과 양법이 함께 사용될 수 있고, 실제로 사용되고 있다는 것을 보여준다. 이와 같은 인간의 존엄성 보호를 보다 효율적이게 하는 양법의 보충적인 관계는 무력분쟁에 있어서 국제인권법이 갖는 의의를 충분히 설명하고 있다.

또한 무력분쟁을 국제적 무력분쟁과 비국제적 무력분쟁으로 나누어 볼 때 국내적 혼란상황이 곧바로 공통3조와 제2추가의정서가 요구하는 정도의 수준에 이르지 못한 국내적 소요 및 긴장사태에 해당하고, 이것이 좀더 악화되면 무력분쟁으로 비화되는 경우가 많으므로 무력분쟁 전 단계에서의 희생자보호와 분쟁해결이 무엇보다 중요하다. 이러한 국내적 소요 및 긴장사태에서 그러한 역할을 할 수 있는 것이 국제인권법이다. 여기에 무력분쟁에서의 국제인권법의 의의가 있다.

---

57) 국제인도법에 대한 국제인권법의 영향을 강조, 국제인도법은 무력분쟁과 국제인권법의 결과물이라는 주장도 있다. D. Schindler, "Human Rights and Humanitarian Law: Interrelationship of the Laws", 31 *The American University Law Review*, 1982, p.935.

제2차 세계대전 후 억제되지 않는 폭력과 빈곤의 발흥, 기본적 인권의 유린 및 무력분쟁의 급격한 증가 등으로 그 희생도 비례하여 희생자 보호를 강화할 필요성이 강하게 제기되었는바, 그러한 필요성은 양법의 독자적 발전뿐만 아니라 양법의 유사성 및 상호의존성을 심화시켰다. 이러한 양법의 수렴현상은 법규에서 뿐만 아니라 점차 관행상으로도 뚜렷해지고 있다.[58)]

오늘날 국제인권법의 주요내용들이 국제인도법에 포함됨으로서 양법은 법적 내용에 있어 서로를 강화시켜 주고 있다. 그 결과 인간의 기본적 권리의 대부분과 세계인권선언 및 국제인권규약에서 주장된 인간의 고유한 권리들은 공통3조 및 제2추가의정서에 포함되게 되었고, 인권법규들도 점차 국제인도법의 본질적인 이념과 원칙들을 포함하고 있다. 따라서 오늘날 양 법 간에 존재하는 차이는 점차 감소하고 있고 양 법 체계의 구체적 내용은 중복되고 있다.

양법수렴의 구체적 내용은 비상사태에서도 적용이 정지되지 않는 국제인권법상의 소위 'hard core'라고 불리는 것들이다. 이것들은 국제인도법과 국제인권법간의 중요한 접촉지대로서 국제인도법에서도 구체적 모습을 보이고 있다.[59)] 공통3조는 원칙적으로 국가와 그 국

---

58) K. Vasak, "Pour une troisième génération des droits de l'homme", C. Swinarski(ed), *Studies and Essays on International Humanitarian Law and Red Cross Principles*, IRRC/Martinus Nijhoff Publishers, 1984, p.837.

59) C. Sepùlveda, supra note 33, p.118. César Sepùlveda는 국제인도법과 국제인권법의 중간에 위치하면서 양법의 요소들을 결합하는 것으로 국제난민법을 들면서 난민문제는 수많은 자들을 위험과 폭력으로부터 탈출하게 하는 비국제적 무력분쟁과 국내적 소요 및 긴장에 의한 인권의 대량위반에 의해 발생하기 때문에 국제난민법은 인간단결의 본능에서 발생한 국제인도법의 특별한 형태로 간주되어야 한다고 주장한다. *Ibid.*, p.119.

민간의 관계에는 관심을 가지지 않던 국제법의 전통적인 접근과는 달리 국제연합 헌장에서의 인권의 언급과 1948년 인권선언의 채택으로 국제법에 확고하게 자리잡은 인권범주와 쉽게 결합되었고,[60] 제2추가의정서는 인권관련 법규들을 특별히 언급한 최초의 국제인도법으로서 동의정서는 전문에서 인권에 관한 국제협약들이 인간에게 기본적 보호를 제공함을 상기시키고 있다.

장래에도 양법은 계속해서 서로에게 영향을 미칠 것이며, 이에 따라 국제인권법이 모든 무력분쟁에 적용되어야 하는 최소한의 인도적 보호를 위한 문명기준의 재확인과 발전에 기여할 것이라는 것이 합리적으로 기대된다. 이러한 양법의 수렴현상은 서로를 보충하며 상호의존적으로 만들어 분쟁희생자 보호에 있어 더 강력한 효력을 가져온다. 따라서 무력분쟁에서의 희생자 보호를 위한 국제인도법의 보완 및 발전을 위해서는 국제인도법과 국제인권법의 상호의존(수렴)이 강화되어야 한다.

다. 단일의정서 채택의 필요성

제1, 2추가의정서를 아우르는 모든 무력분쟁에 적용되는 단일의정서 채택의 그 필요성은 꾸준히 제기되어 왔다. 노르웨이는 1974~1977년 제네바에서 개최된 '무력분쟁에 적용되는 국제인도법의 재확인과 발전을 위한 외교회의'에서 국제적, 비국제적이라는 분쟁의 성격에 관계없이 모든 분쟁에 적용되는 단일의정서를 채택해야 한다고

60) Robin S. Myren, "Applying International Law of War to Non-International Armed Conflicts: Past attempts, Future Strategies", 21 *Netherland International Law Review*, 1990, p.349.

주장했었다.[61)]

하지만 국제적 무력분쟁에 적용하기 위해 작성된 규정들과 비국제적 무력분쟁에의 적용을 위해 제국들이 수용할 수 있는 규정들 간에는 너무나 큰 괴리가 존재하였기 때문에 회의에 참석한 대다수 국가들은 반란 또는 분리운동을 규제할 수 있는 자유를 제한할 그러한 제안에 동의하지 않았다.[62)] 이에 따라 최종적으로 채택된 제2추가의정서는 ICRC가 외교회의에 제출했던 초안과는 달리 심각하게 삭제된 채 채택되지 않을 수 없었고, 이렇게 되자 노르웨이 대표는 제2추가의정서를 "개인의 인도적 보장에 관한 한 '시민적 및 정치적 권리에 관한 국제규약'의 제규정을 능가하지 않는다. 사실 제2추가의정서의 본질적인 내용 중 상당수가 긴급사태에서도 적용이 정지되지 않는 '시민적 및 정치적 권리에 관한 국제규약'에도 규정되어 있고, 게다가 저수준의 무력분쟁에는 적용되지 않기 때문에 동의정서를 채택하기 보다는 차라리 국제규약을 비준할 것을 제국들에게 촉구하는 결의를 채택하는 것이 더 낫다"라고 혹평했으며,[63)] 교황청 대표도 동의정서를 "참된 인도적 실재와 강제적 성격이 결여된 선의의 성명"일 뿐이라고 비판했었다.[64)]

오늘날 비국제적 무력분쟁에서의 희생이 국제적 무력분쟁에서의 그것을 훨씬 능가하고 있고 앞서 살펴본 비상사태에의 적용을 위해

---

61) CDDH/SR.10, p.91.

62) M. Veuthey, *op. cit.*, p.88.

63) C. Lysaght, "The Scope of Protocol II and its Relation to Common Article 3 of the Geneva Conventions of 1949 and other Human Rights Instruments", 33 *The American University Law Review*, 1983, p.10.

64) M. Veuthey, *op. cit.*, p.88.

제안된 신 국제규범(Paris기준, Meron안 및 Gasser안)의 문제점들을 고려해 볼 때 오늘날의 전투수단과 방법을 참작하여 제1추가의정서를 보완, 발전시킨 단일의정서의 채택은 중요한 대안의 하나로 보인다.

인종, 민족, 종교 및 국적 등을 달리하고 국가의 존망을 결정지울 수 있는 적대국간의 무력분쟁(국제적 무력분쟁)에 적용되는 인도적 규칙이 기본적으로 동일국 국민간의 패권다툼인 비국제적 무력분쟁에 적용되지 않는다는 것은 논리적 모순이 있다. 더군다나 최근 발생하고 있는 무력분쟁은 그것이 국제적인 것인지 또는 비국제적인 것인지를 결정하는 것은 매우 어려워 이에 적용될 최소한의 인도적 기준을 확보할 필요가 있으며,[65] 양형태의 무력분쟁은 몇 가지 중요한 면에서의 차이에도 불구하고 '무력분쟁'에 내재하는 기본적인 특징들을 공통적으로 가지고 있기 때문에 동일규범에 의해 규제될 필요가 있다.[66]

2. 보완 및 발전이 요구되는 인도적 내용

가. 적용범위의 명확화 및 확대

현 국제인도법상 그 적용을 보다 확실히 하기 위해서는 비국제적 무력분쟁이란 어느 정도의 분쟁을 말하는지, 즉 어느 시점부터 이러한 분쟁이 시작되고 어느 시점부터 그렇게 되지 않는가 하는 것이 문제가 된다.

---

65) UN Doc. A/7720, para.104.

66) F. Kalshoven, "Applicability of Customary International Law in Non-International Armed Conflicts", A. Cassese(ed), *Current Problems of International Law*, A. Giuffre Editore, 1975, 1975, pp.273.

그러나 공통3조 및 제2추가의정서의 적용범위는 불분명할 뿐만 아니라 후자는 전자에 비해 축소되었는바, 분쟁희생자의 인도적 보호를 강화하기 위해서는 이들의 적용범위 즉, 비국제적 무력분쟁과 국내적 소요 및 긴장사태의 개념을 명확하게 할 필요가 있다. 또한 량자의 구분상의 어려움 및 실제상황에서 발생하는 희생의 무게가 동일하다는 점을 유의하고 국내적 소요 및 긴장사태의 빈번한 발생 및 잔인성, 국제인도법의 부적용, 인권관련법규의 적용정지, 내용상의 불충분 및 남용가능성 등을 고려하여 국내적 소요 및 긴장사태에까지 인도적 제법규를 확대 적용하기 위한 입법조치가 필요하다고 본다.[67]

실제 과거 ICRC는 비국제적 무력분쟁 뿐만 아니라 국내적 소요 및 긴장사태에도 그 활동을 확대하려고 노력하였으며, 특히 그러한 상황에서 구금자 및 억류자들에게 인도적 대우를 보장하기 위하여 그들을 방문하여 원조를 제공해왔다.[68] 또한 구체적 결과를 가져오지는 못했지만 국내적 소요 및 긴장사태에 적용되는 인도적 제법규를 보다 명확하게 하고 ICRC의 인도적 발의권과 활동을 공고히 하기 위하여 전문가위원회가 설치되곤 했었다.[69]

---

67) T. Meron, "Towards a Humanitarian Declaration on Internal Strife", 78 *AJIL*, 1984, p.853.

68) J. Moreillon, "International Solidarity and Protection of Political Detainees", 222 *IRRC*, 1989, pp.123-130.

69) 1953년 '정치적 억류자의 원조문제 검토를 위한 전문가위원회'와 1955년 '국내소요 시 인도적 원칙들의 적용문제 검토를 위한 전문가위원회'는 제네바협약 공통3조와 국제인권법에 기초한 인도적 제기준(특히 구금자와 억류자의 대우)이 존재하고 있다는 것을 확인하였으며(ICRC, *Commission of Experts for the Examination of the Question of Assistance to Political Detainees*, Geneva, June 9-11, 1953, p.8; ICRC, *Commission of Experts for the Study of the Question of the*

나. 희생자의 인도적 대우 확대

(1) 민간주민의 보호 강화

적대행위에 있어서 분쟁당사자가 추구할 수 있는 유일한 합법적 목적은 적군사력의 약화라는 것은 1868년 상트페테르부르크선언 이후 일반원칙으로 인정되고 있다. 따라서 민간주민의 보호강화는 적군사력과 직접적인 관계가 없는 민간주민을 가능한 한 분쟁의 영향으로부터 보호하는데 초점이 맞춰져야 할 것이며, 이러한 작업은 현 민간인 보호규정의 주요 문제점들을 살펴 이를 해결하는 데 주의를 집중하여야 할 것이다.

구체적으로 제네바 제4협약이나 제1추가의정서의 민간주민 보호규정을 그대로 비국제적 무력분쟁에 적용할 수는 없겠지만 제4협약의 Part II(분쟁의 영향으로부터 민간주민들의 일반적인 보호, 제13-26조)와 Part III(피보호자의 지위 및 대우)의 Section I(분쟁당사자 영토 및 그 점령지에 공통되는 규정들, 제27-34조) 및 제1추가의정서 Part IV(민간주민의 보호, 제48-79조)는 모든 민간인들에게 적용되어야 하며, 분쟁과 관련한 행위때문에 구금되거나 소추된 자들에게도 적어도 점령지 주민들에게 제공되는 제네바 제4협약 Part III의 Section III(점령지역 주민의 보호, 제47-78조) 및 IV(피억류자의 대우에 관한 규정, 제79조-135조)상의 인도적 대우는 보장되어야 할 것이다.

Application of Humanitarian Principles in the Event of Internal Disturbances, Geneva, October 3-8, 1955, p.8.), 특히 1962년 '국내분쟁의 희생자원조문제를 검토하기 위한 전문가위원회'는 중앙정부에 대한 적대행위가 집단적 성격을 갖고 최소한의 조직을 갖추면 공통3조 분쟁의 존재를 부정할 수 없다고도 하였다. ICRC, *Commission of Experts for the Study of the Question of the Aid to the Victims of Internal Conflicts*, Geneva, October 25-30, 1962, p.3.

특히 봉쇄, 경제적 강제조치 등의 제재지역 내에 있는 민간주민의 보호에 보다 세심한 고려가 요구된다. 적과의 모든 무역 또는 적에 의해 점령된 모든 국가와의 무역금지, 중립국과의 엄격한 무역규제 및 전시금제품의 확대는 적당사자를 완전한 경제적 및 재정적 고립 상태에 두기 위한 효과적이고도 합법적인 전투수단이다. 하지만 이러한 조치들은 대체로 전투원과 비전투원에게 무차별적으로 영향을 미쳐 민간주민에게도 고통을 야기하기 때문에 인도적 문제를 야기할 수 있다. 외부와의 모든 교역이 금지됨으로써 의약품, 식량 및 생활필수품 등의 부족으로 의식주 및 보건상의 어려움을 겪기도 하고, 제재조치를 분쟁당사자 모두에게 일률적으로 적용함으로써 군사적 약자에게 오히려 더 큰 피해를 가져올 수도 있다.

따라서 제재조치의 부과에 있어서 이러한 문제들을 유의하여 그 피해를 최소화할 수 있는 장치를 마련하는 것이 필요하다. 국제적 무력분쟁에서는 '민간인용 의약품 및 병원용품, 종교의식용 물품, 15세 미만의 아동 및 임산부에게 불가결한 식료품, 피복 및 영양제 등의 자유통과'(제4협약 제23조)가 허용되고 있는 바, 이와 유사한 규정이 비국제적 무력분쟁에 적용되는 인도적 법규에도 삽입되거나 적어도 그 취지가 명시적으로 언급되어야 할 것이다.

또한 무력분쟁 상황에서 민간주민 및 민간물자에 대한 보호를 한층 더 효과적으로 확보하기 위해서는 보호의 대상을 확대함과 동시에 교전자의 전투방법과 수단에 대하여 법적 규제를 가하는 것이 불가결한 선행조건이다.[70] 따라서 민간주민의 보호강화는 다음 항에서

70) 정운장, "제네바 4개협약 추가의정서의 적용상의 문제점: 전투원, 전투방법 및 수단을 중심으로", 국제법학회논총, 제27권 제1호, 1982, p.314.

논하게 될 '전투수단 및 방법의 제한'과 유기적 관련 하에서 논의, 발전되어야 할 것이다.

(2) 희생자 구호활동의 강화

분쟁희생자에 대한 구호활동의 강화는 오늘날의 비국제적 무력분쟁이 일반주민들에게 기아나 극도의 희생을 강요하고 있고, 전략·전술 및 무기의 급격한 발달로 희생의 정도가 날로 확대되어 가고 있는 경향을 볼 때 중요한 의미를 갖는다.

상병자는 아무런 차별 없이 수용되어 치료받을 수 있어야 하고, 의사는 이들의 치료에 있어 어떠한 방해도 받지 않으며 의료상의 비밀엄수원칙이 존중되며, 법규에 규정되어 있는 제한을 준수하고 진료의 목적에 사용되는 경우 의약품의 판매 및 자유유통에 어떠한 제한도 가해져서는 안 될 것이다.

무력분쟁에서 억류자들은 대개의 경우 가족들과의 모든 접촉 및 물질적인 구호를 박탈당하는 바, 이러한 조치는 결코 정당화될 수도 없을 뿐만 아니라 타 분쟁당사자의 적개심을 유발하여 분쟁을 더욱 격화시키고 그 해결을 더욱 어렵게 하기도 한다. 따라서 이들에게 가족의 소식이 제공되어야 하며 합리적인 보호조치가 제공된 건물이나 막사에 수용되어야 하고, 건강을 유지할 수 있을 정도의 충분한 식량과 음료수가 보급되어야 하며, 의복이 제공되어야 할 것이다.

무엇보다도 분쟁희생자에 대한 인도적 원조 및 구호를 실질적으로 제공하기 위해서는 공정한 인도적 구호기관의 활동을 보장하는 것이 중요하다. 이러한 구호기관들은 분쟁당사자 특히 정부 측의 입장에서는 국내문제에의 개입이라든가 주권침해라는 거부감을 동반하기 때문에 실제 무력분쟁에서 많은 어려움을 겪을 수밖에 없고 효과적으로 활동하기 어렵다. 그러므로 ICRC와 같은 공정한 인도적 기관의 방문을 용이하게 할 수 있는 방안검토가 요구된다.

(3) 체포된 적전투원의 인도적 대우

국제적 무력분쟁에서 전투원은 적전투원을 살상 또는 납치할 수 있고, 군사목표물을 파괴할 수도 있다. 이 경우 그들의 행위가 인도적 법규를 위반한 것이 아니라면 체포된 경우 형사소추로부터 면제된다. 하지만 비국제적 무력분쟁에서 정부는 반도들에게 전쟁포로 지위를 인정해야 할 의무가 없다. 반도들은 전투원의 특권을 갖지 못하기 때문이다. 반면에 정부군에 체포된 반군은 반란죄 및 소요죄 등으로 일반형사법규에 의해 처벌되는 것이 현대문명국에서도 보통이다.[71]

이처럼 비국제적 무력분쟁에서 적에게 체포된 전투원은 공통3조의 "무기를 버렸거나 전투력을 상실한 군대의 구성원"에게 인정되는 최소한의 기본적인 권리는 보장되지만 그리고 동조와 제2추가의정서상의 상병자로서의 존중과 보호 및 치료를 받을 수는 있겠지만 단지 무기를 들었다는 이유만으로 형의 선고와 처형을 방지하기 위한 최소한의 법적 보장은 인정되지 않는다.

71) 그러나 반도가 사실상의 지배를 확립한 경우 공식적으로는 부인하면서도 실행을 통해 이들의 포로대우를 묵시적으로 인정하기도 하였다. 그 예로는 알제리 전쟁에 있어서 1958년 이후의 프랑스의 실행 및 비아프라분리전쟁에 있어서의 나이지리아의 실행 등이 있다. A. Rosas, *The Legal Status of Prisoners of War: A Study in International Humanitarian Law applicable in Armed Conflict*, Tiedeakatemia, 1976, pp.146-152, 196-202.

그러나 전쟁의 법규와 관례 및 주요 인도적 법규를 위반하지 않은 체포된 적전투원은 전투능력을 상실했다고 볼 수 있으며 이러한 적전투원을 살해하는 것은 비인도적이다. 따라서 체포된 적전투원은 전쟁의 법규와 관례를 준수한 경우 처벌이 면제되어야 하고 1949년 제네바 제3협약하의 전쟁포로와 유사한 지위가 허용되어야 한다는 것이 계속적으로 제의되어 왔다.

제21회 국제적십자회의(이스탄불)는 결의18을 통해 "1949년 8월 12일 제네바 제3협약 제4조(포로자격요건)를 준수한 전투원이 체포되었을 경우 비인도적 또는 잔혹한 조치로부터 보호되는 것과 마찬가지로 동조는 비국제적 무력분쟁에도 적용되어야 하며, 이를 준수한 체포된 전투원들은 전쟁포로에 준하는 대우를 받을 권리가 있다"면서 ICRC에게 그러한 자들의 법적지위를 연구하고 이를 위해 필요한 조치를 취할 것을 요청했다.[72] 또한 1968년 이래 국제연합 총회는 소위 '자유전사(freedom fighters)'의 보호에 관한 일련의 결의[73]들을 채택했다. 이것들은 비국제적 무력분쟁에서의 전투원 또는 민족자결을 위해 또는 외국지배에 대해 해방투쟁중인 자유전사가 체포되었을 때 그들에게 제네바 제3협약 상의 포로대우 또는 지위를 부여할 것을

72) 이스탄불결의18(Status of Combatants in Non-International Armed Conflicts)에서 문제인 것은 포로협약 제4조 A(2)의 '조직적 저항운동단체'가 충족해야 할 4조건, 즉 (a) 부하에 대해 책임을 지는 1인이 지휘하고 있을 것, (b) 원방에서 인식할 수 있는 고착된 특수표장을 지닐 것, (c) 공공연히 무기를 휴대하고 있을 것, (d) 전쟁법규 및 관례에 따라 행동할 것 이라는 조건이 과연 비국제적 무력분쟁의 당사자 특히 반도나 해방조직에 의해 충족될 수 있는가하는 점이다. 이들 조건 중 (b) 및 (c)의 2조건은 보통 반도, 해방조직측이 행하지 않을 수 없는 게릴라적 전투방법의 특징(은밀성)과 상용될 수 없다고 판단된다.

73) U.N. G.A. Res.2383, 2395, 2396, 2444, 2506, 2547, 2652, 2674, 2678, 2707.

요구하고 있다. 이스탄불결의18이 체포된 전투원이 포로조약 제4조를 충족할 것을 요구하는 반면에 이들 결의들은 일반적으로 그러한 조건조차도 요구하고 있지 않다.[74] 하지만 이러한 제안들은 주권을 앞세운 각국들의 높은 장벽 앞에서 설득력을 얻지 못했다.

무력분쟁에 부과되는 인도적 제한은 원칙적으로 분쟁의 인도화에 그치기 때문에 국내적 입법조치 및 그 운용에 영향을 미쳐 분쟁당사국의 반란진압조치에 중대한 장해가 되지는 않으며,[75] 이는 체포된 적전투원에게 인도적 대우를 보장한다고 해도 마찬가지일 것이다. 또한 이러한 정책은 분쟁의 잔학성을 완화함과 동시에 국제여론이나 분쟁후의 질서회복 등 전략적으로나 실제적으로도 그 필요성이 있다. 만약 정부 측이 체포한 반란군을 반역죄 및 반란죄로 처벌하면 반란단체도 체포된 정부군에 대해 보복적인 동일한 처벌을 하려고 할 것이며, 만약 체포된 반군에게 포로에 준하는 대우를 선언하고 부여한다면 이는 반군의 투항을 촉진하는 하나의 심리적 유인이 될 수도 있을 것이다.[76]

이처럼 반도에게 포로지위를 인정하는 것은 국내법 상 가장 중대한 범죄를 합법화할 수도 있다는 우려 때문에 제국이 이를 받아들이는 것이 매우 어렵다는 현실적 요인이 있긴 하지만, 반도가 정부에 대항할 수 있을 정도로 확립되고, 인도적 법규의 준수 등 교전법규를 존중한 경우, 정부 측은 반군을 국내법상의 중대한 범죄자로서가 아니라 국제법상의 전투원(체포 시 포로대우)에 준해 취급할 필요가

---

74) 藤田久一, “內戰と1949年Geneva條約”, *op. cit.*, p.29.
75) 田岡良一, 國際法III, 有斐閣, 1973, pp.284-285.
76) *Ibid.*, pp.285-286.

있다.

(4) 형사소추 및 처벌시의 인도적 고려

인도적 보장이나 대우를 받는 피보호자도 무력분쟁에 관련되는 범죄의 형사처벌을 면하는 것은 아니다. 비국제적 무력분쟁은 원래 일국의 국내문제에서 발생하기 때문에 국내법은 이를 당연히 금지하며, 정부에 대항하는 반도를 반역자로 진압하여 형법에 따라 처벌할 권리가 있다. 적대행위에 참가했다는 이유만으로는 처벌되지 않는 국제적 무력분쟁과 비교하면 본질적 한계가 존재한다.

일국 내에서 사회적 긴장과 정치적 갈등이 증대될 때 가장 일반적인 특징들의 하나는 민간인들도 (특별)군사법원에서 재판을 받게 되는데, 이 경우 이러한 법원들은 자의적인 정치적 통제를 위한 체계로 전락하는 경우가 많아 독립성과 공정성을 제공하지 못하는 것이 일반적이고, 이 기간 중 제정된 법률은 매우 모호하고 일반적이어서 악의적인 해석이 가능하게 되는 경우가 많다. 이런 경우 형사소추를 분쟁당사자의 국내법에만 위임한다는 것은 자의적인 법집행을 묵인하는 것과 다름없다. 따라서 피보호자의 형사소추 및 처벌에 국제인도법의 규제가 필요한 바, '공정한 재판(fair trial)'이 보장되어야 하며 무죄가 확정되었거나 기소되었던 자를 동일한 사유로 소추하거나 처벌하는 것은 금지되어야 한다.

다음으로 적대행위동안 사형집행은 연기 또는 폐지되어야 한다. 분쟁과 관련된 행위로 분쟁 중에 집행되는 사형은 필요 없는 긴장을 고조시키고 적의 격렬한 저항과 보복의 증가를 가져오기 쉽다. 따라서 적대행위 동안 사형집행을 연기 또는 폐지하는 것은 분쟁의 희생을 다소나마 감소시킬 수 있는 가능성을 열어두고 있다. 왜냐하면 만약 권력을 가진 당국이 적대행위 종료 시까지 사형집행을 미룬다면 국가통합을 위한 사면으로 그들의 생명을 구할 수 있게 되고 사면에의 길을 열어 둠으로써 분쟁에 참가하고 있는 모든 자들에게 적대행위에 있어서 인도적 제규칙을 준수하도록 촉구하는 역할을 할 뿐만 아니라 적대행위 종료 후 통상 상태로의 신속한 회복을 용이하게 하기 때문이다.

다. 전투수단과 방법의 제한

군사목표물에 한정되지 않는 대량파괴무기의 기술적 발달은 새로운 형태의 지상 및 공중공격으로부터 민간인 보호를 위한 전투수단과 방법의 규제에 관한 새로운 규정의 필요성을 보여주었다.77) 또한 공통3조 및 제2추가의정서가 군대 또는 조직적 무장집단의 대립이라는 특징을 지닌 무력분쟁에 적용되는 이상 해적수단이나 그 행사의 제한에 관한 기본원칙들이 비국제적 무력분쟁에 적용되는 것은 당연하다. 법적 흠결을 이유로 국제적 무력분쟁에서 금지되는 전투수단과 방법을 비국제적 무력분쟁에서 사용할 수 있다는 것은 어불성설이다. 분쟁의 유일한 합법적 목적은 적군사력의 약화이지 불필요한 살상이나 파괴가 아니기 때문이다.78)

---

77) G.I.A.D. Draper, "The Development of International Humannitarian Law", UNESCO(ed), *International Dimentions of Humanitarian Law*, Martinus Nijhoff Publishers, 1988, p.82.

78) 1907년 헤이그 제IV협약에 규정된 해적수단 및 방법의 무제한적 사용금지는 오늘날 국제관습법의 일부가 되었으며(T. Meron, *Human Rights and Humanitarian Norms as Customary Law*, Oxford University Press, 1991, pp.64-65), 추가의정서에서 재확인, 발전되었다. 제1의정서 제35(2)(3), 37, 50(2)(4)(5),

비국제적 무력분쟁에서의 전투수단의 제한에 있어서는 헤이그법상의 기본원칙을 그대로 보장하여 전투수단을 선택할 분쟁당사자의 권리는 무제한적이지 않다는 것이 강조되어야 하며, 불필요한 고통 또는 필요이상의 상해를 일으키는 해적수단 및 자연환경에 광범위하고 장기간의 심각한 피해를 야기할 의도를 가지거나 또는 그러할 것으로 예상되는 해적수단의 사용은 금지되어야 한다. 전투방법의 제한에 있어서도 마찬가지로 이 분야의 일반원칙들인 무차별공격 및 무방수지역에 대한 공격은 금지되어야 하며, 민간인과 전투원 및 민간물자와 군사목표물은 구별되어 민간인 및 민간물자는 공격으로부터 보호되어야 하고, 민간인에 대한 보복공격은 금지되어야 하며, 배신행위에 의한 적의 살상과 포획도 금지되어야 하며, 군사작전 시 공격 또는 공격의 영향으로부터 민간인 및 민간물자가 피해를 받지 않도록 사전에 예방조치가 강구되어야 한다.

비국제적 무력분쟁에서의 전투수단 및 방법의 규제에 관한 구체적 내용으로 1990년 국제인도법협회(International Institute for Humanitarian Law)가 채택한 '비국제적 무력분쟁에서의 적대행위를 규제하는 국제인도법 규칙선언(Declaration on Rules of International Humanitarian Law governing the Conduct of Hostilities in Non-International Armed Conflicts)'[79]

54, 55조 참조.

79) 동 선언은 국제인도법협회의 후원 하에 '비국제적 무력분쟁에서의 적대행위를 규제하는 국제인도법 규칙'이라는 주제로 개최된 제14차 인도법 원탁회의(14th Round Table on Humanitarian Law, San Remo, 13-14 September 1989)가 채택한 최종리스트와 주석을 1990년 4월 7일 국제인도법협회 이사회가 비국제적 무력분쟁에 적용되는 기존법규(공통3조 및 제2추가의정서)와는 별도로 그러한 분쟁에 적용되는 규칙들의 적용문제를 검토한 끝에 승인, 채택한 것이다. 동선언의 구체적 내용에 대한 자세한 설명은 278 *IRRC*, 1990, pp.404-408

을 규범화할 필요가 있다. 동 선언은 '비국제적 무력분쟁에 적용되는 적대행위의 규제에 관한 일반원칙(A)'과 '특정무기의 사용금지 및 규제(B)'로 구성되어 있는데, 전자로는 전투원과 민간인의 구별원칙(무차별공격 금지), 민간주민의 면제(민간주민에 대한 공격 및 공포유발행위 금지), 과도한 상해 또는 불필요한 고통의 금지, 배신행위의 금지, 의료 및 종교요원과 의료기관 및 수송수단의 보호 및 존중, 주거지역 및 민간주민 전용시설물에 대한 공격금지, 민간주민의 생존에 필수적인 물자의 보호, 공격 시 예방조치의 강구를 들고 있으며, 후자로는 화생무기, 인체 내에서 확산되는 탄환(dum-dum탄), 독성무기, 지뢰, 부비트랩 및 기타 고안장치 및 소이성 무기를 들고 있다. 원탁회의가 선언의 말미에서 권고한 바와 같이 이러한 국제인도법상의 원칙들은 분쟁이 국제적인가 비국제적인가 하는 분쟁의 특성에 따라 달리 취급되어서는 안 되며 비국제적 무력분쟁의 모든 당사자들이 존중하도록 강조되어야 하고 군사요원뿐만 아니라 민간인, 특히 학생 및 청소년들에게 교육 및 보급되어야 할 것이다.

라. 이행수단의 강화

공통3조는 비국제적 무력분쟁 상황이 객관적으로 존재하기만 하면 자동적으로 적용됨에도 불구하고 전혀 그렇지 못했으며, 동조의 적용을 분쟁당사자에게 강제할 수 있는 권한을 법적으로 부여받은 기관도 없다. ICRC의 역무제의에 대한 수락도 최근의 많은 분쟁에서 보듯이 이것이 공통3조의 정신과 인도적 제법규의 준수에 대한 확실한 보장이 되지 못하고 있다. 이는 동조를 보완, 발전시킨 제2추가의

참조.

정서도 마찬가지다. 따라서 인도적 제법규의 이행 및 강제를 위한 국제적 체계의 개선 및 발전이 요구된다.

비국제적 무력분쟁에서 희생자의 인도적 보호가 현실적이고 구체적인 것이 되기 위해서는 그에 적용되는 국제인도법이 분쟁당사자에 대한 제한(constraints), 분쟁희생자에 대한 보호(protection) 또는 권리(rigths)로서 이해되고 기능해야 할 것이다. 그러기 위해서는 규범적용의 감독이 분쟁당사자가 아닌 제3자에게 위임되어야 하고, 이들이 위반행위를 정지시키기 위한 조치를 취할 법적 권한 및 능력을 갖추어야 하며, 정부 간 또는 비정부 간 기관에 의한 국제적 감독체계가 마련되어 피해당사자들이 분쟁당사자 어느 일방의 명령에 복종하지 않는 공정한 법원 또는 피해구제기관에서 공식적인 절차를 이용하여 규범존중과 피해구제를 보장받을 수 있어야 한다.[80)]

구체적으로 국제적 무력분쟁에 적용되는 인도적 규정들을 원용하여 분쟁당사자들은 인도적 규정의 위반을 억제하기 위해 필요한 입법, 훈령 및 조치를 취하고 중대한 위반의 혐의가 있는 자들을 소추해야 할 것이며, 국제사회와 체약국은 이익보호국(Protecting Powers) 및 국제사실조사위원회(International Fact-Finding Commission)의 가능성을 검토·도입할 필요가 있으며, ICRC와 같은 공정한 인도적 기관이 아무런 방해 없이 그 역무를 분쟁당사자에게 제공할 수 있도록 보장해야 할 것이며, 자국영역 내에 있는 군사 및 민간기관과 개인들에 의한 인도적 규정의 준수를 보장하기 위한 조치를 취할 의무를 승인

80) A. Eide, “The New Humanitarian Law in Non-International Armed Conflict”, A. Cassese(ed), *The New Humanitarian Law of Armed Conflict*, Editorial Scientifica, 1979, pp.278-279.

하고, 군대와 민간 교육프로그램에 이들 규정의 교육을 포함시켜 그들이 알 수 있도록 하고, 군법률담당관을 배치하여야 할 것이다.[81]

81) D. Plattner, "The Penal Repression of Violations of International Humanitarian Law applicable in Non-International Armed Conflict", 278 *IRRC*, 1990, p.418.

제7장
무력분쟁법의 준수

제1절 국제적 기관의 인도적 활동

1. 국제적십자위원회

가. 국제적십자위원회의 활동

국제적십자위원회(ICRC)는 식량, 수용시설, 의료의 제공 등 분쟁희생자의 인도적 구호조치 외에도 분쟁당사자들의 인도적 제법규의 존중을 독려하는 등 인도적 제법규의 위반억제에 상당한 노력을 기울여 왔다.

ICRC는 장기간의 실질적인 활동으로 국제사회로부터 “국제인도법의 성실한 적용을 위해 활동"할 권한을 부여받았으며(적십자규약 제5조2(c)항), 실제 무력분쟁이 발생하는 경우 분쟁당사자들이 국제인도법의 제원칙에 구속된다는 호소를 시작으로 분쟁지역에 대표를 파견하여 인도적 활동에 착수하는 동시에 국제인도법의 존중을 촉구한다.[1] ICRC는 국제인도법의 위반을 종식시키거나 그러한 위반의 발생을 방지하기 위하여 관련된 위반행위의 중대성에 따라 다양한 수준에서 적절한 조치를 취하는데, 국제인도법의 위반이 발생하는 경우 발의권을 행사하여 조치를 취하거나, 위반주장을 접수하여 당사자에게 송부하거나, 협약에서 요구되거나 또는 관련당사자간의 특별합의로 사실심사에 참여하거나, 주장된 위반에 관한 의견을 공식적으로 발표하거나, 주장된 위반행위의 사실여부에 대한 조사를 행하기도 한다.[2]

실제로 ICRC는 스페인내전에서 양당사자들의 인도적 규칙 및 원칙의 존중에 대한 동의를 받아냈으며,[3] 예멘에서는 왕정파로부터는 협약의 기본적인 규정을 준수하겠다는 선언을, 공화국대통령으로부터는 협약의 본질적인 규칙들에 구속된다는 동의를 받아냈고,[4] 특히 나이지리아에서는 적대행위가 발생되기 전 양 분쟁당사자로부터 제

---

1) 분쟁당사자들에 대한 ICRC 호소는 당사자들간의 특별협정의 체결을 이끌기도 했다. 물론 그러한 협정의 체결이 항상 성공적인 것은 아니었다. 알제리아 공화국 임시정부(Provisional Government of the Republic of Algeria: GPRA)은 공통3조는 불충분하다면서 프랑스 정부에게 양측에 있는 포로, 상병자 및 민간주민의 보호를 명시적으로 규정하기 위하여 ICRC 후원하에서 특별협정을 체결하자고 제의했다. 프랑스는 GPRA의 제의를 수락하지 않았다. Fraleigh, “The Algerian Revolution as a Case Study in International Law”, Richard A. Falk(ed.), *The International Law of Civil War*, The Johns Hopkins University Press, 1971, pp.194-195.

2) ICRC, “Action by the International Committee of the Red Cross in the Event of Breaches of International Humanitarian Law”, 221 *IRRC*, 1981, p.76.

3) J. Siotis, *Le Droit de la Guerre et les Conflits Armés d'un Caractére Non-Internationale*, Librairie Générale de Droit et de Jurisprudence, 1958, pp.151-156.

4) ICRC Annual Report, 1962, p.29.

네바협약을 적용하겠다는 합의를 이끌었다.[5] 또한 민족해방단체 및 반란단체들이 ICRC에게 국제인도법에 구속된다는 내용의 일방적 선언을 하기도 했다.[6]

하지만 ICRC는 분쟁당사자보다 우월한 법적 지위를 갖는 것이 아니기 때문에 자신에게 주어지지 않은, 게다가 가지기를 원하지도 않은 사법적 권한을 행사해서도 안 되는 바,[7] 국제인도법 위반에 대한 억제조치에 있어서의 ICRC의 역할은 직접적인 억제조치의 시행자라기보다는 이행을 촉진하는 중간적 보조자라고 할 수 있을 것이다.

나. 문제점 및 개선방향

ICRC는 국제인도법의 위반중지와 그 충실한 적용확보하기 위해 다양한 인도적 활동을 전개해 왔으며 앞으로도 이러한 활동은 변함없이 지속될 것이지만, ICRC가 인도적 활동을 효율적으로 수행하기에는 몇 가지 제한요인이 존재한다.

첫째, ICRC는 제네바협약에 의해 부여된 '공정한 인도적 기관'으로서의 성격을 유지하는 한계 내에서 활동해야 한다. 이러한 공정성 유지를 위해서는 무엇보다도 ICRC가 분쟁당사자의 간섭 없이 분쟁지역에서 활동할 수 있는 여건이 조성되어야 하는데, 분쟁당사자의 자의적, 정치적 판단에 따라 활동이 제약되는 것이 일반적이다.

5) ICRC Annual Report, 1966, p.8.

6) The African National Congress(ANC)는 1980년 11월 28일, Southwest Africa People's Organization(SWAPO)는 1977년 2월 25일, Nation Union for the Total Independence of Angola(UNITA)는 1980년 7월 25일, Moro National Front(Philippine)은 1982년 3월 18일, Palestine Liberation Organization(PLO)는 1982년 6월 7일에 국제인도법을 준수한다는 선언을 했다.

7) ICRC, *op. cit.*, p.77.

둘째, ICRC는 제네바협약의 충실한 적용을 위하여 활동해야 하지만(적십자규약 제6조4항), 사법적 또는 준사법적 기능을 부여받지 못했기 때문에 사실논쟁에 대해 판단을 내릴 수 없다. ICRC는 법을 제정하지 못하는 것이다. 그러한 기능은 국제연합 등 국제기구나 개별 국가를 통할 수밖에 없다.8)

셋째, ICRC(공정한 인도적 단체 포함)는 인도적 발의권을 행사하여 역무를 제의할 수 있지만 분쟁당사자는 그러한 역무를 수락할 의무가 없다. 이제까지의 관행을 살펴볼 때 이러한 ICRC의 제의가 완전히 무시되지는 않았지만 그렇다고 기꺼이 환영받지도 못했다. 따라서 ICRC가 임무를 더욱 효과적으로 수행하기 위해서는 이러한 역무 제의가 분쟁당사자들에 더욱 의무적인 것으로 만듦으로서 무력분쟁에서의 ICRC의 역할을 강화시켜야 할 것이다.9)

넷째, 무력분쟁에서의 국제인도법의 제원칙과 제규칙의 적용을 어렵게 만드는 원인들 중의 하나는 ICRC의 활동이 주권우위원칙에 의해 제한된다는 것이다. 국제인도법을 무력분쟁에 적용하려고 많은 ICRC의 시도에 대해 분쟁당사국들은 분쟁상황이 완전히 자신들의 통제 내에 있다거나, ICRC의 원조 또는 개입이 불공정하다는 등 반발하는 경우가 많았다. 앞으로도 '국가주권'과 '국가이익'이라는 장벽은 계속적으로 비국제적 무력분쟁에 국제인도법의 제규칙을 도입

8) H. P. Gasser, "Internationalized Non-International Armed conflicts: Case studies of Afghanistan, Kampuchea and Lebanon", 33 *The American University Law Review*, 1983, p.158.

9) Richard N. Kiwanuka, "Humanitarian Norms and Internal Strife: Problems and Prospects", F. Kalshoven and Yves Sandoz(ed.), *Implementation of International Humanitarian Law*, Martinus Nijhoff Publisher, 1989, p.246.

하려는 ICRC의 노력들을 효과적으로 방해할 것이며, 분쟁당사자들이 타 당사자를 위해 국제인도법이 무엇을 할 것을 요구하고 있다는 것을 자각하여 이를 준수하기까지는 시간이 다소 걸릴 것이다.[10)]

이처럼 분쟁희생자 보호를 위한 ICRC의 활동은 제한적이고 간접적이다.[11)] 이러한 제한적 성격의 ICRC의 인도적 활동을 강화하기 위해서는 다음과 같은 방향으로의 개정이 요구된다.

첫째, ICRC의 인도적 발의권의 법적 구속력을 보다 강화하기 위한 국제사회의 합의를 형성해야 한다. ICRC는 창설초기부터 국제전뿐만 아니라 국내분쟁(내전 및 국내적 소요긴장사태)에서도 인도적 역무를 제공하여 성과를 거두기도 했다. 이러한 활동의 결과로 국제인도법은 특정규정에 의해 ICRC의 활동을 보장하면서도 인도적 발의권을 인정했다. 하지만 분쟁당사자는 이를 수락해야할 의무가 없다. 이처럼 당해체약국의 동의를 전제로 하는 이러한 인도적 발의권의 비구속적인 법적 성격상 많은 분쟁들에서 무시되거나 회피되었고, 수용된 경우에도 그 활동이 매우 제한되었으며, 분쟁에의 개입으로 오해되어 방해받거나 심지어 구호활동에 종사중인 요원들이 피살되기도 했다.

---

10) *Ibid.*, pp.252-253.

11) ICRC의 제한적 역할에 대해 (1) 제네바법의 위반을 방지하고 그 준수를 보장하도록 강력한 권한을 부여하고, ICRC도 이에 능동적으로 관여해야 한다는 적극론과 (2) 제네바법 위반사실 문제는 관련당사자에겐 민감한 문제여서 그에 대한 개입에는 정치성이 수반되기 쉽고, 국제적십자규약(제2조5항) 상의 정치적 활동 금지조항 및 인도적 임무수행에의 장애 등을 이유로 한 ICRC의 제한적 역할이 계속 유지되어야 한다는 신중론이 대립하고 있는 바, ICRC는 후자의 입장을 취하고 있다. 정운장, "제네바법의 재조명: 그 준수확보에 관한 문제점과 당면과제를 중심으로", 인도법논총, 제9호, 1989, pp.77-78.

둘째, ICRC는 중립적인 중재자로서의 역할에 충실해야 한다. ICRC의 조치는 본질적으로 하나의 기준, 즉 희생자의 이익에 의해 결정되어야 한다. ICRC는 분쟁당사자간 중립적인 중재자로서 분쟁 희생자의 보호조치가 그에게 미칠 수 있는 모든 결과를 조심스럽게 고려한 후에 전개되어야 하며,[12] 분쟁지역에의 출입이 허용된 경우에도 도덕적 또는 정치적 판단을 내려서는 안 되고 그 역할을 인도적 제규칙의 고취, 독려 및 확인에 그쳐야 하며,[13] 중대한 침해가 있어 ICRC가 예외적으로 조사할 때에도 ICRC 자체가 중재법원이나 조사위원회가 되는 것이 아니고 외부기관에 그 소임을 위촉하여 ICRC의 조력이 정치적 목적에 이용되거나 국가 간의 증오감을 자극하는 일이 없도록 하여야 한다.[14] 이러한 ICRC의 중립적 태도는 인도적 법규의 위반을 방치할 수도 있고 위반국의 악의적 도피처로 이용될 가능성[15]이 있다 해도 강조, 강화되어야 할 것이다.

---

12) ICRC, *Respect for International Humanitarian Law: ICRC Review of Five Years of Activity(1987-1991)*, ICRC, 1991, p.15 참조.

13) H. McCoubrey and Nigel D. White, *International Organization and Civil War*, Dartmouth, 1995, p.142.

14) 김정균, "전쟁법과 인도법에 있어서의 중립개념", 인도법논총, 제12호, 1992, p.17.

15) ICRC는 개입분쟁의 실태와 제네바협약의 적용상황에 관하여 보고서를 작성하여 분쟁당사자에게 제출하지만 보통 공표하지는 않는다. 그 이유는 ICRC의 중립성을 유지하고 ICRC 대표의 분쟁지역에서의 활동을 방해하지 않고 안전을 확보하기 위해서이다. 그러나 그 때문에 위반행위가 행해져도 외부에 알려지지 않고 묻혀버리는 부정적 측면도 있다(藤田久一, "內戰と1949年Geneva條約", 國際法外交雜誌, 제71권 제2호, 1972, pp.38-39.). 하지만 ICRC의 이러한 중립적 태도는 그 설립목적과 활동내용의 성질에 비추어 볼 때 당연한 것으로 현재의 왕성한 활동과 전세계의 전폭적인 지지획득을 가능케 하는 요인이라는 것도 부인할 수 없을 것 같다.

셋째, ICRC는 국제인도법의 재확인과 발전을 지속적으로 주도하여야 한다. ICRC는 국제사회로부터 국제인도법의 충실한 적용과 보급뿐만 아니라 그 발전임무까지도 부여받았다. 냉전종식 이후 국제연합의 평화유지 및 회복을 위한 제도적 장치의 이용가능성의 증대에도 불구하고 무력분쟁은 계속 확산되고 있고, 그 와중에 비참한 비인도적, 반인권적 상황에 직면해 있지만 현 인도적 법규로는 이러한 희생을 다루기가 역부족이다. 이러한 현실에서 ICRC는 기존법규의 문제점들을 헤아려 보완하고 군사환경의 발달에 따른 새로운 규범을 법규화할 뿐만 아니라 국제인도법 위반을 예방하기 위해 제국이 강구하고 발전시켜야 할 조치들을 심도 있고 객관적으로 고찰하여 위반억제수단을 강화하여 희생자 보호활동에 있어 주도적 역할을 하여야 할 것이다.

넷째, ICRC의 인도적 활동 참가요원에 대한 국제적 보호가 강화되어야 한다. 일부 분쟁들에서 인도적 구호활동에 종사하는 ICRC(공정한 인도적, 인권적 기관이나 단체 포함) 요원들은 정부구조의 붕괴, 구호활동의 방해 및 공포확산, 인도적 규칙의 무시 또는 무지로 적십자표장 등 보호표식에도 불구하고 총격으로 사망하거나 부상당하고 납치되기도 하였고,[16] 구호물자수송을 무장호송이나 기타 특별절차에 의존하기도 하였다.[17] 따라서 적십자표장 등의 보호를 받는 자의 보호 및 인도적 구호활동에 대한 존중을 확보하기 위한 국제적 보호수단 및 기준이 강화되어야 하며, 실제 구호활동의 제공에 있어 목

16) G. Kewley, *Humanitarian Law in Armed Conflicts*, VCTA Publishing, 1984, p.45.

17) H. McCoubrey and Nigei D. White, *op. cit.*, p.144.

적과 의의를 명확하게 이해시켜 그러한 활동이 보장될 수 있도록 해야 할 것이다.

다섯째, ICRC의 인도적 지식의 보급활동이 강화되어야 한다. 국제인도법의 기본원칙과 규칙들은 국제사회에 의해 인정된 보편적 가치의 핵심임에도 불구하고 분쟁당사자의 무지로 무시되는 경향이 있다. 인도적 법규를 모르고서는 분쟁에서 그 적용이나 존중을 기대할 수 없다. 따라서 인도적 지식의 보급교육의 강화가 절실히 요구되고 있다.

여섯째, 희생자 보호활동에 있어서의 ICRC의 통합적 역할이 강화되어야 한다. 이를 위해 ICRC는 인도적 기관들에 의해 제공되는 구호활동이 일관성과 효율성을 갖도록 체계적으로 조정할 수 있는 능력과 조직을 갖추어야 한다. 인도적 원조를 제공하는 다양한 기구나 단체들의 구호활동이 무계획적으로 행해질 경우 인도적 요구에 충분하고 신속적으로 대응할 수가 없으며, 구호물자의 목적 외 사용이나 무질서한 구호의 부정적 효과를 방지할 수도 없다. 따라서 이러한 구호활동을 조정하고 효율적으로 제공될 수 있도록 재정적 및 인적자원의 확보, 국제적 권위의 확보, 계획 및 집행전담조직 설치 등이 요구된다.

2. 국제연합

가. 국제연합의 활동

(1) 인도적 규범의 확립 및 적용

비국제적 무력분쟁에서의 희생자 보호를 위한 현 국제적 규범은

ICRC의 주도적인 역할에 의해 발전되어 왔지만 국제연합도 국제평화와 안전의 유지를 궁극적인 목적으로 하고 있는 이상 비국제적 무력분쟁의 희생자 보호규범의 형성에 일단의 역할을 할 수 밖에 없었다.

인권과 국제인도법 간의 관계 확립에 있어 중요한 전환점이 된 1968년 국제연합 국제인권회의(International Conference of Human Rights)는 '무력분쟁에 있어서의 인권보호'에 관한 결의를 채택하여 국제인도법을 인권법의 확대로 평가하였으며, 국제인도법의 발전을 국제연합의 관심사에 포함시켰다. 또한 동 회의는 총회가 사무총장에게 국제인도법 적용확보 방안 및 국제인도법의 개정 또는 추가의 필요성을 연구토록 요구할 것을 요청하는 등 인도적 규범의 확립에 적극적으로 관여하였고, 이러한 국제연합의 태도는 ICRC로 하여금 국제인도법의 재확인 및 발전에 박차를 가하게 해서 1977년 제2추가의정서의 채택을 가능케 하는 데 일조했다.

이러한 인도적 규범의 확립에서의 역할 외에도 국제연합은 분쟁해결과정에서 국제인도법의 적용을 강조하고 있다. 국제연합 안보리는 결의 788(1992)에서 라이베리아분쟁의 양당사자들에게 "국제인도법의 제규정을 엄격하게 존중할 것"을 요구했으며 결의794(1992)에서 소말리아분쟁으로 야기된 비극은 인도적 원조활동의 방해로 더욱 악화되었으며 동 분쟁이 국제평화와 안전에 대한 위협을 구성한다면서, 모든 분쟁당사자들에게 "즉각적으로 적대행위를 중지하고 국제인도법의 모든 위반행위를 중지할 것"을 요구하였으며, 특히 민간주민의 생존에 필수적인 식량 및 의약품 공급의 고의적인 방해 등 국제인도법의 모든 위반행위를 비난하고 그러한 행위를 한 자나 할 것을 명한 자는 그에 대해 개인책임을 지게 될 것이라고 확인하였고, 결의814(1993)에서는 소말리아에서의 국제인도법의 광범위한 위반과 법의 지배의 일반적인 부재에 대해 심각한 우려와 관심을 나타내면서 사무총장에게 국제인도법의 심각한 위반행위에 대한 조사 및 소추를 용이하게 하는 것을 포함한 "소말리아 경찰재건, 평화, 안정, 법과 질서의 회복 및 유지에 대한 원조"를 요청했다.

이러한 국제연합의 관행은 보스니아-헤르체고비나(이하 보스니아) 분쟁과 관련한 안보리의 결의들에서도 확인된다. 안보리는 보스니아에서의 국제인도법의 적용문제를 광범위하게 그리고 반복적으로 다루었는데, "모든 당사자들은 국제인도법, 특히 1949년 제네바협약하의 의무를 준수해야 할 의무가 있다"라는 것과 "제협약의 중대한 위반행위를 실행하거나 명령한 자는 그러한 위반에 대해 개인적으로 책임 있다"라는 것을 재확인하고(결의764), "인종청소"의 실행에 관련된 자의 국제인도법 위반에 대한 비판과 "모든 당사자 및 구유고에 관련되는 여타의 자들 및 보스니아군은 즉각 국제인도법의 모든 위반을 중지할 것"을 요구하였으며(결의771), "구유고영역에서 행해진 제네바협약의 중대한 위반과 국제인도법의 여타 위반의 증거를 사무총장에게 제공할 것"과 이를 검토하고 분석하기 위한 공정한 전문가 위원회를 설립했으며(결의780), 구유고 상황이 국제평화와 안전에 위협을 구성한다면서 1991년 이래 구유고에서 자행된 국제인도법의 심각한 위반에 책임 있는 자를 소추하기 위해 국제법원을 설치할 것을 결정하기도 했다(결의808).

(2) 강제적 제재조치

국제연합은 헌장 제2조 7항, 제41조 및 제42조에 의해 평화에 대한 위협, 평화의 파괴 및 침략행위를 구성하는 무력분쟁에 대해 경제적 및 군사적 제재조치를 취할 수 있다. 하지만 많은 경우 국제연합은 회원국들에 개별적, 자발적인 제재조치를 시행할 것을 요구하는 경우가 많았고 국제연합 자신이 직접 강제조치를 취하기를 꺼려했다. 이러한 강제성이 결여된 자발적 제재는 그래서 상징적 성명으로는 의미를 갖지만 비효과적이었다.

국내문제와 관련하여 경제적 제재조치가 취해진 초기사례는 인종차별에서 발생된 로디지아분쟁과 남아프리카공화국분쟁에서 확인할 수 있다. 양정부의 정책과 법률을 강하게 비난한 안전보장이사회는 로디지아 백인소수정권의 영국으로부터의 일방적 독립선언 이후 1965년 로디지아 상황이 평화에 대한 위협이 된다는 것을 이유로 헌장 제7장 제41조에 따라 무기와 석유의 금수조치를 주된 내용으로 하는 경제적 제재를 결의[18]했지만, 남아공의 인종차별정책에 관한 안보리 결의(S.C. Res. 181)는 헌장 제6장하에서 취해진 바, 헌장의 의미에 있어서 그것은 강제적 제재조치가 아니었다(동 결의 14년 후 강제적 제재조치가 부과되었다. S.C. Res. 418(1977)). 총회는 양 경우에 있어 평화에 대한 위협을 발견했다며 회원국들과 안보리에 이들 정부

---

18) S.C. Res. 217, 20 U.N. SCOR(1965). 많은 국가들이 이 제재결의를 모든 회원국을 구속하는 헌장 제7장 하의 강제적 제재조치로 보았음에도 불구하고 서구제국들은 이것을 자발적 요청으로 보았다(SC 1265mtg, 20 U.N. SCOR (1965)). 그 후 1966년 안보리는 선택적인 강제적 경제제재를 부과하였으며 (S.C. Res. 232, 21 U.N. SCOR(1966)) 1968년 백인인종주의정권의 축출을 목적으로 한 포괄적인 제재가 부과되었다(S.C. Res. 253, 23 U.N. SCOR(1965)).

에 다양한 제재조치를 취할 것을 요구했다. 이처럼 그 결과가 의문이었음에도 불구하고 안보리와 총회는 양정부의 인종차별정책의 폐지를 요구하는 결의에서 그러한 정책이 '국제평화에 대한 위협'이 된다고 강조했었다.[19)]

로디지아와 남아공 외에도 경제적 강제조치가 부과된 곳은 1990년 이라크, 1992년 유고슬라비아, 리비아, 소말리아 및 라이베리아, 1993년 아이티 및 앙골라(UNITA점령지역)이다. 이러한 제재조치 중 로디지아와 구유고에 대한 것은 포괄적 조치였으며, 리비아·아이티·앙골라에 대한 것은 선택적 조치였고, 소말리아와 라이베리아에 대한 것은 무기금수조치였다.[20)] 이처럼 경제적 강제조치는 1990년도에 들어 냉전붕괴이후 안보리가 보다 활발하게 활동하게 됨에 따라 그 이용이 증가되기 시작하였는바, 이는 그러한 제재의 유효성에 대한 안보리의 확신을 보여주는 것이다.

비국제적 무력분쟁에서 경제적 제재조치는 분쟁당사자들에게 영향을 미쳐 분쟁의 해결에 영향을 미치기도 했다. 1992년 라이베리아에 부과된 안보리의 강제적인 무기금수조치[21)]는 평화정착과정에 영향

---

19) 안보리는 남아공과 로디지아 분쟁 외에도 결의713(구유고), 결의733(소말리아), 결의 788(라이베리아), 결의841(아이티) 및 결의929(르완다) 등에서 이들 분쟁들이 '국제평화와 안전에 대한 위협'을 구성한다고 했다. 자세한 설명은 김석현, "인권보호를 위한 안보리의 개입", 국제법학회논총, 제40권 제1호, 1995, pp.40-43.

20) H. McCoubrey and Nigel D. White, *op. cit.*, p.226.

21) S.C. Res. 788(1992). 동 결의에서 안보리는 라이베리아 상황이 평화에 대한 위협을 구성한다고 결정하고, 헌장 제7장하에서 라이베리아에 대한 무기금수를 부과했으며, 서아프리카제국경제공동체(Economic Community of West African States: ECOWAS)의 활동을 비난했다. 동 결의에 따라 UN대표단이 라이베리아에 파견되었다.

을 미쳤으며, 아이티에 대한 강제적인 석유 및 무기금수조치(S.C. Res. 841)도 평화협정의 완전한 이행을 보장하지는 못했지만 그 과정에 상당한 영향을 미쳤다.

이러한 경제적 제재조치의 효과를 극대화하기 위해서는 제재부과 시기의 적절한 선택이 중요하며, 부과되는 제재는 즉각적 · 강제적 및 포괄적이어야 한다. 만약 제재조치를 실기하여 부과하거나 자발적 조치를 부과한 다음 일정기간이 지난 후 강제적 조치를 부과한다면 비축 및 비밀보급경로 등을 준비할 수 있는 시간적 여유를 주게 되어 효과가 반감될 수밖에 없고, 제재조치를 제한적으로 부과한다면 제재를 받지 않는 부문이 제재로 인한 희생을 보상할 수도 있게 될 것이다. 또한 회원국, 특히 상임이사국의 일치된 지지가 중요하며 제재조치의 위반자에 대한 강제적 처벌수단의 확보가 필요하다. 진지함과 확고함이 없는 태도는 제재조치를 무력화할 수 있을 뿐이다.[22)]

국제연합의 집단안보는 최종적으로 군사참모위원회의 전략적 통제와 안전보장이사회의 전반적인 정치적 통제에 의해 구현되는 집단적 무력사용인 군사적 제재조치에 의해 보장된다. 하지만 이러한 군사적 제재조치는 강대국 간의 심각한 이념적 대립으로 처음부터 붕괴되었으며, 그 결과 헌장 초안자들이 원래 예정했던 것과는 구별되는 국제연합군이 결성되어 '평화의 파괴, 평화에 대한 위협 및 침략행위'에 대해 군사적 제재조치를 부과했었다. 이러한 변형된 군사적 제

22) N. Schrijver, "The Use of Economic Sanctions by the UN Security Council: An International Law Perspective", Harry H. G. Post(ed.), *International Economic Law and Armed Conflict*, Martinus Nijhoff Publishers, 1994, pp.151-154.

재조치도 평화에 대한 위협으로 간주되는 비국제적 무력분쟁보다는 한국전과 걸프전에서처럼 침략으로 간주되는 국제적 무력분쟁들에서 더욱 전면적으로 취해졌다. 반면에 비국제적 무력분쟁에서는 평화유지군을 파견하여 제한된 범위 내에서 군사력의 사용을 허가하여 왔으며, 소말리아 분쟁에서는 구호품 배급을 보호하기 위해 미국의 군사작전(희망회복작전)을 승인하였으며 구유고 지역에서 NATO의 군사활동을 승인하였는바, 이러한 형태의 군사적 조치는 헌장이 구상하고 있는 것과는 구분되는 독특한 것으로 전통적 의미의 군사적 제재조치와는 다른 것이다.

나. 문제점 및 개선방향

오늘날 국제사회는 무력분쟁을 중재하고 장기화된 분쟁의 극심한 결과를 관리할 국제연합의 능력을 기대하고 있다. 하지만 국제연합의 조치여부 및 그 조치의 본질과 범위는 헌장상의 조건들, 국제연합의 재정상태 및 개입여부 결정당시의 국제정치상황 등 다양한 요인에 의해 영향을 받게 된다. 이러한 한계 내에서 결정되는 국제연합의 개입과 그 이후의 활동 또한 제한적일 수밖에 없으며, 그 효과 또한 불충분한 것일 수밖에 없다.

비국제적 무력분쟁에서의 희생자 보호를 위한 국제연합의 역할에 있어서의 제한요인으로는 첫째, 국제연합의 개입을 결정짓는 명확한 기준이나 일관된 관행이 확립되어 있지 않다. 오늘날 국제연합은 특정문제를 '국제적 관심사', '평화에 대한 위협'이라고 결정하거나 '인도적 목적'을 내세워 이들 분쟁에 개입하고 있다. 이러한 기준들은 국제연합 개입의 일반적 판단기준이 될 수 있겠지만 이러한 일반적인 기준에 따라 국제연합의 개입여부를 결정짓는 것은 정치적일 수밖에 없다. 왜냐하면 개입여부를 결정짓는 주체인 국제연합 자체가 정치적 성격이 강한 국제기구이며 따라서 국제연합의 결정은 회원국들 간의 타협, 즉 개입이익과 비용에 관한 고려, 국가이익과 진영이익의 교량 등 정치적 요소를 고려한 정치적 선택일 수밖에 없기 때문이다.[23)]

둘째, 오늘날 국제연합이 직면하고 있는 가장 심각한 문제의 하나는 만성적인 적자예산이다. 이러한 예산부족은 대규모적인 국제연합의 활동의 개시를 위축시켰으며 승인된 조치조차도 불확실하게 만들고 있다. ICJ에 권고적 의견(Certain Expenses of the United Nations, 1962)까지 요청했었던 국제연합의 재정적 어려움은 과거부터 논란이 되어온 일부국가들의 정규예산분담금의 미납 외에도 냉전종식 이후 급격한 평화유지활동의 증가로 인한 평화유지비의 급증이 그 주요원인이지만 분담금미납을 자국의 의도와 배치된 국제연합의 활동에 대한 항의의 수단으로 이용함에 따라 더욱 심각해졌다. 국제연합이 당면한 재정문제는 절대적 규모의 부족 외에도 비능률적 사용과 사용에 대한 통제권 및 분담금 배분문제를 포괄하는 바, 이러한 모든 점들에 대한 보다 종합적이고 체계적인 개선방안이 합의되어야 할 것이다.

셋째, 안보리의 관할권이 지나치게 확대되고 있다. 안보리는 민주주의와 인권의 파괴를 국제평화와 안전에 대한 위협의 징후 또는 원

23) O. Schachter, "The United Nations and Internal Conflicts", John N. Moore(ed.), *Law and Civil War in the Modern World*, The Johns Hopkins University Press, 1974, p.403.

인으로 간주함으로써 냉전 이후 변화된 환경에서 그의 권능을 확대시키고 있다.[24] 하지만 이러한 안보리의 지나친 관할권 확대는 스스로 감당할 수 있는 정도 이상으로 국제사회에 부담을 지워 소기의 목적을 달성하지 못하게 할 수도 있고 회원국 간의 불화의 원인이 되기도 한다. 그러므로 대규모적이거나 위험이 수반되는 활동을 수행하기 위해서는 회원국의 광범한 지지가 무엇보다도 중요하다. 금수 및 군사조치 또는 여타의 협력을 필요로 하는 임무들은 회원국들의 자발적이고도 적극적인 참여 없이는 성공할 수 없기 때문이다.[25]

넷째, 안보리 상임이사국간의 의견불일치로 분쟁예방, 분쟁해결 및 인도적 보호활동에 유효적절하게 대응하지 못하고 있다. 무력분쟁에서의 국제연합의 모든 활동은 평화적 수단이든 강제적 수단이든 안보리의 승인을 얻어야 한다. 국제연합 정책결정과정에서 주요하고 결정적인 역할을 행사하는 안보리 상임이사국들은 분쟁지역이 자신들의 특별한 또는 안보적 이익과 관련 있는 경우 국제연합의 개입을 막기 위해 거부권 등의 조치를 동원하고 권고적 결의가 채택되는 것을 방해하기도 한다.

이상과 같은 제한요인들을 극복하고 희생자 보호활동을 실효적이게 하기 위해서는 국제연합은 다음의 방향으로 발전, 강화되어야 할 것이다. 첫째, 헌장상 및 제도상의 개선이 요구된다. 급변하는 국제사회의 현실 그리고 회원국들의 기대증가로 국제연합의 원칙과 규범은 그 해석과 적용에 있어서 탄력성을 필요로 할 뿐만 아니라 인종

24) A. Orford, "Locating the International: Military and Monetary Interventions after the Cold War", 38 *Harvard International Law Journal*, 1997, p.445.

25) Y. Bertram, "The Limits of UN Diplomacy and the Future of Conflict Mediation", 37 *Survival*, No.4, 1995-1996, p.87.

적, 종교적 갈등을 비롯한 비국제적 무력분쟁의 증가 및 이에 따른 인도적 지원활동을 비롯한 국제연합의 군사 및 민간활동의 확대는 새로운 원칙과 규범을 요구하고 있다.[26)]

둘째, 일관된 개입기준이 확립되어야 한다. 국제연합의 개입은 국제사회가 공유하고 있는 가치 및 원칙과의 일치여부에 의해 결정되어야 할 것이다. 그리고 국제연합이 국제체계에서 건설적인 평화유지자로서의 역할을 효과적, 지속적으로 수행하기 위해서는 자신에게 부여된 권능 내에서 합법적인 방법으로 기능해야 한다. 만약 국제연합이 계속해서 불법적이라고 이해되는 방법으로 분쟁에 개입하게 되면 분쟁당사자들은 국제연합의 개입을 외부의 개입을 불법적 간섭으로 간주하고 이에 협조하지 않을 것이며 이는 결국 국제연합의 역할을 불가능하게 할 것이다.[27)]

셋째, 예방외교가 강화되어야 한다. 분쟁은 일단 발생하면 인류에게 엄청난 고통을 가져다 줄 뿐만 아니라 그 회복을 위해서는 예방을 위해 필요한 것보다 엄청난 비용과 노력이 소요되거나 회복자체가 불가능할 수도 있다. 따라서 희생자구호활동, 분쟁해결기능 및 국가재건활동을 효과적으로 수행할 수 있는 구체적 방안들을 정립하는 것도 긴요하지만 희생을 최소화하기 위해서는 무엇보다도 분쟁을 사전에 방지할 수 있는 제반 여건을 마련하는 것이 중요하다. 예방외교를 통한 조기행동과 분쟁의 근본원인에의 대처는 상대적으로 비용

---

26) 박홍순, "유엔의 국제정치", 윤영관 · 황병무 편, 국제기구와 한국외교, 민음사, 1996, pp.76-77.

27) Michael J. Matterler, "The Distinction between Civil Wars and International Wars and its legal implication", 26 *New York University Journal of International Law and Politics*, 1994, pp.691-692.

도 적게 들며 인도적 견지에서도 바람직할 뿐만 아니라 위기가 악화될 경우 그에 대한 충분한 정보를 가지고 사태를 수습할 수 있게 해주며 국제연합 내에서의 논쟁에 대한 부담 없이 국제평화에 관련되는 문제들을 통상적으로 처리할 수 있게 해준다.28)

넷째, 인도적 활동을 위한 통합체로서의 역할이 강화되어야 한다. 무력분쟁에서 국제연합에 의해 또는 국제연합의 후원 하에서 취해질 수 있는 조치는 매우 다양하다. 이러한 조치들은 당사자들의 행동이나 태도에 영향을 미치는 많은 요소들 중의 하나이기 때문에 대부분의 경우 그 효력은 쉽게 나타나지 않는다. 따라서 분쟁과 관련된 국제연합의 통합체로서의 역할이 강화될 필요가 있다. 이를 위해서는 무엇보다도 국제연합 제조치의 방법 및 수단들은 일반적으로 배타적이지 않고 오히려 보충적이며 상호긴밀한 연관성을 갖는다는 것이 주목되어야 하며 분쟁에 관계하고 있는 기구 및 인도적 단체들의 활동과 역무를 통합·배분·조정할 수 있는 체계구축이 요구된다.29)

다섯째, 국제연합의 역할과 기능에 대한 분쟁당사자들의 존중과 신뢰가 확보되어야 한다. 국제연합의 평화유지기능에 있어서의 문제점들은 헌장적 · 제도적 결함보다는 회원국들, 특히 강대국들의 소극

28) Louis B. Shon, "The Security Council's Role in the Settlement of International Dispute", 78 *AJIL*, 1984, pp.402-404. Shon교수는 안보리 산하에 각지역내에서 발생하는 분쟁이나 사태를 감시하고 사무총장과 협력하여 국제평화와 안전에 대한 위협정보를 항시 수집하는 안보리 비상임이사국 대표와 기타 회원국 대표 5인으로 구성되는 지역감시단(Regional Monitoring Group)의 구성을 제안하였다.

29) 국제연합의 인도적 구호활동의 확대, 강화를 위한 제도적, 규범적 및 실행적 측면에서의 자세한 검토는 David J. Scheffer, "The Expanding UN Role in Humanitarian Relief Operations", *ASIL Proceedings*, 1992, pp.313-320.

적 태도와 분쟁당사자들의 외부개입의 거부에 의해 심화되어 왔다. 국제연합이 평화와 안전의 유지라는 본질적 목적을 성공적으로 달성하기 위해서는 분쟁당사자들이 분쟁의 해결을 위해 국제연합을 적극적으로 활용하고 그 결과에 보다 깊은 신뢰를 보낼 수 있는 분위기를 조성하는 것이 중요하다.

여섯째, 국제연합은 분쟁당사자간의 교섭주선 등 중간자적 입장을 견지해야 한다. 이러한 역할은 공개적 및 비공개적 방법을 통해 수행될 수 있는데, 국제연합에서의 공개적 토의는 과거 비밀외교가 국제정치에 있어 여러 가지 문제점을 제기했던 점을 감안한다면 상당히 바람직한 것이기는 하지만, 여론의 반응에 따라 전개되는 경향이 있고 분쟁당사자들의 입장을 융통성 없게 만드는 경직성을 수반하여 타협과 해결에 장애를 가져올 수 있다. 이러한 문제점들은 막후교섭과 개인외교 등 비공식접촉으로 보완될 수 있을 것이다.[30)]

일곱째, 평화유지활동이 강화되어야 한다. 오늘날 평화유지활동은 냉전이후 국제질서의 수립에서 기대했던 중심적 역할을 제대로 해내지 못하고 있다. 국제연합에 대한 기대는 크면서도 이를 통해 문제를 해결하려는 정책적 지원이 뒤따르지 않기 때문이다. 분쟁해결기능을 강화하고 분쟁희생자의 인도적 보호를 실효적이게 하기 위해서는 보다 강력한 평화유지활동이 요청된다. 이를 위해서는 재정확보, 지휘체계정비, 신속배치태세확립, 참여와 지원의 확보, 국제연합 각 기관의 활성화, 평화유지활동 원칙들의 합의, 참여인원의 훈련, 보급 및 감시정찰기술 확보, 안전보장이사회의 적극적인 협조와 사무국의 개편 등 해결되어야 할 문제들이 수없이 많다.[31)]

30) 박치영, 유엔정치와 한국문제, 서울대학교 출판부, 1995, p.116 참조.

여덟째, 분쟁 후 평화구축활동(post-conflict peace-building operation)이 강화되어야 한다. 동 활동은 분쟁으로 인해 정부조직이 마비 내지 와해된 국가에 평화를 구축하여 항구적 평화를 보장하고 마비 내지 와해된 정부조직을 재건하는 것이 주목적이지만 그 과정에서 더 이상의 희생을 방지하며 인권을 보호하고 분쟁종식 후 분쟁으로 인한 희생자를 구호하는 효과를 갖는다. 이러한 평화구축활동이 성공적이기 위해서는 평화구축이 필수적인 UN활동의 확대라는 사실에 대한 확신, 보다 완비된 계획, 가용자원의 효율적 배치 및 관련국의 협조, 장기적 개발노력의 포괄, 분쟁당사자 및 대다수 주민들을 대상으로 하는 포괄적인 활동, 비정부간기구(NGOs) 및 지역기구(Regional Organization)의 역할강화 등이 필요하다.[32)]

아홉째, 경제적 제재조치지역 내의 민간주민의 보호를 위한 적절한 대응이 요구된다. 분쟁당사자에게 부과된 경제적 제재조치는 그 지역에 거주하고 있는 주민들에게 인도적 문제를 야기할 수 있다. 외부와의 모든 교역이 금지됨으로써 의약품, 식량 및 생활필수품 등의 부족으로 의식주 및 보건상의 어려움을 겪기도 하고, 분쟁당사자 모두에게 일률적으로 제재조치를 적용함으로써 군사적 약자에게 오히려 더 큰 피해를 가져올 수도 있다. 따라서 제재조치의 부과에 있어서 이러한 문제들을 유의하여 그 피해를 최소화할 수 있는 장치를 마련하는 것이 필요하다.[33)]

---

31) A. Roberts, "From San Francisco to Sarajevo: The UN and the Use of force", 37 *Survival*, No.4, 1995-1996, pp.24-25.

32) Sonia K. Han, "Building a Peace that lasts: The United Nations and Post-Civil War Peace Building", 26 *New York University Journal of International Law and Politics*, 1994, pp.878-883.

3. 국제인권체계

가. 국제인권체계의 활동

오늘날 무력분쟁에서의 인권보호에 관심을 두고 있는 국제연합 및 비정부간 인권단체들은 국제인권법의 이행 및 감시활동에서 국제인도법의 존중을 강조함으로써 인도적 법규의 이행을 촉진시키고 있다. 인권단체들은 특정국내에서의 소요긴장이나 무력분쟁에서 행해진 인권 및 기본적 자유의 심각한 위반을 고발하는 수많은 보고서들을 발표하고 있다. 이러한 활동들은 국제사회의 여론을 환기시켜 이들 국가에 대한 원조를 중단케 하고 국제사회의 제재를 불러와 인권위반을 중단케 하고 인도적 법규를 존중케 하는데 기여한다.

인권단체들은 무력분쟁에서의 인권위반을 고발하면서 주로 '세계인권선언'과 '시민적 및 정치적 권리에 관한 국제규약'에 의존하면서도 자신들의 주장에 관한 법적 기초를 강화하기 위해 국제인도법의 원칙들을 원용한다. 왜냐하면 국제인권법에 비해 국제인도법의 비준국 수가 훨씬 많고, 국제인도법의 일부 원칙들이 국제인권법 규정들보다 보다 명확하며, 국제인도법은 인권유린이 쉽게 발생할 수 있는

---

33) 국제연합 경제제재의 인도법적 측면에 대한 관심은 걸프전 당시 이라크에 대한 안보리의 포괄적 경제재재로 인한 이라크국민의 비극적 상태가 알려지면서 대두되기 시작했다. 이러한 관심을 배경으로 1995년 9월 6일부터 9일까지 이탈리아 산레모에서 국제인도법연구소(International Institute of Humanitarian Law) 주최로 "국제인도법 존중을 위한 단결(United for the Respect of International Humanitarian Law)"을 주제로 개최된 국제회의에서 '분쟁상황에서의 국제연합 제재의 인도주의적 결과(Humanitarian Consequences of the UN Sanctions in Conflict Situation)'에 대한 토의가 있었다. 동 회의에 대한 자세한 설명은 김원경, "'국제인도법 존중을 위한 단결' 국제회의 참가보고서", 국제법학회논총, 제40권 제2호, 1995, pp.198-201 참조.

긴급상황에 적용되는 경우 그 적용이 정지되지 않으며,[34] 군대 또는 법원은 무력분쟁 시 국제인권법을 심각하게 고려하지는 않지만 국제인도법은 존중해야 하는 것으로 간주하는 경우가 많으며,[35] 국제인도법은 정부와 반란단체 양자의 위반행위를 다루지만 국제인권법은 주로 정부의 책임만을 다루기 때문이다.[36]

최근 국제연합은 무력분쟁의 종식과 희생자의 인도적 보호에 관한 자신의 결의를 강조, 강화하기 위하여 종종 국제인도법을 원용하고 있는데, 인권법규의 이행과 관계가 깊은 인권위원회도 적극적으로 국제인도법을 원용하고 있는데, 제48차 회의에 제출된 '이라크 점령하의 쿠웨이트에서의 인권상황에 관한 보고(Report on the situation of human rights in Kuwait under Iraqi occupation)'에서도 특별보고자는 "인권과 국제인도법의 상호작용"이라는 제목을 가진 장에서 "모든 사람들의 기본적 인권은 평시 및 무력분쟁 중에도 존중되거나 보호받아야 한다는 국제사회의 합의가 있다"고 지적하면서, 인권보호를 위한 관습적인 3개의 기본적인 국제인도법 규칙으로 (1) 전쟁의 수단과 방법을 선택할 권리, 즉 해적수단을 선택할 권리는 무제한적이지 않다, (2) 전투에 참여하는 자와 민간인은 구별되어야 한다, (3) 민간주

34) W. G. Hartman, "Derogations for human rights treaties in public emergencies", 22 *Harvard International Law Journal*, 1981, p.1; T. Meron, "Towards a Humanitarian Declaration on Internal Strife", 78 *AJIL*, 1984, p.859.

35) Amnesty International, Memorandum presented to the Government of Guatemala following a mission to the country in April 1985, 1986, pp.34, 37(AI Index: AMR 34/01/86).

36) D. Weissbrodt and Peggy L. Hicks, "Implementation of Human Rights and Humanitarian Law in Situations of Armed Conflct", 293 *IRRC*, 1993, pp.128-129.

민에 대한 공격은 금지된다는 것을 들었다. 그러면서 그는 쿠웨이트 점령에 적용될 수 있는 관습법 규칙에는 공통3조, 제1추가의정서 제75조, 세계인권선언 등이 있으며 실정법으로는 1966년 2개의 국제인권규약 및 1949년 제네바협약이 적용될 수 있다고 보았다(U.N. Doc.E/CN.4 /1992/26, para.33.). 이는 인권위원회가 더 이상 인권과 국제인도법을 명확하게 구분하지 않는다는 것과 비록 인권위원회는 인권의 이행을 증진하기 위하여 설치되었지만 상황에 따라 국제인도법을 적극적으로 원용한다는 것은 물론 자신의 권능을 더이상 인권에 한정하지 않고 '국제인도법 및 공공양심의 명령으로부터 문명화된 시민들 속에 확립된 관례로부터 추출된 국제법의 제원칙'에 까지 확대시킨다는 것을 보여준다.37)

또한 이러한 경향은 미주인권위원회(Inter-American Commission of Human Rights)에서도 볼 수 있다. Disabled People's International (DPI)은 동위원회에 1983년 미국이 그레나다 침공 시 종교시설을 폭격하고 일부 환자들을 살해하는 등 '민간인의 권리와 의무에 관한 미주선언(American Declaration of the Rights and Duties of Man)' 제1조의 생명권, 제11조의 건강권 및 제네바 제4협약을 위반했다고 청원했다. 이 청원에서 DPI는 위원회에게 국제인도법의 원칙들에 기초하여 미주선언 제1조를 해석할 것을 요구하였으며, 청원을 허용한 위원회는 미국의 행위가 미주선언의 생명권을 위반했다는 것을 인정하면서도 현지조사 불가로 심리는 하지 못했다.38)

37) 인권위원회의 국제인도법의 원용에 대해서는 U.N. Doc.E/CN.4/ 1985/18; U.N. Doc.E/CN.4/1985/19; U.N. Doc.E/CN.4/1985/21; U.N. Doc.E/CN.4/1993/ 25/Add.1; U.N. Doc.E/CN.4/1993/46 참조.

38) D. Weissbrodt and B. Andrus, "The Right to Life during Armed Conflict:

이외에도 무력분쟁에서의 인권보호를 위해 인도적 법규를 원용한 인권단체들의 사례는 상당수 있다. Americas Watch는 국제인도법이 위반행위에 대한 책임을 결정하고 적대행위를 객관적으로 평가하는 법적기초를 제공한다고 보고 특정유형의 위반행위에 대해 현장조사 및 희생자와 목격자의 증언을 토대로 엘살바도르와 니카라과 분쟁에 관한 일련의 보고서를 제출했다.

엘살바도르의 경우 Americas Watch는 1984년 FMLN의 통제영역에 거주하면서 그들에게 식량 또는 기타 병참지원을 제공하는 등 적대행위에 간접적으로 참여한 자(Masas)들은 엘살바도르 공군이 직접 공격할 수 있는 합법적인 군사표적이라는 레이건 행정부의 주장을 반박하기 위하여 엘살바도르 상황을 국제인도법적 관점에서 분석한 보고서(Protection of the Weak or Unarmed : The Dispute over Counting Human Rights Violations in El Salvador)를 발간했다. 동보고서는 Masas들이 합법적인 표적(FMLN)에 가까이 있어 사망 또는 상해를 당할 위험이 있기는 하지만 그들은 전투원이 아니며 따라서 직접적인 공격대상이 되어서는 안 된다는 것을 국제인도법에 의거 명료하게 논증하면서, 직접공격에서 발생한 민간인살상은 살인행위로 이러한 인권위반행위는 미국 정부에 책임이 있다고 하였다.[39] 동보고서와 엘살바도르에서의 ICRC의 활동은 두아르떼(Duarte) 대통령이 1984년 민간인에 대한 폭격을 금지하는 'Rules of Engagement'를 발하는 데 결정적으로 기여했으며, 그 후 폭격이 간헐적으로 계속되기는 했지

Disabled People's International v. United States", 29 *Harvard International Law Journal*, 1988, p.59.

39) Americas Watch, *Protection of the Weak or Unarmed: The Dispute over Counting Human Rights Violations in El Salvador*, 1984, pp.30-45.

만 1987년께 거의 종식되었다.[40] 또한 1990년에는 FMLN의 친정부 협의자에 대한 재판에 대해 국제인도법에 의거 비난하는 이유를 상세하고도 분석적으로 설명한 'Violations of fair trial guarantees by the FMLN's Ad-Hoc Courts'라는 제목의 특별보고서를 제출했으며,[41] FMLN은 지뢰의 무차별적 사용, 정부관리에 대한 공격 및 친정부협조자로 의심되는 자들에 대한 즉결처형에 대한 Americas Watch의 비난을 계속 부인하면서도 1990년 정부군을 제외한 정부관리와 기타 민간인에 대한 공격을 중지하기로 결정했다.[42]

또한 Americas Watch는 1984년 니카라과에서 콘트라스(Contras)에 의해 행해진 국제인도법 위반을 상세히 다룬 보고서(Human Rights in Nicaragua)를 발간하여 CIA가 콘트라스에게 정부요인의 암살과 같은 국제인도법 위반행위를 권고하는 '게릴라전에서 심리작전(Phychological Operations in Guerilla Warfare)'이라는 제목의 메뉴얼을 작성했다는 것을 폭로하고 반도에게 자금을 제공한 미국의 불법행위를 비난했다. 또한 1985년에는 '니카라과 분쟁의 양당사자에 의한 전쟁법 위반행위(1981-1985)(Violations of the Laws of War by both sides in Nicaragua(1981-1985))'라는 제목의 보고서를 발행했다. 콘트라스에 의한 국제인도법 위반행위를 체계적으로 문서화한 이러한 보고서들은 그들에 대한 자금 및 무기지원에 대한 미국 의회의 논쟁에 상당한

40) Americas Watch, *El Salvador's Decade of Terror*, 1991, pp.54-58.

41) 동 보고서는 재판이 독립적이지 못하고 불공정할 뿐 아니라 절차에 있어서도 공통3조와 제2추가의정서 제6조의 적용정지금지조항의 명백한 위반인 피고인에게 기본적인 적정절차보장을 거부했다고 결론내리면서 FMLN은 적정절차가 생략된 사형선고를 부과하는 것을 피해야한다고 권고했다.

42) L.A. Times, Mar.14, 1990, A9.

영향을 미쳤다.[43)]

엘살바도르와 니카라과 분쟁에서의 국제인도법 위반에 관한 Americas Watch의 이러한 보고서들은 양국 분쟁당사자들의 행위를 수정토록 설득하는 데 적극적인 영향을 미쳤을 뿐만 아니라 레이건 행정부의 중미정책에 대한 의회의 토론과 여론형성에 상당한 영향을 미쳤다. 게다가 Americas Watch는 이러한 분쟁당사자들에 의해 행해진 위반에 관한 정기적인 보고서를 발표하면서 그들의 주장에 신뢰성을 높였으며 분쟁당사자의 어느 한편에 우호적이라는 비난을 피해갈 수 있었다.[44)]

Americas Watch 외에도 국제법률가위원회(International Commission of Jurists)는 'Failed Promise: Human Rights in the Philippines since the Revolution of 1986'이라는 필리핀 무력분쟁 상황에서의 인권유린에 관한 보고서에서 아주 조심스럽기는 하지만 인권과 국제인도법을 이용할 수 있는 가능성을 보여 주었다. 필리핀 정부의 부인에도 불구하고 동보고서는 분쟁의 제상황이 공통3조와 제2추가의정서의 적용요건을 충족하고 있다는 결론을 내린 후 이들 법규들이 필리핀 분쟁에 적용된다는 것을 선언하여야 한다고 권고하면서 적용가능한 국제인도법의 특별한 규정들을 열거하였는데, 그 한 예로 민간인의 강제이주는 인권법의 위반일 뿐만 아니라 제2추가의정서 제17조의

43) 동 보고서들은 인권단체가 비국제적 무력분쟁을 규율하는 법규들을 포괄적으로 규정하고 이러한 규정들을 분쟁당사자들의 적대행위에 적용하여 그 불법성을 판단한 최초의 보고서이다. Robert K. Goldman, "International Humanitarian Law: Americas Watch's Experience in Monitoring Internal Armed Conflicts", 9 *American University Journal of International and Policy*, 1993, p.90.

44) *Ibid.*, pp.93-94.

위반이라고 강조하였다.45)

그리고 Human Rights Watch는 Peru에서의 여성에 대한 폭력에 관한 보고서(Untold Terror : Violence against Women in Peru's armed conflict)에서 Shining Path에 의한 생명과 신체에 대한 폭력, 살인 및 정규로 구성된 법정에 의하지 않은 판결의 선고와 처형은 공통3조의 금지를 명백하게 위반한 것이라는 것은 의문의 여지가 없다고 하였으며, 비록 정부가 직접 행하지는 않았지만 페루정부의 행위에 대해서도 보안군에 의한 민간인(여성)의 살해를 두고 자의적인 생명의 박탈로부터 국민을 보호하지 못했다는 이유로 '시민적 및 정치적 권리에 관한 국제규약'하의 책임을 져야한다고 했다. 또한 동보고서는 양분쟁당사자에게 그들이 비국제적 무력분쟁에 관한 국제인도법에 구속된다는 것과 민간인과 전투력을 상실한(hors de combat) 전투원을 인권유린으로부터 보호할 책임이 있다는 것을 강조하면서 살인, 고문 및 성에 기초한 차별 등 공통3조의 금지를 비전투원에게도 확대하여 준수할 것을 요청하였다.46)

1991년 International Council of Amnesty International(AI)은 정치적 성격을 갖는 비정부단체 또는 무장반란단체에 의한 인권유린 등에까지 활동영역을 확대해야 하는지를 고려한 후 AI의 관심사내에 비정부 실체에 의한 인질 및 고의적, 자의적인 살해를 포함시키기로 결정함으로써 무장반란단체에 의한 인권유린에 적극적으로 관심을 갖게 되었다. AI의 이러한 결정은 국제인도법의 원칙들이 무력분쟁상황에서의 AI의 활동에 대한 근거가 된다는 인식에 명백히 기초하고

45) D. Weissbrodt and Peggy L. Hicks, *op. cit.*, pp.123-124.
46) *Ibid.*, pp.124-125.

있다.[47] 최근의 AI의 보고서들도 무력분쟁 상황에서 정부간 및 비정부간 실체에 의한 인권유린에 관심을 나타내고 있다. 예를 들어 1992년 12월 AI는 남아공의 아프리카민족회의 구성원들에 대한 고문, 학대 및 처형을 비난하는 보고서를 발표했으며 앙골라, 수단 및 라이베리아 상황에 대한 AI의 보고서들도 이들 국가에서의 무장반란 단체에 의한 인권위반을 언급하고 있다.[48]

특히 1993년 비엔나 세계인권회의는 '비엔나선언과 행동강령(Vienna Declaration and Programme of Action)' 제29항에서 세계도처에서 각종 국제인권법과 국제인도법의 기준들을 무시한 계속되는 인권위반 사례와 여성, 아동 및 노약자 등에 미치는 무력분쟁시의 인권위반에 깊은 우려를 나타내면서 모든 분쟁당사자들에게 1949년 제네바 제협약, 여타 국제법규와 원칙에 나타난 인도적 제법규 및 국제협약에 명시된 최소한의 인권보호 기준을 엄격히 준수할 것을 촉구하였다.[49]

나. 문제점 및 개선방향

국제인권법은 국제인도법이 무력분쟁의 경우에만 적용되는 반면에 전평시를 불문하고 모든 경우에 적용되기 때문에 무력분쟁에서 국제인도법과 함께 적용되어 희생자의 보호에 크게 기여한다. 그리고 어떠한 상황에서도 정지될 수 없는 1966년 '시민적 및 정치적 권리에

47) *Ibid.*, p.125.

48) *Ibid.*, pp.125-126.

49) United Nations World Conference on Human Rights, Vienna Declaration and Programme of Action(1993), para.29; *ILM*, Vol.32, No.6, 1993, p.1671.

관한 국제규약'의 핵심내용들도 제2추가의정서에 상당부분 도입되어 국제인도법을 강화시키기도 했다.

이처럼 국제인도법과 국제인권법이 동시에 적용되는 중복지대(overlapping zone)는 양자의 이행수단이 다르기 때문에 희생자 보호의 강제에 도움이 된다. 또한 국제인권법 체계는 인도적 법규들이 갖추지 못한 다양한 요소(인민의 집단적 자결권, 기본적 자유와 개인의 존엄, 정치적 참여권, 경제적 사회적 및 문화적 권리 등)들을 포함하고 있기 때문에 희생자의 인도적 보호에 유용하다.[50)]

하지만 개인보호를 위한 국제규칙인 국제인권법은 비국제적 무력분쟁이라는 긴급상황에서의 희생자의 인도적 보호를 강화, 강제하기에 많은 결함들을 갖고 있어 인도적 위기문제를 해결하고, 무력분쟁 희생자 보호를 위한 국제인도법 체계를 대신하는 데에는 한계가 있다.

무력분쟁에서의 희생자 보호를 위한 국제인권체계의 역할에 있어 중요한 제한요인으로는 첫째, 국제인권법은 기술적으로는 무력분쟁에도 적용될 수 있지만 원칙적으로 평시에 규제되도록 고안되었고, 따라서 전투의 수단과 방법을 규제하는 어떠한 규칙도 포함하고 있지 않다. 이는 적대행위와 관련된 대부분의 문제들이 국제인권법의 대상범위 외라는 것을 보여준다.[51)]

둘째, 국제인도법은 교전당사자 모두에게 구속적인 의무를 포함하

---

50) A. Eide, "The New Humanitarian Law in Non-International Armed Conflicts", A. Cassese(ed.), *The New Humanitarian Law of Armed Conflicts*, Editoriale Scientifica, 1979, pp.280-281.

51) A. Eide, "The Laws of War and Human Hights: Difference and Convergences", C. Swinarski(ed), *Studies and Essays on International Humanitarian Law and Red Cross Principles*, ICRC/Martinus Nijhoff Publisher, 1984, p.690.

고 있는 반면에, 국제인권법은 일반적으로 분쟁당사자의 어느 일방, 즉 정부와 그 기관의 위반을 규제한다. 따라서 인권조약의 당사자인 확립된 정부만이 인권위반행위에 대해 국제적으로 책임을 지고 반도 또는 비정부행위자들에 의한 인권위반행위는 국내법 위반으로 다루어 질 뿐이다.52)

셋째, 어떤 경우에도 존중되어야 하는 'hardcore'를 제외한 인권조약의 규정들은 특정한 경우, 즉 국가의 생존을 위협하는 전시 또는 여타 긴급상황의 경우 그 적용이 정지된다. 대부분의 경우 긴급사태라고 선언될 수 있는 무력분쟁에서는 오로지 기본적인 인권의 핵심, 즉 생명권, 고문금지, 노예제도 및 매매의 금지, 양심과 종교의 자유 및 형벌불소급원칙 등만이 보장된다. 이러한 적용정지는 국제인권법을 통한 무력분쟁 희생자의 보호에 중요한 장애가 되는 것만은 분명하다.53)

넷째, 인권법규의 위반에 대한 강제체계가 미흡하다. 물론 국제인권법은 국제인도법보다 이행 및 강제의 측면에서 발전되어 있긴 하지만 주장된 위반행위를 심의하고 권고할 인권기관의 권능은 당해국가의 승인을 전제로 인정되는 경우가 많아(시민적 및 정치적 권리에 관한 국제규약 제40-41조) 만약 그러한 승인이 없다면 심사와 강제에 있어 국제인권법은 국제인도법과 별다른 차이가 없게 된다.

이러한 국제인권체계의 한계를 고려해 볼 때 이를 통한 무력분쟁

---

52) ICRC, "Internal Disturbance and Tensions: A New Humanitarian Approach?", 262 *IRRC*, 1988, p.4.

53) H. Montealegre, "The Compatibility of a Stste Party's Derogation under ProtocolⅡ and Common Article3", 33 *The American University Law Review*, 1983, pp.41-50 참조.

희생자의 인도적 보호를 보다 강화하고 무력분쟁에서의 기본적인 인권을 더욱 효과적으로 보호하기 위해서는 첫째, 국제인권법의 적용정지 규정이 개선되어야 한다. 인권법상의 이러한 한계를 보완하기 위해서는 개인의 보호에 관한 새로운 접근이 필요한 바, 그 중심적 과제는 비적용정지규정을 확대하고 새로운 환경에 적응할 수 있는 새로운 법규를 보완하며, 국제인도법과 국제인권법의 결합을 보다 강화하여 평시뿐만 아니라 무력분쟁 시에도 보다 많은 인권규정들이 적용될 수 있게 해야 할 것이다.[54]

둘째, 국제인권법규의 이행체계가 강화되어야 한다. 비국제적 무력분쟁에서 발생하는 인도적 위기에 대응하고 인권체계의 희생자 보호기능을 강화하기 위해 그 이행체계를 개선할 필요가 있다. 그러한 보다 개선된 체계는 근본적으로 정상적인 기초에 따라 피보호자에게 접근할 수 있는 적절한 기관이 허용되고 인권조약 하에서 그 문제에 대해 관할권을 갖는 국제연합 또는 인권관련단체(국제적 또는 지역적)에 개인 또는 제3국이 이의를 제기할 수 있도록 하는 등 국가주권의 벽을 다소나마 낮추어 현 국제적 법규가 안고 있는 결정적인 결함인 절차적 보장수단을 강화하여야 할 것이다. 이러한 보다 진전된 인권

---

54) 현재 국제사회에는 이러한 방향으로의 노력이 진행 중에 있다. 그 대표적인 예가 1990년의 '최소한의 인도주의적 기준선언(Declaration of Minimum Humanitarian Standard)'이다. 동 선언은 "국내폭력, 혼란, 긴장 및 공공의 긴급사태에 적용되는 그리고 어떠한 상황에서도 적용이 정지될 수 없는" 원칙들을 선언함으로써 국제인도법과 국제인권법간의 이원적 입장을 취하지 않는다는 것을 분명히 했으며(제1조), 구체적으로 국제인권법적 정신(고문금지와 인신보호영장(habeas corpus)원칙 등)과 국제인도법적 정신(적대행위에 참여하지 않은 자의 피해금지 및 부상자 및 병자를 인도적으로 대우해야 할 의무 등)에 기초한 규정들을 두고 있다.

법의 이행체계와 무력분쟁에서 가능한 최대로 인간을 보호하고 적대행위를 규제하는 규범으로서의 가치를 갖는 국제인도법의 특수성의 결합은 무력분쟁에서의 희생자 보호를 강화할 것이다.[55]

셋째, 국제인권법규의 보급 및 교육이 강조되어야 한다. 인권관련 단체들은 독자성과 정체성을 유지하면서 생명·신체 및 도덕적 존엄에 대한 권리의 불가침성, 보복, 집단적 처벌, 인질 및 추방금지 등 국제인도법과 국제인권법의 공통원칙들을 군대, 준군사집단, 경찰 등 강제력을 행사하는 기관은 물론 사회단체 및 교육기관에 널리 보급시키고 호소하여 제국 및 그 국민들이 인도적 법규의 내용을 알고 이행하도록 고취하여야 할 것이다. 그리고 이들은 제정부들이 국제적 기준 하에서 자신들의 책임을 이행하도록 유도하고 그 과정에서 야기되는 어려움을 극복할 수 있도록 협조하며 위반행위가 발생할 경우 공식적, 비공식적 절차를 통해 이를 중지시키기 위하여 노력해야 할 것이다.[56]

넷째, 인권보호를 위한 제도적 장치가 강화되어야 한다. 인권 및 기본적 권리의 유린은 비국제적 무력분쟁을 야기하기도 하지만 이들에 효과적으로 반응토록 하는 인권체계의 능력을 향상시키는 계기가 되기도 한다. 이러한 능력의 향상을 위해서는 제도적 측면에서 비난과 시정권고라는 사후적, 소극적 차원을 뛰어 넘어 조기경보 및 방

55) Louis D. Beck and S. Vité, "International Humanitarian Law and Human Rights Law", 293 *IRRC*, 1993, pp.117-119.

56) B. G. Ramcharan, "The Role of International Bodies in the Implementation and Enforcement of Humanitarian Law and Human Rights Law in Non-International Armed Conflicts", 33 *The American University Law Review*, 1983, p.99.

지능력의 극대화, 인권단체들 간의 협력강화 및 인권체계와 국제평화체계의 통합이 요구된다.

다섯째, 국제인도법과 국제인권법의 상호의존(수렴)이 강화되어야 한다. 오늘날 국제인도법 자체의 결함과 인권의식의 신장에 따른 국제인권법규의 발전으로 무력분쟁에서의 인권법에 대한 의존은 점차 증가되고 있다. 이와 같은 무력분쟁에서의 인권법 이용의 증가는 무력분쟁에서의 개인의 보호를 위한 국제인도법의 재확인과 발전을 고무시킬 것이다. 또한 정부 간 또는 비정부 간 인권단체에 의한 특정국의 인권감시활동에서의 국제인도법의 원용은 정책결정가들 및 일반대중들에게 그 존중 및 준수를 위한 압력을 증가시킬 것이며, 점증하는 인권의 정치화는 국제인도법에도 영향을 미쳐 무력분쟁에서의 국제인도법의 존중을 요구할 것이다.[57]

이러한 양법의 수렴현상은 서로를 보충하며 상호의존적으로 만들어 분쟁희생자 보호에 있어 더 강력한 효력을 가져온다. 비록 국제인도법이 국제인권법보다 정치적으로 해석될 위험이 덜하고 보다 상세하게 규정되어 있다고 해도 활용의 용이성과 잠재적 효과 면에서 우세한 국제인권법은 주권국가에의 압력을 통하여 국제인도법의 이행을 도울 수 있다. 따라서 보편적인 국제인도법의 지속적 승인과 구체적 상황에 적용될 수 있는 국제인권법의 이행노력이 합쳐져 특정상황에서의 보다 나은 국제인도법 적용이 가능하게 하는 것이 무엇보다 중요하다.[58]

57) R. Provost, "Reciprocity in Human Rights and Humanitarian Law", 65 *British Yearbook of International Law*, 1994, p.454.

58) J. Meurant.,"Humanitarian Law and Human Rights Law: Alike yet Distinct", 293 *IRRC*, 1993, p.91.

제2절 전쟁범죄의 처벌

1. 국제 및 극동군사법원

전쟁범죄에 대한 국제적 형사제재가 최초로 실현된 것은 제2차 세계대전 이후의 일이지만 그것이 최초의 시도는 아니었다. 1474년 부르고뉴(Burgundy)의 샤를(Charles)공작에 의하여 Breisach총독으로 임명되었던 Von Hagenbush는 점령기간 중 주민에 대한 부당한 대우를 이유로 오스트리아인들에게 체포되어 '신과 인류에 반한 범죄(Crimes against God and Man)'로 국제법원에서 재판을 받았는데, 그는 상관명령에 따랐을 뿐이라고 항변했으나 법원은 이를 기각하고 유죄를 인정하여 처형하였다.59)

또한 제1차 세계대전이 끝난 후 연합국들은 독일지도자들을 처벌하고자 주요 5대 연합국과 약소국 5개국의 법률가로 구성된 위원회를 발족시켜 '전쟁발발책임과 처벌에 관한 관행'을 연구케 하였는데, 2달여 간의 작업 끝에 동 위원회는 세계대전을 일으키고 그 발발에 수반하는 행위 및 전쟁의 법과 관습 그리고 인류의 법을 위반한 자에 대한 국제재판을 제안했다. 선례부존을 이유로 미국이 한때 거부하기도 했지만 '국제정서와 조약의 존엄성에 대한 극도의 위반'을 재판하는 것에 합의하여 5명의 판사로 구성된 특별법원으로 하여금 전쟁법 위반으로 기소된 자들을 연합국내 또는 혼합군사법원에서 재판토록 하였다. 하지만 독일황제(Wilhelm II)가 망명해있던 네덜란드

59) J. Cavicchia, "The Prospects for an International Criminal Court in the 1990'ls", 10 *Dickinson Journal of International Law*, 1992, p.224.

의 인도거부로 개별독일인에 대한 연합국의 재판은 불가능했으며, 그 결과 독일의 전범재판권리를 인정할 수밖에 없었고, 독일은 형식적인 판결을 거쳐 6명에게만 유죄를 인정하고 그나마도 가벼운 형벌을 선고했다.60) 이렇게 하여 제1차세계대전후 전범의 형사제재는 불완전한 모습으로 끝나고 말았다.

제2차 세계대전은 비인도적 행위에 의한 참상에 있어 과거의 경험과 상상을 초월했다. 이에 1942년 10월 7일 연합국들은 전쟁범죄를 조사하기 위하여 연합국전쟁범죄위원회(United Nations War Crimes Commission) 설치에 동의, 17개국 대표로 구성된 동위원회는 1년 뒤 런던에서 처음 회합을 갖고 전쟁범죄에 대한 증거를 조사했으며, 이에 책임 있는 자를 결정하고 법원의 형태, 적용법규, 절차규정 및 증거에 관한 기술적인 문제들에 대해 조언했다.61)

1943년 11월 1일 미・영・소 3개국은 모스크바회의에서 전쟁범죄에 관한 주요협정인 '히틀러일당에 의한 만행의 책임에 관한 선언'을 발표하였는데, 동 선언은 지역에 관계없이 주요전범들은 연합국의 공동결정에 따라 처벌될 것이며, 나치정부로부터 해방된 국가의

60) 연합국은 연합국군사법원에 소추할 896명의 전범명단을 독일 측에 전달했었지만 결국 독일의 제안에 따라 라이프니cm 독일최고법원에서의 재판을 허용했다. 애초의 896명이 45명으로 줄어들었고, 그중 12명이 재판에 회부되어 6명만이 유죄가 인정되었다. 한편 프랑스와 벨기에는 독일의 전범재판권을 거부하고 수백의 독일인 피고인에 대해 군법재판을 진행하였으며 1925년 르카르노 조약을 통해 독일과의 관계를 정상화 시킨 후에야 이를 중지하였다. A. Sottile, *The Problem of the Creation of a Permanant International Criminal Court*, Nendeln, Leichtenstein, Kraus Reprint Ltd., 1966, pp.6-10.

61) United Nations War Crimes Commission, *History of the United Nations War Crimes Commission and the Development of the Laws of War*, 1948, pp.442-450.

법에 의해 재판되고 처벌될 것이라는 것을 분명히 밝혔다.

그 후 1945년 8월 8일 런던에서 '유럽주축국의 주요전쟁범죄인의 기소 및 처벌에 관한 협정(Agreement for the Prosecution and Punishment of the Major War Criminals of the European Axis)'을 체결하여 국제군사법원헌장(Charter of International Military Tribunal)을 채택하고 독일 뉘른베르크에 법원을 설치하였다. 제1차 세계대전 이후 독일전범들을 독일이 직접 재판하는 것을 허용함으로써 처벌이 유명무실했던 것을 고려, 피고인들이 범죄지국에서 재판을 받도록 하되 주요 범죄인들은 국제재판을 받도록 했던 것이다.

이 런던협정은 고려해야 할 범죄들과 법원이 따라야 할 절차들을 규정하고 있었는데, 처벌대상이 되는 범죄로는 통상의 전쟁범죄 외에 평화에 대한 죄와 인도에 대한 죄이며 절차규칙으로는 제7조에서 피고인의 국가행위(act of state)에 대한 항변을 부정하였고, 제8조에서는 상관명령(superior order)에 의한 항변을 인정하지 않았다. 런던협정을 뒤이어서 통제위원회(control council)는 법률 제10호를 선포하여 런던협정의 벌칙을 강화하고 어떠한 지위에 있었거나 그리고 상관명령이 있었더라도 타당한 변론이 되지 못한다는 것을 재확인했으며 법원의 관할권도 보강하였다.[62]

국제군사법원(Internationl Military Tribunal)은 미, 영, 불, 소에서 선출된 4명의 판사로 구성되었으며 검사는 이들 연합국에서, 변호인은 독일인으로 선출되었다. 법원은 22명을 재판하여 사형 12명, 종신형

---

62) Matthew I. Kupferberg, "Balkan War Crimes Trials: Forum Selection", 17 *Boston College International and Comparative Law Review*, 1994, pp.380-388.

3명, 20년형 2명, 15년형 1명, 10년형 1명 그리고 3명에게는 무죄를 선고했다. 한편 일본의 전범재판을 위해 맥아더 장군은 국제군사법원헌장의 채택과정에서 많은 어려움을 제기했던 국제적인 협상을 피하기 위해 1946년 1월 19일 극동지역연합군 최고사령관 일반명령에 의해 세부사항에서만 차이가 있을 뿐 거의 동일내용을 가진 극동군사법원헌장(Charter of the Int'l military Tribunal for the Far East)을 채택하고 법정을 동경에 설치했다. 판사들과 검사들은 4대 연합국 외 중국, 네덜란드, 캐나다, 호주, 뉴질랜드, 인도 및 필리핀에서 선출되었으며 변호인은 일본과 미국에서 선출되었다. 극동군사법원은 2년 반에 걸쳐 28명을 재판하여 사형 7명, 종신형 16명, 나머지는 1년에서 20년까지의 징역형을 선고했다.[63)]

2. 구유고 및 르완다국제형사법원

오늘날 무력분쟁에서의 비인도적 행위에 대한 형사제재는 구유고[64)] 및 르완다분쟁에서의 비극적 인권유린 상황을 처벌하기 위해 특별히 설치된 임시적인 국제형사법원에 의해 시도되고 있는 바, 이

63) 국제군사법원 및 극동군사법원의 전범재판에 대해서는 Roger S. Clark, "Nuremberg and Tokyo in Contemporary Perspective", in *The Law of War Crimes*, The Hague/London/Boston:Kiuwer Law International, 1997, edited by Timothy L. H. McCormack and Green J. Simpson, pp.171-187 참조.

64) 르완다분쟁과는 달리 구유고분쟁이 비국제적 무력분쟁인지 국제적 무력분쟁인지에 대해서는 논란이 있는 바, 이에 대한 자세한 설명은 Roger S. Clark, "Nuremberg and Tokyo in Contemporary Perspective", Timothy L. H. McCormack and Green J. Simpson(ed), *The Law of War Crimes*, Kluwer Law International, 1997, pp.171-187 참조.

는 국제인도법의 준수, 이행촉구에 있어서 역사적 사건이다.

1991년 이후 구유고에서 연방해체와 구성국의 독립과정에서 발생된 뿌리 깊은 민족분쟁에서 광범위하고 명백한 국제인도법 위반행위, 특히 대량살해, 대규모적이고 조직적인 부녀자 강간 및 억류가 야기되고, 르완다에서 부족 간 분쟁으로 50만 명이상이 살해되고 수십만 명의 난민이 발생하는[65] 등 양 분쟁에서의 인도적 위기가 국제사회를 충격으로 몰고 가자 국제연합 안보리는 이들 사태를 국제평화에 대한 위협이라고 인정하여 각각 1993년 5월과 1994년 11월 헌장 제7장에 근거하여 구유고국제형사법원과 르완다국제형사법원을 설립하였다.

이들 법원들은 국제인도법의 이행확보에 있어 인도적 규정의 중대한 위반행위자의 소추, 처벌이 국내법과 국내법원의 개입에 의해서만 실현될 수 있도록 규정한 국제인도법과는 달리 이들의 개입없이 직접 국제법원이 개인을 소추, 처벌할 수 있게 함으로써 '중대한 위반행위'를 '국제범죄'로 전화, 처벌하는 것을 가능케 한 것으로,[66] 전승국이 패전국을 일방적으로 단죄한 뉘렌베르크 및 동경군사법원과는 구별되는 국제형사법의 발전에 있어서 전환점이 된 획기적인 사건이었다.

그러나 이들 법원은 그 운영에 있어 문제점도 갖고 있다. 조직적으로 행해진 비인도적 행위의 증거를 찾아내는 것 자체가 대단히 힘

---

65) 르완다에서의 비극적 잔악행위에 대해서는 Dorinda L. Peacock, "It happened and It can happen Again: The Int'l Response to Genocide in Rwanda", 22 *North Carolina Journal of International Law and Commercial Regulatio*n, 1997, pp.911-921 참조.

66) 山本草二, 國際法, 有斐閣, 1994, p.549.

든 일이며 그러한 증거는 또한 빠른 시간 내에 조직적으로 인멸된다.[67] 그리고 피의자가 피해당사자의 통제 내에 있다면 신병확보는 문제가 되지 않겠지만 가해당사자의 권력 내 및 제3국에 있을 경우에는 신병확보에 상당한 어려움이 따른다. 국제적 무력분쟁에서 인정되고 있는 중대한 위반행위를 한 자의 인도의무가 비국제적 무력분쟁에서는 인정되고 있지 않으며,[68] 실제에 있어서도 인도적 제법규의 중대한 위반행위자의 인도가 거부되는 경우가 많은 바, 이는 피의자 거주국이 제네바협약이나 추가의정서 보다는 양자 또는 다자간 범죄인 인도조약에 더욱 의존하여 이들의 행위를 정치적 범죄로 보아 거부하는 경우가 많기 때문이다.[69] 또한 원규정은 궐석재판을 인정하고 있지 않으며, 특히 국가원수 또는 정부수반의 소추. 처벌을 예정하고 있으나(제7조 2항) 그들의 신병확보가 의문이다.

이외에도 법원규정 제4조 2항은 제노사이드(Genocide)조약 제2조를 그대로 규정하고 있어 종래 지적되어온 제노사이드조약의 문제점이 아무런 해결 없이 국제형사법원에 그대로 포함되었는데, 제노사이드의 구성요건인 '집단을 전부 또는 일부 파괴할 의도'를 입증하는 것은 극히 어렵다. 비록 국가정책으로서 집단파괴의 '의도'가 있었다 해도 지휘. 명령계통이 혼란하고 명확하지 않은 경우, 실제로 집단살

---

67) 하재환 · 박배근, "구유고 국제형사법정의 관할권에 관한 국제법상의 제문제", 부산대학교 법학연구, 제37권 제1호, 1996, p.131.

68) Elder, "The Historical Bacground of Common Article3 of the Geneva Convention of 1949", 11 *Case Western Reserve Journal of International Law*, 1979, p.54.

69) Waldemar A. Solf, "The Status of Combatants in Non-International Armed Conflicts under Domestic Law and Transnational Practice", 33 *The American University Law Review*, 1983, p.56.

해를 행한 하급자의 행위를 유추하여 정책으로서의 집단파괴의 '의도'를 입증하는 것은 결코 용이하지 않을 것이다.[70]

이러한 문제점에도 불구하고 구유고형사법원의 설립은 상당한 의의가 있다. 물론 동 법원을 평가하기에는 아직 이르지만 동법원의 설립은 법적 제문제점에도 불구하고 국제적 무력분쟁과 관련하여 오랫동안 지속되어온 예방적 보호를 비국제적 무력분쟁에까지 확대하고 있어 인도주의에 있어 상당한 발전을 가져왔으며,[71] 세계정부가 결여된 현실에서 상설국제형사법원의 설립가능성의 시험대가 될 것이다. 안보리의 의도대로 개인의 소추, 처벌이 완전히 실현될 수 있을지는 두고 볼 일이지만, 국제인도법의 이행확보수단으로서 그 선례적 가치와 의의는 실로 크다고 볼 수 있으며, 인권보호에 있어서 새로운 획을 그을 수 있는 역할을 할 것으로 기대되며, 설립 그 자체만으로도 국제인도법 위반행위를 더욱 억제할 것이다.[72]

특히 안보리는 구유고에서의 잔악행위가 국제평화에 대한 위협을 구성하고 특별국제법원의 설립이 평화회복에 기여할 것이라고 결의한 후 형사법원을 설치하였는바, 안보리가 '평화에 대한 위협'이라는 결정에 있어 국제인도법 위반행위를 중요한 기준으로 원용한 것은 중요한 선례적 가치가 있다. 그리고 관련국의 동의하에서 관할권을 행사하는 다자조약에 의한 창설방식을 택하지 않고 모든 회원국들을

70) James C. O'Brien, "The Internationsal Tribunal for Violations of International Humanitarian Law in the Former Yugoslavia", 87 *AJIL*, 1993, p.648.

71) L. C. Green, "Enforcement of the Law in International and Non-International Conflicts: The Way Ahead", 24 *Denver Journal of International Law and Policy*, 1996, p.319.

72) T. Meron, "War Crimes in Yugoslavia and the Development of International Law", 88 *AJIL*, 1994, pp.78-79.

구속하는 헌장 제7장 강제조치의 하나로 법원을 창설한 것은 국제인도법 위반행위에 대한 더욱 강력한 국제적인 대응으로,[73] 예전과는 다른 이 같은 안보리의 적극적인 대응은 국제인도법의 고려가 장차 국제평화와 안전의 유지에 있어서 전면에 부상할 것이라는 것을 의미한다.[74]

3. 보편적 형사제재체계의 확립

제2차 세계대전 후 뉘른베르크와 동경의 국제 및 극동군사법원이 지나치게 승자의 논리 속에 진행되었다는 비판[75]에도 불구하고 전쟁범죄와 국제인도법 위반행위는 처벌받아야 한다는 당위적 요구에 따라 국제사회에서 국제형사법원의 설립문제에 대한 논의가 본격화되었다.

1947년 국제연합 총회는 국제법위원회(International Law Commission: ILC)에 뉘른베르크 재판규범과 동 재판에서 인정된 국제법원칙을 규

---

73) *Ibid.*, p.79. 국제연합이 구유고 및 르완다국제형사법원을 모든 회원국들에 구속력을 갖는 헌장 제7장에 따라 창설함으로써 이제까지 국제기관에 의해 행해지지 못했던 평화와 정의간의 관련을 매우 굳건히 했다. R. Goldstone, "Assessing the Work of the United Nations War Crimes Tribunals", 33 *Stanford Journal of International Law*, 1997, p.4.

74) Stephhen M. Schwebel, "The Roles of the Security Council and the International Court of Justice in the application of International Humanitarian Law", 27 *New York University Journal of International Law and Politics*, 1995-1996, p.759.

75) 국제 및 극동군사법원의 평가에 대해서는 Bert V. A. Roeling, "The Nuremberg and Tokyo Trials in Retrospect", M. C. Bassiouni and Ved. P. Nanda(ed), *A Treaties on International Criminal Law*, Vol.1, Springfield, Charles C. Thomas Publisher, 1973, pp.590-608.

범화하고 '인류의 안전과 평화에 반하는 범죄법전초안'(범죄법전초안)을 작성할 것을 요청하였다(UN GA Res. 177(II)). 이에 따라 1949년 ILC는 제1회기에서 뉘렌베르크 원칙의 형성과 '범죄법전초안' 준비에 관한 작업을 시작하였으며, 특별보고자(Jean Spiropulos)의 보고에 기초하여 1950년 제2회기에서 뉘른베르크 재판규범과 동 재판에서 인정된 국제법원칙에 관한 규정을 채택하여 국제연합 총회에 제출하였다.

1951년 국제연합 총회는 특별위원회를 설치, 국제형사법원규정초안을 작성하였는데(1953년 8월 개정), 일정한 조건하에 국가가 법원의 관할권 수락을 철회할 수 있는 기회를 부여하는 것을 포함하여, 국가의 참여를 보다 탄력적으로 할 수 있도록 함으로써 국제형사법원의 강제관할권을 완화하는 내용을 주요골자로 하는 동 초안은 1954년 국제연합 총회에 제출되었다(U.N. Doc.A/2645).

하지만 ILC는 국제형사법원 설치문제의 논의에 앞서 '범죄법전초안'을 먼저 검토하는 것이 논리적임을 확인하고, 동 초안이 완성될 때까지 국제형사법원 설치문제를 보류키로 결정하였다. 한편 ILC는 1954년 '범죄법전초안'을 작성하여 그 해설서와 함께 국제연합 총회에 제출하였다. 총회는 동 초안을 검토한 뒤 침략(Aggression)의 개념정의와 관련된 문제점을 제기하고 특별위원회로 하여금 침략의 개념초안을 작성할 것을 요청하였고, 동위원회의 보고서가 제출될 때까지 법전에 대한 심의를 연기하기로 결정했다(U.N., G.A. Res.897(IX)).

1974년 국제연합 총회에서 침략에 대한 정의가 채택(U.N., G.A. Res.3314(XXIV))되었으나 기타 국제범죄의 정의를 위한 어떠한 구체적 작업도 진전이 없었다. 1981년에 이르러 비로소 ILC로 하여금 법전의 구체화 작업을 재개할 것과 그 구체화 작업에 우선순위를 부여할 것을 요청하였다(UN GA Res.36/106). 이에 따라 1982년 ILC 제34회기에서 Doudou Thiam이 특별보고자로 임명되었으며, 그는 1983년 제35회기부터 1991년 제43회기까지 9차례에 걸쳐 보고하였고, ILC는 이를 기초로 1991년 제43회기에서 범죄법전초안(Draft Code of Crimes against the Peace and Security of Mankind)을 잠정채택하였다.[76)]

한편 국제연합 총회는 1990년 11월 28일 범죄법전초안이 완성되는 대로 국제형사법원 설치문제를 검토 분석할 것을 ILC에 요청하였다(UN GA Res.45/41). 1991년 동 초안이 잠정채택되자 ILC는 국제형사법원 설치문제의 논의에 착수하였다. 국제형사법원 규정 작성작업은 1992년 제44회기에서 구성된 작업반이 주도하였으며 1993년 제45회기에서 특별보고자(Thiam)가 초안을 보고하였고, ILC는 국제연합 총회의 의견을 듣기 위해 이를 총회에 제출하였다. 이에 대해 총회는 ILC에게 국제형사법원규정의 최종초안 작성에 우선순위를 둘 것과 1994년 2월 15일까지 각국의 의견서를 사무총장에게 제출하도록 요청하였다.[77)]

1994년 제49차 국제연합 총회는 ILC가 작성한 국제형사법원 규정초안[78)]을 채택하였다. 총회 제6위원회(Sixth Committee), 특별위원회(Ad

---

76) ILC Yearbook, Vol.2, 1991, p.93.

77) R. Rosenstock, "Current Development: The Forty-Sixth Session of the International Law Commission", 89 *AJIL*, 1995, p.391.

78) UN GAOR, 49th Sess. Supp.No10, UN Doc.A/49/10(1994). 국제형사법원규정초안은 총60개 조항, 8개부로 구성되어 있는데 제1부는 법원의 설치, 제2부는 법원의 구성과 관리, 제3부는 법원의 관할, 제4부는 수사와 소추, 제5부는 재판, 제6부는 항소와 재심, 제7부는 국제협력과 사법공조, 제8부는 집행에 관해 규정하고 있다. ILC는 동 규정을 초안함에 있어 어느 특정의 형사법률 체계를 고집하지는 않았지만 예상목표를 위한 가장 적절한 요소들을 일관성 있게 통합하려고 노력하였고 현존하는 제협약, 국제법원, 상설국제형

hoc Committee) 및 국제형사법원 설립준비위원회(Preparatory Committee on the Establishment of an International Criminal Court)의 2년여 간의 검토[79]끝에 1996년 12월 국제연합 총회는 "국제형사법원의 설립에 관한 협약을 최종적으로 채택하기 위하여" 1998년에 외교회의를 개최하기로 결정했으며(U.N. G.A. Res.51/207), 1998년 7월 17일 로마에서 개최된 외교회의(United Nations Diplomatic Conference of Plenipotentiaries on the Establishment of an International Criminal Court, 1988.6.15-1988.7.17, Rome)에서 전문과 13개 부(Part), 128개 조항(Article)으로 구성된 최종안(Rome Statute of the International Criminal Court)이 채택되었다.

오늘날 제국들은 무력분쟁에서의 적대행위에 대한 사법적 판단에 매우 소극적이다. 과거 위반행위에 대한 처벌은 패배한 측에게만 적용되고 승리한 측에게는 어떠한 제재조치가 취해지지 않았던 것도 제국들의 사법적 판단에 대한 소극성을 강화시켰다.[80]

사법원 설치에 관한 제안들 및 서로 다른 전통을 갖는 각국 형사사법체계의 관련규정들을 고려하였다. 윤정석, "유엔국제법위원회의 활동과 전망", 법조, 통권 제493호, 1997. 10, pp.236-237. 초안의 주요규정에 대해서는 J. Crawfold, "The ICL's Draft Statute for an International Criminal Court", 88 *AJIL*, 1994, pp.140-152.

79) Report of the Ad Hoc Committee on the Establishment of an International Criminal Court, U.N. G.A.O.R., 50th Sess., Supp. No.22, U.N. Doc.A/50/52; Report of the Preparatory Committee on the Establishment of an International Criminal Court, U.N. G.A.O.R., 51th Sess., Supp. No.22, U.N. Doc.A/51/52(1996) 참조.

80) 특히 걸프전은 국제인도법의 '중대한 위반행위'에 대한 형사제재의 발전에 있어 안타까운 선례를 이룬다. 걸프전에서 안보리는 제결의(결의 660, 661, 666, 670, 674, 678 등)를 채택하였다. 안보리는 동 결의들을 통해 이라크의 쿠웨이트로부터의 철수요구 및 이라크에 대한 일련의 강제조치를 부과하면서 이라크에 의한 심각한 인권위반행위를 비난하고 만약 그러한 위반행위가 지속된다면 중대한 결과를 가져올 것이라면서 제국에게 향후 있을지도 모를

하지만 무력분쟁 등에서 행해진 범죄의 잔혹성과 규모는 인도에 반하는 죄 등 국제평화 및 안전을 위협하는 범죄를 처벌하기 위한 상설적인 국제형사법원의 설치가 필요하다는 국제사회의 여론을 환기시켜 이러한 잔악행위에 대한 '국제사회의 사법적 간섭(International Judicial Intervention)'을 강화시켜야 할 필요성을 인식시켰는바,[81] 이러한 일반적인 인식을 바탕으로 국제형사법원의 설립이 본격적으로 추진되어 비로소 국제형사법원 창설협약이 채택되었다.

인도적 법규를 위반한 개인에 대한 형사책임은 비록 인도적 제법규의 이상적인 보장수단은 아닐지라도 분쟁종료 후 강화조약을 통해 패전국에 일방적으로 강요되는 금전적 책임보다는 더욱 실효적인 강제수단이라고 보인다. 특히 예방목적을 위하여 분별 있게 사용되면 형사제재는 효과적인 제재임이 틀림없다.

국제인도법에 대한 존중은 그 위반행위에 대해 국제적 형사제재가 인정될 때 더욱 강화될 것이고 인도적 법규의 위반행위에 대한 형사제재는 공정하게 집행될 때 설득력을 가질 뿐만 아니라 국제인도법에 대한 존중을 고양시키기 위한 여타의 조치들을 자극해 국제인도법에 대한 존중과 준수에 있어 상승효과를 가져올 것이다.[82)]

재판에서 이용하기 위해 이라크와 동국의 개인에 의해 저질러진 제네바협약의 위반행위에 대한 정보를 수집할 것을 요청했었다. 실제로 분쟁과정에서 포로학대, 민간주민의 고문 및 즉결처형, 인질 등 수많은 위반행위들이 실제 했었고 증거도 상당부분 확보되어 있었다. 하지만 분쟁이 끝난 후 아무런 조치도 없이 종전협정이 체결되어 국제인도법상의 '중대한 위반행위'에 대한 처벌은 이루어 지지 않았다. 그 과정과 이유에 대한 자세한 설명은 David A. Martin, "Reluctance to Prosecute War Crimes: Causes and Cures", 34 *Virginia Journal of International Law*, 1994, pp.255-262 참조.

81) David J. Scheffer, "International Judicial Intervention", 102 *Foreign policy*, 1996, pp.34-51.

그러나 국제형사법원 창설협약의 채택은 무력분쟁에서 비인도적 행위규제 및 희생자의 인도적 보호강화라는 인류의 염원에 역사적 의미를 부여하고는 있지만, 극복해야 할 많은 심각한 문제들이 산재해 있다.

이러한 제한적인 국제인도법 위반행위에 대한 형사제재가 실효적인 개인책임을 지우고 제네바협약의 기타의 위반행위가 국제형사법원에서 소추·처벌될 가능성을 확실히 하기 위해서는 장차 (1) 형사제재 대상이 되는 위반행위의 종류, (2) 피의자의 신병확보, (3) 소추절차, (4) 법원의 구성과 형의 집행 및 (5) 인도적 법규들을 이행하기 위한 개별국가 조치들과의 협력 등 제반문제에 대한 구체적 합의가 있어야 할 것이며, 그렇게 함으로써 국내법과 국제법은 상호영향을 미쳐 무력분쟁에서의 국제인도법 존중보장체계를 개선시키고 인도적 규칙의 유효성을 증가시키게 될 것이다.[83]

---

82) D. Plattner, "The Penal repression of Violations of International Humanitarian Law applicable in Non-International Armed Conflict", 278 *International Review of the Red Cross*, 1990, pp.414-415; A. D'Amato, "Peace vs Accountability in Bosnia", 88 *AJIL*, 1994, pp.502-503.

83) 국제적 성격의 형사법원에 의한 비인도적 위반행위에 대한 형사소추의 긍정적 의의에 대해서는 A. Cassese, "On the Current Trends towards Criminal Prosecution and Punishment of Breaches of International Humanitarian Law", 9 *European Journal of International Law, 1998, pp.9-10 참조*

맺으면서

중요한 역사적 전환점을 고비로 발전해 온 무력분쟁법은 전투수단과 방법을 선택할 교전자의 무제한적 권리 불인정, 무차별효과를 갖는 전투수단과 방법의 사용금지, 화생무기 등 대량파괴무기의 사용금지, 불필요한 고통을 야기하도록 고안된 전투수단의 이용 및 배신적 수단과 방법의 이용금지, 전투능력을 상실한 상병자 및 전쟁포로의 인도적 대우, 민간주민 특히 여성과 아동의 특별한 보호, 난민 및 유민에 대한 최소한의 인도적 지원, 자연환경 및 문화재의 보호 및 보존 등 문명사회에서 타당한 일반적 기준에 의해 부과된 인도적 성격을 갖는 전투수단과 방법의 제한에 관한 일련의 원칙들과 분쟁희생자 보호에 관한 인도적 원칙들을 확립하여 왔을 뿐만 아니라 이를 보장하기 위한 구체적인 조약들을 채택하여 왔다.

국제조약 및 국제관습법에서 인정되고 있는 이러한 원칙들은 모든 무력분쟁에 적용된다는 것이 일반적으로 수락되고 있다. 그러나 이러한 원칙들은 그 필요성과 긴급성에도 불구하고 정책결정가 및 군사력 관리자들뿐만 아니라 일반인들의 의식 속에 뿌리깊이 내면화되어 있지 않으며 실제 분쟁에서 만족스러울 정도로 이행되거나 존중되지도 않고 있다.

오늘날 무력분쟁에서의 인도적 위기는 매우 심각한 지경에 이르렀다. 문제는 이러한 국제사회가 감당하기 어려운 인도적 위기들을 생산해내는 분쟁들이 지구촌 곳곳에 도사리고 있을 뿐만 아니라 그 끝을 알 수 없고, 발생되고 있는 분쟁들은 정치경제적인 소외감, 사회적 고립감, 종족 간 헤게모니 장악 등이 복잡하게 얽혀있어 그 해결책을 쉽사리 찾을 수 없다는 데에 있다. 반면에 현 국제사회는 이러한 절실한 문제들에 있어서 기대되는 역할을 해낼 능력을 갖고 있지 못하며 냉전종식으로 분쟁지역의 전략적 효용성을 상실한 서방국가들은 지역분쟁에 예전과 같은 관심을 두지 않고 있으며, ICRC 등 국제구호기관들도 분쟁당사자들의 위협과 방해로 적극적인 구호활동을 할 수 없는 상태이다.

제반여건과 주변환경이 어렵다고 하여 작금의 인도적 위기를 외면할 수는 없다. 발생분쟁에서의 희생자 보호활동의 강화, 더 큰 비극을 막기 위한 설득적이고 예방적인 수단의 강구, 분쟁상황에서 야기되는 다양한 인도적 문제들에 대응한 집중·통합된 해결책 및 지속적인 국제적 협력 도모 등이 구체화되어야 할 것이다.

우선 전투수단과 방법의 제한이 요구된다. 물론 그러한 제한은 각국의 군사적 이해와 깊은 관련이 있기 때문에 합의가 어려울 뿐만 아니라 설사 합의가 된다 하더라도 실제 적용과정에서 효율적으로 통제하는 것은 더더욱 어려운 것이다. 그렇지만 인도 및 인권이라는 보편적 가치를 향한 완만하지만 누구도 거스를 수 없는 인류의 발걸음은 비인도적인 전투수단과 방법의 제한을 가능하게 할 것이다. 그 구체적 결과물이 어떠하든 무력분쟁은 교전당사국 전투원간의 관계이지 교전당사국 전투원과 민간인간의 관계는 아니기 때문에 인간가치의 파괴를 최소화하기 위하여 전투원과 민간인, 군사목표물과 민간물자간의 구별원칙은 준수되어야 하며, 모든 관련 당사자의 고통과 피해를 줄이기 위해서는 무력분쟁에서의 인권의 적절한 존중을 보장하는 규범이 확립되어야 할 것이다.

그리고 이익보호국 또는 국제적십자위원회와 같은 공정한 인도적 기관에 의해 감독되는 인도적 구호의 상황에서 식료품(식량), 의복, 의료 및 병원물품, 피난처와 그 수단 및 기타 민간주민의 생존에 필수적인 물자는 전시금제품으로 취급되어서는 안 될 것이다.

그러나 무엇보다도 강제체계가 부족한 국제인도법의 이행강화를 위한 최선의 방법은 이를 준수해야 한다는 신념을 건설하는 것이다. 국제인도법의 발전적 개선 및 보완, 국제기구 및 제3국의 역할강화, 국제인권체계와의 융합 및 상설적인 국제형사체계의 확립을 통해 국제인도법의 적용을 촉진시켜 그 이행을 다소나마 확보할 수 있겠지만, 분쟁당사자의 확고한 국제인도법 준수의지의 확립 없이는 그 실효성을 기대할 수 없을 것이다. 따라서 인간행위의 법전으로서 그리고 문명기준으로서의 인도적 법규의 참된 중요성에 대한 확신이 확고해져야 할 것이다.

오늘날 인도주의는 현학적이거나 정치적이거나 형식적인 농변거리가 아니라 역사발전의 가능성에 도움이 되는 인간과학을 위한 절실한 철학의 문제, 과학의 문제, 생존의 문제가 되었다. 따라서 전투수단과 방법의 제한 및 분쟁희생자 인도적 보호에 관한 일반원칙 및 이들의 규제에 관한 개별 조약의 형성 및 이행에 있어 인도적 고려를 가치판단의 핵심기준으로 삼고 의지하여야 한다. 이러한 바탕위에서 관련 법규의 점진적 발전이라는 측면에서 기존 법규들을 재검토하고 새로운 법규의 형성을 위한 국제적 합의를 긍정적이면서도 적극적으로 모색하는 중단 없는 노력이 요구된다 할 것이다.

그리고 국제사회를 구성하고 있는 개별국가들을 민주적인 단위체로 만드는 것도 중요하다. 왜냐하면 진정한 인권보호는 '인간존엄'에 대한 확고한 신념 없이는 불가능하며, 이러한 '인간존엄'은 참된 민주주의를 통해 진정으로 보장될 수 있기 때문이다. 이것이 바로 국제사회가 지향해야 할 최종목표이다.

참고문헌(주요 저서)

1. 국내문헌

김정균 · 성재호 공저, 국제법, 박영사, 2006.
김현수 · 이민효 공저, 현대국제법, 연경문화사, 2005.
대한적십자사 인도법연구소, 제네바협약 해설 I, 1987.
대한적십자사 인도법연구소, 제네바협약 해설 III, 1985.
박치영, 유엔정치론, 법문사, 1995.
이병조 · 이중범, 국제법신강, 서울, 일조각, 2003.
이용호, 전쟁과 평화의 법, 영남대학교 출판부, 2001.
이한기, 국제법강의, 박영사, 2006.
정운장, 국제인도법, 영남대학교 출판부, 1994.
최재훈 외, 국제법강의, 박영사, 신영사, 2004.
박관숙 · 최은범 공저, 국제법, 문원사, 1998.

2. 국외문헌

Bassiouni M. C., *Crimes against Humanity in International Criminal Law*, Martinus Nijhoff Publishers, 1992.

Berdal M. R., Whither UN Peace-Keeping, Adelphi Paper 281, *The International Institute for Strategie Studie*s, 1993.

Best G., *War and Law Since 1945*, Clarendon Press, 1996.

Bory F., *Origin and Development of International Humanitarian Law*, ICRC, 1982.

Bothe M., Partsch K. and Solf W., *New Rules for Victims of Armed Conflicts : Comentary on the Two 1977 Protocols Additional to the Geneva Conventions of 1949*, Martinus Nijhoff Publishers, 1982,

Boutros-Ghali B., *An Agenda for Peace: Preventive Diplomacy, Peace-Making, Peace-Keeping*, United Nations, 1992.

Brownlie I., *International Law and the Use of Force by State*s, Clarendon Press/Oxford University Press, 1963.

ICRC, *Basic Rules of the Geneva Conventions and their Additional Protocol*s, 1983.

ICRC, *International Red Cross Handbook*(12th ed.), 1984.

ICRC, *Respect for International Humanitarian Law : ICRC review of five years of activity(1987-1991)*, 1991.

Jennings R. and Watts A.(eds.), *Oppenheim's International Law, Vol.1, Longman, 1992.*

Kewley G., *Humanitarian Law in Armed Conflicts*, VCTA Pub., 1984.

McCoubrey H. and White N. D., *International Organization and Civil War*, Dartmouth, 1995.

McCoubrey H., *International Humanitarian Law*, Dartmouth, 1996.

Meron T.(ed.), *Human rights in International Law:Legal and Policy Issues*, Oxford University Press, 1984.

Meron T., *Human Rights and Humanitarian Norms as Customary Law*, Oxford University Press, 1991

Pictet J., *Development and Principles Of International Humanitarian Law*, Martinus Nijhoff Publishers, 1985.

Pictet J., *Humanitarian Law and the Protection of War Victims*, Sijthof, 1975.

Rosas A., *The Legal Status of Prisoners of War:A Study in International Humanitarian Law applicable in Armed Conflic*t, Tiedeakatemia, 1976.

Sandoz Y., Swinarski C. and Zimmermann B., *Commentary on the Protocols of 8 June 1977 to the Geneva Conventions of 12 August 1949*, Martinus Nijhoff Publishers, 1987.

Schachter O., *International Law in Theory and Practice*, Martinus Nijhoff Publishers, 1991.

Tanca A., *Foreign Armed Intervention in Internal Conflict*, Martinus Nijhoff Publishers, 1993.

Willemin G. and Heacock R., *The International Committee of the Red Cross*, Martinus Nijhoff Publishers, 1984.

Woodward S. L., *Balkan Tragedy : Chaos and Dissolution after Cold War*, The Brookings Institution/R. R. Donnelley and Sons Co., 1995.

藤田久一, 國際人道法, 有信堂, 1993.

田岡良一, 國際法III, 有斐閣, 1973.

지은이 : 이민효

- 해군사관학교 졸업(문학사)
- 서울대학교 법과대학 졸업(법학사)
- 성균관대학교 대학원 법학과 졸업(법학석사)
- 성균관대학교 대학원 법학과 졸업(법학박사)
- 전 해군사관학교 부교수

무력분쟁과 국제법

초판 3쇄 발행 | 2022년 2월 7일

지은이 | 이민효
펴낸이 | 이정수
펴낸곳 | 연경문화사

출판등록 제1-995호
(07532) 서울시 강서구 양천로 551-24 한화비즈메트로 2차 807호
전화 : (02)332-3923/4 팩스 : (02)332-3928

정가 35,000원
ISBN 978-89-8298-098-5 93360